新编军训教程

胡新华　主编

苏州大学出版社

图书在版编目(CIP)数据

新编军训教程/胡新华主编. —2版. —苏州:苏州大学出版社,2016.7(2024.8重印)
普通高等学校军事课统编教材
ISBN 978-7-5672-1791-1

Ⅰ.①新… Ⅱ.①胡… Ⅲ.①军事训练-高等学校-教材 Ⅳ.①G641.8

中国版本图书馆CIP数据核字(2016)第172745号

新编军训教程(第二版)
胡新华 主编
责任编辑 周建兰

苏州大学出版社出版发行
(地址:苏州市十梓街1号 邮编:215006)
丹阳兴华印务有限公司印装
(地址:丹阳市开发区胡桥镇 邮编:212313)

开本718 mm×1 000 mm 1/16 印张17.75 字数337千
2016年7月第2版 2024年8月第12次修订印刷
ISBN 978-7-5672-1791-1 定价:39.00元

苏州大学版图书若有印装错误,本社负责调换
苏州大学出版社营销部 电话:0512-67481020
苏州大学出版社网址 http://www.sudapress.com
苏州大学出版社邮箱 sdcbs@suda.edu.cn

《新编军训教程》编委会

主　编　胡新华

副主编　蓝　天　张镇华　张雨宸　杜　昊

林　涛　卞海勇　钮秀山　祁素萍

参　编　高　博　周项生　李龙辉　金红祥

曹跃兴　陈　燕　肖元何　袁羽琮　庄　炜

前　　言

普通高等院校开设军事课程是培养国防后备力量、响应国家人才培养战略的重要举措，也是贯彻军民融合式发展战略的重要体现。《中华人民共和国国防法》《中华人民共和国国防教育法》《中华人民共和国兵役法》《中华人民共和国国防动员法》等都对此做了原则性规定。因此，普通高等院校在校学生接受“军事理论”课程教育既是履行法律责任和义务的体现，更是关心国防、热爱国防和参与国防建设事业的基本途径之一。2001 年，国务院办公厅、中央军委办公厅下发国办发〔2001〕48 号文件，转发了教育部、解放军原总参谋部和原总政治部《关于在普通高等学校和高级中学开展学生军事训练的意见》。2007 年，教育部、解放军原总参谋部和原总政治部根据普通高校国防教育和军事课程教育情况，结合世界范围内新军事变革态势和主要国家战略调整等，修订了《普通高等学校军事课教学大纲》。2019 年，又对《普通高等学校军事课教学大纲》进行了较大幅度的修订。我们根据 2019 版大纲，重新编写了军事课教材。2021 年，根据新形势的发展，我们又对本书进行了修订。

新版教材与旧版教材相比，主要具有三点变化。一是更加具有时效性。2015 年开始的新一轮军改，对军队力量构成、军队体制编制等方面都有新的调整。新成立的陆军领导机构改变了传统大陆军架构，在原第二炮兵基础上建立火箭军部队，引起了全世界瞩目，战略支援部队则进一步强化了支援力量的专业性，联勤保障部队的成立使得部队保障更有成效，战区体制则聚焦于打赢未来信息化战争。这些新的变化因素及其体现出来的发展趋势，在本书中均有阐述。二是更加具有时代性。随着“一带一路”倡议的提出并逐步实施，周边国家积极响应，美国、日本、欧盟与东盟等主要国家和地区也适时调整了对华策略，经济政策上逐步体现出中国属性。“硬对抗”尽管在不同时段以不同程度有所体现，但“软对抗”更为明显。单纯的军事对抗总体上不那么强烈，相关国家包括国防战略、军事战略、经济战略、科技战略等在内的战略体系不断耦合变化。三是更加具有时序性。旧版中存在的一些时序混乱,新版中均有调整。各部分对主要问题的介绍和说明,充分展现出发展的逻辑和规律,帮助读者对事实有较为清晰的认识和掌握。无论是对历史事件的过程再现,还是对军事高技术的阶段发展介绍,抑或是对战例的分析,都充分遵照了时序性要求。

本书的编写是在军地专家共同努力的基础上完成的,中国人民解放军海军指挥学院专家审读并提出宝贵的修改意见。

军事课程教材众多,但编写一本高质量的军事课教材绝非易事。尽管编者在业内多是知名学者,但限于学识水平和能力,加之时间仓促,书中难免有错误之处,恳请广大读者、业内外人士提出宝贵建议与意见,以便再版时修订。

编　者

2021 年 7 月

目录

上篇　军事理论

第一章　中国国防 …… 1

第一节　国防概述 …… 1
第二节　国防历史 …… 5
第三节　国防现代化建设 …… 10
第四节　国防法规 …… 23
第五节　国防动员 …… 29

第二章　国家安全 …… 42

第一节　国家安全概述 …… 42
第二节　战略环境概述 …… 48
第三节　国际战略格局 …… 55
第四节　中国周边安全环境 …… 59

第三章　军事思想 …… 65

第一节　军事思想概述 …… 65
第二节　中国军事思想的形成与发展 …… 68
第三节　毛泽东军事思想 …… 77
第四节　邓小平新时期军队建设思想 …… 86
第五节　江泽民国防和军队建设思想 …… 92
第六节　胡锦涛国防和军队建设思想 …… 98
第七节　习近平强军思想 …… 105

第四章 现代战争 …… 113

第一节 战争概述 …… 113
第二节 新军事变革 …… 115
第三节 机械化战争 …… 121
第四节 信息化战争 …… 124

第五章 信息化装备 …… 141

第一节 信息化装备概述 …… 141
第二节 信息化作战平台 …… 159
第三节 综合电子信息系统 …… 170
第四节 信息化杀伤武器 …… 181

下篇 军事技能

第六章 中国人民解放军三大条令(节选) …… 200

第七章 轻武器射击 …… 230

第一节 轻武器常识 …… 230
第二节 简易射击原理 …… 236
第三节 射击动作与实弹射击 …… 239

第八章 防卫与战时防护 …… 243

第一节 格斗 …… 243
第二节 战场医疗救护 …… 246
第三节 核、生、化防护 …… 253

第九章 战备基础与应用训练 …… 257

第一节 行军 …… 257
第二节 野外生存 …… 263
第三节 识图用图 …… 266
第四节 电磁频谱监测 …… 273

参考文献 …… 276

上篇 军事理论

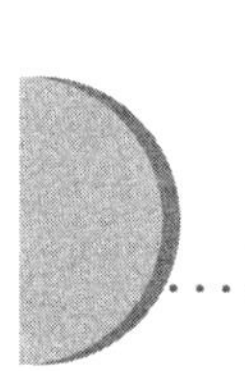

第一章 中国国防

国无防不立,民无兵不安。国防是人类社会发展与安全需要的产物,是国家安全和发展的核心问题,自古以来有国就有防,国防是关系到国家和民族生死存亡、荣辱兴衰的根本大计。我国自 2010 年 10 月 1 日起,正式启用全民国防教育标志。它以长城、烽火台、盾牌三个要素构成“国防”的概念,外围用橄榄枝烘托、装饰,红色五角星高居正上方,代表祖国无上的尊严与荣耀,“GFJY”为“国防教育”汉语拼音缩写。全民国防教育标志简明、庄重、美观。关注国防、了解国防、建设国防是我们义不容辞的责任。

第一节 国防概述

在人类发展的历史长河中,国防并非天然产生的。有国才有防,国防是随着国家的产生而产生的。“国防”一词最早出现于《后汉书 · 孔融传》。现代国防的概念与古代不尽相同,随着社会的发展,现代国防概念的外延不断扩大,形成了包括武装力量、国防经济、国防科技、国防法制、国防教育、国防理论、国防外交、国防动员、兵役制度、人民防空、战场准备、社会公共安全防护等方面的庞大的现代国防体系。

一、国防的含义与要素

(一) 国防的含义

简单地说,国防就是国家防卫或国家防务,是为捍卫国家安全与发展利益而采取的一切防卫措施的总和。但是,在人类社会发展的不同阶段中,在不同阶级专政的国家中,国防具有不同的职能侧重。奴隶社会和封建社会,国防的职能是将各阶级维持在一定的“秩序”范围之内;资本主义社会,国防的职能是用军队保护和扩大商品生产与贸易,对外疯狂掠夺;人类历史上诞生社会主义国家之后,国防有了新的阶级内涵,其职能是确保各民族的平等生存、发展,抵抗外来侵略,维护世界和平。

全军军事术语管理委员会、军事科学院将其定义为:国防是国家为防备和抵抗侵略,制止武装颠覆,保卫国家的主权、统一、领土完整和安全所进行的军事活动以及与军事有关的政治、经济、外交、科技、教育等方面的活动。这一概念表明,国防是国家的防务,只要世界上有国家存在,国防就会存在;国防行为是国家行为,维护国家安全利益是国防的最高准则;国防的基本职能是捍卫国家主权、统一和领土完整,防止外来侵略与颠覆;国防的手段包括军事活动及与军事有关的政治、经济、外交、科技、教育等方面的活动。

军事活动,包括战争行动和非战争军事行动,是国防的主要手段,但不是唯一手段,它不能离开与军事活动有关的其他活动而孤立地发挥作用,还涉及国家的政治、经济、文化、科技、外交等方方面面。冷战结束后,和平与战争的界限趋于消融,军事力量在技术上的灵活性与多样性以及国际战略格局的革命性变化,已使得一个国家可以运用军事手段去实现许多政治目的,而尽可能不通过战争方式。这就要求我们在准备以战争手段解决问题的同时,要寻求通过非战争军事行动来维护和实现国家利益。“非战争军事行动”主要包括:国家援助、安全援助、人道主义援助、抢险救灾、反恐怖、缉毒、武装护送、情报收集与分享、联合军演、显示武力、攻击与突袭、撤离非战斗人员、强制实现和平、支持或镇压暴乱以及支援国内地方政府等。我们必须树立大国防观,将国防建设纳入整个国家乃至人类发展的大环境中进行思考,依靠全民参与,并动员全社会力量共同建设。

(二) 国防的要素

辨析国防的基本要素,实质上是对国防内涵做进一步分析,确保我们能准确理解国防的逻辑法则。构成国防的基本要素主要包括主体要素、对象要素、目的要素和手段要素。

1. 国防的主体要素

国防的主体是国家,这是国防形成和发展历史所表明的。国防随着国家的产生而产生、随着国家的发展而发展,也必将随着国家的消亡而消亡。按照法律法规,一切国家机构和国家公民都要履行自己的国防职责和义务,且一切相应的国防行为也应受到法律的保护。

2. 国防的对象要素

国防的主要对象是外敌侵略和武装颠覆,防备和抵御外敌侵略、制止武装颠覆是国防的主要任务。外敌侵略包括武装侵略和各种非武装侵略。武装侵略是战争行为,非武装侵略是运用各种经济、外交手段的侵略行为。武装颠覆是指敌

对势力、分裂势力以及宗教极端势力采取武装手段试图颠覆政权的行为。对此，国防必须做好应对各种诱因引发的突发事件的准备。

3. 国防的目的要素

国防自产生之日起就被赋予维护国家主权统一、领土完整和安全的神圣职能。一个国家如果没有可靠的国防，国家的主权统一、领土完整及安全就没有保障，人民安居乐业就没有依托，国家的两个根本大计"生存与发展"就无法实施。

4. 国防的手段要素

军事活动是国防活动的主要手段，但不是唯一手段。现代国防活动还包括与军事有关的政治、经济、外交、法律、科技等多种活动。这些非军事领域中的诸多社会活动，也会在不同程度和不同角度上切实维护国家安全和国防利益，甚至在某些特定背景下发挥出特殊作用和价值。

二、国防的基本类型

国家的社会制度和国家政策决定国防的性质。国家的社会制度不同，制定的国防政策和追求的国防目标也不同，因而国防的类型也不同。目前，世界各国的国防类型主要有扩张型、自卫型、联盟型和中立型四种。

（一） 扩张型

扩张型国防是指某些奉行霸权主义侵略扩张政策的国家，为了维护本国在世界多地区的利益，打着"防卫""人道主义""维护人权"的幌子，对别国进行侵略、颠覆和渗透。此类国防的特点是把本国的"安全"建立在别国安全与发展权丧失的基础上，把"国防"作为侵犯别国主权和领土、干涉他国内政的代言词。

（二） 自卫型

自卫型国防就是以防止外敌侵略为目的，在国防建设上主要依靠本国的力量，广泛争取国际上的同情和支持，维护本国的安全、周边地区和世界的和平与稳定，也称独立自主型国防。我国是社会主义国家，在对外关系方面一贯奉行"和平共处五项基本原则"，国家的政治制度和国家政策决定了我们采取自卫型国防。《中华人民共和国国防法》规定："国家独立自主、自力更生地建设和巩固国防，实行积极防御战略，坚持全民自卫原则。"反对侵略、维护世界和平、保卫国家的安全与发展是我国国防建设的根本宗旨。

（三） 联盟型

联盟型国防就是为弥补自身力量的不足，以结盟形式联合他国进行防卫。从联盟国之间的关系来看，可分为一元体系联盟和多元体系联盟。前者是指有一个大国处于盟主地位，其他国家则处于从属地位；而后者则是各国基本处于平等关系，协商防卫大计。根据目的不同，联盟型国防又分为扩张性质和自卫性质两种。关于联盟型国防，要特别注意其与伙伴关系的联系和区别。

（四） 中立型

中立型国防主要是指中小发达国家，为了保障本国的安全，严守和平中立的国防政策，制定总体防御战略和寓兵于民的防御体系。典型的代表国家有瑞士、瑞典等。还有部分小国家因国力有限，则采取完全不设防的方式。如圣马力诺是个无军队之国，只有少数警察来维护社会秩序，应急、抢险和救灾等工作都需要邻国的帮助。

三、现代国防的基本特征

现代国防又被称为社会国防、大国防、全民国防和综合国防，是对传统国防的继承和发展，是一种全新的国防观念和国防实践活动，是为维护国家安全利益和国家经济利益服务的。现代国防建设不仅要立足于打赢信息化战争，而且要着眼于推迟和遏制战争，其核心问题是如何增强综合国力并有效地运用综合国力，实现维护世界和平，为国家安全、经济建设和社会发展提供根本保障的国防建设目标。

（一） 现代国防结构具有多维性

现代国防不只是军事力量的抗衡，而是诸如国土面积、地理位置、自然资源、生产能力、人口数量和质量、科技和文化水平、交通运输、通信状况、国家政策、管理能力、国际关系和国际地位等多维力量和因素的抗衡，即综合国力的抗衡。现代国防构成既有军事力量，还有非军事力量，但以军事力量为主；国防实力不仅依靠国家的军事实力，还要依靠国家的战争潜力，特别是在战时能够将战争潜力快速转化为军事实力的能力，即平战转换能力。随着社会的发展，现代国防也被赋予了新的内涵与外延，包括国防体制、国防战略、国防政策、国防力量、国防科技、国防工业、国防工程、国防经济、国防教育、国防动员、国防交通、国防法规，以及与现代国防有关的所有方面的建设与斗争等内容，呈现出时代特征。

（二） 现代国防斗争形式具有多样性

现代国防斗争主要包括暴力对抗、威慑手段、谈判方式、运用影响手段等多种形式。在当今世界，除了传统的军事安全威胁外，恐怖主义等非传统安全威胁已成为危害国家安全的重要因素。为应对传统领域和非传统领域多元化的安全威胁和挑战，维护世界和平和人类社会稳定发展，运用影响力、谈判和威慑等非暴力手段已成为解决国际争端的重要形式。当然，无论是影响力、谈判还是威慑，都必须以强大的实力为后盾和基础，甚至要随时准备把实力投入战场。

（三） 现代国防目标具有多层次性

捍卫和扩大国家利益是现代国防的重要目标。但是，由于世界各国国家性质、制度、国力及其推行政策不同，国防目标呈现出多层次性。

从地缘政治角度，现代国防目标可分为自卫目标、区域目标和全球目标三个

层次。自卫目标主要着眼于维护国家主权统一和领土完整；区域目标主要着眼于自卫和维护周边地区的和平与稳定，防止少数国家在周边地区挑衅、扩张、蚕食；全球目标主要着眼于维护世界和平、消除战争威胁，而少数国家则是为了称霸世界。

从国家面临的危机程度，存亡、安危、荣辱、兴衰构成了现代国防目标的四个层次。在国家面临紧急威胁时，国防的首要目标是解决国家存亡问题；在一般威胁情况下，国防的目标是解决安危、荣辱问题；在保障国家建设和创造发展有利的国内外环境的问题上，国防的目标还有保卫和促进发展的问题。

第二节　国防历史

我国国防历史源远流长，中华民族经历了无数次战争的锤炼，形成了强大的民族凝聚力，培育了“自强不息、前仆后继、不畏强暴、卫国御敌”的尚武精神。我国是疆域辽阔统一的多民族国家。中国国防也经历了无数个强盛与衰落的交替，给我们留下了宝贵的国防遗产和深刻的历史教训。

一、我国古代的国防

我国古代的国防是指从夏王朝建立到1840年的鸦片战争，共经历近4 000年的漫长历史。中华民族爆发了数千次战争，形成了完整的国防政策、理论和制度体系，建设了庞大的国防工程。

（一）我国古代的国防政策和国防理论

大约公元前21世纪，中国古代社会开始由原始氏族公社制社会进入奴隶制社会，出现了国家，作为抵御外来侵犯和征伐别国的武备便产生了。以此为起点，经历了几千年的征战杀伐，逐渐形成了我国古代的国防政策和国防理论。

早在春秋战国时期，各诸侯国为了生存和图强争霸而连年征战，国防观念迅速得到强化；逐步形成了诸如“足食足兵”“以正治国，以奇用兵”“富国强兵”“文武相济”“重战、慎战、备战”“不战而屈人之兵”等思想，表明春秋战国时期的国防思想已经上升到理论的高度，奠定了古代国防政策的理论基础。自公元前221年秦始皇统一六国到汉唐盛世，是中国封建社会的繁荣发展时期，国防政策和理论得到了进一步丰富和发展，初步形成了古代军事学术体系，战略思想趋于成熟。宋朝至清朝前期，是中国封建社会由兴盛逐步走向衰落的时期，在军事上进入了冷、热兵器并用时代，国防政策和理论也有相当的发展。

我国古代国防政策理论主要包括：第一，“以民为体”“居安思危”的国防指导思想。“以民为体”指的是国家的根本在于人民，是朴素的民本主义思想。《尚书·五子之歌》中提出“民惟邦本，本固邦宁”，认为百姓是国家的根本，只有根本稳固，国家才能安宁。孟子说：“民为贵，社稷次之，君为轻。是故得乎丘民而为天子，得乎天子为诸侯，得乎诸侯为大夫。”就是说百姓最为重要，土谷之神为次，国君为轻。所以，得着百姓的欢心便做天子，得着天子的欢心便做诸侯，得着诸侯的欢心便做大夫，充分体现了古代的民本思想。而长年累月的征战杀伐也让历朝历代的人民明白，居安必须思危，否则国家就会灭亡。第二，“富国强兵”“寓兵于农”的国防建设思想。经济的发展是国防强大的基础。历史上的秦国最初只是中华民族大疆域西部边陲一个小国家，经过不断的吞并、蚕食，逐步成为战国七雄之一。战国初期，秦国实力在七国中比较弱小，在商鞅耕战思想指导下，休养生息，发展农业生产，繁荣经济，成为战国后期最富强的封建国家。“寓兵于农”是中国古代一项重要的政治军事制度。由于古代生产力低下，国家没有足够的经济实力维持常规军队建设，普遍采用“寓兵于农”、兵农合一的国防政策，国不养兵，将不常设。对国民进行一定军事训练，平时从事农业生产，战时参战。第三，“不战而胜”“安国全军”的国防斗争策略。实际上就是全胜的思想。《孙子兵法》强调，“兵不顿而利可全”“必以全争于天下”，认为战争的最高境界就是“不战而胜”“安国全军”。第四，“爱国教战”“崇尚武德”的国防教育思想。中国古代有组织地开展国防教育始于宋朝，以《武经七书》为重要的标志。

在这些国防政策理论指导下，中华民族不断繁衍生息，发展壮大，最终形成了大一统国家，在国防史上出现了“治安中国，四夷自服”的辉煌时期。

（二） 我国古代的兵制建设

兵制即我们常说的军事制度，也称军制，是国家或政治集团组织、管理、维持、储备和发展军事力量的制度。我国古代的兵制建设主要包括军事领导体制、武装力量体制和兵役制度等内容。

在军事领导体制上，皇权至上，一般由国王亲自掌握和指挥军队，没有形成专门的军事领导机构。在武装力量体制上，各个朝代根据国家的状况和国防的需要以及驻防地区和担负任务的具体情况，将军队区分为中央军、地方军和边防军三种，并对军队的编制体制、屯田戍边、兵役军赋、军队调动、军需补给、驿站通道、军械制造和配发等都做了具体的规定，并以法律的形式颁布执行，如唐代的《卫禁律》《军防令》等。在兵役制度上，随着各个历史时期的政治、经济、人口状况和军事需要而发展变化。

（三） 我国古代的国防工程建设

我国古代为抵御外敌侵犯，巩固边海防，修筑了数量众多、规模庞大的国防工程，如城池、长城、京杭大运河以及海防要塞等。

我国古代国防工程建设中，城池的建设时间最早、数量最多。城池建筑最早始于商代。随后，城池建设规模不断扩大，结构日益完善，一直延续到近代。因

此，在我国古代战争中，城池的攻守作战成为主要的作战样式之一。

举世闻名的万里长城，是中华民族在漫长的历史岁月中修建起来的宏伟国防工程，是城池建设的延伸和发展。

京杭大运河是我国古代兴建的伟大水利工程。隋炀帝时期，征调大量人力、物力，将原有的旧河道拓宽和连贯，形成北起通州（今北京通州区）、南至杭州，全长 1 794 km 的大运河。京杭大运河把南北许多州县连成一线，成为军事交通和“南粮北运”的大动脉，具有重大的军事和经济作用。

古代海防建设是从明朝开始的。为了抵御倭寇，朱元璋开始加强海防建设，在沿海重要地段陆续修建了以卫城、新城为骨干，水陆寨、营堡、墩、台、烽堠等相结合的海防工程体系，为抗击倭寇的入侵起到了重要作用。清朝前期，在明代卫、所的基础上，沿海、沿江逐步建成了由海岛要塞、海口要塞、海岸要塞和江防要塞构成的炮台要塞式防御体系。

二、我国近代的国防

从 1840 年到 1949 年，是中国的近代历史时期，这一时期的国防是孱弱、衰败和屈辱的。1840 年，英国人用坚船利炮敲开了国门，拉开了帝国主义列强瓜分中国的大幕。在列强侵略面前，腐朽的统治者消极防御，大片国土被割让，人民惨遭蹂躏和屠杀。

（一） 清朝后期的国防

1. 清朝后期的对外战争

鸦片战争以前，中国是一个主权独立的封建国家，对外实行闭关锁国政策，虽然生产力的发展已经开始落后于当时欧美各主要资本主义国家，但国防还是巩固的。闭关锁国的中国逐步落后于世界大潮，但是在外贸中中国一直处于贸易顺差地位。为了扭转对华贸易逆差，英国开始向中国走私毒品鸦片，获取暴利。鸦片贸易严重损害了清朝经济和人民身体健康，给社会带来了严重危机。在此情况下，清道光皇帝派林则徐到广东查禁鸦片，开始禁烟运动。禁烟运动大大抑制了英国在中国的鸦片交易，沉重打击了英国资产阶级对中国的贸易掠夺。

为了打开中国市场大门，1840 年 6 月，英军舰船 47 艘、陆军 4 000 人在海军少将懿律、驻华商务监督义律率领下，陆续抵达广东珠江口外，封锁海口，鸦片战争爆发。1842 年，战败的清政府被迫在英国的军舰上签订了我国历史上第一个丧权辱国的不平等条约——中英《南京条约》。中国的领土和主权遭到破坏，开始沦为半殖民地半封建社会。

1856 年至 1860 年，英国不满足它已获得的利益，联合法国，分别以“亚罗号事件”和“马神甫事件”为借口，对中国发动了第二次鸦片战争，强迫清政府签订了中英《天津条约》、中法《北京条约》和中俄《瑷珲条约》。

1884年至1885年中法战争爆发，爱国将领冯子材在刘永福黑旗军的配合下，取得了镇南关大捷，并导致法国茹费里内阁倒台。但是腐败的清政府却一味苟且偷安，屈辱媾和，和法国签订《中法新约》，将广西和云南两省的部分权益出卖给法国。

1894年日本发动甲午战争，北洋水师全军覆没，清政府被迫与日本签订了《马关条约》：承认朝鲜独立；割让台湾岛及其附属岛屿、澎湖列岛给日本；赔偿日本2亿两白银；开放沙市、重庆、苏州、杭州为通商口岸；允许日本人在通商口岸开设工厂。《马关条约》的签订，使中国陷入沉重的民族危机，面临生死存亡的关头。

1900年，英、美、德、法、俄、日、意、奥八国，以保护在华侨民"利益"为借口，组成联军，发动侵华战争。战败的清政府被迫与八国签订了《辛丑条约》。这个条约从政治、经济、军事各方面都扩大和加深了帝国主义对中国的统治，清政府已完全成为帝国主义统治中国的工具。中国完全沦为半殖民地半封建社会。

从1840年鸦片战争到1911年，中国五次战败，共赔款2 700万元、白银13亿多两。在中华大地上，俄国在长城以北，英国在长江流域，日本在中国台湾、福建，德国在山东，法国在云南，绝大部分中国领土成了帝国主义的势力范围。当时18 000多千米海防线上，竟找不到一个属于自己享有主权的港口。列强的入侵，不仅使中国在政治上、经济上、文化上蒙受了巨大损失，而且使中国人的人格尊严丧失殆尽。

2. 清朝后期国防实力衰退的历史原因

首先，政治的腐败。从皇帝到大小官吏，多昏庸无能、浑浑噩噩、无所用心，其腐朽性与寄生性与日俱增。

其次，经济的衰退。皇室、官僚和军队的挥霍无度，财政左支右绌、入不敷出。与此同时，土地因兼并而高度集中，广大农民无田地耕种，极大地制约了整个社会经济的发展。

再次，科技思想落后。当时世界资本主义正处于迅速发展时期，军队热兵器代替了冷兵器，作战方法上广泛运用"线式"散兵战术，作战能力大大提高。而清朝仍处于闭关锁国的封建小农经济时代，军队装备仍然是古典式的大刀、长矛、弓箭以及少量的鸟枪、火绳枪和用黑色炸药发射的铁炮；作战方法仍采取以往方阵形的密集整体冲杀；作战指导仍以骑射为主的思想。

最后，军备的废弛。作为清朝主要作战部队的八旗和绿营兵腐败不堪，武官克扣兵饷军粮，士兵常常扰民劫财。骑兵没有战马，水兵不会游泳，几无战斗力可言。19世纪60年代到90年代，洋务派搞了洋务运动，提出"自强、求富"的口号，先后建起一大批近代军事工业，并建立了中国近代海军——南洋舰队、福建舰队和北洋舰队，但仍未能从根本上扭转国防力量衰竭趋势。

（二） 民国时期的国防

1911 年，辛亥革命推翻了几千年的封建统治，但由于革命的不彻底，并未使中国摆脱半殖民地半封建的境地，帝国主义依然在华夏大地上横行无忌。为了维护在华利益，帝国主义国家纷纷扶植代理人，加紧对中国的控制掠夺，各派军阀以帝国主义为靠山，割据称雄，征战不休，出卖国家和民族利益。“二十一条”签订和“巴黎和会”中国外交失败，激起了中华民族同仇敌忾、共御外侮的决心和勇气。以五四运动为标志，中国反帝反封建的资产阶级民主革命发展到新阶段。1921 年 7 月，中国共产党成立，中国工人阶级开始以自觉的姿态登上了历史舞台。从此，中国无产阶级有了自己的战斗司令部，中国人民救亡图存的革命斗争有了自己的组织者和领导者。

1931 年 9 月 18 日夜，日本制造了震惊中外的“九一八事变”。面对日本帝国主义的野蛮侵略，蒋介石奉行“攘外必先安内”的方针，一味奉行不抵抗政策，使东北大片国土迅速沦陷，3 000 多万同胞饱受长达十四年的奴役。1937 年 7 月 7 日，日本发动了“卢沟桥事变”。在中华民族生死存亡的紧要关头，中国共产党高举团结抗日的旗帜，肩负起救民族于危难的神圣使命，建立抗日统一阵线，带领全国各族人民进行了艰苦卓绝的十四年抗战，终于取得了我国近代史上第一次抗击外敌侵略的完全胜利。

十四年抗日战争胜利后，中国人民迫切需要一个和平安全的休养生息的环境，中国共产党顺民心，从民愿，准备与国民党携手合作建国。但蒋介石背信弃义，悍然发动全面内战，妄图消灭中国共产党及其所领导的军队。在中国共产党的领导下，经过四年多的解放战争，中国人民终于推翻了蒋家王朝，建立了中华人民共和国，从此我国国防建设逐步走上了现代化、正规化的建设发展道路。

三、国防历史的启示

纵观中国国防发展历史，当统治阶级处于上升时期，政治开明，国家统一，经济繁荣，国防就强大；而当统治阶级走下坡路的时候，政治腐败，国家分裂，经济凋敝，国防就削弱或崩溃。数千年的发展历史带给我们的主要启示如下：

（一） 经济实力是国防强大的物质基础

经济是国防的物质基础，国防的强大有赖于经济的发展。早在春秋时期，一些著名的政治家、军事家就认识到“强兵之要，要在富国”。当时齐国的政治家管仲就提出“富国强兵”的思想，孙子则更直接指出战争“日费千金”的特征。这就抓住了国防强大的根本所在。我国古代凡是有作为的政治家、军事家和王朝，无不强调富国强兵。无数史实证明经济发展是国防强大的基础。

（二） 政治昌明是国防巩固的根本

国家政策的正确与否，直接关系到国防的兴衰、国家的存亡。只有政治昌明，才能有巩固的国防，才能为国家发展提供保障。这是国防历史给我们提供的又一深刻启示。春秋战国时期，各诸侯国就十分注意修明政治、变法图强，把尊贤厚士、举贤任能、选拔优秀人才治理国家作为强国的根本大计。汉高祖得天下后，实行"文武"政策，建立法制，修明政治。此后，文帝、景帝至武帝，都实行比较开明的治国之策。国家的昌盛，为维持西汉长达两百多年的安定局面奠定了基础。相反，秦朝实行暴政，激起农民起义，终至推翻秦始皇梦想千秋万年、子孙相继的基业；宋朝由于机构臃肿，官员奢侈腐化，国力衰竭不堪，无力抵抗外侵，终被元所灭。特别是近代中国，由于清政府政治日趋腐朽，国防日益虚弱，面对列强入侵，屡战屡败，割地赔款，使国家遭受了前所未有的奇耻大辱，将中国人民带进了苦难的深渊。总之，国防的兴衰，王朝的更替，近代中国的百年国耻，都深刻地告诉我们，政治昌明是国防巩固的基础，是国家得以长治久安的根本保证。

（三） 国家的统一和民族的团结是国防强大的关键

国防历史给予我们的另一重要启示，就是在面临外敌入侵、国家危亡的关头，只有国家统一、民族团结、共同抵抗，才能筑起一道坚固的国防长城，取得反侵略战争的胜利。近代西方列强架起几尊大炮就可以打败泱泱大国，一个重要的原因就是，清朝统治者在侵略者面前，不仅不发动和依靠广大人民进行反侵略的正义战争，反而认为"患不在外而在内"，甚至借外国侵略者之手消灭国内反抗力量。统治者害怕人民，采取与人民对立的立场，尽管广大人民奋起反抗侵略者，但由于是自发的、分散的，缺乏统一指挥，没有形成一致对外的合力，无力改变战争的结局。

抗日战争时期，中国共产党主张全国军民团结起来，建立广泛的抗日民族统一战线，共同抵抗日寇侵略。同时，坚持人民战争的战略指导方针，放手发动群众，团结一切可以团结的力量共同抗击敌人。中国共产党领导的八路军、新四军挺进敌后，开辟了广大的敌后抗日根据地，运用人民战争的战略战术，同全国军民一起，同仇敌忾，有力有效地打击了日本侵略者，取得了抗日战争的最后胜利。

（四） 科技发达是国防建设的有效保证

强大的国防既需要有雄厚的经济基础，也需要先进的政治制度，更需要各民族的团结奋进和国家统一。但在时代快速发展的背景下，加强国家科技力量建设，加快科技队伍建设，并适时将科技力转为战斗力、军事力和国防力，将科技的战争效应放大至一个合理程度，才能确保国防建设处于不败之地。

第三节 国防现代化建设

国防建设是指国家为构建和完善国防体系，提高国防能力而进行的一系列

活动的统称，是中国国防现代化建设的重要内容。主要包括：国防领导体制建设，武装力量建设，边防、海防、空防、人防及战场建设，国防工业与国防科技建设，国防法治建设，国防动员建设，国防教育，以及与国防相关的交通、能源、通信建设等。中华人民共和国成立后，党和国家把国防建设摆在突出的战略位置，经过长期的实践探索和努力建设，取得了举世瞩目的成就，为国家建设和发展做出了巨大的贡献。

一、国防领导体制

（一） 国防领导体制的历史发展

国防领导体制是指国家领导国防活动的组织体系及相关制度。它是国家政权组织形式和机构的重要组成部分。其主要内容包括国防领导机构，特别是武装力量领导和指挥机构的设置、职权划分、相互关系等。一般设有最高统帅、最高国防决策机构、国家行政机关中管理国防事务的部门、武装力量领导指挥系统。

1954 年 9 月，第一届全国人民代表大会第一次会议通过的宪法规定：中华人民共和国国家主席统帅全国武装力量。在同月召开的中央政治局会议上，决定在中央政治局和书记处之下成立中共中央军事委员会，领导中国人民解放军和其他武装力量。1958 年 7 月，中央军委扩大会议决定，中央军委是中共中央的军事工作部门，是统一领导全军的统帅机关，军委主席是全军统帅，下设总参谋部、总政治部、总后勤部。军委决定的事项，凡需经国务院批准，或需用行政名义下达的，由国防部部长签署对外公布。

1982 年 12 月，第五届全国人民代表大会第五次会议通过的第四部宪法规定，设立中华人民共和国中央军事委员会，领导全国的武装力量。中央军事委员会实行主席负责制，主席由全国人民代表大会选举产生或罢免，对全国人民代表大会和全国人民代表大会常务委员会负责。为加强我军武器装备建设，1998 年，中央军委增设了总装备部。与此同时，中共中央军事委员会继续存在，其职能和国家中央军事委员会完全相同。这种体制，既贯彻了党对军队绝对领导的根本原则，又适应我军已成为国家主要成分的实际，进一步完善了国家武装力量的领导体制，体现了党领导军队与国家领导军队的一致性，体现了中国共产党作为执政党在国家政治生活中的领导地位和作用。

2016 年 1 月，中央军委批准军改后的新总部机关正式成立。这次军委机关调整组建，按照军委管总、战区主战、军种主建的总原则，把总部制改为多部门制，由原来的总参谋部、总政治部、总后勤部和总装备部四个总部（简称四总部），改为军委办公厅、军委联合参谋部、军委政治工作部、军委后勤保障部、军委装备发展部、军委训练管理部、军委国防动员部、军委纪律检查委员会、军委政法委员会、军委科学技术委员会、军委战略规划办公室、军委改革和编制办公室、军委国际军事合作办公室、军委审计署、军委机关事务管理总局15个部门。习近平强调,调整组建后的军委机关,要以革命军人应有的忠诚、担当、勇气,做到讲政治、谋打赢、搞服务、做表率,以奋发有为的精神状态投身强国强军的伟大实践。

习近平指出,要尽快形成顺畅高效的联合作战指挥体系,军委机关要把谋打赢作为最大职责,强化随时准备打仗的思想,集中精力研究军事、研究战争、研究打仗。要坚持战斗力这个唯一的根本的标准。他还指出,军委机关的领导干部要带头践行“三严三实”(既严以修身、严以用权、严于律己,又谋事要实、创业要实、做人要实),自觉用党纪党规规范自己。

(二) 国防领导职权

《中华人民共和国宪法》(简称《宪法》)和《中华人民共和国国防法》(简称《国防法》)还分别规定了全国人民代表大会及其常务委员会、中华人民共和国主席、中华人民共和国国务院、中华人民共和国中央军事委员会在国防方面的职权。根据《宪法》和《国防法》,中华人民共和国的国防领导职权由中共中央、全国人大及其常务委员会、国家主席、国务院、中央军委行使。

1. 中共中央的国防领导职权

中国共产党作为执政党,是领导中国特色社会主义事业的核心力量。中共中央在国家生活包括国防事务中发挥着决定性的领导作用。有关国防、战争和军队建设的重大问题,都是由中共中央、中央军委、中央政治局及其常务委员会做出决策并通过必要的法定程序,作为党和国家的统一决策贯彻执行。《中国人民解放军政治工作条例》规定:“中国人民解放军必须置于中国共产党的绝对领导之下,其最高领导权和指挥权属于中国共产党中央委员会和中央军事委员会。”

2. 全国人民代表大会及其常务委员会的国防职权

中华人民共和国全国人民代表大会是最高国家权力机关。它在国防方面的职权主要有:修改宪法中的国防条款,制定和修改国防基本法律;决定战争与和平的问题;制定有关国防方面的基本法律;选举中央军事委员会主席,根据中央军事委员会主席的提名,决定中央军事委员会其他组成人员,并有权罢免以上人员;审查和批准包括国防建设计划在内的国民经济和社会发展计划和计划执行情况的报告;审查和批准包括国防经费预算在内的国家预算和预算执行情况的报告;改变或者撤销全国人民代表大会常务委员会在国防方面的不适当的决定;应当由全国人民代表大会行使的国防方面的其他职权。

全国人民代表大会常务委员会在国防方面的职权主要有:在全国人民代表大会闭会期间,如果遇到国家遭受武装侵犯或者必须履行国际间共同防止侵略

的条约的情况，决定战争状态的宣布；决定全国总动员或者局部动员；制定有关国防方面的法律；在全国人民代表大会闭会期间，审查和批准包括国防建设计划在内的国民经济和社会发展计划，包括国防经费预算在内的国家预算在执行过程中所必须做的部分调整方案；监督中央军事委员会的工作；在全国人民代表大会闭会期间，根据中央军事委员会主席的提名，决定中央军事委员会其他组成人员的人选；根据最高人民法院院长和最高人民检察院检察长的提请，任免军事法院院长和军事检察院检察长；决定同外国缔结的有关国防方面的条约和重要协定的批准和废除；规定军人的衔级制度；规定和决定授予在国防方面国家的勋章和荣誉称号；全国人民代表大会授予的国防方面的其他职权。

3. 国家主席在国防方面的职权

中华人民共和国主席在国防方面的职权主要有：根据全国人民代表大会的决定和全国人民代表大会常务委员会的决定，宣布战争状态；根据全国人民代表大会的决定和全国人民代表大会常务委员会的决定，发布动员令；公布全国人民代表大会及其常务委员会制定的有关国防方面的法律；根据全国人民代表大会常务委员会的决定，授予在国防方面国家的勋章和荣誉称号；根据全国人民代表大会常务委员会的决定，批准和废除同外国缔结的有关国防方面的条约和重要协定。

4. 国务院在国防方面的职权

中华人民共和国国务院是最高国家权力机关的执行机关，是最高国家行政机关。它在国防方面的职权是领导和管理国防建设事业，包括：编制国防建设发展规划和计划；制定国防建设方面的方针、政策和行政法规；领导和管理国防科研生产；管理国防经费和国防资产；领导和管理国民经济动员工作和人民武装动员、人民防空、国防交通等方面的有关工作；领导和管理拥军优属工作和退出现役军人的安置工作；领导国防教育工作；与中央军事委员会共同领导中国人民武装警察部队、民兵的建设和征兵、预备役工作以及边防、海防、空防的管理工作；法律规定的与国防建设事业有关的其他职权。国务院设有国防部以及其他与国防建设事业有关的部门。

5. 中央军事委员会在国防方面的职权

中央军事委员会是最高国家军事机关，负责领导全国武装力量。其职权主要包括：统一指挥全国武装力量；决定军事战略和武装力量的作战方针；领导和管理中国人民解放军的建设，制订规划、计划并组织实施；向全国人民代表大会或者全国人民代表大会常务委员会提出议案；根据宪法和法律，制定军事法规，发布决定和命令；决定中国人民解放军的体制和编制，规定各部委、直属机构以及战区、军兵种和其他战区级单位的任务和职责；依照法律、军事法规的规定，任免、培训、考核和奖惩武装力量成员；批准武装力量的武器装备体制和武器装备发展规划、计划，协同国务院领导和管理国防科研生产；会同国务院管理国防经费和国防资产；法律规定的其他职权。

中央军委实行主席负责制。中央军委组成人员为：中央军委主席，副主席若干人，委员若干人。中央军事委员会每届任期与全国人民代表大会每届任期相同；中央军事委员会主席对全国人民代表大会和全国人民代表大会常务委员会负责。

二、中华人民共和国国防建设成就

中华人民共和国成立以来，在中共中央、中央军委的领导下，国防建设取得了举世瞩目的成就，逐步建立了有中国特色的现代化国防体系。

（一） 中国人民解放军现代化、正规化和革命化建设取得突破性进展

军队是国防力量的主体，中华人民共和国成立后，我国根据国防的实际需要和国家的基本承受能力，建设了一支诸军兵种相结合的具有现代作战能力的革命化、现代化、正规化的军队。

陆军在步兵的基础上，相继建立了炮兵、装甲兵、工程兵、通信兵、陆军航空兵、电子对抗兵、气象兵等兵种。1985 年，陆军改编为合成集团军，使诸兵种协同作战能力和整体作战效能有了新的增强。我国海军以舰艇部队为主体，由岸防部队、水面舰艇部队、潜艇部队、海军航空兵部队和海军陆战队等兵种组成。舰艇部队日趋导弹化、电子化、自动化。整个海军具有在水下、水面、空中和岸上实施作战的能力，还可以协同其他军种进行海上作战。我国空军以航空兵为主体，由航空兵和地空导弹兵、高射炮兵、空降兵、雷达兵、通信兵等兵种组成，构成了航空兵和地面诸兵种合成完整的防空体系。我国战略导弹部队，于 20 世纪 60 年代中期创建，由周总理亲自命名为第二炮兵，由近程导弹、中程导弹、远程导弹和洲际导弹部队组成。装备多种型号战略导弹，射程从数百公里至一万多公里，威力从几十万吨到数百万吨 TNT 当量。可实施固定发射，也可机动发射。建有与之相配套的作战、防护工程和各种设施，具有较强的生存能力。由于采用了先进可靠的制导技术，可随时按党中央和中央军委的命令给敌方以毁灭性的还击。2016 年 1 月，第二炮兵部队正式更名为火箭军部队。

在加强军队院校建设上，中华人民共和国成立以后，我军各类军事院校得到了迅速发展，培养了大批国防人才。在新的历史时期，中央军委进一步强调“要把教育训练提高到战略地位”。在这个思想指导下，全军开办了各级各类指挥院校和专业院校，培养了一批又一批能适应现代战争需要的各级指挥人才和各类专业技术人才。

（二） 国防科技工业成果显著

中华人民共和国成立后，我国的国防科技工业经历了从无到有，从小到大，

从落后到先进，建立起电子、船舶、兵器、航空、航天和核能等门类齐全、综合配套的科研实验生产体系，取得了一大批具有国内或国际先进水平的科研成果，为我军现代化建设，增强我国的综合国力做出了重要贡献。

在军事电子方面，逐步发展成为具有相当规模、门类齐全的新兴工业部门，特别是在指挥自动化、情报侦察、预警探测、电子对抗和通信等方面，为我军提供了各种新式装备和产品，进一步增强了部队侦察、通信、指挥和作战能力；在船舶工业方面，先后自行研制建造了核动力潜艇、常规潜艇、导弹驱逐舰、导弹护卫舰、导弹快艇等作战舰艇，以及各种辅助船舶和新型鱼雷、水雷、反水雷等新装备，包括大型远洋海上测量船只，在保障卫星发射、导弹试射等方面做出了卓越贡献；在兵器工业方面，研制生产了一大批性能先进的坦克、装甲车辆、火炮、弹药、轻武器、军用光电器材和综合火控、指挥系统等新型武器装备，为我军现代化做出了重要贡献；在航空工业方面，已累计生产歼击机、轰炸机、直升机、运输机、教练机等军用飞机，基本满足了海空军作战和飞行训练的需要；在航天科技工业方面，已拥有地地、地空、海空和空空导弹武器系统、运载火箭、各种应用卫星的研制发射和实验能力，在世界航天技术领域占有一席之地；在核工业方面，我国不仅可以生产制造原子弹、氢弹，还掌握了核潜艇技术，形成了我国的核威慑力量，在和平利用核能方面，我国也取得了突破性进展。

特别在尖端技术方面，我国在洲际导弹、核潜艇、水下发射导弹、核武器、小型化中子弹、先进作战飞机、新型作战舰艇、先进地面兵器和军用电子技术等领域取得了一系列重要进展，进一步增强了我国的国防实力和综合实力。

（三） 国防后备力量建设取得了长足的发展

我国国防后备力量建设，经过几代人的努力，取得了长足的发展。1984 年 5 月 31 日第六届全国人民代表大会第 2 次会议通过新的《中华人民共和国兵役法》（简称《兵役法》），恢复了预备役制，实行民兵和预备役相结合的制度（并于 1998 年、2009 年、2011 年三次修改）。1985 年，党中央、国务院、中央军委明确提出：“精干的常备军和强大的后备力量相结合，是建设现代化国防的必由之路。”这一方针给国防后备力量建设指引了方向，确立了民兵和预备役相结合的制度，初步形成了具有中国特色的国防后备力量体系。到今天，全国的民兵组织，已由单一的步兵发展成为包括高炮、地炮、通信、工兵、防化、侦察以及海、空军等专业技术在内的强大的群众武装力量，民兵训练不断向高层次发展，为国防培养了一批能文能武的后备力量。

全民国防教育工作进一步加强。20 世纪 80 年代中期开始恢复并加强在校大中学生军训工作，学校国防教育逐步走上法治化、规范化轨道。

民防措施不断完善。从 20 世纪 60 年代起，我国开展了大规模的民防工程建设。经过多年的努力，一大批能适应现代战争需要的民防工程相继建成。这些工程不仅规模大、数量多、范围广，具有在核战争条件下保护相当大比例城市人口的潜力，而且具有很强的机动性。我国的大部分城市和一些地区，构筑了地道、地下街、地下商场、地下铁路等工程，四通八达。对战时紧急疏散人口，防空，防炮，防核、生、化，保护重要设施和目标以及指挥、供给等，都将起到重大作用。在民防队伍建设上，注重建立健全民防组织机构，优化民防组织成员的年龄结构和知识结构，吸收有文化、热心于民防事业的年轻人参加，利用多种渠道开展防护教育，使人民群众掌握防空，防炮，防核、生、化武器袭击的常识和自救互救的技能，为应付突发情况做好充分的准备。

另外，国家在物力、财力、科技的动员上也采取了许多措施，保证一旦发生战争，能很快由平时状态转为战时状态。

三、国防建设目标和国防政策

（一） 国防建设目标

国防建设目标是国家建设总目标的重要组成部分，也是拟制国防建设总体规划的首要环节，它规定国防建设总的发展方向和各项内容发展的具体指标。

巩固国防，捍卫国家主权，维护世界和平，促进国防建设与国民经济的协调发展，实现国防现代化，是我国国防建设的目标，也是整个国家建设的目标之一。这一目标是由国防的基本目的和国家利益的需要所决定的。我国国防的目标和任务：一是巩固国防，防备和抵抗侵略；二是制止分裂，实现祖国完全统一；三是制止武装颠覆，维护社会稳定；四是加强国防建设，实现国防和军队现代化；五是维护世界和平，反对侵略扩张。2015 年中国国防白皮书《中国的军事战略》强调指出：当今世界正面临前所未有之大变局，当代中国正处于改革发展的关键阶段。世界繁荣稳定是中国的机遇，中国和平发展也是世界的机遇。中国将始终不渝地走和平发展道路，奉行独立自主的和平外交政策和防御性国防政策，反对各种形式的霸权主义和强权政治，永远不称霸，永远不搞扩张。中国军队始终是维护世界和平的坚定力量。

（二） 国防政策

国防政策是国家在一定时期所制定的关于国防建设和斗争的基本行动准则，是国家政策的组成部分，由国家依据其军事和政治、经济、科技、文化、地理以及国际环境等条件制定。

中国奉行防御性国防政策。中国把捍卫国家主权、安全、领土完整，保障国家发展利益和保护人民利益放在高于一切的位置，努力建设与国家安全和发展利益相适应的巩固国防和强大军队，在全面建设小康社会进程中实现富国和强军的统一。

新世纪新阶段中国国防政策的基本内容是：维护国家安全统一，保障国家发

展利益;实现国防和军队建设全面协调可持续发展;加强以信息化为主要标志的军队质量建设;贯彻积极防御的军事战略方针;坚持自卫防御的核战略;营造有利于国家和平发展的安全环境。

1. 维护国家安全统一,保障国家发展利益

防备和抵抗侵略,确保国家领海、领空和边境不受侵犯。反对和遏制"台独""疆独""藏独""港独"等分裂势力及其活动,防范和打击一切形式的恐怖主义、分裂主义和极端主义等三股势力。

2. 实现国防和军队建设全面协调可持续发展

坚持经济建设和国防建设协调发展的方针,统筹国家资源,兼顾富国和强军,使国防和军队发展战略与国家发展战略相适应。将国防建设有机融入经济社会发展之中,形成经济建设和国防建设协调发展的科学机制,为实现国防和军队现代化提供丰厚的资源和持续发展的动力。国防建设要兼顾经济社会发展需要,坚持军民兼容互利,提高和平时期国防资源的社会利用效益。

3. 加强以信息化为主要标志的军队质量建设

以信息化为国防和军队现代化的发展方向,立足国情军情,积极推进中国特色军事变革,科学制定国防和军队建设战略规划、军兵种发展战略。适应打赢信息化条件下局部战争要求,加强新型作战力量建设,加强以信息化为主导的机械化信息化复合发展,提高基于信息系统的体系作战能力,实现火力、机动力、防护力、保障力和信息力整体提高。坚定不移把军事斗争准备基点放在打赢信息化条件下局部战争上,统筹推进各战略方向军事斗争准备,加强军兵种力量联合运用,提高基于信息系统的体系作战能力。

4. 贯彻积极防御的军事战略方针

中国实行积极防御的军事战略,在战略上坚持防御、自卫和后发制人的原则。坚定不移实行积极防御军事战略,防备和抵抗侵略,遏制分裂势力,保卫边防、海防、空防安全,维护国家海洋权益和在太空、网络空间的安全利益。坚持"人不犯我,我不犯人,人若犯我,我必犯人",坚决采取一切必要措施维护国家主权和领土完整。贯彻积极防御的军事战略方针,既表明了我国国防的性质,又表明了我国维护和平,反对霸权主义的坚定立场。

适应世界军事发展的新趋势,依据国家安全和发展战略的要求,中国制定了新时代积极防御的军事战略方针。这一方针立足打赢信息化条件下的局部战争,注重遏制危机和战争,着力提高军队应对多种安全威胁、完成多样化军事任务的能力,坚持和发展人民战争的战略思想。

5. 坚持自卫防御的核战略

中国的核战略贯彻国家的核政策和军事战略,根本目标是遏制他国对中国使用或威胁使用核武器。中国坚持自卫反击和有限发展的原则,着眼于建设一

支满足国家安全需要的精干有效的核力量,提高核力量的生存能力、突防能力,确保核武器的安全性、可靠性,保持核战略的威慑作用。中国始终奉行在任何时候、任何情况下都不首先使用核武器的政策,无条件地承诺不对无核武器国家和无核武器地区使用或威胁使用核武器,主张全面禁止和彻底销毁核武器。

6. 营造有利于国家和平发展的安全环境

坚持和平共处五项原则,全方位开展对外军事交往,发展不结盟、不对抗、不针对第三方的军事合作关系,推动建立公平有效的集体安全机制和军事互信机制。坚持开放、务实、合作的理念,深化同各国军队的交流与合作,重视与相邻国家建立边境地区信任措施,推进海上安全对话与合作,参加联合国维和行动、国际反恐合作、国际护航和救灾行动,举行中外联演联训。认真履行应尽的国际责任和义务,为维护世界和平、安全、稳定发挥积极作用。

四、武装力量建设

武装力量是国家或政治集团所拥有的各种武装组织的总称。一般以军队为主体,由军队和其他正规的、非正规的武装组织结合而成。通常由国家或政治集团的最高领导人统帅。

我国的武装力量由中国人民解放军、中国人民武装警察部队和民兵组成,肩负着维护国家主权、安全、发展利益的光荣使命和神圣职责。其基本体制是"三结合"(即中国人民解放军、中国人民武装警察部队和民兵"三结合"武装力量体制)。

(一) 中国人民解放军

中国人民解放军是中国共产党缔造和领导的人民军队,是中国武装力量的主体。中国人民解放军由现役部队和预备役部队组成。现役部队是国家的常备军,由陆军、海军、空军、火箭军、战略支援部队和联勤保障部队组成,主要担负防卫作战任务。中央军委通过15个部门对全军实施作战指挥和建设领导。

1. 中国人民解放军陆军

中国人民解放军陆军成立于1927年8月1日,主要担负陆地作战任务,包括机动作战部队、边海防部队、警卫警备部队等。军改前,领导机关职能由四总部代行,沈阳、北京、兰州、济南、南京、广州、成都七个军区直接领导所属陆军部队。陆军军改的目标是要破除"大陆军"体制,便于军委对各军种统一指挥。陆军集团军内部编成也进行了改革,原有的"集团军—师—团—营"结构压缩为"集团军—旅—营",以缩短指挥链和管理链。

陆军一般由步兵、炮兵、装甲兵、防空兵、陆军航空兵、工程兵、通信兵、防化兵等兵种及侦察兵、测绘兵等专业兵组成。步兵徒步或乘装甲输送车、步兵战车实施机动和作战。炮兵以各种压制火炮、反坦克火炮、反坦克导弹和战役战术导

弹为基本装备,遂行地面火力突击任务。装甲兵(坦克兵)以坦克及其他装甲车、保障车辆为基本装备,遂行地面突击任务。防空兵以高射炮、地空导弹武器系统为基本装备,遂行对空作战任务。陆军航空兵装备攻击直升机、运输直升机和其他专用直升机及轻型固定翼飞机,遂行空中机动和支援地面作战任务。工程兵由工兵、舟桥、建筑、伪装、野战给水工程、工程维护等专业部(分)队组成,担负工程保障任务。通信兵由通信、通信工程、通信技术保障、航空兵导航和军邮勤务等专业部(分)队组成,担负军事通信任务。防化兵由防化、喷火、发烟等部(分)队组成,担负防化保障任务。

按照机动作战、立体攻防的战略要求,中国人民解放军陆军积极推进由区域防卫型向全域机动型转变,加快发展陆军航空兵、轻型机械化部队和特种作战部队,加强数字化部队建设,逐步实现部队编成的小型化、模块化、多能化,提高空地一体、远程机动、快速突击和特种作战能力。

2. 中国人民解放军海军

中国人民解放军海军成立于 1949 年 4 月 23 日,是海上作战行动的主体力量,担负着保卫国家海上方向安全、领海主权和维护海洋权益的任务,主要由潜艇部队、水面舰艇部队、海军航空兵、海军陆战队、海军岸防兵等兵种组成。

潜艇部队编有常规动力潜艇部队和核动力潜艇部队,具有水下攻击和一定的核打击能力。水面舰艇部队编有战斗舰艇部队和勤务舰船部队,具有在海上进行反舰、反潜、防空、水雷战和对岸攻击等作战能力。海军航空兵编有轰炸航空兵、歼击轰炸航空兵、强击航空兵、歼击航空兵、反潜航空兵、侦察航空兵部队和警戒、电子对抗、运输、救护、空中加油等保障部(分)队,具有侦察、警戒、反舰、反潜、防空等作战能力。海军陆战队编有陆战步兵、炮兵、装甲兵、工程兵及侦察、防化、通信等部(分)队,是实施两栖作战的快速突击力量。海军岸防兵编有岸舰导弹部队和海岸炮兵部队,具有海岸防御作战能力。

按照近海防御的战略要求,海军注重提高近海综合作战力量现代化水平,发展先进潜艇、驱逐舰、护卫舰等装备,完善综合电子信息系统装备体系,提高远海机动作战、远海合作与应对非传统安全威胁能力,增强战略威慑与反击能力。

3. 中国人民解放军空军

人民解放军空军成立于 1949 年 11 月 11 日,是空中作战行动的主体力量,担负着保卫国家领空安全、保持全国空防稳定的任务,主要由航空兵、地面防空兵、雷达兵、空降兵、电子对抗兵等兵种组成。

按照攻防兼备的战略要求,空军加强以侦察预警、空中进攻、防空反导、战略投送为重点的作战力量体系建设,发展新一代作战飞机、新型地空导弹和新型雷达等先进武器装备,完善预警、指挥和通信网络,提高战略预警、威慑和远程空中打击能力。

4. 中国人民解放军火箭军

中国人民解放军火箭军前身是第二炮兵部队，组建于1966年7月1日。2015年12月31日，中央军委举行仪式，将第二炮兵正式命名为“中国人民解放军火箭军”部队，并授予军旗，第二炮兵也由原来的战略性独立兵种上升为独立军种。从“二炮”到“火箭军”，反映了中国核力量的发展历程。

火箭军是中国战略威慑的核心力量，主要担负遏制他国对中国使用核武器、遂行核反击和常规导弹精确打击任务，由核导弹部队、常规导弹部队、作战保障部队等组成。火箭军下辖导弹基地、训练基地、专业保障部队、院校和科研机构等。

战略核导弹部队是一支具有一定规模和实战能力的主要核反击作战力量，直接由中央军委指挥。战略核导弹部队装备地地战略核导弹武器系统，主要任务是遏制敌人对中国使用核武器，并在敌人对中国发动核袭击时，遵照统帅部命令，独立或联合其他军种的战略核部队对敌人实施有效自卫反击。战役战术常规导弹部队装备常规战役战术导弹武器系统，遂行常规导弹火力突击任务。

按照精干有效的原则，火箭军加快推进信息化转型，依靠科技进步推动武器装备自主创新，利用成熟技术有重点、有选择地改进现有装备，提高导弹武器的安全性、可靠性、有效性，完善核常兼备的力量体系，增强快速反应、有效突防、精确打击、综合毁伤和生存防护能力，战略威慑与核反击、常规精确打击能力稳步提升。

5. 中国人民解放军战略支援部队

中国人民解放军战略支援部队是维护国家安全的新型作战力量，是我军新质作战能力的重要增长点，主要是将战略性、基础性、支撑性都很强的各类保障力量进行功能整合后组建而成的。成立战略支援部队，有利于优化军事力量结构，提高综合保障能力。围绕实现军民融合，战略支援部队要从规划、机制、资源、项目、运用和人才等方面持续推动深度融合。

2015年12月31日，它与陆军领导机构、火箭军一同挂牌。习近平主席强调，成立战略支援部队，有利于优化军事力量结构，提高综合保障能力。战略支援部队要坚持体系融合、军民融合，努力在关键领域实现跨越发展，高标准高起点推进新型作战力量加速发展、一体发展，努力建设一支强大的现代化的战略支援部队。

6. 中央军委联勤保障部队

中央军委联勤保障部队是实施联勤保障和战略战役支援保障的主体力量，是中国特色现代军事力量体系的重要组成部分。组建中央军委联勤保障部队，标志着具有中国人民解放军特色的现代联勤保障体制的正式建立。它独立于五大军种之外。

中央军委联勤保障部队于2016年9月13日成立，主要包括武汉联勤保障基地和无锡、桂林、西宁、沈阳、郑州五个联勤保障中心。组建联勤保障基地和联勤保障中心，是党中央和中央军委着眼于全面深化国防和军队改革做出的重大决策，是深化军队领导指挥体制改革，构建具有中国军队特色的现代联勤保障体制的战略举措，对把中国军队建设成为世界一流军队，打赢现代化局部战争具有重大而深远的意义。

今后，中央军委联勤保障部队要坚持三个改革原则：一是坚持联勤保障方向，科学设置体制模式，合理区分职能定位，建立顺畅高效的联勤组织体系；二是坚持联战联训联保一体、平战一体，强化军委、战区联指的集中统一指挥，增强联合保障的针对性、时效性；三是坚持能统则统、宜分则分，优化资源配置，调整任务区分，形成专用自保、通用联保的保障力量格局；四是坚持走军民融合的路子，推进社会化、集约化保障，精简军队后勤保障机构和人员，提高联勤保障整体效益。

7. 中国人民解放军预备役部队

中国人民解放军预备役部队组建于1983年，是以现役军人为骨干、预备役人员为基础，按规定的体制编制组成的部队。预备役部队实行统一编制，授有番号、军旗，执行解放军的条令、条例，列入解放军序列，平时归省军区（卫戍区、警备区）建制领导，战时动员后归指定的现役部队指挥或单独遂行作战任务。平时按照规定进行训练，必要时可以依照法律规定协助维护社会秩序，战时根据国家发布的动员令转为现役部队。

（二） 中国人民武装警察部队

中国人民武装警察部队组建于1982年6月19日，由内卫部队和警种部队组成，内卫部队包括省（自治区、直辖市）总队和机动师，警种部队包括黄金、森林、水电、交通部队，公安边防、消防、警卫部队列入武警序列。

2018年1月1日零时起，武警部队由党中央、中央军委进行集中统一领导，实行中央军委—武警部队—部队领导指挥体制。至2018年3月29日止，武警部队内卫总队、机动总队和院校、科研机构、训练机构调整改革任务已基本完成。

2018年3月颁发的《深化党和国家机构改革方案》对武警部队改革做出部署，按照军是军、警是警、民是民的原则，将列武警部队序列、国务院部门领导管理的现役力量全部退出武警，将国家海洋局领导管理的海警队伍转隶武警部队，将武警部队担负民事属性任务的黄金、森林、水电部队整体移交国家相关职能部门并改编为非现役专业队伍，同时撤收武警部队海关执勤兵力，彻底理顺武警部队领导管理和指挥使用关系。

公安边防部队改制。公安边防部队不再列武警部队序列，全部退出现役。公安边防部队转到地方后，成建制划归公安机关，并结合新组建的国家移民管理局进行适当调整整合。现役编制全部转为人民警察编制。

公安消防部队改制。公安消防部队不再列武警部队序列，全部退出现役。公安消防部队转到地方后，现役编制全部转为行政编制，成建制划归应急管理部，承担灭火救援和其他应急救援工作，充分发挥应急救援主力军和国家队的作用。

公安警卫部队改制。公安警卫部队不再列武警部队序列，全部退出现役。公安警卫部队转到地方后，警卫局（处）由同级公安机关管理的体制不变，承担规定的警卫任务，现役编制全部转为人民警察编制。

海警队伍转隶武警部队。按照先移交、后整编的方式，将国家海洋局（中国海警局）领导管理的海警队伍及相关职能全部划归武警部队。

武警部队不再领导管理武警黄金、森林、水电部队。按照先移交、后整编的方式，将武警黄金、森林、水电部队整体移交国家有关职能部门，官兵集体转业改编为非现役专业队伍。武警黄金部队转为非现役专业队伍后，并入自然资源部，承担国家基础性公益性地质工作任务和多金属矿产资源勘查任务，现役编制转为财政补助事业编制。原有的部分企业职能划转中国黄金总公司。武警森林部队转为非现役专业队伍后，现役编制转为行政编制，并入应急管理部，承担森林灭火等应急救援任务，发挥国家应急救援专业队作用。武警水电部队转为非现役专业队伍后，充分利用原有的专业技术力量，承担水利水电工程建设任务，组建为国有企业，可继续使用中国安能建设总公司名称，由国务院国有资产监督管理委员会管理。

武警部队不再承担海关执勤任务。参与海关执勤的兵力一次性整体撤收，归建武警部队。为补充武警部队撤勤后海关一线监管力量缺口，海关系统要结合检验检疫系统整合，加大内部挖潜力度，同时通过核定军转编制接收一部分转业官兵，并通过实行购买服务、聘用安保人员等方式加以解决。

和平时期，武警部队主要担负执勤、处置突发事件、反恐怖、参加和支援国家经济建设等任务。固定目标执勤，主要是担负警卫、守卫、守护、看押、看守和巡逻等勤务。具体负责国家列名警卫对象和来访重要外宾，省级以上党政领导机关和各国驻华使、领馆，国际性、全国性重要会议和大型文体活动现场的安全警卫；对监狱和看守所实施外围武装警戒；对重要机场、电台和国家经济、国防建设等重要部门的机密要害单位或要害部位实施武装防守保卫；对铁路主要干线上的重要桥梁、隧道和特定的大型公路桥梁实施武装防守保护；对国家规定的大中城市或特定地区实施武装巡查警戒。处置突发事件，主要是对突然发生的危害国家安全或者社会秩序的违法事件依法实施处置，包括处置叛乱事件、骚乱及暴乱事件、群体性治安、械斗事件等。反恐怖，主要是反袭击、反劫持、反爆炸。支援国家经济建设，主要有黄金地质勘查、森林防火灭火，参加国家能源、交通重点

项目建设,遇有严重灾害时,参加抢险救灾。战争时期,配合中国人民解放军进行防卫作战。

近年来武警部队依托国家信息基础设施,建立并完善从总部至基层中队的三级综合信息网络系统,努力发展部队遂行任务急需的武器装备,积极开展了针对性训练,提高执勤、处置突发事件、反恐怖能力。

(三) 中国民兵

中国民兵是不脱离生产的群众武装组织,是中国人民解放军的助手和后备力量。民兵担负参加社会主义现代化建设、执行战备勤务、参加防卫作战、协助维护社会秩序和参加抢险救灾等任务。按照《兵役法》的规定,凡年满 18 岁至 35 岁符合服兵役条件的男性公民,除征集服现役者外,编入民兵组织服预备役。

民兵分为基干民兵和普通民兵。28 岁以下退出现役的士兵和经过军事训练的人员,以及选定参加军事训练的人员,编为基干民兵;其余男性公民,编为普通民兵;根据需要,也可吸收女性公民参加基干民兵。农村的乡镇、行政村,城市街道和具有一定规模的企业事业单位,是民兵的基本组建单位。基干民兵单独编组,在县级行政区内的民兵军事训练基地集中进行军事训练,目前编有应急队伍,联合防空、情报侦察、通信保障、工程抢修、交通运输、装备维修等支援队伍,以及作战保障、后勤保障、装备保障等储备队伍。

民兵建设注重调整规模结构,改善武器装备,推进训练改革,提高以支援保障打赢信息化条件下局部战争能力为核心的完成多样化军事任务能力。为使民兵在遇有情况时能够召之即来、来之能战,政府建立了民兵战备制度,定期在民兵中开展以增强国防观念为目的的战备教育,有针对性地按战备预案进行演练,提高遂行任务的能力。

第四节　国防法规

国防法规是关于国防方面的法律法规和规章制度的统称。准确地讲是指国家为维护国防利益,调整国防和武装力量建设领域内各种社会关系的法律规范的总和。国防法规既与普通法有着密切关系,同时它又具有特别法的基本属性。国防法规作为国家法规体系的重要组成部分,对国家的国防活动和人们的国防行为发挥着重要的强制和规范作用,是依法治国、依法治军,加强国防和武装力量建设的基本依据和重要保障。

一、国防法规体系

国防法规体系是指由不同层次、不同门类的国防法律规范构成的相互联系、相互制约、相互协调的有机整体。从立法权限角度和法规调整对象领域,可将国防法规划分为不同层次和门类。

按照立法权限不同,国防法规可以大致区分为四个层次:

第一个层次是法律,即由全国人民代表大会及其常务委员会制定。例如,中华人民共和国的《国防法》《兵役法》《国防动员法》《预备役军官法》《人民防空法》《国防教育法》《英雄烈士保护法》《军事设施保护法》等。

第二个层次是法规,即由国务院、中央军委制定。我国已经颁布的《征兵工作条例》《民兵工作条例》《民用运力国防动员条例》《应征公民体检标准》《政治审查规定》《国防交通条例》《退伍义务兵安置条例》《革命烈士褒扬条例》《军人抚恤优待条例》等,都属于法规这个层次。

第三个层次是规章,即主要由国务院有关部委、中央军委各总部、各军兵种、各战区制定。中国人民解放军现行的《内务条令》《队列条令》《纪律条令》《战斗条令》,海军颁布的《舰艇条令》,空军颁布的《飞行条令》等,都属于军事规章。

第四个层次是地方性法规,主要是指由各省、自治区、直辖市人大和政府制定的贯彻执行国家国防法规的实施办法、实施细则、补充规定等,如《征兵工作若干规定》《国防教育条例》等。

根据调整对象的领域,我国的国防法规可分为16个门类:一是国防基本法类,包括《宪法》中有关国防和军事制度的规定和《国防法》;二是国防组织法类,包括《军事法院组织法》《军事检察院组织法》等;三是兵役法类,包括《兵役法》《现役军官法》《预备役军官法》等;四是军事管理法类,包括《内务条令》《纪律条令》《队列条令》等;五是军事刑法类,如《刑法》中关于“危害国防利益罪”和“违反军人职责罪”的规定等;六是军事诉讼法类,如《刑事诉讼法》《行政诉讼法》等;七是国防经济法类,如《国防法》关于国防经费拨款和国防资产管理的规定及《审计条例》《财务条例》等相关规定;八是国防科技工业法类,如《国防专利条例》《军工产品质量管理条例》等;九是国防动员法类,包括《国防动员法》《国防法》《兵役法》《人民防空法》《国防交通条例》中有关国防动员的规定;十是国防教育法类,如《国防教育法》《全民国防教育大纲》等;十一是军人权益保护法类,如《英雄烈士保护法》《军人保险法》《退伍义务兵安置条例》等;十二是军事设施保护法类,如《军事设施保护法》《军事设施保护法实施办法》等;十三是特别行政区驻军法类,如《中华人民共和国香港特别行政区驻军法》《中华人民共和国澳门特别行政区驻军法》等;十四是紧急状态法类,如《宪法》《国防法》中关于战争状态、紧急状态的规定,以及《戒严法》《防暴条令》等;十五是对外军事关系法类,如《国防法》中的有关规定,《军品出口管理条例》《武官条例》等;十六是战争法类,如《日内瓦公约》《禁止或限制使用常规武器公约》《不扩散核武器条约》等。

二、主要的国防法律

（一）《国防法》

《国防法》是根据宪法制定的一部系统性调整和规范国防与武装力量建设的基本法律。该法于1997年3月14日由八届全国人大五次会议审议通过。包括：总则，国家机构的国防职权，武装力量，边防、海防和空防，国防科研生产和军事订货，国防经费和国防资产，国防教育，国防动员和战争状态，公民、组织的国防义务和权利，军人的义务和权益，对外军事关系和附则，共十二章七十条。

《国防法》明确规定了开展国防活动、完成国防职能任务必须坚持的五项基本原则。

一是坚持独立自主。“国家独立自主、自力更生地建设和巩固国防。”坚持独立自主，就是始终立足于依靠自己的力量保障国家安全，不与其他国家结盟，不参加国际军事集团，保持国防事务的自主权。

二是坚持积极防御。“实行积极防御战略。”我国的国防以保障国家安全和发展利益为目标，实行积极的防御性国防战略。其积极性表现在两个方面：一是在战争爆发之前采取积极的措施防止战争；二是战争爆发之后，以积极进攻的作战行动来达成战略防御的目的。

三是坚持全民自卫。“坚持全民自卫原则。”坚持全民自卫，就是要继承和发扬人民战争的优良传统，依靠广大人民群众的力量进行国防建设，一旦发生战争，动员和依靠广大人民群众进行防卫作战。

四是坚持协调发展。“国家在集中力量进行经济建设的同时，加强国防建设，促进国防建设与经济建设协调发展。”实行协调发展，就是把国防建设纳入国家经济和社会发展总体规划之中，以经济建设为中心的同时，加强国防建设，增强国防实力。

五是坚持统一领导。中华人民共和国的武装力量受中国共产党的领导。只有党对国防活动实行集中统一的领导，才能凝聚全国人民的意志，汇集各方面的力量，万众一心地建设和巩固国防。

（二）《兵役法》

《兵役法》是规定国家兵役制度的法律规范，是公民依法服兵役的法律依据。现行《兵役法》于1984年5月31日由第六届全国人民代表大会第二次会议通过，1984年5月31日，中华人民共和国主席令第14号公布，自1984年10月1日起施行。1998年12月29日，第九届全国人民代表大会常务委员会第六次会议审议通过了《关于修改〈中华人民共和国兵役法〉的决定》；2009年8月27日，第十一届全国人民代表大会常务委员会第九次会议审议通过了《关于修改部分法律的决定》，进行了第二次修正；2011年10月29日，第十一届全国人民代表大会常务委员会第二十三次会议审议通过了《关于修改〈中华人民共和国兵役法〉的决定》,进行了第三次修正。

《兵役法》包括:总则,平时征集,士兵的现役和预备役,军官的现役和预备役,军队院校从青年学生中招收的学员,民兵,预备役人员的军事训练,普通高等学校和普通高中学生的军事训练,战时兵员动员,现役军人的待遇和退出现役的安置,法律责任,附则,共十二章七十四条。

兵役法的核心是兵役制度。《兵役法》第二条规定:"中华人民共和国实行义务兵与志愿兵相结合、民兵与预备役相结合的兵役制度。"

(三) 《国防动员法》

《国防动员法》是调整国防动员领域各种社会关系的法律规范,是进行国防动员准备和组织实施国防动员的法律依据。我国现行的《国防动员法》,于2010年2月26日由第十一届全国人民代表大会常务委员会第十三次会议通过,自2010年7月1日起开始施行。《国防动员法》包括:总则,组织领导机构及其职权,国防动员计划、实施预案与潜力统计调查,与国防密切相关的建设项目和重要产品,预备役人员的储备与征召,战略物资储备与调用,军品科研、生产与维修保障,战争灾害的预防与救助,国防勤务,民用资源征用与补偿,宣传教育,特别措施,法律责任,附则,共十四章七十二条。

该法以宪法为依据,系统总结了中国国防动员建设的实践经验,参考借鉴了国外动员工作的有益做法,广泛吸收了社会各界的意见建议,对国防动员的方针原则、组织机构、基本内容、基本制度等做了全面规范。

(四) 《国防教育法》

《国防教育法》是对全民进行国防教育的法律规范。《国防教育法》于2001年4月28日由第九届全国人民代表大会常务委员会第二十一次会议通过。《国防教育法》主要规定了国防教育的地位、目的,国防教育的方针、原则,国防教育的领导、保障,学校的国防教育,社会的国防教育和法律责任,共六章三十八条。

《国防教育法》规定:中华人民共和国公民都有接受国防教育的权利和义务;国防教育贯彻全民参与、长期坚持、讲求实效的方针,实行经常教育与集中教育相结合、普及教育与重点教育相结合、理论教育与行为教育相结合的原则。学校的国防教育是全民国防教育的基础,是实施素质教育的重要内容;高等学校应当设置适当的国防教育课程,采取课堂教学与军事训练相结合的形式,对学生进行国防教育。《国防教育法》还规定,国家设立全民国防教育日。2001年8月31日第九届全国人大常委会第二十三次会议通过《全国人民代表大会常务委员会关于设立全民国防教育日的决定》,规定每年九月第三个星期六为全民国防教育日。

（五）《人民防空法》

《人民防空法》是国家关于动员和组织人民群众平时开展防空准备和战时实施防空保护的法律。《人民防空法》于 1996 年 10 月 29 日由中华人民共和国第八届全国人民代表大会常务委员会第二十二次会议通过，自 1997 年 1 月 1 日起施行。《人民防空法》包括：总则，防护重点，人民防空工程，通信和警报，疏散，群众防空组织，人民防空教育，法律责任，附则，共九章五十三条。

《人民防空法》规定：一切组织和个人都有得到人民防空保护的权利，都必须依法履行人民防空的义务；国家保护人民防空设施不受侵害。禁止任何组织或者个人破坏、侵占人民防空设施。人民防空是国防的组成部分，实行长期准备、重点建设、平战结合的方针，贯彻与经济建设协调发展、与城市建设相结合的原则。

三、公民的国防义务和权利

国防是国家生存和发展的安全保障，每一个公民都必须承担相应的国防义务，在履行国防义务的同时，也享有一定的国防权利。

（一）公民的国防义务

公民的国防义务，是指由宪法和法律规定的公民在国防活动中必须履行的责任，由国家强制力保证其落实。根据国防法律规定，公民应履行以下五个方面的国防义务。

1. 兵役义务

兵役义务是公民在参加国家武装力量和以其他形式接受军事训练方面应当履行的责任。《兵役法》规定："中华人民共和国公民，不分民族、种族、职业、家庭出身、宗教信仰和教育程度，都有义务依照本法的规定服兵役。"同时规定，依照法律被剥夺政治权利的人，不得服兵役；应征公民被羁押正在受侦查、起诉、审判的或者被判处徒刑、拘役、管制正在服刑的，不征集。公民履行兵役义务的主要形式有三种：服现役、服预备役、参加学生军事训练。近年来，根据国防现代化和国家安全形势需要，国务院、中央军委决定在普通高校开展征集兵员的工作。部分省份开始进行强制性兵役登记工作。同时采取措施，对应征入伍大学生实行经济、升学等方面的激励政策。

2. 接受国防教育的义务

国防教育是国家为防备和抵抗侵略，制止武装颠覆，保卫国家主权、统一、领土完整和安全，对全体公民所进行的具有特定目的和内容的教育活动，是建设和巩固国防的基础，是增强民族凝聚力、提高全民素质的重要途径。《国防教育法》第五条规定："中华人民共和国公民都有接受国防教育的权利和义务。"

3. 保护国防设施的义务

国防设施是指国家直接用于国防目的的建筑、场地、设备，包括军事设施、人民防空设施、国防交通设施和其他用于国防目的的设施。国防设施是国防活动的依托，是抵抗侵略、保卫祖国的物质条件，国家采取一切必要措施保护国防设施。公民在从事经济、文化和其他社会活动时，应当遵守法律的规定，自觉保护国防设施。

4. 保守国防秘密的义务

国防秘密是指关系国家安全利益，在一定时间内只限范围内人员知悉的军事或与军事有关的政治、经济、外交、科技、教育等方面的事项。公民应遵守《中华人民共和国保守国家秘密法》以及有关的保密规定，严格保守国防方面的国家秘密。

5. 支持国防建设、协助军事活动的义务

中国的国防是全民的国防，公民应当积极参与和支持国防建设。当武装力量从事军事训练、战备勤务、防卫作战等军事活动时，公民应当根据自己的能力和条件，自觉地提供便利和协助。当武装力量的军事活动影响到个人利益时，应从国家安全的大局出发，自觉服从国家利益。

（二） 公民的国防权利

公民的国防权利，是指宪法和法律赋予公民在国防活动中享有的权利或利益，国家从法律和物质上保障公民享有这种权利的可能性。根据国防法律规定，公民享有提出建议、制止和检举、取得补偿三个方面的国防权利。

1. 提出建议权

人民是国家的主人，公民有权关心国防建设，有权对国防建设提出建议。国防建议权的行使可采取多种形式。如通过人民代表向全国人民代表大会提出议案，撰写学术文章、咨询报告，给政府或军队有关部门写信、打电话，通过报纸、电视、广播、网络等媒体发表自己对国防建设的意见和建议等。

2. 制止和检举权

制止危害国防利益的行为，是指公民依法采取一定的方式方法使危害国防的行为停止下来，从而维护国防利益。为了使国防利益免受正在进行的不法侵害而采取暴力手段加以制止时只要没有超过必要的限度，没有造成不应有的重大损害的，都属于正当防卫，不负刑事责任。

检举危害国防利益的行为，是指危害国防行为发生后，公民对违法行为进行揭发。行使检举权，可采取司法告发或行政告发的形式。受理检举的机关应当对公民反映的情况认真调查，妥善处理。

3. 取得补偿权

国家进行国防建设，武装力量开展军事行动，在某些情况下可能对公民的合

法权益产生一定的影响,由此造成的经济损失,公民可以按国家有关规定取得补偿。需要明确的是,补偿是由国家机关及其工作人员的合法行为引起的,是国家对公民因国防活动受到损失所采取的补救措施,仅限于直接经济损失的部分或者全部,不包括间接经济损失和所谓的精神损失。

第五节 国防动员

国防动员,是指国家为应对战争或其他安全威胁,使社会诸领域的全部或部分由平时状态转入战时状态或紧急状态的活动。实质是通过动员将国防潜力转化为国防实力,凝聚一切社会力量满足战争和国家应急需要。国防动员是国防活动的重要组成部分,是国家实现寓军于民、军民融合的国防发展战略,是保持国防与经济社会协调发展,有效增强国防能力,维护国家主权、统一、领土完整和安全的重大举措。履行国家职能的各级政府是国防动员活动的行为主体。

随着世界新军事变革的加速发展,以信息技术为核心的信息化战争在改变传统作战思想、作战方式的同时,对国防动员提出了更高要求,信息化、效率化、规范化和法治化成为新时代国防动员的重要发展诉求。第十一届全国人民代表大会常务委员会第十三次会议表决通过并颁布实施的《国防动员法》,是我国国防动员建设史上的第一部法律,为完善国防动员体系、促进军民融合式发展、提高国防动员能力提供了基本的法律依据,标志着我国国防动员建设进入了一个法治化、规范化发展的历史新阶段。

2017 年 1 月 1 日起,《国防交通法》实行。这部法律是党的十八大以来第一部国防军事立法,也是党和国家将军民融合发展上升为国家战略后第一部贯彻这一战略的重要法律。法律规定,战时和平时特殊情况下,国家根据需要,设立国防交通联合指挥机构,统筹全国或局部地区的交通运输资源,统一组织指挥交通运输以及交通设施设备的抢修、抢建与防护。

一、国防动员的意义

国防动员直接影响战争的胜负,是遏制战争和赢得战争的基本手段,事关国家生存与发展大局。加强国防动员建设,对于正确确立国家安全与发展战略,打赢未来反侵略战争,增强国家应对紧急和突发事件的能力,维护国家安全与稳定,服务经济社会发展具有十分重要的意义。

(一) 国防动员是制定军事斗争策略的重要依据

战争是一种极其复杂的社会现象,是国家或掌握武装力量的政治集团为达成一定政治目的而进行的武装斗争,它既是现实力量的竞赛,更是潜在力量的角逐。现代技术条件下,战争双方对抗的实质就是综合国力的较量。国家只有把战争潜力不断转化为战争实力,才能弥补战时人力、物力、财力的消耗,不断增强实战能力,取得战争的最终胜利。军事斗争策略的制定必须以物质和精神条件为基础,而战争动员能力的大小,对任何军事斗争策略的确定、物质和精神条件的形成,都有着十分重要的影响。战争时期,只有根据国家战争动员能力的大小,制定切合实际的军事斗争策略,才能真正地驾驭战争。

(二) 国防动员是打赢局部信息化战争的重要保证

现代战争不仅仅是现实力量的对抗,更是持续力量的比拼。军队作战需要的后备兵员和后备物资,畅通无阻的交通运输和通信网络,始终处于领先地位的军事科技发展能力等方方面面的社会潜力,都是战争胜利的基础保障。而这些社会潜力只有通过实施国防动员,充分发挥国家有领导、有组织、有计划的管理和控制以及分配才能转化为战争实力,发挥实战效果。

古往今来,国防动员对于发挥国防资源的综合效能、夺取战争的主动权发挥着至关重要的作用。尤其是在战争突然降临的情况下,它所表现的作用就更加明显、更加突出。透视近期发生的几场具备信息化特征的局部战争,人们可以清晰地看到,现代战争的战场空间明显扩大,战争进程进一步缩短,战场透明度不断增大,心理战、网络中心战已成为战争的重要部分。这些变化对国防动员工作提出了新的要求:一是动员速度要快。快速的国防动员才能为战争争取宝贵的时间,赢得战场主动。二是资源需求更高。没有强大的动员能力和国防潜力,很难赢得战争的胜利。三是覆盖范围更广。由于信息化兵器的大量使用,使战场变得异常复杂,从陆、海、空、天、电磁至认知领域,战争向全维立体方向发展,动员内容更是涉及兵员、交通、财政、卫勤、科技、政治、信息等多个方面。战争实践证明,无论是进攻方,还是防御方,高效的国防动员能力都是取得战争胜利的重要保证,在信息化条件下要想赢得战争就必须健全国防动员机制,充分发挥国防动员的效能,只有先进的社会制度、良好的国防教育、有效的动员体制等,才能迅速将国家潜在的军事及与安全有关的政治、经济和科学技术等方面的力量转化为国防实力,为战争提供强大的战力支持。

(三) 国防动员是遏制战争、维护和平的威慑力量

遏制战争,就是在和平时期利用威慑力量,从军事上和政治上设法制止或推迟战争的爆发。国防建设,不仅要解决如何准备打和如何打的问题,而且要解决如何有效地遏制战争,避免打和制止打的问题。国防动员是遏制战争爆发、遏止危机发生的有效手段之一,它可以凭借本身所具有的强大的战略威慑力,达到“不战而屈人之兵”的效果。

从战略角度看,一个国家的国防威慑力不仅取决于常备军的数量和质量,还取决于国防后备力量和其他动员潜力,以及动员机制的健全完善程度和运行效

率。在和平时期，任何国家要维持一支与战时需要相适应的常备军，其经济力都是难以承受的。因此，加强国防动员准备，比单纯维持一支庞大的常备军要经济得多。在精简常备军的同时，既可减轻国家负担，使常备军更好地发展，又解决了平时少养兵、战时多出兵的矛盾。国家还可以把节省下来的经费用于经济发展，从而增强综合国力，达到富国强兵、提高威慑力量的目的。

（四） 国防动员是应对紧急突发事件的有效措施

国防动员的最初功能是应对战争的需要，但现代条件下，随着各种灾难事故和突发事件的频繁发生，人们已把国防动员的功能予以拓展，让它同样可以在应对和处置各类突发事件中发挥应有的作用。因此，当国家遭遇重大自然灾害和社会不稳定等紧急状态时，国防动员系统可以利用自身所特有的机制体系调动人力、物力和财力资源，为国家抵御自然灾害、处置紧急突发事件、维护社会稳定和人民群众的生命财产安全，使国家和社会处于正常的运转状态。

二、国防动员的类型

国防动员的类型，是指国防动员按其实施的不同形式所划分的类别。依据动员实施的对象、规模、方式、时机等，可将国防动员区分为以下类型。

（一） 按动员对象分类

根据动员对象不同，国防动员可分为人力动员、物力动员和财力动员。

1. 人力动员

人力动员，是指国家组织调动具有劳动能力的人为战争服务所采取的措施。通常包括兵员动员、劳动力动员和战勤民工动员等。目的是保障军队的兵员、国民经济各部门特别是军工生产部门所需劳动力和担负战争勤务所需人员。有效实施人力动员，是战时保障军队拥有足够兵员、武器装备和作战物资，提高军队持久作战能力的重要手段。人力动员受国家人力资源的制约，人口数量多，人员素质好，对于保障军队的兵员和国民经济各部门的劳动力具有直接影响；交战国双方，在战争中其他条件大体相当的情况下，谁的人力资源占优势，谁就有主动权。

2. 物力动员

物力动员，是指组织和调动各种物资为战争服务的活动。主要通过经济动员、科学技术动员、支前动员等予以实现。现代战争中，由于物资消耗量的巨大，物力动员的任务更加繁重，其战略意义更加突出。

3. 财力动员

财力动员，是指国家为保障战争需要而采取的筹集和分配资金的活动。其目的是为维持战时财政金融秩序稳定筹集必要的战时经费。充足的资金保障是进行现代战争的基本前提，是经济动员的一项重要任务。

（二）按动员实施规模分类

根据动员实施规模不同，国防动员一般分为总动员和局部动员。

1. 总动员

总动员，是指国家在全国范围内所进行的全面动员，即将全国军事、政治、经济、科技、文化以及社会生活的各个方面转入战时轨道。总动员通常在爆发大规模战争需要举国应敌时进行，时机一般选择在战争初期。决定实施总动员的权限，属于国家最高权力机关，总动员令通常由国家元首或政府首脑发布。

2. 局部动员

局部动员，是指国家在部分地区或部门进行的动员，通常是动员部分武装力量和人力、物力、财力进行战争。根据战争的发展，局部动员也可能上升为总动员。决定实施局部动员的权限，属于国家最高权力机关。局部动员主要根据战争的规模和国家的战略意图决定。

（三）按动员实施方式分类

根据动员实施方式不同，国防动员可分为秘密动员、公开动员。

1. 秘密动员

秘密动员，是指为了避免暴露战略企图，在各种伪装措施掩护下，隐蔽实施的动员。实施秘密动员时，在不影响动员工作按计划进行的情况下，尽可能缩小知情范围，保守秘密；要充分运用政治上、外交上、军事上的伪装手段，掩盖企图。秘密动员的目的，是为了达成战争的突然性，取得战略主动权和先机之利，收到出敌不意、攻敌不备的效果。所以，准备发动战争或积极应战的一方，往往采取秘密动员的方式。现代条件下，秘密动员普遍受到世界各国的重视，它不仅是奉行进攻战略国家的主要动员方式，也是实行防御战略国家的一种重要的动员类型。

2. 公开动员

公开动员，是指公开宣布进入战争状态，发布动员令后所实施的动员。公开动员通常在战争即将爆发或爆发后进行。在这种情况下必须公开发布动员令，通过各种形式，运用一切宣传工具和通信手段，以最快的速度把战争形势和真相告诉军民，把动员令传达到相关组织和军民，使他们紧急行动起来，转入战时体制。公开动员，通常是以实战为目的，但有时也可作为一种威慑手段加以运用，发挥震慑敌人的作用，有可能使敌方不敢贸然行动，从而更有效地维护国家安全和发展利益。

（四）按动员实施时机分类

根据动员实施时机不同，国防动员可分为应急动员和持续动员。

1. 应急动员

应急动员，是在临战前或遭敌突然袭击时所进行的紧急动员。应急动员是

在战争迫在眉睫的情况下进行的,因此必须力求以最快的速度,在最短的时间内,完成国防动员决策,发布和传递动员命令,落实各项措施。应急动员的重点是武装力量的动员。

2. 持续动员

持续动员包括战争中期动员和后期动员两个阶段。战争中期动员,一般是指完成第一步战略任务后战争相持阶段的动员;后期动员通常是指一方转入战略反攻后直至战争即将结束时的动员。持续动员的目的在于不断保持和增强作战的实力。它对于及时补充战争力量,保持优势,并赢得战争胜利具有极为重要的作用。

三、国防动员的领域

国防动员涉及政治、经济、科技、文化、外交和军事等方方面面。从具体门类看,包括交通运输、邮政电信、财政金融、内外贸易、医疗卫生、文化教育、军工生产乃至整个社会各行各业。就其动员内容来讲,归纳起来主要包括:武装力量动员、国民经济动员、科学技术动员、信息动员、人民防空动员、政治动员等。

(一) 武装力量动员

武装力量动员,是指国家将军队及其他武装组织由平时体制转为战时体制所采取的措施。通常包括现役部队、预备役部队、后备兵员和民兵动员。武装力量动员是国防动员的核心内容,对战争的进程和结局,特别对战争初期军队的迅速扩编和战略展开,掩护国家转入战时体制,争取战略主动,具有重要意义。

现代战争对武装力量动员提出了更高的要求,世界上许多国家大都采取平战结合、现役和预备役相结合的办法,在平时就做好武装力量动员的准备,主要措施是:一是保持一支精干的、具有快速反应能力的常备军,作为战争初期作战和军队扩编的骨干。二是建立健全有权威性的动员机构,平时进行动员准备,战时组织动员实施。三是建立健全预备役制度,储备大量训练有素的后备兵员,通常将退伍军人和经过训练的预备役人员,特别是技术军官和技术兵员,列为首批动员入伍的对象,编为第一类预备役;其余适龄青壮年编为第二类预备役,以保持战争中、后期持续动员的能力。四是进行预备役登记,登记的重点是预备役军官和技术兵员,对学校、机关、企业和农村的各种技术人员进行登记。五是加强预备役军官和士兵的训练,重点加强技术军官和技术兵员的训练;有的国家在航空、航海、海运、邮电、交通、医院等部门组建不脱产的专业技术分队,并结合本专业定期进行军事训练或参加部队演练。

1. 现役部队动员

现役部队动员,就是指人民解放军各军兵种和武警部队从平时编制转为战时编制所进行的活动。其主要工作:一是进入临战状态;二是实行战时编制;三是扩建现役部队；四是组建新的部队。

2. 预备役部队动员

预备役部队动员，是指国家为实施战争或应对其他危机，征召预备役部队服现役，并使之达到可遂行任务状态的活动。预备役部队动员，是战时迅速扩编军队的重要组织形式。

预备役人员的储备与征召是人民武装力量动员的基础。新颁布的《国防动员法》针对市场经济条件下人员流动频繁的特点和信息化条件下局部战争快速动员的要求，对预备役人员的储备与征召也做出了相应规定。

3. 后备兵员动员

后备兵员动员，是指征召适龄公民到军队服现役的活动。其主要任务有：一是补充不满编的现役部队；二是补充扩建和新组建的部队；三是补充战斗减员的部队。

在现代条件下，走精干的常备军与强大的后备力量相结合的发展道路，是国防建设发展的重要趋向。为了适应未来战争的需要，进一步健全完善后备兵员制度，将成为世界各国国防建设的一项长期任务。

4. 民兵动员

民兵动员，是指国家为实施战争或应对其他危机，征召民兵并使之达到可遂行任务状态的活动。民兵是不脱离生产的群众武装性组织，是我国武装力量的重要组成部分，也是我们进行人民战争的重要力量。

近期世界局部战争的实践表明：现代战争对民兵动员的需求正在发生变化，突出表现在：一是作战类需求在减少，保障类需求在增加；二是非技术性的需求在减少，技术性的需求在增加；三是成建制补充的需求在减少，单个补充的需求在增加。许多国家据此调整民兵动员建设的重点，民兵动员将向动员征召网络化、力量编组模块化和人员结构技术化的方向发展。

（二） 国民经济动员

国民经济动员，是指国家将经济部门、经济活动和相应的体制从平时状态转入战时状态所采取的措施，是战争动员的基础。其目的是充分调动国家经济能力，提高生产水平，扩大军品生产，保障战争的需要。国民经济动员是随着战争的演变和战争对国民经济的依赖性不断增强而产生和发展的。

国民经济动员通常包括工业、农业、物资、交通运输、财政金融、邮电通信、卫生力量等方面的动员。

1. 工业动员

工业动员，是指挖掘工业生产能力，迅速扩大工业产品特别是军品生产规模，满足军队作战需要，包括统筹安排军需民用，调整工业布局，改组生产与产品结构，扩大军品生产，组织工厂企业进行必要搬迁、复产以及作战物资的生产和

储备等。战争实践告诉我们,自从人类进入工业时代以来,战时工业生产能力的强弱往往成为决定战争最后胜负的关键因素。

2. 农业动员

农业动员,是指国家根据国防需要,将有关农业部门、生产活动及其经济关系由平时状态转入战时状态或紧急状态的活动,包括实行战时农产品管理体制,调整农业生产结构,实施战时的农业经济政策等。国家调整和挖掘农业生产潜力,维护农业设施,增加粮食、棉花、油料、肉类及其他农副产品的产量和国家征购量,满足战争和人民生活对农产品的需求。

3. 财政金融动员

财政金融动员,是为了筹措战争经费和为战时扩大再生产提供资金,国家运用多种方式集中、分配、使用财力的活动,是国民经济动员中的重中之重。财政金融动员包括动用财政储备、加大战争拨款、实行战时税制、举借战争公债和寻求援助等措施来筹措战争经费。财政金融动员主要是通过金融机构为战争融资,包括动员金融机构自有资金、利用金融机构贷款、动员社会存款、实行外汇管制、限制或停止兑现存款、证券交易等。

4. 交通运输动员

交通运输动员,是指国家在战时统制各种交通运输线、设施和运输工具,保障人员、物资、装备运输的措施,是国民经济动员的重要组成部分。其任务是:保障军队机动、兵员和武器装备的补充、军工生产、军品供应、居民疏散、工厂搬迁的运输问题,以及其他人员和物资的前送后运等。对于保障战争需要,夺取战争胜利具有重要影响。平时交通运输动员主要包括:建立和完善交通运输动员法规;加强交通运输动员指挥体系建设,在交通部门设立军事办事机构,逐步建立军、政、民统一指挥,陆、水、空综合运用,运、修、防紧密结合的国防交通体系;大力发展交通运输网建设,重视发展大型、高速的运输工具,提高综合运输能力;加强交通运输工程保障力量、防卫力量和技术力量建设等。改革开放以来,我国交通建设获得前所未有的大发展。目前,搭乘国家交通建设的快车,我国国防交通也加快了调整、改革和建设步伐,走上了“平战结合、军民结合、寓军于民”的新路子。

5. 医药卫生动员

医药卫生动员,是指国家战时统一调度使用卫生人力、器材、设备和药品,对军民实施医务保障所采取的措施。它对加强伤病员的及时抢救和治疗,恢复其战斗能力和劳动能力,保护人力资源,具有重大意义。在抢险救灾等紧急情况下,有时也实施医药卫生动员。2003 年中国部分省区非典型肺炎暴发流行,国家有关部门及时启动了医药卫生动员机制,在抗击非典型肺炎的战疫中发挥了重要作用。

6. 信息动员

信息动员,是指国家统一调控信息资源、技术开发、人才培养和信息基础设施建设满足军事需求,为战争服务的一系列活动,包括信息在获取、传递、存储、处理过程中所需的人力、物力资源和电磁频谱资源等方面的动员。随着计算机的出现,并在战争领域的广泛应用,信息成了现代战争中各国关注的焦点。近期几场局部战争表明,高技术战争是以信息和信息技术为核心的信息战。科技信息已渗透到战争的各个环节,对战争的胜负有着至关重要的影响。这样,信息动员也就具有越来越重要的作用。

(三) 人民防空动员

人民防空动员,是国家发动和组织人民群众防备敌人空袭,减少空袭损失,消除空袭后果所进行的活动。主要任务是:依据国家有关法律法令,动员社会力量,进行防空设施建设,组建防空专业队伍,普及防空知识教育,组织隐蔽疏散,配合防空作战,消除空袭后果。目的是保护居民、经济设施及其他重要目标安全,减少国家及人民群众生命财产的损失,保存战争潜力。

人民防空动员是随着航空兵器和现代空袭兵器的相继出现并在战争中应用,空袭和防空袭斗争的不断发展而逐步形成的。

中华人民共和国国务院、中央军事委员会于1953年、1971年、1978年、2000年、2005年、2010年、2016年先后七次召开全国人防会议,总结人民防空建设的经验,制定了一整套人民防空建设的方针、政策。从中央、省(自治区、直辖市)到人防重点城市的基层单位,先后建立人民防空组织,健全了人民防空动员体系。

(四) 科学技术动员

科学技术动员,是指国家战时统一组织调整科学研究部门和专家、工程技术人员,从事战争所需科学技术的开发研究所采取的措施。科学技术动员是战争动员的重要组成部分。其任务是:开发应用新兴科学技术,利用科研设施和成果,研制先进的武器装备,为军队培养、输送专业技术人才,使军队在战争中保持科学技术和武器装备方面的优势。

科学技术动员的主要做法是:按照科学技术动员计划,有组织、有步骤地将全国科技力量转入战时轨道,强化国家对科技领域人力、物力、财力的投入,将科学技术转化为军事实力和战斗力。充分运用先进的科技成果和科技手段,迅速改进和更新现有武器装备,力争军队的武器和技术装备在战争中保持领先地位。加速为军队输送各类专业技术人才,保证战时扩编需要,保持参战人员与武器装备的有机结合,使之发挥最大效能。及时总结战争的经验教训,分析敌我双方的战时态势,针对战争的发展趋向,研究提出新的对策,开拓新的研究领域,充分发挥科学技术在战争中的作用。

（五） 政治动员

政治动员，是指国家或政治集团为实施战争或应对其他突发事件，在政治和思想方面进行的活动。有效的政治动员，对于迅速实现政治体制的平战转换，形成多种政治力量共同对敌的局面，占据有利的舆论阵地，充分调动社会各界参加和支持战争的积极性具有重要意义。

政治动员能否有效而持续地进行，取决于战争性质和社会的经济、政治制度。人心向背是战争胜负的重要因素。非正义的战争，与人民利益相违背，战争发动者只能运用政治手段欺骗、愚弄人民，最终得不到人民的支持。革命的、正义的战争，与人民的根本利益相一致，就会得到国内人民的拥护，获得世界人民的同情和支援。

未来战争，无论战争形式、规模和武器装备怎样变化，都改变不了战争是政治的继续和决定战争胜负的是人而不是物等基本原理，政治动员仍具有重要的战略地位。世界许多国家大都重视政治动员，在平时就对人民群众和军队加强国防教育和爱国主义教育，增强他们的爱国主义精神和国防观念，为战时实施政治动员打好基础。

平时政治动员是实施战时政治动员的基础，也是军事斗争准备不可或缺的重要内容。提升平时政治动员能力，必须着眼战时需求，大力加强以爱国主义和革命英雄主义为主要内容的国防教育，强化全民国防观念；要充分利用报刊、广播、电视、手机、网络等现代传媒科技工具，构建信息化宣传教育平台，多渠道宣传战争的正义性、合法性，增强全民族的凝聚力、向心力。要建立健全的工作机构，各级政治动员办公室应由军地双方相对固定人员组成，明确职责和任务，建立各项工作制度，抓好平时政治动员准备和战时政治动员的组织实施。要建立高效权威的指挥机制。要依托各级国防动员委员会，建立平战结合、军地一体、高效权威的联合指挥机构，加强对政治动员工作的综合计划、统筹安排和组织协调，保证快速动员的顺利进行。根据可能担负的作战行动和动员支前保障任务，建立与武装力量、人民防空、交通战备、经济、科技、信息等战争动员相配套的各类政治动员预案。着重明确政治动员的组织指挥机构、主要工作内容、各阶段任务、保障措施等。围绕国防动员任务，利用演习、训练等活动，对预案进行演练、修改和完善，使之更符合实战要求。

四、国防动员的方针原则

（一） 国防动员的方针

国防动员方针是指为动员活动确定的总方向和总目标。根据《国防动员法》的规定，我国的国防动员应当坚持平战结合、军民结合、寓军于民的方针。

1. 平战结合

平战结合是指平时的动员准备与战时实施有机结合。平时准备是战时实施动员的基础，只有平时准备好，才能保证战时快速高效地实施动员。战时实施是对平时准备的实际运用和检验，也是平时准备的目的。国防动员工作坚持平战结合，就是要把国防动员实施的需要作为国防动员准备的出发点和立足点，一切以满足国防动员实施需要为标准，从组织领导体制、规模布局到法规政策制度的确立，从动员领域的基础建设到动员工作的程序方法，都要做到平战衔接，平战一体，充分体现平战结合的内在要求，确保国防动员准备与实施能够经得起实战的考验。

2. 军民结合

军民结合是指国民经济和社会发展中军需与民用的有机结合。军民结合是一个问题的两个方面，军是主导，民是基础。国防动员工作坚持军民结合，就是要在组织领导体制上坚持地方党委与军事机关的双重领导、双向兼职；在武装力量动员建设上，坚持精干的常备军与强大的后备力量相结合；在经济动员建设上，坚持在重要建设项目和重要产品中贯彻国防要求，做到经济建设和国防动员需要两头兼顾；在人民防空、交通战备、医疗卫生等动员建设上要实现军需与民用的有机结合。

3. 寓军于民

寓军于民是指将国防潜力寓于国家经济建设和社会发展之中。国防动员虽属于国防，但来源于民，根植于民，依托于民。国防动员工作坚持寓军于民，就是要从国防动员能力形成的这一特性出发，根据国家安全对国防动员的需要，对经济和社会中蕴藏的国防潜力进行有组织、有计划地开发。在人力动员方面，要通过预备役制度，训练和储备战时需要的人力资源，做到平时少养兵，战时多出兵；在物力动员方面，要把动员潜力寓于国家雄厚的物力基础之中，军民兼容，以民养军；在财力动员方面，要发挥中央和地方的两个积极性，为国防动员的准备与实施提供有力的财力保障。

（二） 国防动员的原则

国防动员原则是国防动员战略思想、战略方针和政策理论的集中体现，是国防动员活动必须遵循的基本原则。《国防动员法》第四条规定，国防动员遵循统一领导、全民参与、长期准备、重点建设、统筹兼顾、有序高效的原则。

1. 统一领导

统一领导是指国家对国防动员工作实行统一领导，这是进行动员准备和动员实施的根本原则。只有国家实行统一领导，才能形成全国人民的统一意志，充分调动各方面的积极性，保障国防动员工作顺利进行。《宪法》和《国防法》规定，国务院、中央军委统一领导动员准备和动员实施工作。地方人民政府统一领

导和管理本行政区的动员准备和动员实施工作。

2. 全民参与

全民参与是指国防动员工作应当组织和发动全体公民广泛参与。《宪法》规定,保卫祖国、抵抗侵略是中华人民共和国每一个公民的神圣职责。在国防动员工作中贯彻全民参与的原则就是落实这一规定的具体体现。应当认识到,平时依法完成动员准备工作,战时完成规定的动员任务,是每一个公民义不容辞的责任。国防动员工作的顺利与否,关系到国防的巩固与否,也关系到每一个公民的切身利益。公民可以享受强大国防保障下的一切权利,也就应当为巩固国防履行应尽的义务。

3. 长期准备

长期准备是指国防动员准备工作具有持久性和连续性。在和平时期,我们必须居安思危,从长计议,做好国防动员的各项准备工作。这是由国防建设的长期性和国家面临的安全威胁的长期性决定的。只要世界上还存在着不安定因素,只要国家安全面临着各种威胁,动员准备工作就一刻不能停止。同时,国防潜力的积蓄和动员能力的形成也是一个长期渐进的过程,需要长期艰苦细致和坚持不懈的努力,才能顺利地进行下去。

4. 重点建设

重点建设是指根据国家安全的需要,在国防动员建设上突出重点领域、重点专区、重点工作。我国还是一个发展中国家,进行国防动员建设时,要充分考虑综合国力的现状和人民群众的承受能力,在物力、财力有限的情况下,必须区分轻重缓急,有重点、分层次地开展国防动员的各项准备工作。在区域范围上,要突出主要战略方向和战备重点地区的国防动员建设;在工作环节上,要突出抓好动员体制的完善、计划预案的制订、动员潜力的调查和预备役人员的储备等,做到抓住重点,带动全盘,引领国防动员的科学发展。

5. 统筹兼顾

统筹兼顾是指国防动员工作应当与国家经济社会发展统筹兼顾,协调发展。首先,要统筹好国防动员建设与经济社会发展的关系,把国防动员建设纳入国家经济社会发展规划之中。既要服从服务于国家经济社会发展的大局,发挥国防动员的优势,为经济社会发展做贡献,又要根据国家可能提供的财力和物力,加强自身建设,提高动员能力,为国家经济社会发展创造安全稳定的社会环境。其次,要统筹好国防动员体系内各子系统之间的建设与发展,处理好全局与局部、长远与当前、需要与可能、重点与一般的关系,要统一规划,统一部署,使国防动员各项建设相互促进,全面发展。

6. 有序高效

有序高效是指国防动员建设必须实现规范化、制度化和高效率、高效益。国防动员工作涉及的领域广、内容多,是一个复杂的大系统。贯彻有序高效的原则,必须做到三点:一是加强科学性,即要以科学发展观为指导,加强顶层设计,实事求是地组织开展国防动员工作;二是加强针对性,即要积极探索信息化条件下局部战争和各种非传统安全威胁的特点和规律,明确军事斗争准备的内容和目标,把握动员时的各项需求,有的放矢地进行动员准备;三是加强法制性,即要建立健全国防动员法规制度,为提高国防动员建设效益提供有力的法治保障。

五、国防动员体制

国防动员体制,是指国家或政治集团为进行动员而建立的各种组织体系及相关制度,主要包括机构设置、隶属关系、职权划分以及相应的法规、制度等。

根据我国《宪法》《国防法》《国防动员法》有关规定,全国人民代表大会常务委员会决定实施全国总动员或者局部动员,国家主席根据全国人民代表大会常务委员会的决定,发布动员令;国务院、中央军事委员会共同领导全国的国防动员工作,制定国防动员工作的方针、政策和法规,统一组织国防动员的实施;国家国防动员委员会在国务院、中央军事委员会的领导下负责组织、指导、协调全国的国防动员工作;按照规定的权限和程序议定的事项,由国务院和中央军事委员会的有关部门按照各自职责分工组织实施。军区国防动员委员会、县级以上地方各级国防动员委员会负责组织、指导、协调本区域的国防动员工作。

国家国防动员委员会的主要职责是:贯彻党中央、国务院、中央军委有关国防动员工作的方针、政策和指示;组织拟定国防动员工作的法律、法规和措施;组织编制国防动员规划、计划;检查监督国防动员法规的实施和国防动员计划的执行;协调军事、经济、社会等方面的重大国防动员工作;组织领导全国的武装力量动员、国民经济动员、人民防空、交通战备、国防教育工作;行使党中央、国务院、中央军委赋予的其他职权。国家国防动员委员会下设国家国防动员委员会人民武装动员办公室、经济动员办公室、人民防空办公室、交通战备办公室、综合办公室(成立于2000年1月)和国防教育办公室(成立于2002年4月)。

人民武装动员办公室主要职责:制定人民武装动员建设的计划、规划;综合人民武装动员的有关情况;研究人民武装动员建设的理论、政策;组织拟制人民武装动员法规文件;组织协调人民武装动员工作的宣传报道,总结交流经验,督促人民武装动员工作的落实等。

经济动员办公室主要职责:研究国民经济动员理论与战略,国民经济动员与国民经济建设、国防建设的关系;提出有关国民经济动员工作方针、政策的建议;组织有关部门编制国民经济动员预案、总体规划和年度国民经济战备动员计划;对预案、规划、计划的执行情况进行监督、检查;组织起草国民经济动员的法律、法规;组织军民两用技术的研究、推广和应用;组织提出经济建设项目平战结合

的建议，配合有关部门做好项目建设与国民经济动员的结合与衔接等。

人民防空办公室主要职责：负责《人民防空法》等法律、法规的组织实施和监督检查；研究提出人民防空工作的方针、政策、法规和规章制度；根据国民经济和社会发展计划以及国防建设需要，拟定人民防空事业的发展战略与中长期发展规划，编制人民防空工作年度计划，经批准后组织实施；拟定国家人民防空重点城市的防护类别、防护标准，经批准后实施；会同有关部门审批人民防空建设与城市建设相结合规划，审核城市总体规划中贯彻落实人民防空要求及人民防空建设规划情况，依法对城市和经济目标的人民防空建设进行监督检查；组织开展人民防空组织指挥工作；组织管理人民防空通信警报建设；组织管理人民防空工程建设；组织开展人民防空宣传教育等。

交通战备办公室主要职责：拟定国防交通工作的方针、政策，草拟有关法律、行政法规；规划全国国防交通网络布局，对国家交通建设提出有关国防要求的建议；拟订全国国防交通保障计划，为重大军事行动和其他紧急任务组织交通保障；组织全国国防交通科学技术研究；指导检查国防交通工作，协调有关方面的关系；实施全国的民用运力国防动员工作等。

综合办公室主要职责：组织协调国防动员建设计划、规划的制定和国防动员方面的政策、理论研究；组织拟制国防动员法规建设规划和国防动员综合性法规的草拟工作；组织协调有关部门宣传贯彻党和国家国防动员的方针、政策，总结交流国防动员工作经验，督促国防动员工作落实；了解掌握国内外国防动员建设情况，组织协调有关部门研究提出加强国防动员建设的意见和建议；根据国家国防动员委员会领导的指示，承办国防动员方面国家与军队有关部门之间，国家国防动员委员会各办公室之间，需要进行综合协调的工作等。

国防教育办公室主要职责：组织和指导全国国防教育工作；拟定国家国防教育政策、法规、规划，组织编写国防教育大纲和教材；组织协调地方和军队有关部门宣传贯彻党和国家关于国防教育的方针政策，开展国防教育活动；检查督促全国国防教育工作的落实，总结、推广国防教育工作经验；管理全国国防教育基金组织和其他国防教育社会组织；组织开展国防教育政策理论研究。

思考题

1. 国防的基本要素是什么？
2. 综合国防与传统国防的区别是什么？
3. 国防动员的目的是什么？
4. 国防历史的启示有哪些？

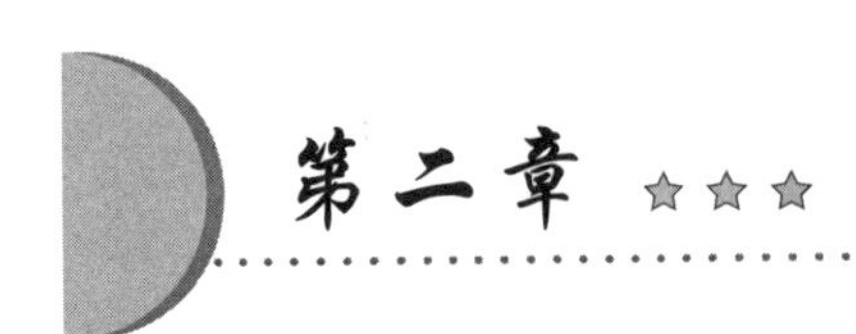

第二章 国家安全

冷战结束后，和平与发展成为时代主题，世界进入新旧格局的交替转换时期，各种战略力量不断进行新的分化与组合，一些国家和地区的民族矛盾、领土争端和宗教纠纷时有发生，局部战争和地区性冲突爆发的可能依然存在，国际局势动荡不安。因此，研究战略环境、国际战略格局的变化和主要国家的军事与安全概况等，对于维护世界和平和保卫国家安全有着极其重要的意义。

第一节　国家安全概述

发展和安全，是21世纪中国的战略重心。发展是目的，安全是保证和重要条件。正确认识国际战略环境和我国周边安全环境，正确制定我国国家安全战略，并在此基础上实施正确的战略指导，才能实现国家安全。新世纪、新阶段，我国国家安全战略选择应着重把握以下问题。

一、践行新的国家安全观，增强国家安全观念

国家安全观是一个国家在维护本国的安全实践中，所形成的关于自身安全利益、安全目标、安全环境和安全手段等问题的认识。安全观决定着国家安全战略的效能和有效性。国家安全观从总体上可以划分为两种。一种是以美国为首的西方国家的安全观，这种安全观认为，世界从本质上说是无政府主义的，只有建立单极世界，对世界进行“全球治理”，才是安全的。这种安全观强调追求自身的绝对安全、单向安全，强调以强大的军事实力求安全，以缔结军事同盟、运用武力或以运用武力相威胁的手段谋求安全。另一种安全观是由中国倡导的、“上海合作组织”成功实践的新国家安全观。新的国家安全观的主要内容为：在安全主体上，突出主权安全，强调始终把国家的主权和安全放在第一位；在安全内容上，倡导综合安全，即以制度安全为本源、经济安全为基础、科技安全为先导、军事安全为后盾，兼顾社会安全、环境安全、信息安全、能源安全等传统与非传统安全在

内的国家安全;在安全途径上,主张以合作、对话、交流求安全,反对在国际争端中使用武力或以武力相威胁,不把本国的安全凌驾于别国的安全之上,提倡双赢、共赢。这种安全观的核心是“互信、互利、平等、协作”,是“主权安全、综合安全、合作安全”三位一体的安全观。同时,新安全观的目标是建立“和谐世界”,以实现人类的共同安全。主要手段是平等交流、互利合作。

针对国家安全面临的新情况、新问题,为有效维护我国国家安全,我们必须努力践行新的国家安全观,增强国家安全观念。

一是要确立综合安全的观念。在考察国家安全状况、分析国家安全形势、制定国家安全方略时,应从更大的范围、更宽的领域、更宏观的层面上去考虑,充分认识各种安全因素给国家安全带来的威胁,既要高度重视政治、军事等传统安全领域,也要关注经济、信息、科技、社会公共安全等关系到国计民生的非传统安全领域,做到传统安全与非传统安全并重,生存安全与发展安全并重,政权安全与公共安全并重。近年来,中国在网络安全领域遭到了前所未有的威胁和挑战,2014 年 1 月,中国成立了网络安全和信息化领导小组,由中国国家主席习近平亲自担任组长一职,显示出中国在保障网络安全、维护国家利益、推动信息化发展的决心。

二是要确立前瞻安全的观念。要根据国际、国内形势的发展趋势,提前预测国家安全面临的威胁,充分利用现代科技手段,进行科学的判断和评估,提前做出有关决策和部署,及时确定国家安全的重点目标和任务,调整国家安全战略的内容和措施,积极掌握战略主动权。在国家安全处于相对有利的战略态势时,要居安思危,做好预测防范;在国家安全受到威胁时,要及早预警,科学决策,正确消除或大幅度减小不良后果,确保国家根本利益不受损害。

三是要确立实力安全的观念。维护国家安全,保障国家发展利益,必须把发展国家的综合实力作为根本途径,努力实现国家安全的“硬实力”和“软实力”的协调发展。在“硬实力”方面,要重视国防实力的建设,它是维护国家安全的最重要的手段。历史经验证明,军事实力建设周期长、投入大,千万不能“临时抱佛脚”,一定要长远谋划、长期投入、常抓不懈,形成足以威慑强大对手的战争潜力和防卫作战能力。同时还要注重经济、科技、社会、生态等领域的创新与发展,与军事实力共同构成强大的综合国力。在“软实力”方面,要高度重视国家安全理论的研究、国家安全战略的完善、国家安全体制和运行机制的建设以及民族凝聚力的培养,切实形成在上层建筑层面上维护国家安全的强大力量,与有形的“硬实力”一起,为国家安全提供坚强有力的保障。

二、营造有利安全环境,完善、健全安全机制

安全是对利益的维护,利益需要力量来保障,而力量的发挥必须依靠有利的

安全环境和完善的安全机制。我们在努力增强国家综合实力的基础上，必须努力营造有利的安全环境，尽快建立和完善国家安全机制。

营造有利的安全环境，是我国安全政策的基本着眼点，也是实施国家安全战略和战略指导的重要问题。一是要改善中国的国际战略环境。我国的发展和安全，离不开和平稳定的国际战略环境，要努力以积极有效的外交，促进中国与大国关系的良性发展，准确把握国际战略形势，沉着应对国际风云变幻，为中国走和平发展道路营造一个良好的国际环境。二是要构建中国和平发展的安全圈。要通过实行“与邻为善，以邻为伴”和“睦邻、安邻、富邻”政策，建立战略伙伴关系等一系列具有互利、增信性质的战略举动，增进周边邻国对中国的信任与了解，消除对中国的疑虑，为构建中国和平发展的安全圈奠定基础。

国家安全体制和机制的建立与健全，是保证国家安全的必要条件。第一，要致力于公正合理的国际安全机制的建立。中国必须积极参与联合国体制与机制改革，推动建立公正合理的国际新秩序，并深化“上海合作组织”的机制化建设，通过参与和强化与东南亚、东北亚、南亚以及非洲、拉美等政治、经济组织和安全论坛等的关系，逐步实现周边地区的多边机制的整合，推动全球层面的多边国际安全机制的完善和充实。第二，要完善国家安全协调机构。实践证明，临时组织有关人员应急处置国家安全问题，已不适应形势的发展需要。因此，必须加强、完善常设的国家安全协调机构，为国家最高决策层提供安全决策咨询，协调国家安全的有关事务。第三，要建设好国家安全预警和辅助决策系统。要利用先进的信息技术，对国家安全进行预警并提供科学的决策咨询，广泛收集涉及国家安全的各种信息，通过建立数据库、模型库、辅助决策库，形成决策咨询信息，供决策者优化选择。要对涉及国家安全的要素进行综合分类，科学评估各要素的变化情况及可能产生的后果，根据评估结果预测安全威胁的临界点和预警等级，生成并提供最佳处置方案。第四，要加强国家安全立法建设。着重规范以下内容：一是界定国家安全的性质和范围，在明确国防、社会治安安全的基础上，将信息、金融、能源、科技、文化、生态、公共卫生等领域的安全问题纳入国家安全范畴；二是规范实施国家安全预警与处置的法定内容和程序，主要是情报收集与传递、信息共享、分析研究、职责分工，以及各部门担负的任务和组织协调原则；三是规定对突发事件应急处理办法，包括对突发事件的性质、类型、危害的评估和判断，根据评估和判断进行科学决策，规定处置突发事件所需经费、物资、器材的筹措方法和使用原则，搞好动员和组织工作；四是明确有关部门在国家安全预警与处置中的法律责任，建立国家安全预警与处置责任制，赋予各级主要负责人发布预警等级的范围、权限，确立责任追究制度，保证国家安全预警与处置机制正常运行。2015 年 7 月 1 日，第十二届全国人民代表大会常务委员会第十五次会议通过了新的国家安全法，国家主席习近平签署第 29 号主席令并予以公布。法律对政治

安全、国土安全、军事安全、文化安全、科技安全等11个领域的国家安全任务进行了明确，共7章84条，自2015年7月1日起施行。《国家安全法》还将每年4月15日定为全民国家安全教育日。

三、加强综合国力建设，提高国家安全战略能力

新的历史时期对中国维护国家安全的能力提出了全新的要求，要化解风险，消弭国家安全面对的各种威胁，最有效的途径就是要加强综合国力建设，提高国家安全战略能力。综合国力为国家安全战略能力的形成提供物质基础，决定着国家安全战略能力的发展水平和发挥程度。国家安全战略能力是沟通和连接现有综合国力与未来综合国力的桥梁，影响甚至决定着国家未来综合国力的强弱以及国际地位的起伏。

首先，要加强国家综合国力建设，为提高国家安全战略能力奠定基础。综合国力，是一个主权国家可以利用的全部资源的总和，既包括物质层面上的内容，也包括精神层面的内容；既涉及政治、经济、军事领域，也涉及文化、教育、社会等领域。我国必须高举中国特色社会主义伟大旗帜，全面落实科学发展观，紧紧抓住重要战略机遇期，完善社会主义市场经济体制，增强发展的协调性，努力实现经济又好又快发展，大幅度提高国家经济实力。要优先发展教育，建设人力资源强国。要努力推进社会体制改革，扩大社会主义民主，扩大公共服务，完善社会管理，促进社会公平正义，更好地保障人民权益，全面改善人民生活；要加强文化建设，弘扬中华文化，建设和谐文化，推进文化创新，明显提高全民族文明素质；要适应世界军事发展新趋势和我国发展新要求，推进军事理论、军事技术、军事组织、军事管理创新，全面提高我军打赢信息化战争、应对多种安全威胁、完成多样化军事任务的能力，走出一条中国特色军民融合式发展路子，实现富国和强军的统一。

其次，要提升我国国家安全战略能力。国家安全战略能力，是指国家将战略资源加以转化，以实现国家安全战略目标的能力。它既包括国家在非战争状态下处理和控制危机的能力，以及营造和构筑有利的安全战略形势的能力，也包括国家在战争状态下遏制战争和打赢战争的能力。国家安全战略能力的强弱，是实现国家安全战略目标，维护国家安全的重要保障条件。国家安全战略能力，是国家战略资源、转化机制和谋略运用相互作用的产物，这三者之间的相互作用和相互影响，推动着国家安全战略能力的产生和形成，提升我国的国家安全战略能力，必须从这三个要素的积聚、构建和创新入手。一方面，要在新安全观的指导下，运用科学发展观制定明确的国家安全战略，以国家安全战略为统揽，全党、全国各个部门统一、协调行动，大力提升我国整合和运用地理资源、人力资源、经济资源、政治资源、军事资源、战略文化资源、科技资源、国际资源和时间资源的能

力。另一方面，要在国家安全体系中设立预警机制，加强控制机制，促进协同机制，构筑整合机制，建立动员机制，通过建立顺畅的国家安全保障机制，使国家战略资源能够高效地转化为国家安全战略能力。另外，还必须加强谋略创新，增强国家安全战略指导的能力，为我国维护国家安全提供制胜之道。

四、扩展战略视野，综合运用各种手段

新世纪、新阶段，我国国家利益不断拓展，与此同时，国家安全战略空间也不断拓宽，国家安全利益也日益复杂、多样。因此，维护我国国家安全，必须有科学的战略思维，要不断拓展战略视野，综合运用各种战略手段，才能有效维护我国的国家安全。

1. 要不断拓展战略视野

战略视野，决定了国家对国家安全利益的认识程度，决定了国家安全战略谋划的水平，也制约着国家运用国家战略力量维护国家安全的能力。历史上的中国，由于相对封闭的地理环境和自给自足的农耕经济，形成了守土固疆、重内轻外、重陆轻海的战略空间理念，战略视野不够开阔，因此，封建社会后期，中国面对列强的侵略，无法捍卫国家主权和维护国家安全。孙中山在领导辛亥革命过程中，从地缘政治的角度提出了“陆海空权并重”的战略构想，拓宽了国人的战略视野。中华人民共和国成立以来，党的几代领导人的战略视野不断拓展，强调在维护领陆安全的同时，越来越重视领海、领空安全，并逐步发展到陆、海、空、天、电磁和信息等领域。战略视野的不断拓展，使历代领导人能够高瞻远瞩地谋划中国的国家安全战略，有效维护不断拓展的国家安全利益。在新世纪、新阶段，中国的国家安全已经远远超越了传统安全领域，向非传统安全领域延伸，中国的国家安全也与其他国家的安全日益密切，世界的共同安全和普遍安全，对中国的安全越来越重要。因此，我们应高度关注国家安全战略空间和国家安全范围的拓展，战略思维不仅要关注传统安全领域，还要重视非传统安全领域，不仅要着眼于陆、海、空、天等有形战略空间，还要着眼于太空这一“高边疆”和信息这一“无形边疆”，通过不断开阔我们的战略视野，科学筹划国家安全战略，正确进行战略指导，维护中国的国家安全，为中华民族的发展振兴创造和平、稳定的安全环境。

2. 要综合运用各种手段维护国家安全

由于国家安全内涵的扩大，各安全领域的关系日益复杂，客观上要求维护国家安全的手段要多样化，仅仅依靠某一种手段显然已不再适应国家安全综合化的需要。因此，要真正实现国家安全，就必须多种手段并用，发挥整体合力。

第一，通过科技进步推动经济快速增长，是解决国家综合安全问题的根本途径。现代国际的竞争，说到底是综合国力的竞争，关键是科学技术的竞争。从这

个意义上说，科学技术是促进经济发展、保障国家安全的根本手段。

第二，正确的外交战略和高超的外交斗争艺术是维护综合安全经常的和有效的手段。国际政治经济交往要经常地通过外交渠道来进行，国家间的分歧和矛盾甚至冲突也主要采取外交协商的方式来解决。在和平、发展与合作为主题的时代，外交手段显得更加重要了，它对化解我国面临的一些现实和潜在威胁、改善安全环境、提高国际影响力具有长远的意义。因此，我们在维护国家安全时，应当加强外交战略和外交艺术的研究和运用。

第三，建设一支与国力相适应的强大的武装力量是保障国家综合安全不可缺少的重要条件。在传统国家安全观中，军事力量是国家安全的主要支柱甚至是唯一有效的手段。西方有所谓"先军旗后贸易，先贸易后军旗"的行为方式，资本主义的商业活动在早期总是由军事开路和保驾护航的。当今世界，和平与发展成为主题，军事安全在各国安全中的比重下降了，这是全球性军事对抗因素明显减弱和经济安全因素上升的必然反映，但并不意味着军事因素在国家实力和维护国家安全中的地位和作用不重要了。21 世纪综合国力的较量，不仅体现在经济、科技力量的竞争上，也深刻反映在军事力量的较量上，军事力量仍是构成国家实力的重要因素和保卫国家安全与统一必不可少的重要手段。军事安全仍然是各国综合安全的有机组成部分，军事力量在维护国家安全中有着不可替代的作用。因此，应正确认识军事手段在我国综合安全中发挥的重要作用，处理好军事安全与经济安全以及其他安全的辩证关系。特别是随着科技的迅猛发展，高新技术广泛用于军事领域，引起重大军事变革，使军事理论、军事组织、军事斗争经历着极其深刻的变化，对和平时期军事威慑和战争时期的胜负发挥着重要作用。如果我们没有强大的国防和武装力量做后盾，就无力维护国家的主权和领土安全，无法确保国家的稳定。

第四，要大力弘扬仁德型的安全文化。世界上每一种战略思想都与一定的思想文化相联系，并必然打上传统文化的烙印。可以说，国家安全战略的底蕴和根基就是思想文化。中华文明一直完整地延续了 5 000 多年，中国传统文化博大精深，它是我国制定安全战略的潜在意识和历史文化情结，规范着我国安全战略的基本取向。几千年来，中国战略文化形成了一种独具特色的传统智慧。如果用最简洁的语言来概括，可以说就是：求和平、谋统一、重防御。中国有一条古训，叫作"己所不欲，勿施于人"。中华民族基于对自己文明的认识，数千年来几乎没有产生过侵略的欲望。对和平的追求，已经融入我们民族的性格之中。另外，中华民族是一个珍视统一的民族。先秦百家争鸣的中心议题便是如何建立大一统的国家。中国自古以来就是一个多民族的生存共同体，尽管中华民族历经了多次分裂和战乱，但终究都归于统一。反对分裂，谋求统一，促进中华民族的大融合，这是中国几千年文明史的主流。无论一个时期内国家如何分裂，各民

族间如何对立，最终的结局仍是在民族和解中产生出新的更大范围统一的中国。在中国历史的大部分时间里，中国的传统安全文化的防御观念、和平理念，为中国人民带来了自身的繁荣和睦邻友好关系。随着当今国际战略形势的变化，我国独特的中国战略文化的科学价值，必将在未来国际安全实践中被世人认识并得到发扬和光大。

第二节　战略环境概述

战略环境是制定战略的客观基础，任何国家（集团）的战略，无不受一定的战略环境的制约和影响，且随着战略环境的变化而变化。对于战略指导者来说，正确认识和分析战略环境，是正确制定战略的先决条件。只有对战略环境进行客观、全面、系统的分析，才能建立起适合国家发展的战略，进而实现正确的战略指导。

一、战略

（一）战略概念的产生

战略是在军事斗争的实践中产生的，也是在军事斗争实践不断发展、深化的过程中丰富和完善的。在不同的社会时代和不同的历史时期，不同的国家都有属于自己的战略概念。在浩如烟海的中国古代兵书中，“兵略、谋略、韬略、方略、权谋、方策、庙算”等即是战略的原始称谓。但战略发展至今，远超出上述称谓的含义。在我国历史上，“战略”一词最早出现在西晋历史学家司马彪所著的《战略》一书中。此后，战略概念在《三国志》《宋书》《宋史》《明史》《廿一史战略考》《清史稿》中也偶有提及。

在西方，战略概念最早产生于古代政治、经济、文化较为发达的地中海地区，英文战略一词“strategy”也源于希腊语“strategos”，意为军事将领、地方行政长官。后来演变成军事术语，指军事将领指挥军队作战的谋略。早期包含战略观念的著作主要有希罗多德的《历史》、修昔底德斯的《伯罗奔尼撒战争史》、色诺芬的《长征记》和恺撒的《高卢战记》，其中具有代表性的是《伯罗奔尼撒战争史》。十八世纪后期到十九世纪前期，日益成熟的欧洲近代国际关系和频繁的战争实践，推动了欧洲近代战略概念的形成和战略思想的发展。

在现当代，军事家们对战略概念又赋予了新内涵。毛泽东在 1936 年发表的《中国革命战争的战略问题》提出：“战略问题是研究战争全局的规律的东西。”《苏联军事百科全书》指出：“战略是军事学术的高级部门，它根据政治目的和国家的资源情况解决整个战争的准备和实施的各种问题。”著名军事理论家、战略

家利德尔·哈特认为,战略是运用和分配军事工具,以达到政策目的的艺术,所谓大战略、高级战略的任务,就是协调和管理一个国家或一组国家的全部资源,以便达到战争的政治目的。

战略概念产生于军事领域,也长期被局限于军事领域。但是,战略本身固有的高层次、全局性等特性,必然使它被引申到社会诸多领域特别是国家决策领域,凡属谋划与指导全局或带全局性的行动或举措,都可以与战略相联系。在各种具有不同属性的战略中,居于最高层次并且最具重要性的是国家战略。在国家的战略体系中,涉及对外关系的战略称为国际战略或对外战略。

(二) 战略的基本含义

战略(军事战略),是指筹划和指导战争全局的方略。它是根据对国际形势和敌对双方政治、军事、经济、科学技术、地理环境等诸要素的分析判断,科学预测战争的发生与发展,制定全局方针、原则和计划,筹划战争准备,指导战争实施所遵循的原则和方法。

战略在军事斗争的实践中产生,并随着军事斗争实践的不断发展、深化而丰富和完善。军事战略是国家总体战略的重要组成部分,其指导对象是军事斗争全局,其使命和任务是维护国家的安全利益,保障国家和民族的发展和繁荣昌盛。

(三) 战略的构成要素

战略的构成要素,就是构成战略的基本成分,包括战略目的、战略方针、战略力量和战略措施等。它是战略本质属性的集中反映,也是战略内容和形式的具体表现。

1. 战略目的

战略目的是指战略行动要达到的预期效果。它是制定战略的出发点,也是实施战略的归宿点。从根本上看,战略目的的制定主要依据一定时期内的战略形势和自身国家力量、利益考量,需要恰当分析自身力量配置与利益核心点。

2. 战略方针

战略方针是指导军事行动的纲领和制定战略计划的基本依据。战略方针是在分析国际战略形势和敌对双方战略诸要素基础上制定的,具有很强的针对性。无论是在平时,抑或是在紧张时期(包括战时),正确的战略方针对实现国家相关利益具有重要意义。

3. 战略力量

战略力量主要是指参与斗争的军事力量,也包括国家的政治力量、经济力量、军事力量、外交力量和精神力量等。战略力量是有本之源,是实现战略目的和方针的物质基础,战略力量的大小一方面取决于军事力量的大小,另一方面在其量与质的变动上必须与国家的总体力量变化协调一致。

4. 战略措施

战略措施即指战略手段，是为达成战争意志而采取的各种全局性的确实可行的方法和步骤。它包括所能应用的政治、经济、军事、外交、科学技术、战略领导和指挥等各方面的综合手段。战略措施是战略目的和方针的实践体现。

（四） 战略的基本特征

特征是事物固有的一些本质属性。战略因其特定的研究对象、内容和表现形式，因而也具有相应的基本特征。

1. 全局性

战略的根本方面是统筹军事斗争的各方面，体现在整个时空范围内。在战争行动和非战争军事行动下，各项准备工作及其运用，都在战略的规范下进行。在未来的信息化战争背景下，各项作战运筹，抑或是军事变革行径，必须以战略作为基本依据，将其作为总纲。

2. 对抗性

军事斗争本身就是一种具有强烈意志秉性的对抗行为，具有高度的组织性和计划性。在具体的斗争实践中，也必然会有相应的对抗对象。战略的对抗性也具有一体性和不间断性等特点，这就要求战略制定者和实行者，在具体的战略运用过程中，必须通观全局特点，照顾前后衔接，最大限度地保证国家利益的实现。

3. 谋略性

谋略与战略是两个不同的概念，前者层次性较后者低，但后者包含了前者。高超的战略必然具有优良的谋略品性，体现出对各种战略手段的灵活选择，也能有效把握各类战略重点。如孙子所言的“不战而屈人之兵”等谋略思想在战略中的应用。

4. 预见性

预见性即是指战略能够照顾到未来发生的重要方面。良好的预见性是在全面的调查研究基础上，科学分析、准确预测内外环境和国际关系。能对未来战争爆发的可能时间、程度大小、样式形式、进程结局、规律和特点等战争的主要要素做出科学推断，进而为战略调整奠定客观依据。

二、战略环境

（一） 战略环境的概念

战略环境，是指一个国家在特定时期内所面临的影响国家安全与发展全局的重要因素和条件。这些因素或条件，包括政治形势、经济发展、军事斗争和地缘环境等方面，它们一般综合交错地表现出来，直接关系到特定国家在一定时期内的和平与稳定、生存与发展、安全与危机。

战略环境是一个动态的概念。当今世界，各种争斗错综复杂，风云变幻莫测，这就要求各国战略指导者必须紧跟国际发展形势，结合国家实际适时调整战略，来适应世界发展和维护国家利益的要求。研究战略环境应从国际战略环境和国内战略环境两个方面着手。

（二） 战略环境与战略的关系

战略环境与战略是客观实际与主观指导的关系。正确认识和分析战略环境是正确制定战略的先决条件。战略对战略环境的发展变化也具有重大的能动作用。

（三） 战略环境构成

战略环境由国际战略环境和国内战略环境构成。

1. 国际战略环境

国际战略环境是世界各主要国家和政治集团在一定时期内在战略上相互联系、相互作用、相互斗争所形成的世界全局性的大环境。国际战略环境包括国际战略形势和国际战略格局两个方面。国际战略形势是指国家、阶级或政治（军事）集团之间矛盾着的相互关系，在一定条件下形成的总局势。国际战略格局是指世界各主要国家或地区在一定时期内相互关系的基本结构。战略形势和战略格局两者之间具有内在的、本质的必然联系。可以说，战略形势就是动态的战略格局，而战略格局则是静态的战略形势。

影响国际战略环境的主要因素有：国际战略利益的矛盾及其发展；政治、军事、经济力量在世界范围内的分布与配置；主要国家之间的战略关系及其斗争、制约、合作的态势；战争的进程和结局以及战争威胁的性质和程度等。

国际战略环境从本质上反映了世界各主要国家建立在一定军事、经济实力基础上的政治关系和总体趋势，其核心是世界范围内的战争与和平问题。国际战略环境是国家安全和发展的国际条件，对实现国家的战略目标和战略利益有重大的影响，并决定或制约着一个国家政治、军事、经济斗争的对象和敌友关系以及采取的方针、政策和策略。对国际战略环境的分析和判断，是制定战略决策和实施战略过程中至关重要的问题。只有站在时代的高度，系统地考察一个时期内国际战略格局的状况和国际战略形势的发展趋势，综合分析影响国家安全和发展的各种国际条件，判明本国遭受威慑的可能、方向、性质和程度，才能提出正确的战略对策。

2. 国内战略环境

从军事斗争的角度讲，国内战略环境是指对筹划、指导军事斗争全局具有重大影响的国内社会环境与自然环境。它反映了国家军事力量建设与运用的可能条件和制约因素，决定着战略的基本性质和方向，是制定战略的根本依据。

国内战略环境主要包括国家的政治、经济、军事、地理等方面的基本状况，其中,对战略具有直接影响的是国家的地理环境、政治环境和综合国力状况。地理环境主要包括国家的位置与地形、战略纵深大小、人口的数量和素质、行政区划等状况,它是军事活动的基本空间条件,军事活动也受到其综合性影响,因而,地理环境是战略制定过程中必须考量的基本方面之一。政治环境涉及面较大,主要包括政法制度、安全形势和既定国策等。综合国力则是一国全部物质力量和精神力量的整体,是一国实力与潜力的总和,其中最核心的是民族凝聚力。

三、当前国际战略环境的主要特征

21 世纪之初,国际安全形势正发生着冷战结束以来最为深刻的变化。一方面,和平与发展仍然是当今世界的时代主题,世界大战在今后相当长时期内仍打不起来,要安全、求合作、促发展已成为世界各国人民的共同愿望和不懈的追求。但另一方面,世界总体和平与局部战争、总体缓和与局部紧张、总体稳定与局部动荡相伴相生,国际安全形势更加错综复杂,各种不确定因素有增无减,传统安全问题与非传统安全问题相互交织,世界和平与发展面临着新的考验与新的挑战。

(一) 局部战争已成为主要战争形态

冷战结束后,世界政治军事形势发生了很大变化,整体上处于相对和平与稳定的时期,爆发世界大战的可能性趋小。但世界仍处于总体稳定而局部动荡的形势中,局部战争和武装冲突时有发生。主要表现为:

1. 世界级的军事对抗已不复存在

第一次、第二次世界大战(下简称“一战”“二战”)的爆发,都是由于战前帝国主义国家之间存在着相对立的两大军事集团(联盟)矛盾激化而导致的。二战后,由于存在社会制度和意识形态根本不同的两大国际阵营的对立,存在美苏两个超级大国对世界霸权的激烈争夺,整个世界曾在很长时间内笼罩在新的世界大战威胁的阴影下。随着苏联的解体和华约集团的解散,美国作为唯一的超级大国已失去了昔日强劲的竞争对手,新的世界大战的危险性也随之大大减少。可以预料,在未来较长的一段时间内,不大可能出现一个有资格打世界大战的新的超级大国,也不会出现新的世界级军事对抗的局面,因此可以说,爆发新的世界大战的危险性将进一步减小。

2. 世界和平反战力量继续发展

二战以后,新的世界大战之所以没有爆发,在很大程度上是由于世界和平反战力量不断壮大,抑制了战争因素的恶性膨胀。科学技术的进步,特别是信息技术和信息传播手段的发展,为世界和平反战力量的发展壮大创造了条件。他们通过传媒手段和新闻媒介来了解世界战争形势,加强宣传和平攻势,影响并可能动摇战争决策者的决心。

3. 世界各国致力于发展经济和增强综合国力

2008 年世界金融危机爆发后,世界主要国家包括唯一超级大国美国在内,都面临着复苏和发展本国经济的严峻挑战,从而把主要注意力从战争准备和军备竞赛转向国内经济建设上来,以加快经济发展,增强各自综合国力,使本国在今后的发展中处于有利地位。因此,各国都不愿意看到新的世界大战爆发,对使用军事手段都采取比较克制和谨慎的态度。

4. 战争困扰依旧存在

因民族、宗教矛盾、地区霸权、世界霸权而诱发的局部战争和武装冲突并未减少。世界各地仍存在数个潜在的战争热点,成为影响世界和平发展与安全稳定的拦路虎,也成为世人关注的"焦点"和"热点"。在未来相当长的一段时期,局部战争和武装冲突将成为军事斗争的主要形态,且呈现出更加明显高技术、高强度、高消耗的特性。"稳而不定"将是构成 21 世纪上半叶国际安全形势的最基本特征。

(二) 军事安全更加突出

美国的霸权主义和强权政治对国际战略环境产生了重要的影响。冷战结束后,美国等西方国家依仗其经济、科技和军事上的优势地位,在处理国际事务中威胁使用武力和直接进行军事干预的倾向明显加强,对国际安全形势发展产生了极大的消极影响。以美国为代表的少数国家霸权主义、强权主义不断抬头,使军事因素在国际事务和国际关系中的地位和作用有所回升,军事安全问题更加突出。今后一二十年内,国际战略格局特别是国际力量对比难以发生根本性的改变,美国也不会放弃其谋求"单极世界"的战略企图,因此,国际安全形势仍将十分严峻,军事安全因素仍是各国关注的重点。

(三) 世界新军事变革进程加快

所谓新军事变革,其实质是工业时代以来建立起来的现行的机械化军事体系,向未来信息化军事体系的整体转型,即机械化基础上的信息化。变革的基本内容可以概括为四个"革新"、一个"转变"。四个"革新":革新军事技术,推进武器装备的信息化;革新体制编制,重新编组军队的结构;革新作战方法,以发挥信息化装备的优势;革新军事思想,以新的理念谋划作战与军队建设。一个"转变":通过上述四个方面的革新,推动战争形态从机械化战争向信息化战争的方向演变。

世界新军事变革始于美国。早在 20 世纪七八十年代,美国就已拥有相当先进的信息技术和军事科技储备,具备了新军事变革能力,但因面临来自苏联的威胁而不敢贸然进行。20 世纪 90 年代初冷战结束后,美国开始大范围大力度推动新军事变革。在美国带动下,全球新军事变革全面盛行。其发展趋势主要表现在以下几个方面。

1. 战争越来越注重效果

工业时代以来的战争大都属于高消耗型战争，不仅耗费巨大，而且旷日持久。而信息技术在军事上的广泛应用，为军队作战提供种种前所未有的新能力，使力求以尽量少的兵力投入、物力耗费和尽量短的时间结束战争并取得胜利成为可能。通过各种信息化的侦察探测手段，实施中远程精确打击，广泛开展特种战和心理战，已可达成最大的战争效果。这在伊拉克战争中表现得尤为明显。

2. 作战方式向网络中心战发展

所谓网络中心战，就是信息时代的联合作战。就是借助计算机和互联网系统，把整个军队的侦察探测系统、指挥通信系统和火力打击系统，在很宽广的领域链接成为一个统一的信息网络，使各级、各军兵种、各部队、各部门以及各个作战单元、各种武器平台，包括单个的士兵之间能够做到快速的信息互通，从而实现一体化的联合作战。

网络中心战的思想由美国海军 1997 年提出，2002 年被美国国防部正式写入国防政策报告。其基本要点包括：强调作战中心将由传统的平台转向网络；突出信息就是战斗力，而且是战斗力的倍增器；明确作战单元的网络化可产出高效的协调，即自我协调；增强作战的灵活性和适应性，为指挥人员提供更多的指挥作战方式。典型的作战表现就是“发现即被摧毁”。尽管目前的网络中心战还处于初期的发展阶段，但它已向人们预示了今后的战争模式，今后必将成为信息时代战争的主角之一。

3. 军队信息化建设向网络化、智能化和太空化的方向发展

一是武器装备信息化。所谓武器装备信息化，是指利用信息技术和计算机技术，使武器装备在预警探测、情报侦察、精确制导、火力打击、指挥控制、通信联络、战场管理等方面实现信息采集、融合、处理、传输、显示的网络化、自动化和实时化。武器装备信息化沿着两个方向发展：对机械化武器装备进行信息化改造和提升，把计算机技术和信息技术以模块形式嵌入机械化武器装备之中，使机械化武器装备具备类似于人的“眼睛、神经和大脑”的功能，从而使其综合作战效能倍增，满足信息战争作战的需要；研制新的信息化武器装备，如 C^4KISR 系统、计算机网络病毒、军事智能机器人等。

二是发展天基作战武器系统。天基作战武器系统是在空间进行反卫星、反导、反航天器作战和从空间对陆海空作战的武器系统。按美国航天司令部 2020 构想的设想，天基作战武器系统包括天基干扰系统（SBJ）、天基激光器（SBL）、天基平台（SBP）、天战飞行器（SOV）等。美国计划在 2015 年至 2030 年间装备天基武器系统，2020 年左右将获得按需求在几分钟内就可对全球目标形成空间打击力量的能力。

4. 军队结构向规模轻便化、多能一体化和指挥扁平化的方向发展

规模轻便化，是为了增强部队的战略投送能力和机动作战能力。多能一体化，是从结构上扩展部队的功能，使一支部队担负多种类型和多种强度的军事任务。指挥扁平化，就是把以往层级多、纵深长的指挥系统，改造成适合信息快速流通的扁平式“网”状体制。

（四） 非传统安全威胁日益突出

冷战结束后，国际安全环境出现了一些新的变化，除一些传统意义上的安全因素（如军事结盟、地缘争夺、军备竞赛、武器扩张等）在继续对国际安全形势产生重要影响外，一些新的非传统安全因素如自然灾害、人为灾害引发的灾难，国际恐怖主义、民族分离主义、宗教极端主义等引发的动荡、冲突甚至战争等，给新世纪的国际安全增加新的不确定因素。如苏联切尔诺贝利核泄漏、美国的“9・11”事件、日本的福岛核电站事故、印尼大海啸等，都对人类的和平与安全构成了严重威胁。

近年来，随着恐怖主义的抬头和民族、宗教矛盾的不断激化，恐怖袭击事件日益增多，对世界的安全威胁越来越大。国际恐怖势力活动出现一些新的变化：组织结构由垂直统一向分散网络化转变；活动地域由欧美国家向发展中国家乃至全球蔓延；袭击对象转向防范薄弱、人员密集的民用软目标。与此同时，美国在反恐斗争中采取双重标准，一些国家和地区的民族、宗教、政治等方面矛盾激化，以及发展中国家反恐能力不足等，也间接促使国际恐怖主义活动的高发。虽然 2011 年基地组织遭受重创，首脑本・拉登毙命，但基地组织的影响仍呈扩大之势。IS 极端组织在全球范围内蔓延速度较快。世界反恐斗争难度越来越大，任重道远。

传统安全因素与非传统安全因素相互交织，使得国际安全面临的不确定因素大为增加。新形势下的安全是全方位的，维护安全也应是全方位的，只靠传统军事手段已不足以对付变化的形势。树立新型安全观将是 21 世纪各国制定国家安全战略时强调的重点。

第三节 国际战略格局

国际战略格局是国际战略环境的总体框架，表现了世界力量的分布、组合和对比。在国际战略格局中，拥有强大军事实力和政治影响力的国家和地区，在世界事务中扮演着主要角色、起着主导作用，通常被称为“极”或“力量中心”。国际战略格局是由力量对比关系决定的。由于各个历史时期新生力量的形成变化，使起主导作用的“力量中心”随之变化，从而形成单极格局、两极格局或者多极格局。

国际战略格局与经常变动的国际战略形势有所不同，它在一个相应的历史时期内具有相对稳定性。其形成、发展和变化的物质基础是各国政治、经济、军事力量的对比，政治基础在于各国在战略利益上的矛盾和需求。大国实力地位的变化，是导致国际战略格局变化的重要因素。新旧国际战略格局的交替转换通常发生在涉及世界主要国家的剧烈的社会大动荡之后，其根本原因在于世界基本矛盾的不断发展变化。各种战略力量对自己国家、民族、阶级、集团利益的认识决定了对外战略的调整，并导致国际战略格局的破裂与重组。

国际战略格局反映了一定时期内主要国际行为体的力量对比、利益矛盾和各自需求，以及基本的战略关系，是国际政治的核心内容，是一定时期内国际关系特点的集中表现，它是各国生存和发展的基本外部环境，也是制定内外战略和策略、方针的主要依据之一。

一、国际战略格局的概念

所谓国际战略格局，是指在世界上主要战略力量间在一定历史时期内通过相互联系、相互斗争而形成的相对稳定的结构和态势。其形成和发展，是国际合纵连横的结果。国际战略格局在一定的历史时期内，对世界形势发展产生深刻的影响。作为战略制定和执行者，一定要认清国际斗争的一般规律，深刻研究和把握国际战略格局问题。

二、国际战略格局现状特点及发展趋势

（一） 当前世界战略格局的特点

目前，世界正处于一个新旧格局交替的过程中。世界的主要力量中心，包括美国、欧盟、俄罗斯、中国、日本等一些国家或地区，在竞争中此消彼长，形成“一超多强，多元争极”的现象。“一超”指的是美国。美国仍将拥有世界最强的经济和军事实力，是各极力量中最强大的一极。“多强”是指一些综合国力较强的国家或国家集团，如欧盟、俄罗斯、中国、日本等。从目前情况看，这些国家或国家集团的实力和地位都不能与美国相提并论，只能算“强”，还不能称“极”。由于多极化的格局还没有形成，所以世界各种力量都在抓紧时机增强自己的综合实力，提高自己在世界上的竞争力和国际地位，积极地向“极”的方向发展，争取得到“极”的地位。这样，就形成了“多元争极”的状态。

（二） 当前世界战略格局的发展趋势

1. 世界军事战略格局从一超独霸走向多极化

20世纪80年代末至90年代初，在世界两极格局崩溃的同时，原有的军事格局也彻底瓦解。当前，在世界军事领域，各种矛盾正在深入发展，各大战略力量

正在发生新的变化，各种战略关系正在进行新的分化组合，世界军事战略格局正处于新旧交替并向多极化方向不断发展的历史时期。

从力量结构上看，“一超多强”是当前乃至今后相当长时期内世界主要军事力量对比的总体态势和总体特征。

从战略关系上看，冷战结束后，世界军事领域内的各主要力量之间的战略关系经历着深刻的变化与调整，“一超”与“多强”以及“诸强”之间既有竞争又有合作，既相互矛盾，又彼此协调，既存在利益上的冲突，也存在安全上的共同要求。

从冷战结束后，世界军事领域内的各大战略关系调整过程看，美国处于较为主动地位，但是从调整的内容看，主张缩小分歧、消除对抗、增加交流、扩大合作成为大多数国家的共识和调整的重点。

2. 多极制衡将是世界战略格局发展的必然趋势

从发展趋势上看，多极制衡乃大势所趋。从根本上讲，国际关系演变的终极原因在于经济，世界经济发展不平衡正在改变着世界战略力量的对比。因此，经济全球化、经济格局的多极化必将推动着世界政治格局和军事格局的多极化。从目前情况看，尽管美国具有超强的军事实力，但并没有强大到可以任意对其他战略力量发号施令的状态；尽管美国具有强烈的建立单极世界的企图，但在解决诸如打击恐怖主义、防止大规模杀伤性武器扩散、伊朗核问题等重大国际安全问题上，仍离不开对其他战略力量的借助和依赖；尽管美国具有全球性的影响力，但其他战略力量在世界许多重要的战略区域内仍发挥着不可替代甚至是决定性的作用和影响。新的世界军事格局正是在这种各大战略力量的相互竞争、相互借助、相互制衡中曲折发展着。

目前，美国不顾世界战略格局多极化的发展趋势，凭借自己的强大实力，把本国的意识形态、价值观念、发展模式和社会制度强加于国情不同的世界各国，企图建立美国一家独霸的单极世界。“9·11”事件后，美国更是借反恐之名，趁机对战略地位极其重要的中亚和外高加索地区实现了历史性的军事进入，并开始施加经济和政治影响，全方位加紧推进自己称霸世界的全球战略。但是，从历史和长远的角度来看，世界上没有永远的霸权，美国的单极世界之路根本行不通，多极化是必然的趋势。欧盟、俄罗斯、中国、日本等世界战略力量，在社会政治、经济、军事和科技发展的推动下，必将会对美国的霸主地位产生强烈的冲击。世界向多极化方向发展，已经成为一种不可逆转的必然趋势。

3. 世界战略格局中各方的关系将日趋复杂化

两极格局解体后，当今世界的主要战略力量，都在通过调整对外关系寻求自己的有利地位。随着中、俄、日、欧地位的提高，大国间制约关系显著增强。美国虽然认为自己是唯一有能力进行全球干预的超级大国，但是最近几年来美国的对外政策也在进行调整，特别是“9·11”事件后，美国出于反恐和国家战略的需要，积极与欧盟、俄罗斯、中国、日本展开深度外交。当前，世界各大国对外政策和战略关系的调整呈现出四个新的特征：复杂化、松散化、多边化和合作区域化。

4. 中国在多极格局中的地位与作用将愈显突出

中国是一个发展中的社会主义大国，也是当今维护世界和平的重要力量。中国对世界的影响是多方面的，其主要作用体现在三个方面。

(1) 在反对霸权主义和强权政治中起制约作用

冷战结束后，在各种政治力量的矛盾与冲突中，中国将起到平衡与制约的作用，并成为抑制霸权主义和强权政治的重要因素。中国一贯坚持和平共处五项原则，永远不称霸，永远不做超级大国。这种正义的立场，必将得到世界大多数国家的信任和支持，使中国发挥更大的作用。

(2) 在经济发展中起示范作用

改革开放以来，中国的社会主义现代化建设取得了举世瞩目的巨大成就，经济和社会面貌发生了深刻的变化。中国的经济改革经验受到了国际社会的普遍关注，许多国家领导人和专家、学者认为，中国的经济改革是“历史上最大的实验”，具有“示范”作用，对世界上其他国家，特别是发展中国家正在或将会产生重大影响。

(3) 在维护第三世界权益的斗争中发挥重要作用

中国始终坚持大小国家一律平等的原则，坚决反对恃强凌弱的行为，并为维护第三世界国家权益进行了不懈的努力和斗争。同时，中国对第三世界国家之间的分歧和争端，从不介入，历来主张通过协商和平解决，防止和避免外来势力的干预和利用。中国坚持维护第三世界国家权益的主张和行动，受到了第三世界国家和人民的高度赞扬。

总之，21 世纪初，世界新的军事战略格局已初现端倪，目前主要呈现为“一超多强”的结构和态势。在这样的格局中，美国居于最为主动的地位；欧日作为美国的战略伙伴，在成为美国实现全球利益的重要助手的同时，对地区性安全事务的影响将日益增大；而中、俄和东盟等在积极保障自身安全、谋求地区和平与稳定的努力中，不断加强安全合作，倡导新的安全观念并身体力行，代表着一种新型的安全关系。由于此次格局的转换是在和平的大背景下进行的，因此，“一超多强”的军事战略格局将在相当一段时期内存在，并随着各国综合国力的消长而变化。

第四节 中国周边安全环境

周边安全环境，是指国家周边有无危险和受到威胁的情况及条件，是一国对其周边国家或集团在一定时期内对自己国家主权、领土完整是否构成威胁，有无军事入侵、渗透颠覆等情况的综合分析和评估。它是关系国家和民族兴衰存亡的大事，是周边地区各种力量不断作用的动态产物，更是制定国防战略的首要依据。

两极格局解体后，和平与发展成为世界主题，全球经济一体化和信息时代的到来，进一步降低了世界大战爆发的可能性。自 20 世纪 90 年代初，我国进入新的发展机遇期，经过几十年的稳定快速发展，经济总量跃居世界第二，科学技术研发实力进一步提高，军事力量尤其是海空军力量明显增强，综合国力和国际影响力也进一步提升。2010 年以后，在美国"巧实力"外交和重返亚太战略的影响下，我国周边安全环境发生了较大改变，影响了我国的和平稳定与快速发展。

邓小平同志曾说过，"要为我国经济建设创造一个和平的外交环境，首先是一个稳定的周边环境"。在统筹国内发展和对外关系两个方面的过程中，进一步研究周边安全环境，对实现国家整体战略和维护世界和平具有重要的现实意义。

一、中国地缘环境概况

地缘环境是指基于地理因素之上的主要由各种对外关系构成的战略环境。对地缘环境的客观分析，是国家正确制定地缘战略方针的前提。我国位于大陆东方，是欧亚大陆主要大国之一，邻接大陆多个地区，同亚洲各国的历史与现实联系十分密切。周边的范围主要包括东亚、东南亚、南亚、中亚以及俄罗斯的西伯利亚和远东地区在内的环形地区。主要的地缘环境特点如下：

（一） 边境线漫长

根据 1982 年卫星测量、1984 年正式对外公布的数据显示，我国拥有 1 040 万平方公里的陆地国土面积（比飞机测量数据多 84 万平方公里，但习惯上仍称为 960 万平方公里），环绕陆地的边境线总长达 22 000 km，共有 14 个陆地邻国，分别是：朝鲜、蒙古、俄罗斯、哈萨克斯坦、吉尔吉斯斯坦、塔吉克斯坦、阿富汗、巴基斯坦、印度、尼泊尔、不丹、缅甸、老挝和越南。拥有 300 万平方公里的海洋领土、18 000 km 长的海岸线，共有 8 个海上邻国，分别是：朝鲜、韩国、日本、越南、菲律宾、马来西亚、印度尼西亚和文莱，其中朝鲜和越南既是我们陆上的邻居又是我们海上的邻居。

我国还有 1.1 万多个岛屿，4 个濒临太平洋的边缘海：渤海、黄海、东海和南海。在海洋方向,我们与多个国家还存在海域争议。特别值得注意的是,受制于太平洋岛屿归属实际,我国的海洋地理特征,是一种半闭海特征,对军事安全和海洋安全产生了重大影响。

(二) 历史渊源深

延续几千年的悠久历史,既创造了灿烂的中华文化,也书写了与周边国家源远流长的交往历史。如通往中亚到欧洲的古代陆上丝绸之路,郑和七下西洋,东渡扶桑的鉴真和尚,到大唐学习的遣唐使;还有少数邻国历史上曾属于同一国家统治。这些历史无不反映出中国和周边国家的深刻的历史交往。这种历史的交叉,既推动了各国文明的发展进步,也带来了一些历史的恩怨和矛盾,有些恩怨和矛盾至今仍对我国的周边外交产生重大影响。

(三) 地缘差异大

与我相邻各国在政治上、经济上、军事上呈现出多样性。在政治上,既有社会主义国家,也有资本主义国家。鉴于执政历史和执政党的因素,两大形态内部也具有不尽相同的政治特征。由于国情、政情不同,各国经济上更具多样性,既有日本这样的发达经济体,也有中国这样世界第二的发展中新兴经济体,还有经济很不发达的落后经济体等。在军事上,既有世界第二军事强国的俄罗斯,军事科技高度发达的日本,也有基本没有大型军事装备的弱国。此外,各国的文化、民族和宗教也十分多样。各类多样性的存在表明,我国周边情况十分复杂。

(四) 大国竞争多

在我国地缘环境中,大国的影子无处不在:有俄罗斯这样的军事大国,有日本这样的经济大国,还有印度这样的地区大国兼新兴经济体国家,更有远在天边近在眼前的唯一超级大国美国。美、俄、日、印、中等国利益相互交错,中亚地区、南海地区、东海地区、东南亚地区等,都能找到大国间的利益竞争。

二、中国周边安全面临的主要威胁与挑战

判断一个国家周边是否安全的依据是:利益是否存在冲突、威胁企图是否存在、是否具有威胁的能力。同时,要把安全情况放在一个历史的氛围内来考虑。从发展趋势来看,一方面,我国的周边安全环境在总体上继续得到改善;另一方面,受中日东海之争、美国重返亚太等影响,我国的周边安全环境仍存在着各种现实挑战和潜在危机,应引起我们的高度关注和审慎对待。我们必须居安思危,增强忧患意识,做好工作,以防不测。

(一) 美国对我国安全呈综合性威胁

中美建交之后,两国关系总体上是向前发展的,但发展的过程曲折多变,时好时坏。小布什执政期间,美国的对外战略强调“不能让强国变敌国,更不能让敌国变为强国”,对中国要“接触加遏止、合作加防范”。

奥巴马上台后，一改过去那种咄咄逼人的进攻态势，由强硬变脸为柔韧，主张通过灵巧，运用外交、经济、军事、政治、文化等各种手段恢复美国的国际形象和影响力。但是，美国从未放弃一超独霸的国家战略。美国兰德公司曾为美国政府提出对华战略三步走建议：第一步，西化、分化中国，从而失去与美国对抗的可能性；第二步，在第一步失效或成效不大时，对中国进行全面的遏制，并形成对中国战略上的合围，包括地缘战略层次和国际组织体系层次，以削弱中国的国际生存空间和战略选择余地；第三步，在前两步都不见效时，不惜与中国一战，但作战的最好形式是美国不直接参战，而是支持“中国内部谋求独立的地区或与中国有重大利益冲突的周边国家”。由于美国的“一超”地位和全球战略，决定了它是一个远在天边、近在眼前的国家。美国对我国安全的威胁具有根本性、综合性。

1. 政治上，加紧实施西化、分化战略

美国从未停止过西化、分化我国。美国许多基金会和政府组织长期以来投入大量资金，支持疆独、藏独等分裂势力。达赖、热比娅等都是美国“两化”政策的急先锋。从更为宏观的层面来看，美国从未停止过意识形态领域的和平演变。

2. 积极宣扬“中国威胁”论

近年来，美国一再鼓吹所谓的“中国威胁”。自 2000 年起，美国国防部每年都向国会提交一个关于中国军事力量的年度报告，报告中几乎都提到中国的军事威胁。2012 年 2 月，美国出台新的《国家军事战略》报告，报告阐述了美国安全战略的任务和军事目标，把亚太地区作为其新战略重点，明确了美国武装力量的使用策略和发展方向，报告明确把中国列为美国的主要挑战，凸显美国力图遏制我国、称霸世界的野心。《美国国防策略 2018》更是将中国列为大国竞争主要对手，积极推行“印太战略”。

3. 军事上对我国进行全面遏制和防范

2012 年以后，伴随美国全球战略的调整，其战略重心东移的步伐明显加快，在亚太地区的军事部署进一步加强；试图利用其绝对的经济和军事优势，对我国进行预防遏制的战略部署；并通过强化军事同盟和对我国周边国家进行军事渗透，逐步缩小对我国的军事包围圈。

具体来看，一是逐步加强在太平洋的关岛和夏威夷军事基地的“前沿部署”。二是在中亚建立新军事基地。三是继续保留其在东北亚的前沿军事存在，进一步强化美日和美韩军事同盟防卫合作。四是强化在东南亚的军事存在，竭力推动南海问题国际化。2014 年后，美国导弹驱逐舰和航母屡次闯入南海，甚至进入我国 12 海里领海范围。美国控制东南亚、南亚的企图是对我国构成“C”形包围圈，使我国陷入地缘困境，并实现对马六甲海峡的直接控制。五是在原有双边结盟的基础上，组建一个新的亚太多边军事结盟体系，试图通过提升印度的国际战略地位来对抗和制衡我国。

4. 利用中国台湾问题进行战略牵制

美国利用中国台湾问题制约中国的意图十分明显,多年来,不断大规模向台湾地区出售军火,尤其是一些具有强大攻击力的武器,包括进攻性武器的潜水艇。此外,美国还向台湾地区转让先进技术,协助台湾地区发展先进武器,加强军事合作和人员交流,以提高台湾地区在侦查、监视、预警等方面的军事技能。外交上,全面提升与中国台湾地区的实质性外交关系,美国坚持一个中国原则,却采取"模糊"策略。

(二) 中日之间存在一系列的矛盾和斗争

日本既是我国最大的海上邻国,又是美国在西太平洋的主要战略盟友。无论从历史角度、现实角度还是发展角度看,日本对我国安全构成威胁是无争的事实。日本执政当局不断右倾,在历史问题、东海问题、钓鱼岛主权和台湾问题上与我国争端和分歧逐步加大。利用南海争端,与美形成战略配合,对我国安全威胁呈上升趋势。

1. 历史问题

由于在"二战"后日本没能彻底地清算战争罪行,日本军国主义思想在日本仍然阴魂不散,特别是近年来有死灰复燃之势。日本当局歪曲历史,美化侵略战争,拒绝承担战争责任。在对待侵华历史、参拜靖国神社等问题上,日本当局不顾中国政府和人民的反对,多次做出伤害中国人民感情的事,致使中日关系出现严重困难。

2. 海域争端和油气资源问题

大陆架是围绕大陆和岛屿的浅海区,是陆地向海洋自然延伸并被海水淹没的部分,坡度极为平缓,海水深度一般不超过 200 m。《联合国海洋法公约》规定,各国的大陆架为沿海国专属经济区内的 200 海里。但是,如果海底的地形、地质满足一定的条件,能够证明是沿海国陆地的自然延伸,沿海国就可以申请将大陆架的外侧界线最远延伸至 350 海里处。依据《联合国海洋法公约》有关规定,东海海底的地形和地貌结构决定了中国大陆领土的大陆架自然延伸至冲绳海槽,而日本则主张采用等距离中间线来划分中日两国之间的东海大陆架。与此相关,日本主张以两国海岸基准线的中间线来确定专属经济区的界线,但不为中方所接受;中方主张根据东海大陆架自然延伸原则来划定两国的专属经济区界线。由此产生了 21 万平方公里的争议面积。

东海区域油气储备的前景十分丰富,国际专家预测东海油气资源储量可达 200 多亿吨甚至更多。对于东海丰富的油气储量,根据邓小平"搁置争议,共同开发"的精神,从 20 世纪 70 年代开始,中方就向日方提出共同开发东海石油资源的提议,但日本方面始终加以拒绝。两国政府虽然举行过几次谈判,讨论在东海资源谁属和开采问题,但却无法寻找到双方满意的解决方案。

3. 钓鱼诸岛之争

钓鱼诸岛自古以来就是中国领土不可分割的一部分。1895 年 4 月 17 日，在《马关条约》中被割让给日本。1945 年日本战败投降后，《马关条约》撤销，钓鱼岛理应归还中国。但 1951 年《旧金山对日和约》错误地把日本所窃取的钓鱼岛等岛屿归在由美国托管的琉球管辖区内。对此，中国政府坚决不承认。中国政府在 1958 年 9 月发表的关于领海的声明中宣布，日本归还所窃取的中国领土的规定"适用于中华人民共和国的一切领土，包括台湾及其周围岛屿"。1972 年中日建交谈判以及 1978 年中日和平友好条约签署时中日双方同意将此问题"搁置争议""先放一下，以后解决"，但日本当局一直在有预谋、有步骤地实施对钓鱼岛的侵占和控制。2012 年 9 月 10 日，日本政府不顾中国政府和人民的强烈反对，上演国有化"购岛"闹剧，2012 年 9 月 21 日，日本数 10 名保安厅警察非法登上钓鱼岛。为应对日本单方面改变钓鱼岛现状的图谋，中国政府明确表示：钓鱼岛及其附属岛屿是中国的固有领土，中国对这些岛屿拥有无可争辩的主权。同时，中国海警编队已多次前往钓鱼岛领海巡航，宣示主权。

（三） 恐怖主义等非传统安全威胁加大

从北高加索、中东、中亚、南亚到东南亚，是国际恐怖势力的主要盘踞地和威胁高发区。近几年来，在各种复杂因素的作用下，恐怖势力明显抬头，恐怖威胁有增无减，世界处于"越反恐越恐怖"的阴影中。我国正处于国际恐怖势力猖獗的高危弧形地带，国际恐怖势力在我国周边的频繁滋事，恶化了我国周边环境，直接危害着我国国家安全。

由于历史和现实的原因，我国还存在着一些不稳定因素。近一个时期以来，以"东突""藏独""疆独"分裂势力为代表的民族分裂势力、国际恐怖势力和宗教极端势力等三股恶势力打着所谓"民族自决""宗教自由"的招牌，频繁活动，严重威胁着我国的国家安全与地区稳定。

（四） 台湾依旧处于复杂状态

台湾是我国第一大岛，战略位置十分显著，自古以来，就是中国领土不可分割的一部分。台湾问题事关国家主权和领土完整，事关中华民族的核心利益。

2008 年以来，随着岛内国民党重新上台执政，大陆方面制定并实施了新形势下推动两岸关系和平发展的方针政策，促进台海局势保持和平稳定，两岸关系取得重大积极进展。两岸在反对"台独"、坚持"九二共识"基础上增进政治互信，开展对话协商，就全面实现两岸直接双向"三通"、推进经济金融合作等达成一系列协议。2012 年 3 月 22 日，胡锦涛会见中国国民党荣誉主席吴伯雄时强调，在反对"台独"、认同"九二共识"的基础上推动两岸关系和平发展，符合中华民族的整体利益，符合时代发展进步的潮流。我们应该沿着这条正确道路继续向前迈进，不断巩固成果、深化合作，努力再创新局，为台海地区谋和平，为两岸同胞谋福祉,为中华民族谋复兴。

但自2016年1月民进党执政以来,在国际反华势力的推动下,“台独”分子活动猖獗,国民党生存空间不断被挤压,党产甚至被清算。蔡英文政府不断提升岛内防卫水平,积极配合美国“以台制华”战略。

我们必须看到,现阶段反“台独”的斗争依然严峻复杂,“台独”分裂势力依然是对台海和平的最大威胁,我们绝不能有丝毫的松懈。外国干涉势力加紧插手两岸事务,美国利用台湾问题制约中国的意图更为明显。事实表明,美国是阻挠台湾问题解决的最大障碍,台湾问题是美国遏制中国的重要战略筹码。美国的台海政策具有鲜明的两面性。在美国许多看似相互矛盾冲突的政策、表态背后,都隐藏着美国利用台湾问题制造麻烦和障碍,阻挠中国崛起的战略实质。

总之,我们一定要未雨绸缪,时刻准备应对我国周边安全环境中各种可能出现的情况,坚持与邻为善,以邻为伴,在中国和平发展的同时,积极维护亚太地区的安全与稳定,促进亚太地区的共同发展。

思考题

1. 21世纪初国际战略环境的主要特点有哪些?
2. 我国周边安全环境面临的主要挑战有哪些?
3. 如何应对新形势下的国家安全威胁?

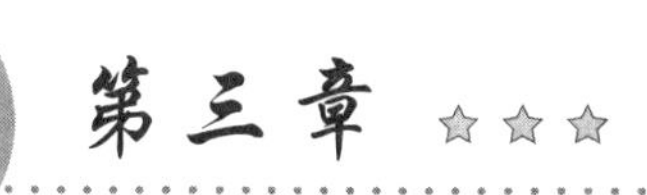

第三章 ☆☆☆ 军事思想

为什么人类文明史总是与战争相生相伴呢？如何避免战争对人类社会的伤害？怎样认识战争？如何才能打赢战争？如何才能维护和平？要认识和回答这些问题，就离不开对军事思想的学习、研究和运用。正如中国古代兵家所言，“用兵之要，先谋为本”。

第一节 军事思想概述

军事思想是人们长期从事军事斗争和战争实践的经验总结和理论概括，是军事科学的重要组成部分。军事思想来源于人类的战争和军事斗争实践，又给人类的战争和军事斗争实践以理论指导，并在实践中不断向前发展。岳飞言：“运用之妙，存乎一心。”对军事思想的科学认识和灵活运用，是战争和军事斗争胜利的重要保证。

一、军事思想的含义与内容体系

军事思想作为一种理论形态，既有零碎与系统之分，也有正确与错误之别，还有科学与伪科学之界。因而科学认识军事思想的含义与内容体系，是学习和运用军事思想的重要前提。

（一） 军事思想的科学含义

2011 年版《中国人民解放军军语》对军事思想的释义是：军事思想是关于军事领域基本问题的理性认识。通常包括战争观、军事问题认识论和方法论、战争指导思想、军队和国防建设思想等。

作为人类战争和军事实践经验总结的军事思想，有多种分类方法。按照社会历史发展阶段区分，有古代军事思想、近代军事思想和现代军事思想。按照阶级性质区分，有奴隶主阶级军事思想、封建地主阶级军事思想、资产阶级军事思想和无产阶级军事思想。按照地域或国家区分，有外国军事思想和中国军事思想。外国军事思想,又可以划分为美国军事思想、英国军事思想、俄罗斯军事思想、日本军事思想、印度军事思想等。按照代表性人物区分,则有孙子军事思想、克劳塞维茨军事思想、拿破仑军事思想、毛泽东军事思想等。当然,不同的分类方法还可以继续细分,也可以交叉使用上述分类方法,从而划分出中国(外国)古代奴隶主阶级军事思想、中国(外国)古代封建地主阶级军事思想、中国(外国)近代资产阶级军事思想、中国(外国)现代无产阶级军事思想等。但无论如何划分,任何军事思想都是以一定的世界观和方法论为指导,反映一定时代、特定阶级、不同民族和不同国家及不同人物对战争和军事问题的理性认识。

(二) 军事思想的内容体系

军事思想的内容体系构成是动态发展的,并因地域、民族、国别及阶级等方面的差异而呈现出不同的特色。按照马克思主义观点来看,军事思想的内容体系大体可以分为两个层次:一是军事哲学问题,主要包括战争观、军事问题的认识论和方法论;二是军事实践基本指导原则问题,主要包括战争与军事指导的基本方针和原则、军队建设的基本方针和原则、国防建设的基本方针和原则等。

军事哲学是军事思想的理论基础,是军事思想的精髓和灵魂,反映的是人们关于战争和军事领域中的军事观、认识论和方法论,具有鲜明的阶级性和相对的稳定性。

军事实践基本指导原则,是关于战争和军事实践经验的理性升华和系统总结,反映的是不同的阶级、不同的国家或民族或政治集团的战略思想、战争指导思想、军队建设思想、国防建设思想,既具有相对的稳定性,又具有与时俱进的创新性。

二、军事思想的基本特征与作用

军事思想是军事科学的综合性基础理论,它从总体上考察和回答军事领域中的普遍性、根本性问题,揭示军事领域的一般性规律,提出军事实践的基本方针和基本原则,为人们研究和解决军事问题提供总体性理论指导。因而,学习和运用军事思想,必须科学把握军事思想的基本特征和作用。

(一) 军事思想的基本特征

不同阶级、不同国家或政治集团的军事思想,不但性质不同,而且内容体系和特点也不同。同一阶级、国家或政治集团的军事思想,在不同历史时期或同一历史时期的不同发展阶段上,军事思想的内容体系也有区别并各具特点。但总体而言,军事思想具有以下共同的基本特征。

1. 鲜明的阶级性

军事思想来源于社会实践。在阶级社会中,人们由于阶级利益不同,所奉行和推崇的军事思想,必然要反映各个阶级对战争和军事问题的认识和立场。因此,军事思想具有鲜明的阶级性。

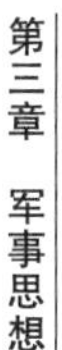

2. 强烈的时代性

军事思想来源于军事实践。不同历史时期的战争及其他军事实践,有着不同的战争形态和与之对应的战略战术,有着不同的军队组织原则和编制体制,因而不同时代的军事思想都打下了深刻的时代烙印,与当时的生产力水平和军事技术水平相适应。

3. 明显的继承性

在任何实践领域中,人类的思想发展都离不开前人成果,在军事领域中亦是如此。历史上所形成的具有规律性的军事原则、概念和范畴都必然流传下来,并为后人继承和运用,因而任何国家和民族及军队的军事思想都具有明显的继承性特点。

4. 相互的借鉴性

每一种军事思想,都有一定的科学性和客观性,不同的军事思想中都包含着共同的军事规律和原理,因而不同的军事思想之间必然要相互借鉴。另外,不同的军事思想各自具有不同的军事认识论和方法论,反映出不同的军事思想创造主体之间思维方式和方法的差异性,各个不同的军事思想创造主体之间,也需要互相学习其他民族或国家的思维方式和方法,用以弥补自身思维方式和方法的缺陷。

（二） 军事思想的作用

军事实践决定军事思想,军事思想又对军事实践具有能动反作用。军事思想还受到其他社会意识形态的影响,同时也反作用于其他社会意识形态和社会实践。军事思想的重要作用主要体现在以下方面。

1. 军事思想是军事实践的根本指南

军事思想对军事领域的规律反映得愈深刻、愈正确,它对军事实践的指导作用也就愈大。没有正确的军事思想做指导,即使具备取得战争胜利的物质条件,也难以赢得战争胜利。人类一系列伟大的战争实践证明,在客观物质条件许可的范围内,先进的军事思想是决定战争胜败的重要因素。

2. 军事思想是研究各门具体军事学科的理论基础和根本方法

在军事理论科学研究领域中,基础理论研究和应用理论研究是它的两个基本组成部分。与此相对应,军事科学大体分为军事思想和军事学术两个门类,军事学术又包括了战略学、战役学、战术学等许多具体的军事学学科。军事思想作为军事科学的基础理论,为应用理论研究指明方向,确定基本的原则和方法,使其具备坚实的理论基础。而军事学术即军事应用理论研究,则是基础理论研究的深化,是军事思想的具体应用,同时,也为军事思想研究提供丰富的素材和观点。

3. 军事思想对其他社会实践有着重要的借鉴意义

军事思想是战争和军事规律的总结,而战争和军事活动都是社会实践活动,因此,军事思想本质上也是社会实践活动规律的反映,对政治、经济、外交等各个领域的社会实践都有借鉴指导作用。

总之,军事思想既是军事斗争规律的科学反映,又是人类社会实践和竞争、对抗的大智慧,是人类生存与发展的重要线索,也是各国和各民族战略文化传统及思维方式的传承。因此,不管做什么工作,不管研究什么问题,都应自觉从军事思想中吸取理论营养和智慧,增强工作原则性、系统性、预见性和创造性。

第二节　中国军事思想的形成与发展

人类对战争和军事问题的认识有一个历史发展的过程。从社会发展阶段角度看,军事思想的发展可以划分为古代、近代和现代三个发展阶段。

一、中国古代军事思想的形成与发展

中国古代军事思想是中国奴隶社会、封建社会时期,各阶级、政治集团及其军事家和军事理论研究者关于战争、军队等问题的理性认识。它随着中国古代生产力发展、社会进步和长期的军事实践而不断发展演进,经历了早期萌芽、成熟发展、充实提高和系统完善四个历史时期。中国古代军事思想内容极为丰富,是中华优秀传统文化的重要组成部分,也是中国和世界文明宝库的珍贵遗产。

(一) 中国古代军事思想的早期萌芽(夏、商、西周时期)

原始社会末期,随着私有制和国家权力的萌芽,我国开始进入奴隶社会。公元前 21 世纪至公元前 8 世纪,为中国奴隶社会时期,夏、商、西周三个奴隶制王朝依次更替,中国奴隶社会经历了从确立、发展到鼎盛的整个历史过程。伴随奴隶制国家的建立,维护统治阶级统治的暴力机器——军队开始建立,出现了具有真正意义上的战争,如商灭夏的鸣条之战和周灭商的牧野之战,军事思想开始萌芽。代表著作有《军政》和《军志》。

(二) 中国古代军事思想的发展成熟(春秋战国时期)

大约从公元前 770 年至公元前 221 年,为我国春秋战国时期,它是我国奴隶社会向封建社会过渡的时期。在这一时期我军古代军事思想取得最为辉煌的成就,涌现出许多杰出军事家及军事著作,如闻名中外的《孙子兵法》《吴子兵法》《司马法》《尉缭子》《六韬》等。

春秋战国时期军事思想的主要特点:

(1) 形成比较完整的战争观。

关于战争起源问题。《吴子兵法》认为，战争的起因有五："一曰争名，二曰争利，三曰积（德）恶，四曰内乱，五曰因饥。"荀子认为战争是由于人的欲望引起的，人生来就有一定的欲望，谋求欲望的过程中，不注意限制手段的使用，就引起了战争。韩非子继承并发展荀子的观点，认为战争是由于"人民众而货财寡，事力劳而供养薄"这个基本的社会矛盾引起的。这些认识虽然不尽正确，但完善了中国古代军事思想的内容体系。

关于战争的性质问题。人们开始使用"直"与"曲"、"有道"与"无道"、"义"与"不义"等概念来区分战争的性质。对待战争的态度也更加明确，那就是支持正义之战，反对不义之战，同时认为正义之战必将取得胜利。例如，儒家把战争区分为"义战"和"不义之战"两大类，肯定和歌颂义战，将其视为军事斗争的理想境界，并主张在现实中推行义战，认为义战顺天道、得民心，必将无敌于天下。墨家把战争区分为"诛"和"攻"两类，"诛"是正义的，"攻"是非正义的，赞成以吊民伐罪为宗旨的正义战争。《司马法》和《六韬》等兵书都强调战争的正义性。

在战争与经济的关系上，认识到战争需要以巨大的物资消耗为代价，把发展经济看作是强兵基础。

在战争与政治的关系上，认识到战争由政治派生，政治是决定战争胜负的首要因素，强调政治与军事不可偏废。

（2）战略战术思想进一步丰富发展。春秋战国时期，人们在频繁的战争实践中总结出一系列科学的战略战术指导原则。具体包括：追求"自保而全胜"，把"不战而屈人之兵"作为暴力使用的最佳模式；战略决策时注重从敌我双方政治、军事、经济到天时、地利、人和等多方面的分析比较，强调"知己知彼，百战不殆""知天知地，胜乃可全"；强调"先胜而后求战"，认为"不可胜在己，可胜在敌"，追求"先为不可胜，以待敌之可胜"；强调"天下虽安，忘战必危"，主张加强国防战备，以捍卫国家安全，抵御外来侵略；强调慎战，认识到战争"善用之则为福，不善用之则为祸"，主张达到战略目标就应停止战争，切不可陷入穷兵黩武；强调奇正互变，认为只有掌握兵力变化规律，才能通过正确的主观指导，达到以寡击众、以劣胜优的目的；强调速战速决，认为"兵贵胜，不贵久"等。

（3）形成较为系统的治军理论。春秋战国时期的军事思想家们把治军的优劣和战争的胜负紧密联系在一起，认为治军是制胜的基础，而制胜则是治军的结果，强调从立法定制入手，加强军队建设。主要的治军理论体现在三个方面：一是重视将帅培养，认为将帅必须具备"智、信、仁、勇、严"等综合素质，强调"按名督实，选才考能，令实当其名，名当其实"，切实把有才能的人选拔到将帅岗位上来。二是强调军纪，认为治军关键在于申饬军纪，严明赏罚，强调在军队管理中既要重视爱抚和重赏，又要重视严刑和重罚，文武并用，不可偏废。三是强调军事训练和思想教育，在军事训练方面，坚持训以致用和常抓不懈，以阵法（战术）、技巧(技术)训练为主要内容,逐级施训、因材施训、循序渐进;在思想教育方面,注重“礼、义、廉、耻”等观念教育,树立军人“以进为荣,以退为耻”的荣辱观。

(三) 中国古代军事思想的充实提高(秦至隋唐五代时期)

进入封建社会后,由于铁兵器的广泛推广,火药的逐步应用,步、骑、车、水军诸兵种的发展变革,农民战争、王朝战争、割据战争、民族战争错综复杂、交织进行,客观上促进了军事思想的丰富发展,逐步形成了独具古代中国特色的“兵权谋、兵形势、兵阴阳、兵技巧”的兵学体系,军事理论著作大量涌现。

1. 秦至隋唐五代时期军事上的发展变化

这一历史时期,封建势力兼并统一战争、内部叛乱与农民起义战争及民族战争的频繁发生,规模日益增大,持续时间延长,战场区域范围扩大。作战形式上以大规模骑兵集团作战、横渡江河作战、水战以及水陆协同作战为主。军事技术领域不断发展进步,铁制兵器逐渐取代铜制兵器成为战场主要兵器,骑兵武器装备进一步改善,先后出现马鞍、马镫和马防护铁甲,火药出现并开始应用于战争。军事交通运输及工程建设快速,陆地上从秦始皇广修驰道开始,形成了以长安为中心的辐射型交通干道;隋炀帝开凿大运河打通了南北水路交通;城池建设技术有了新的发展,城防能力不断提高。兵种建设不断发展,骑兵逐渐成为这一时期的主要兵种,骑兵和步兵联合使用情况普遍,南方政权则注重大力发展水军。由中央军、地方军和边防军三大部分组成的武装力量体制基本成型。征兵制、世兵制、募兵制等兵役制度交相施行,北朝后期开始创立府兵制,经隋至唐初而趋完善,成为兵农结合的军事制度。

2. 秦至隋唐五代时期军事思想的主要特点

(1) 战略战术理论日臻完善。军事战略理论日益完善:一是形成了军政并举的战略观,主张军事与政治都是治国安邦、攻取战胜的重要因素,缺一不可;充分肯定政治对军事的主导作用。二是形成以奇用兵的战略进攻思想,将出奇制胜的思想运用到战略层次,战略指导日趋成熟。三是形成安守本土的战略防御思想,强调对战略要地的控制,采取“徙民实边”等政策,增强边防能力,抵御北方游牧民族侵袭。

作战思想进一步丰富:一是形成各个击破的斗争策略,利用矛盾,离强合弱,重视集中兵力,各个击破。二是形成深根固本的根据地思想,作战指导上着眼发展、韬光养晦、注重长远。三是机动作战思想得到空前发展,注重发挥骑兵的高度机动性和强大冲击力,利用骑兵执行各种出奇制胜任务,创造出远程奔袭、迂回包围、连续攻击、乘胜穷追及正面冲击、两翼迂回等机动作战战法。

(2) 国防理论发展迅速。一是形成“强本抑末”的国防发展思想,认为只有“重本轻末”才能发展社会经济,壮大国防,将发展农业视为战胜之本、立国之本。二是重视国防建设,如秦朝“治驰道”、“筑甬道”、修长城;西汉加强马政建设、鼓

励民间养马等。三是形成以夷制夷与怀柔德化的国防策略，汉文帝时晁错提出"以蛮夷攻蛮夷"，认为应发挥汉兵与"夷兵"各自的长处，建立对匈奴防御的统一战线；三国时诸葛亮对南中少数民族首领孟获七擒七纵，体现出怀柔德化的策略思想；唐李世民坚持"华夷一体"，在以夷制夷同时，绥之以德，道之以理，从而巩固了国防。

（四） 中国古代军事思想的系统完善

1. 北宋至前清时期军事上的发展变化

北宋至前清时期，社会生产力不断提高，经济持续发展，人口不断增长，文化高度繁荣，理学兴起并逐渐主宰了意识形态领域，以中央集权为核心的封建专制官僚政治体制进一步完善。这一时期军事上的发展变化有：民族矛盾逐渐扩大，民族战争空前频繁，战争推动了王朝的更迭和民族的融合。日本海盗开始侵入我国东南沿海，沿海地区军民与倭寇进行了长期的斗争，推动古代海防思想的产生和发展。火器开始广泛运用，火器兵种建立并引起作战方法、作战指挥和编制体制的变革，包括军队使用火器与冷兵器士兵之间的比例调整、组织运用火力、冷热兵器之间协同、不同兵种之间协同等变革。北宋时期建立了武学与武举制度，完善了将帅培养和国防教育制度，并颁布《武经七书》作为军事学的统一教材，从而确立了兵书正统的地位，推动了军事思想的普及与发展。

2. 北宋至前清时期军事思想的主要特点

（1）戍边守海的国防理论。在边防思想方面，强调恩威兼用，设险以守。一方面采取政治拉拢与军事打击相结合的策略，恩威并用，抚剿结合，以求安定边防；另一方面强调设险以守，攻守相兼，如明代重修、增筑长城，体现了"用险制塞"，以墙制骑的思想。在海防思想方面，强调水军力量建设和海上斗争，注重从多方面加强海岸防御能力，主张"水陆兼司，陆战尤切"，并产生了《筹海图编》和《海防图论》等专门研究海防的兵书。

（2）建军治军重视精兵选练。一方面，坚持选精兵、严编伍、重训练的精兵思想。广选兵员，募取精锐以保证兵员质量；严编部伍，强调军队编制与战斗队形变化一致，保证阵法和伍法相辅相成，各兵种密切协同；坚持勤练实练，注重训练实效，强调练兵既要练技术战术，更要练胆量和士气。另一方面，坚持严选精练将才。如范仲淹主张恢复武举考试，广开用人之路，择优选拔将校，并注意训育良才。

（3）建立完善的火器使用理论。总结出一套火器使用原则：一是要根据天时地利合理使用火器，如使用不得其时，不得其地，不仅不能发挥火器威力，还会造成士卒心理上的紧张畏惧。二是要扬长避短，注重冷兵器与火器配合使用，以解决火器利远战不利近战、冷兵器利近战不利远战的问题。如明人主张在野战中车、骑、步、炮协同作战，用战车屏障火器和步兵，用骑兵保护车阵，发挥诸兵种特长，克敌制胜。三要适当缩短火器射击的距离，抵近射击。能射三四百步的重火器，距敌五六十步再开火，能射百余步的轻火器，距敌二三十步再开火，才能更有效地杀伤和震慑敌人。

重视火器在城市防御作战中的运用。一方面，将火器部队与步兵、骑兵部队结合，协同作战，形成一套城市阵地防御作战的特殊战法。另一方面，改进修筑城垒方法，实施以台护铳、以铳护城、以城护民的城堡防御作战原则，运用火炮和阵地，配合步、骑兵遂行防御作战。

二、中国近代军事思想的形成与发展

中国社会到了近代，封建社会已进入腐朽衰落期。在继承中国古代传统军事思想的同时，一些思想先进的中国人开始向西方学习，吸取西方先进的军事理论，以求“师夷长技以制夷”，中国军事思想进入了近代的革新前进时期。近代中国自鸦片战争后逐步沦为半殖民地半封建社会，当时清政府许多有识之士看到武器装备对于战争胜负的重要性，开始从西方引进先进技术，开办工厂，制造机械。因此，当时军事学术主要介绍西方武器装备性能和操作规范。甲午战争后，清政府意识到仅靠坚船利炮而作战思想落后亦不能赢得战争，于是翻译西方重要军事著作，如《大战学理》（即克劳塞维茨的《战争论》）等。自行撰写的代表作有《兵学新书》《军事常识》《兵镜类编》等。

中国近代军事思想主要观点包括：师夷长技，重整军备；依靠民众积极备战；避敌之长，击敌之短；以弃为守，诱敌入险。总之，虽然中国近代晚清政府军事思想成就突出，但晚清的军事变革是在外敌入侵的情况下被迫进行的，缺乏主动性，认识不深刻，有照搬照抄之嫌，因而中国近代晚清的军事思想良莠并存，复杂异常。以袁世凯为首的北洋军阀，积极主张以西方军事技术、战术和某些军事理论作为建立新军的指导思想，但仍然没有突破“中体西用”的体系。因而北洋军阀的军事思想，是西方军事学术和东方封建主义结合的怪胎，仍属于封建地主阶级的代表，不具备资产阶级的属性。

1905 年孙中山建立同盟会，1911 年辛亥革命胜利，1919 年孙中山恢复国民党组织，后来在共产国际和中国共产党的帮助下，提出了新三民主义，建立黄埔军校，提出了建立革命军的思想。孙中山的军事思想属于中国资产阶级范畴，但由于时代局限性，其军事理论缺乏系统性，未能解决中国革命战争的一系列根本性问题。蒋介石的军事思想是以封建伦理道德为基础，以唯心主义战争观为核心，否认战争的阶级属性，战略战术主要是曾国藩和胡林翼的战法和德、日、美等国教范的杂烩，严重落后于近代战争要求。但中国近代也出现了蔡锷、蒋百里、杨杰等著名的资产阶级军事理论家，在军队建设、国防及战略战术方面，提出了许多有价值的军事思想。

三、中国现代军事思想的形成与发展

随着资本主义的发展，无产阶级登上了西方国家的历史舞台。马克思、恩格斯为适应无产阶级及一切被压迫人民解放斗争的需要，在创立无产阶级的革命学说的同时，也创立了无产阶级军事思想。无产阶级军事思想在外国先后经历了马克思、恩格斯军事思想，列宁、斯大林军事思想等重要发展阶段。20 世纪初，随着马列主义在中国的传播，马列主义军事思想也随之传入了中国。

中国现代军事思想的形成与发展与马列主义在中国的传播与发展有着紧密联系。以毛泽东为代表的中国共产党人，把马列主义的基本原理同中国革命战争的具体实践相结合，应用和发展马列主义军事思想，创立了中国特色的无产阶级军事思想，即毛泽东军事思想。毛泽东军事思想是现代中国特色的马克思主义军事理论，是中国革命战争的科学指南，也是中华人民共和国成立后国防和军队建设、战争准备、战争实施和指导的根本理论武器。改革开放后，邓小平坚持实事求是的思想路线，创造性地运用马列主义军事思想和毛泽东军事思想的基本原理，总结历史经验和现实经验，适应新时期国防和军队建设的需要，创立了邓小平新时期军队建设思想。这一思想，是邓小平理论的重要组成部分，是新时期军队建设的指针。江泽民主持中央军委工作后，始终坚持继承和发展毛泽东军事思想、邓小平新时期军队建设思想，敏锐地洞察国际风云，科学地把握中国的国情和军情，针对新的历史条件下军队与国防建设，军事斗争准备面临的新情况、新问题，做出了一系列新论述，做出了科学的战略决策，形成了江泽民国防和军队建设思想。新世纪、新阶段，胡锦涛以毛泽东军事思想、邓小平新时期军队建设思想、江泽民国防和军队建设思想为指导，把科学发展观作为国防和军队建设的重要指导方针，站在国家安全和发展战略全局的高度，统筹经济建设和国防建设，形成了胡锦涛国防和军队建设思想。在新的历史机遇期，特别是党的十八大以来，习近平围绕强军兴军，深刻阐述了国防和军队建设带根本性、方向性和全局性的重大问题，大大丰富、发展了党的军事指导理论，成为新形势下加快推进国防和军队现代化的科学指南。

从毛泽东、邓小平、江泽民、胡锦涛到习近平，党的几代领导核心的军事思想及不同时期关于我国国防和军队建设的重要论述，不仅成为中国现代军事思想的典范与代表，也是中国共产党的理论创新在军事领域里的反映和体现，凝聚了全党、全军的集体智慧。

四、孙子兵法介绍

《孙子兵法》被奉为兵学圣典，诞生于 2 500 多年前，历代都有研究。进入信息化战争时代后，世界各国掀起了学习和研究《孙子兵法》热潮，其安国全军的用兵宗旨、上兵伐谋的用兵主张，对指导信息化战争和建设信息化军队具有重要意义。

（一）《孙子兵法》简介

孙子名武，字长卿，春秋末期齐国乐安（今山东惠民）人，《孙子兵法》现存13篇：《始计篇》《作战篇》《谋攻篇》《军形篇》《兵势篇》《虚实篇》《军争篇》《九变篇》《行军篇》《地形篇》《九地篇》《火攻篇》《用间篇》。

（二）《孙子兵法》的主要军事观点

1. 重战、慎战、备战和先胜而后求战的军事斗争思想

（1）重战思想。《孙子兵法》开篇《始计篇》第一句就是："兵者，国之大事，死生之地，存亡之道，不可不察也。"指出战争是国家的大事，关系到军民生死、国家存亡，必须认真考察研究。《作战篇》从战争与经济的关系上进一步阐述了战争带来的严重后果，指出"带甲十万"要"日费千金"，"久暴师则国用不足"，"夫兵久而国利者，未之有也"。重战成为孙武军事思想的基本出发点和落脚点。

（2）慎战思想。《火攻篇》指出："亡国不可以复存，死者不可以复生。故明主慎之，良将警之。"国家灭亡了就不能再存在，人死了就不能再活，对待战争问题，明智的国君要慎重，贤良的将帅要警惕。主张"非利不动，非得不用，非危不战"。不是对国家有利的，不要采取军事行动；没有取胜把握的，不要随便用兵；不处在危急紧迫情况下，不能轻易开战。认为"主不可以怒而兴师，将不可以愠而致战"。

（3）备战思想。《九变篇》提出："故用兵之法，无恃其不来，恃吾有以待之；无恃其不攻，恃吾有所不可攻也。"用兵的原则，不要寄希望于敌人不会来，而要依靠自己有充分的准备；不要寄希望于敌人不会来攻，而要依靠自己有使敌人无法攻破的条件。战争的立足点要放在事先做好充分准备，严阵以待，使敌人不敢轻易向我发动进攻的基点上。

（4）先胜而后求战思想。《军形篇》言道："见胜不过众人之所知，非善之善者也；战胜而天下曰善，非善之善者也。……故善战者，立于不败之地，而不失敌之败也。是故胜兵先胜而后求战，败兵先战而后求胜。""先胜"就是在战前要对战争进行慎重谋划，对双方制胜因素进行综合分析比较，得出我方取胜条件多于对方的判断后，再进行战争决策。而"先战"则是在不经谋划运筹或不具备取胜条件情况下的鲁莽行动。

2. 知彼知己、百战不殆的战争指导思想

《谋攻篇》指出："知己知彼，百战不殆；不知彼而知己，一胜一负；不知彼，不知己，每战必殆。"孙武用简明扼要的语言，指明了战争指导者了解敌我双方情况与战争胜负的关系，从而揭示了战争的普遍规律。这一思想极富科学价值，自有战争以来，古今中外战争指导者，都不能违背这一规律。毛泽东在《论持久战》一文中指出："战争不是神物，乃是世间的一种必然运动，因此，孙子的规律'知彼知己，百战不殆'乃是科学的真理。"

3. 以实力为基础，以谋略为核心的用兵制胜思想

战争是敌我双方政治、经济、军事和外交等的综合斗争，是以各种力量特别是军事力量为基础的竞赛，同时也是双方军事指导艺术的较量。孙武以实力为基础，以谋略为核心的用兵制胜思想突出体现在以下几个方面：

（1）实力制胜。孙子曰："兵法：一曰度，二曰量，三曰数，四曰称，五曰胜。地生度，度生量，量生数，数生称，称生胜。故胜兵若以镒称铢，败兵若以铢称镒。胜者之战，若决积水于千仞之溪者，形也。"译文：兵法：一是度，即估算土地的面积；二是量，即推算物质资源的容量；三是数，即统计兵源的数量；四是称，即比较双方的军事综合实力；五是胜，即得出胜负的判断。土地面积的大小决定物力、人力资源的容量，资源的容量决定可投入部队的数目，部队的数目决定双方兵力的强弱，双方兵力的强弱得出胜负的概率。获胜的军队对于失败的一方就如同用"镒"来称"铢"，具有绝对优势；而失败的军队对于获胜的一方就如同用"铢"来称"镒"，具有绝对劣势。胜利者一方打仗，就像积水从千仞高的山涧冲决而出，势不可挡，这就是军事实力的表现。可见孙子极端强调实力和条件及其状态。

（2）"庙算"制胜。"多算胜，少算不胜，而况于无算乎！吾以此观之，胜负见矣。"战前，计算周密，胜利条件多，可能胜敌；计算不周，胜利条件少，不能胜敌；更何况于根本不计算，没有胜利条件呢！我们从这些方面来考察，谁胜谁负就可以看出来。可见孙子的庙算是实力和条件的庙算。战前要从战争全局上，对战争诸因素进行分析对比，做到有实力、有条件、有预见、有计划、有保障，心中有数，打则必胜。

（3）诡道制胜。"兵者，诡道也。故能而示之不能，用而示之不用，近而示之远，远而示之近。利而诱之，乱而取之，实而备之，强而避之，怒而挠之，卑而骄之，佚而劳之，亲而离之。攻其无备，出其不意。此兵家之胜，不可先传也。"用兵打仗是一种诡诈行为，要依靠诡诈多变取胜，孙武将诡道归纳为以上十二法。军事上的诡道是指异于常规的一些做法。"兵不厌诈"乃古今常理，在战争的舞台上，如果对敌人讲"君子"之道，就必然被敌所制。如果能较好地运用诡道，造成敌人的过失，创造战机，那就会陷敌于被动。

（4）权变制胜。势者，因利而制权也。孙武指出："善用兵者，屈人之兵而非战也，拔人之城而非攻也，毁人之国而非久也，必以全争于天下，故兵不顿而利可全，此谋攻之法也。""是故百战百胜，非善之善者也；不战而屈人之兵，善之善者也。"在战争中，百战百胜，并不是好中最好的，不战而使敌人屈服才是好中最好的。善于用兵的人，使敌人屈服不用直接交战，一定要用全胜的计谋争胜于天下，这样既能获得全胜的利益，而军队也不至于疲惫受挫。所以，孙武主张"上兵伐谋，其次伐交，其次伐兵，其下攻城"。最好的是实力做后盾，以谋略制胜，使敌人屈服。其次是通过外交途径，分化瓦解敌人的同盟，迫使敌人陷入孤立，最后不得不屈服。再次是伐兵,即用武力战胜敌人。最下策是攻城,硬碰硬的攻坚战。这就是以计谋攻敌的原则和孙武全胜的思想。当然,无论全胜还是破胜,战胜还是不战而胜以及“伐谋、伐交、伐兵和攻城”等必须根据具体情况多手准备、配合使用、灵活使用,也就是因利而制权,权变制胜。

4.“文武兼备,恩威并用”的治军思想

孙子针对军队建设中存在的用刑过重和用爱过当、用赏过厚等弊端,明确提出了“令之以文,齐之以武”的治军原则,这里所说的“文”,就是恩爱、重赏,是指教化;“武”就是严刑、重罚,是指惩戒。其基本思想就是恩威并重,两者不可偏废。治军如果没有恩德的手段相配合,就会出现“怨法而不畏法”的状况;但是,如果没有威严的手段作保证,就会出现“恃恩而不感恩”的状况。因此,只有文武相兼,恩威并施,才能使军队勇往直前。

5. 出其不意、攻其不备的思想

“凡战者,以正合,以奇胜。故善出奇者,无穷如天地,不竭如江海。”所谓“以正合,以奇胜”就是奇正配合,以正面兵力和常规战法吸引、牵制敌人,以机动兵力和非常规战法出奇制胜。所谓“善出奇者,无穷如天地,不竭如江河”就是说奇和正的区分是相对的,而变化是绝对的。就是要不断地变化创新,做到“使敌莫测”,使敌方难以判断和预测我方的意图,从而使我方能够达到“出其不意,攻其不备”的效果。

(三) 《孙子兵法》的价值

韩非子在《五蠹篇》中说:“境内皆言兵,藏孙吴之书者家有之。”太史公司马迁在《史记》中说:“世俗所称师旅,皆道《孙子兵法》十三篇。”可见《孙子兵法》一书在中国古代已经广泛流传。到目前为止,《孙子兵法》至少已被翻译成29种语言流传世界。

《孙子兵法》是目前世界公认的现存最早的战争与战略理论著作,篇次有序,立论有体,是一部独立完整的兵书,标志着独立的战争与战略理论著作从此诞生,在世界军事史上具有划时代的意义。《孙子兵法》对后世产生了巨大影响,中国历代兵家无不重视对其进行研究和应用。明代茅元仪曾说:“前孙子者,孙子不遗;后孙子者,不能遗孙子。”中国近代革命的先驱孙中山先生对《孙子兵法》评价极高:“就中国历史来考究,二千多年的兵书有十三篇,那十三篇兵书,便成立中国的军事哲学。”《孙子兵法》对当代信息化战争和各领域竞争,也仍然有科学的指导意义和借鉴价值。

当然,《孙子兵法》作为2 500多年前诞生的兵书,虽具有博大精深的军事思想体系,但也难免有其局限性。如战争观方面未能区分战争性质;治军方面有愚兵政策;军队补给方面的抢掠政策;作战指导方面片面强调一些作战原则等。但不能否认《孙子兵法》具有穿越时空和国界的独特魅力及科学价值,我们应挖掘

《孙子兵法》的思想精华与智慧启迪，指导人类科学驾驭信息化战争，为构建和谐世界服务。

第三节　毛泽东军事思想

毛泽东是一位伟大的无产阶级革命家、战略家、军事家和理论家，是中国共产党、中国人民解放军和中华人民共和国的主要缔造者和领导者。在长达半个世纪的军事实践活动中，以毛泽东为代表的中国共产党人，不断探索中国革命战争的规律，全面总结我军建设和作战的丰富经验，并运用马克思主义的原理将其系统化、理论化，形成了一个完整的军事思想体系——毛泽东军事思想。毛泽东军事思想是我军的建军之魂、立军之本、制胜之道，是我国国防和军队建设及军事斗争的根本指导思想。它不仅过去是指导我军战胜强大敌人的锐利武器，现在和将来仍是指导我国国防和军队建设的理论指南。在新的历史条件下，学习和研究毛泽东军事思想，完整准确地掌握其科学体系，并用其指导当前和今后的军事斗争，具有重要意义。

一、毛泽东军事思想的科学含义

毛泽东军事思想是以毛泽东为主要代表的中国共产党人关于中国革命战争、人民军队和国防建设以及军事领域一般规律问题的科学理论体系。这一定义不仅科学地揭示了毛泽东军事思想的基本内涵，而且充分反映了毛泽东军事思想的本质特征。从这一定义可以看出，毛泽东军事思想具有以下四个方面的科学含义。

（一）马列主义军事理论与中国革命战争实践相结合的产物

在中华人民共和国成立前中国是一个以农民为主的半殖民地半封建国家，革命的主要斗争形式是战争，主要组织形式是军队。无产阶级政党要组织军队，进行革命战争，并取得胜利，需要解决许多特殊而复杂的问题，在马列著作中找不到现成的答案，照抄照搬别国的经验，也是不能获得成功的。以毛泽东为代表的中国共产党人，适应中国革命战争的需要，在长期革命战争实践中，创造性地运用马列主义科学原理，正确解决了这些问题，因而形成了具有中国特色的、发展了的马列主义军事理论——毛泽东军事思想。

（二）中国人民革命战争和国防、军队建设实践经验的科学总结

毛泽东军事思想不是天才头脑主观臆造的概念，而是来源于中国革命战争和中华人民共和国国防实践的总结，又被中国革命战争和中华人民共和国国防实践证明是正确的科学理论。中国革命战争和中华人民共和国国防实践活动波

澜壮阔,以毛泽东为首的老一辈无产阶级革命家亲历战争实践数十载,先后进行了400多次战役、3万多次战斗,在国防建设中走过了曲折的道路;从1927年南昌起义到抗美援朝战争时期,仅撰写的军事论著和指挥作战的文电就达5 000余篇,约400万字。毛泽东军事思想正是在长期的中国革命战争实践和理论探索过程中发展起来并被战争实践反复证明的一个科学思想体系。

(三) 中国共产党人集体智慧的结晶

毛泽东军事思想这一科学思想体系,有主要代表人物,但又不仅仅是哪一个人的思想。毛泽东作为中国无产阶级军事理论的奠基人和集大成者,对这一思想体系的创立和发展起了主要作用。我党、我军的军事思想以他的名字命名是恰当的,他也是当之无愧的。但毛泽东只是这一思想的主要代表,这一思想从整体上来说,是群众智慧的结晶。因为毛泽东军事思想是中国革命战争实践经验的总结,进行这个实践的,是老一辈无产阶级革命家和广大人民群众这一群体。一方面,伟大的中国革命战争造就了一大批卓越的无产阶级军事家,如朱德、周恩来、叶挺、彭德怀、贺龙、陈毅、刘伯承、邓小平等,他们为毛泽东军事思想的建立和发展做出了卓越贡献。另一方面,中国共产党实行的是集体领导,党和军队关于战争问题的许多重大决策和重要理论观念的形成,都可以说是领袖集团集体智慧的体现,是人民群众的共同创造。正如毛泽东自己所言,这不是我一个人的思想,是千万先烈用鲜血写出来的,是党和人民的集体智慧。

(四) 毛泽东思想的重要组成部分

毛泽东军事思想在整个毛泽东思想体系中占有极为重要的地位。党中央《关于建国以来党的若干历史问题的决议》在对毛泽东的历史地位和毛泽东思想的评价中,高度赞扬了毛泽东对马克思主义军事理论的杰出贡献。并指出,毛泽东军事思想“是对马克思列宁主义的军事理论的极为杰出的贡献”,“特别是他论述中国革命战争问题的重要著作,提供了在实践中运用和发展马克思主义认识论和辩证法的最光辉的范例”。我党中华人民共和国成立前的历史,实际上就是一部武装斗争史,夺取军事斗争的胜利成了突出的问题,这要求以毛泽东为代表的中国共产党人,必须以主要的精力去研究军事问题。毛泽东的军事实践活动,是他一生中最光辉、最成功的部分,因而在他的全部理论研究中,军事理论的创造和论著占有重要的地位。日本一位军事评论家认为:毛泽东思想的精髓部分是他的军事思想。不理解他的军事思想,也就不能理解毛泽东思想。

二、毛泽东军事思想的形成与发展

毛泽东军事思想是以毛泽东为代表的中国共产党人,从中国实际情况出发,创造性地运用马克思主义的基本原理,在长期领导中国人民进行革命战争、国防建设和国防斗争的实践中,逐步形成和发展起来的科学理论体系。它产生于20世

纪20年代的中国革命战争,其形成和发展经历了产生、形成和丰富发展三个时期。

(一) 产生时期

1921年中国共产党成立至1935年1月遵义会议前,是毛泽东军事思想的产生时期。其主要标志为:接受了马克思列宁主义的暴力革命学说;缔造了一支新型的人民军队;提出了一条以农村为根据地,建立工农武装,开展游击战争,以农村包围城市,最后夺取政权的革命道路。

在中共一大通过的第一个纲领,就提出了用革命手段推翻旧政权的根本原则和历史任务。1924年国共两党合作以后,中国共产党派周恩来等人帮助孙中山建立黄埔军校和革命军队,并先后参加了广东战争和北伐战争,这是中国共产党参与组织武装、参加战争的重要尝试,同时也掌握了部分革命武装,积累了初步的武装斗争经验。

大革命失败后,中国共产党进入了独立领导武装斗争的新时期。在"八七会议"上,毛泽东提出了"政权是须由枪杆子中取得的"著名论断,中国革命走上了武装斗争为主的道路。随后,毛泽东组织领导了湘赣边界的秋收起义。尔后,在井冈山斗争中,提出了"十六字诀"的游击战争的基本作战原则。

1928年至1930年初,毛泽东在他的《中国的红色政权为什么能够存在》《井冈山的斗争》《星星之火,可以燎原》等著作中,提出了中国革命道路必须走"工农武装割据,农村包围城市武装夺取政权"的理论。古田会议明确了党对军队绝对领导和建设新型无产阶级军队的根本建军原则。在1930年至1931年的反"围剿"作战中,红军提出了诱敌深入的方针,取得了丰富的作战经验。这表明,毛泽东军事思想的基本内容已经产生,为其后来科学体系的形成奠定了坚实的基础。

(二) 形成时期

遵义会议至1945年抗日战争胜利,是毛泽东军事思想形成完整科学体系的时期。其主要标志为:系统论述了中国革命战争的基本特点和发展规律,提出了中国革命战争的战略指导思想;全面阐明了人民战争思想的主要内容;进一步丰富和发展了人民战争的战略战术,提出了人民军队建设的若干原则。

遵义会议纠正了王明"左"倾冒险主义在军事上的错误,重新肯定了以毛泽东同志为代表的正确军事路线,是毛泽东军事思想发展的一个起点。1936年12月,毛泽东写了《中国革命战争的战略问题》一书,运用辩证唯物主义和历史唯物主义的观点,深刻地阐明了无产阶级研究战争和指导战争的立场、观点和方法,系统地论述了中国革命战争的战略指导问题。抗日战争爆发后,毛泽东相继发表了《抗日游击战争的战略问题》《论持久战》《论新阶段》《战争和战略问题》等军事著作,系统地论述了人民军队思想、人民战争思想、人民战争的战略战术思想,以及研究和指导战争的认识论和方法论。这一时期,毛泽东军事思想已发展成为系统的理论,并经受了战争实践的考验。

（三） 丰富发展时期

全国解放战争、抗美援朝战争以及社会主义革命与社会主义建设，是毛泽东军事思想继续得到全面丰富和发展的时期。其主要标志为：提出了十大军事原则；提出了国防现代化建设的思想；提出了现代条件下进行反侵略战争的理论原则。

在全国解放战争中，毛泽东等老一辈军事家的战争指导艺术得到了充分的发挥，毛泽东军事思想得到了极大的丰富。在《抗日战争胜利后的时局和我们的方针》《以自卫战争粉碎蒋介石的进攻》《集中优势兵力，各个歼灭敌人》《解放战争第二年的战略方针》《关于辽沈、淮海、平津三大战役的作战方针》等著作和文电中得到充分体现。抗美援朝战争，是一场现代化战争。指导这场战争取得伟大胜利，为毛泽东军事思想增添了适应现代化战争需要的新内容。中华人民共和国成立后，毛泽东又提出了国防建设理论，制定了积极防御的战略方针。

毛泽东同志逝世以后，以邓小平、江泽民、胡锦涛和习近平等为核心的每一代领导集体，继承和创新发展了毛泽东军事思想理论体系。

三、毛泽东军事思想的主要内容

毛泽东军事思想产生于中国革命战争实践，反过来能动地指导革命战争实践，并随着战争实践的发展而不断受到检验和发展。其基本内容包括：无产阶级的战争观和方法论、人民军队思想、人民战争思想、人民战争的战略战术思想和国防建设思想五个方面。

（一） 无产阶级的战争观和方法论

毛泽东同志和老一辈无产阶级革命家，把辩证唯物主义和历史唯物主义普遍原理与中国革命战争实际相结合，在研究和指导中国革命战争的实践中，逐步形成具有中国特色的一整套研究和指导战争的基本观点和方法。其中最根本的一点，就是一切从战争的客观实际出发，具体情况具体分析，实事求是地研究和指导战争。

1. 无产阶级的战争观

毛泽东通过研究古今中外的军事论著，结合中国革命战争实践，系统研究了战争的起源和根源、战争的本质和目的、战争的性质、无产阶级对战争的态度和战争的最终目的等问题，并做出了精辟的概括。

（1）关于战争起源和根源。毛泽东认为，“战争——从有私有财产和有阶级以来就开始了的，用以解决阶级和阶级、民族和民族、国家和国家、政治集团和政治集团之间，在一定发展阶段上的矛盾的一种最高的斗争形式”。

（2）关于战争的本质。通过对战争与政治、战争与经济关系的论述，毛泽东认为，战争的本质和目的，无非是为了取得或维护政治地位和经济利益。在论述战争与政治关系时，毛泽东认为，“政治是不流血的战争，战争是流血的政治”。

他进一步发展了列宁的观点，提出："'战争是政治的继续'，在这点上说，战争就是政治，战争本身就是政治性质的行动，自古以来没有不带政治性的战争。""但是战争有其特殊性，在这点上说，战争不等于一般的政治。'战争是政治的特殊手段的继续'。政治发展到一定的阶段，再也不能照旧前进，于是爆发了战争，用以扫除政治道路上的障碍。"关于战争与经济的关系，毛泽东认为，"只有开展经济战线方面的工作，发展红色区域的经济，才能使革命战争得到相当的物质基础，才能顺利地开展我们军事上的进攻，给敌人的'围剿'以有力的打击；才能使我们有力量去扩大红军……也才能使我们的广大群众都得到生活上的相当的满足，而更加高兴地去当红军，去做各项革命工作"。

（3）关于战争的性质。战争的性质是指战争的政治属性。毛泽东对战争的性质进行了科学的划分："历史上的战争分为两类，一类是正义的，一类是非正义的。一切进步的战争都是正义的，一切阻碍进步的战争都是非正义的。"作为无产阶级革命者，对待战争的正确态度是拥护正义战争，反对非正义战争。

（4）毛泽东科学地论述了战争消亡的途径。毛泽东指出，"我们是战争消灭论者，我们是不要战争的，但是只能经过战争去消灭战争"，认为消灭战争的方法只有一个，就是用战争反对战争，用革命战争反对反革命战争，用民族革命战争反对民族反革命战争，用阶级革命战争反对阶级反革命战争。"经过战争去消灭战争"，这是毛泽东把战争和私有制及阶级联系起来进行分析而得出的必然结论。

2. 军事问题的方法论

（1）研究指导战争要遵循战争的规律。毛泽东认为，战争是一种社会历史现象，是客观物质运动的形式之一，像自然界和其他社会活动的领域一样，是有规律可循的。人们可以认识战争，把握战争的规律，并通过此去指导战争。他说，"战争不是神物，仍是世间的一种必然运动……战争的特性也使人们在许多的场合无法全知彼已，因此产生了战争情况和战争行动的不确定性，产生了错误和失败。然而不管怎样的战争情况和战争行动，知其大略，知其要点，是可能的"。

（2）研究指导战争要运用阶级分析方法。所谓阶级分析方法，就是运用马克思主义关于阶级和阶级斗争的观点，去观察和认识阶级社会的历史现象的一种方法。毛泽东结合中国革命战争的实际，把马克思主义阶级斗争的学说，成功地运用于中国革命战争的全过程，并在实践中丰富和发展了这一思想。

（3）研究指导战争要坚持辩证的观点。运用辩证唯物主义观点研究指导战争，是毛泽东战争方法论的重要内容，贯穿于中国革命战争的全过程。这种方法包括：着眼实际，客观地研究战争；着眼矛盾，运用对立统一的规律研究战争；着眼全局，整体地研究战争；着眼特点，具体地研究战争；着眼发展，动态地研究战争。

（二）人民军队思想

建设一支新型的人民军队，是进行中国革命战争的首要条件。毛泽东不仅强调创建新型人民军队的极端重要性，而且在总结人民军队建设经验的基础上，创立了一套具有中国特色的人民军队建设理论，从理论上系统地解决了把以农民为主要成分的革命军队如何建设成为一支无产阶级性质的、具有严格纪律的、同人民群众保持密切联系的新型人民军队的问题。

1. 提出枪杆子里面出政权的著名论断

第一次大革命失败和土地革命战争初期的严酷现实，使毛泽东悟出了无产阶级政党必须掌握武装斗争的领导权。1927 年 8 月 7 日，中共中央在汉口召开紧急会议总结大革命失败经验教训时，毛泽东在会上明确提出“须知政权是由枪杆子里面取得的”。枪杆子里面出政权是毛泽东独具匠心的建军创举。

2. 创立人民军队的建军原则

一是确立了党指挥枪的原则。毛泽东认为，我军是无产阶级的军队，首先要从政治上建军。要从政治上建军，靠的是党的力量，要坚持党对军队的绝对领导。“我们的原则是党指挥枪，而决不允许枪指挥党。”直至今天，这仍然是我军遵循和坚持的根本原则。

二是规定了全心全意为人民服务的建军宗旨。毛泽东指出：“紧紧地和中国人民站在一起，全心全意地为中国人民服务，就是这个军队的唯一宗旨。”为人民服务，是我军区别于其他任何军队的本质特征，是毛泽东建军原则的核心。不论是在战争年代，还是在和平时期，我军始终遵循这一宗旨，赢得了人民群众的拥护和爱戴。

三是创立了政治工作的三大原则。毛泽东同志建军思想体系中，特别强调军队政治工作的重要性，并在革命战争实践中总结出“官兵一致、军民一致、瓦解敌军”的三大原则。官兵一致体现了我军内部尽管职务上有上下之分，军衔上有高低不同，但在政治上都是一律平等的阶级兄弟关系。军民一致是人民军队本色的体现。瓦解敌军实质是从精神上给敌以威慑、瓦解和征服。毛泽东历来重视攻心制敌，他曾说，我们的胜利不但依靠我军的作战，而且依靠敌军的瓦解。

（三） 人民战争思想

人民战争是我党历来坚持的指导战争的根本路线，是我党唯一正确的战争指导思想，是毛泽东军事思想的核心内容，是我军战略战术的基础。它的基本内容是：革命战争是群众的战争，人民群众是战争伟力之最深厚的根源；兵民是胜利之本；人是战争胜负的决定因素，只有依靠、动员、武装人民群众，才能实行全面、彻底的人民战争；坚持党的绝对领导，是实行人民战争的根本保证；依靠和动员人民群众，是实行人民战争的坚实基础；强大的人民军队，是实行人民战争的骨干力量；坚持“三结合”“一配合”是实行人民战争的正确组织形式和斗争形式；建立巩固的革命根据地，是实行人民战争的战略基地；运用灵活机动的战略战术，是实行人民战争的正确战争指导。

（四） 人民战争的战略战术思想

人民战争的战略战术，体现了毛泽东人民战争思想的战略指导原则和作战方法，是毛泽东高超的战争指导艺术的总结，它揭示了中国革命战争的指导规律，是毛泽东军事思想中最精彩的部分，内容十分丰富。人民战争的战略战术思想，是建立在人民战争的基础之上，立足于以劣势装备战胜优势装备之敌的灵活机动的战略战术。

1．战略上藐视敌人，战术上重视敌人

毛泽东在《中国革命战争的战略问题》中指出，我们的战略是“以一当十”，我们的战术是“以十当一”，这是我们制胜敌人的根本法则之一。我们是以少胜多的——我们向整个中国统治者这样说。我们又是以多胜少的——我们向战场上作战的各个局部的敌人这样说。在《关于目前党的政策中的几个重要问题》中又指出，当我们正确地指出在全体上、在战略上应当轻视敌人的时候，却决不可在每一个局部上、在每一个具体问题上也轻视敌人。这些论述后来被概括为“战略上藐视敌人，战术上重视敌人”口号，成为毛泽东战略和策略思想的集中表达。

2．立足全局，审时度势，把握关节

解决局部问题必须立足全局利益，解决眼前问题必须考虑长远利益。谋全局、把关节，是战略战术首要解决的问题。1947 年上半年，蒋介石虽然在军事上处境日益不利，但其兵力、兵器仍占优势，从受敌人重点进攻的山东和陕北两个解放区来看，形势也相当严峻。正是毛泽东同志立足全局，审时度势，对全局作了透彻的分析，并深刻认识到中国的时局将要发生新的变化，军事形势在朝着有利于人民的方向发展。毛泽东抓住影响整个战争全局的重要关节，做出了“大举出击，经略中原”的战略决策，一举扭转了不利战局。三路大军突破黄河以后，与国民党主力逐鹿中原，我军由战略防御转入了战略进攻，拉开了大决战的序幕，中国革命从此不断从胜利走向胜利。

3．打得赢就打，打不赢就走

20 世纪 60 年代，毛泽东在谈到军事斗争时说，打仗没有什么巧妙，简单地说就是两句话，打得赢就打，打不赢就走。打得赢就是集中优势兵力消灭敌人，集中五个指头割他一个指头。割掉一个，他就少一个……总之要割掉。所谓割掉指头，就是把敌人搞过来，除打死打伤之外，把官兵、枪支、弹药都夺取过来，这就叫打得赢就打。那么打不赢呢？就走，走得远一点，使敌人不知你到哪里去了。

打得赢就打，主要体现进攻性，以消灭敌人为目的。打不赢就走，主要体现流动性，以避敌主力，寻找敌之弱点为目的。走的目的是打，没有固定的作战线，哪里好打就在哪里打，哪里好歼灭敌人就在哪里作战。走和打都是为了集中优势兵力，各个歼灭敌人。

走是摆脱被动的主要形式。毛泽东说：在许多情况下，“走”是必须的……走是脱离被动恢复主动的主要方法。他认为,打和走是技术条件落后的军队的作战特点,也正是其军事指导的长处。红军长征期间,为摆脱国民党军队的围追堵截,毛泽东以走制敌,以高度灵活机动的运动纵横驰骋在云贵高原,用“走”甩开了强大的敌人,最终结束了被敌穷追不舍的被动局面。“走”还是调动敌人的重要手段。

(五) 国防建设思想

中华人民共和国建立后,中国共产党军事工作的中心转到了巩固国防、建设现代化国防上,毛泽东提出了一系列相应的指导思想和原则。主要内容有:实行积极防御的战略方针,永远不称霸,决不侵犯别人,也决不允许别人侵犯中国;必须建立强大的国防,以保卫国家主权、领土完整和合法权益不受侵犯,保卫人民民主专政,维护世界和平与地区和平,为国内进行社会主义建设提供安全保障;正确处理国防建设与经济建设的关系,国家经济建设是国防建设的先决条件,国家要在不断增加国家经济实力的基础上,努力实现国防现代化;中国的国防现代化要走适合本国国情的发展道路,坚持独立自主、自力更生、艰苦奋斗方针,要在中国共产党的统一领导下,动员和依靠广大军民共建国防;国防斗争要综合运用军事、政治、经济、外交、文化等多种方式,实行有理、有利、有节的方针;必须建设一支强大的现代化、正规化的革命军队,军队建设应保持适当规模,注重提高质量,不断从低级阶段向高级阶段发展,建设诸军种、兵种合成的国防军;建立完整的国防科研和国防工业体系,实行平战结合、军民结合的方针,根据本国本军的特点发展武器装备,尤其要重视发展当代尖端武器和技术装备;普遍实行民兵制度,完善国防动员体制,加强国防后备力量建设;加强战略后方建设,为未来反侵略战争提供巩固的战略依托;对付外敌入侵,仍要坚持人民战争的路线,坚持立足现有装备战胜优势装备之敌的优良传统。

毛泽东军事思想,是一个完整的科学体系,各个组成部分相互联系、互相依存。在这个体系中,无产阶级的战争观和方法论是整个科学理论体系的理论基础,人民战争思想是毛泽东军事思想的核心,人民军队思想是建设人民军队的理论指南,灵活机动的战略战术是进行人民战争的方式和方法,国防现代化建设理论是进行国防建设,保卫国家安全,防止外敌入侵的指导方针和原则。

四、毛泽东军事思想的历史地位和现实意义

毛泽东军事思想是具有中国特色的无产阶级军事理论。它创造性地发展了马克思主义军事理论,指导中国革命取得了彻底的胜利。中华人民共和国成立之后又继续指导了中国的国防建设、抗美援朝战争和边境自卫反击战,是国防现代化建设和未来反侵略战争的理论指南。它不仅在中国军事思想发展史上占有极为重要的地位,而且在世界军事史上也有重要的地位。

（一） 毛泽东军事思想是当代最先进的无产阶级军事理论

毛泽东、朱德、周恩来和邓小平等老一辈无产阶级革命家，在领导中国人民进行长期革命战争和国防建设的实践中，创造性地把马列主义普遍原理与中国革命战争和国防、军队建设具体实践相结合，继承发展了古代、近代和现代的中外优秀军事理论，形成了内容极其丰富的毛泽东军事思想。毛泽东军事思想源于实践，指导实践，并接受了中国革命战争和国防、军队建设实践的检验，是迄今最完整、最系统的无产阶级军事理论。毛泽东军事思想不仅是我党我军的宝贵财富，而且在世界军事理论中也占有极为重要的地位，其重大作用和影响已经远远超越了时空界限，成为世界军事理论宝库中的璀璨明珠。

（二） 毛泽东军事思想是我军克敌制胜的根本法宝

毛泽东军事思想运用辩证唯物主义和历史唯物主义的原理，批判地吸收了古今中外的优秀军事思想遗产，是最科学、最先进、最完整的军事理论。它揭示了中国革命战争的特殊规律，又反映了现代战争和国防建设的一般规律，是经过实践检验的科学真理。尽管国际形势日新月异，我国综合国力大幅攀升，但对我军未来打赢信息化战争仍然具有普遍适用性，无论过去、现在和将来，毛泽东军事思想始终是我军克敌制胜的法宝。

（三） 毛泽东军事思想是国防和军队现代化建设的指南

毛泽东军事思想的基本原理原则，不仅在以往战争年代是指导我们战胜国内外强大敌人的锐利武器，在新时期仍是国防、军队建设和夺取未来战争胜利的指南。当前，我国、我军建设的具体环境条件虽然发生了巨大的变化，但仍然离不开毛泽东军事思想的科学指导。坚持把毛泽东军事思想的基本原理、我军建设和国防建设的优良传统同现代武器装备、现代军事技术有机结合起来，这是我国现代国防和军队建设所具有的中国特色的体现和根本要求。

（四） 毛泽东军事思想创造性地丰富和发展了马克思主义军事理论

毛泽东军事思想对马列主义军事理论的丰富和发展做出了重大而独特的贡献，并将其发展到一个崭新的高度，极大地丰富了马列主义军事科学的理论宝库。毛泽东的主要贡献在于：开创了一条农村包围城市、武装夺取政权的革命道路；创建了一支新型的人民军队；丰富和发展了马列主义的人民战争思想；创造了适合中国特点的人民战争的战略战术；科学阐明了关于研究和指导战争的战争观和方法论。

（五） 毛泽东军事思想在世界上有广泛而深远的影响

毛泽东军事思想，从它产生到丰富发展，一直受到世界各国的关注，中国革命取得胜利后，毛泽东军事思想更是受到世界各国各方面人士的重视，对它的研究和学习，已经超越了国界。20 世纪六七十年代，毛泽东军事思想在第三世界广泛传播，成为许多国家被压迫民族和人民争取民族独立和解放的强大思想武器。

即使是许多发达或比较发达的国家,对毛泽东军事思想也很重视。毛泽东军事著作,已被几十个国家翻译出版、学习、研究和运用。不少国家,包括美国的一些军事院校,还专门规定了学习毛泽东军事思想的内容,开设了相应的课程。第三世界一些国家还专门请我国派专家去讲授或派留学生到我国来学习毛泽东军事思想。总之,毛泽东军事思想在世界军事思想史上占有重要的地位,是当代世界最具有重大影响的军事思想。

第四节　邓小平新时期军队建设思想

邓小平新时期军队建设思想,是邓小平在中国社会主义建设的新的历史时期,关于军队建设及有关军事问题的科学理论体系。邓小平新时期军队建设思想,主要回答了在和平与发展成为时代主题,国家实行改革开放的历史条件下,如何开创中国特色的精兵之路,建设一支强大的革命化、现代化、正规化军队的问题。邓小平新时期军队建设思想是对毛泽东军事思想的继承和发扬,具有鲜明的时代特征。

一、战争与和平的思想

关于战争与和平问题的认识,是无产阶级军事理论的重要内容。新的历史条件下,邓小平从战略全局考察,把握国际战略格局基本关系,深刻阐述了当代战争与和平的一系列重大理论问题和实践问题,形成了邓小平战争与和平思想。

(一)　和平与发展是当今时代的主题

时代主题,是社会形态发展的一定历史阶段内带有全球性、战略性和关系全局的核心问题。时代主题既由世界基本矛盾的性质决定,又由世界基本矛盾的运动表现形式决定。新的历史条件下,和平与发展已成为不可抗拒的历史潮流,成为当今时代的主题。在和平与发展两大主题中,发展问题是核心问题。因此,把维护世界和平的基点放在爱好和平国家的发展上,放在第三世界国家的发展上,特别是放在中国自己的发展上,是邓小平战争与和平思想的一个重要思想。

由于霸权主义和强权政治仍然存在,和平与发展问题至今一个也没有解决。中国人民应该在争取和平与发展的过程中担负起自己的责任,发展社会生产力,加快社会主义现代化建设步伐,使国家进一步富强起来,不断增强维护世界和平的力量。

(二)　大战是可以推迟和避免的

进入20世纪70年代中期以后,邓小平指出,“世界新科技革命蓬勃发展,经济、科技在世界竞争中的地位日益突出,这种形势,无论美国、苏联、其他发达国

家和发展中国家都不能不认真对待。由此得出结论,在较长时间内不发生大规模的世界战争是有可能的,维护世界和平是有希望的”,从而提出了“大战是可以推迟和避免的”的科学论断。这里的“大战”指的是世界规模的战争或针对我国的全面战争。

基于以上判断,我国及时实行了军队和国防建设指导思想的战略性转变,从准备“早打、大打、打核战争”的临战状态转到和平时期的建设轨道上来。为了避免战争,维护世界和平,适应世界大战可推迟和避免的新形势,邓小平以战略家的眼光为全世界人民提出了解决各种冲突与矛盾的具体途径,即用和平方式解决对抗性争端与矛盾。根据世界各国运用和平方式处理国际事务的理论与实践,结合时代特点,邓小平依据这一思想还提出了一系列切实可行的具体方法,如实行“一国两制”、进行“共同开发”、加强“经济合作”、开展“和平对话”等。

(三) 霸权主义是当代战争的主要根源

在提出“大战是可以推迟和避免”的同时,邓小平反复强调:战争的根源仍然存在,霸权主义已经成为当代战争的主要根源。霸权主义是指一个国家凭借政治、军事和经济优势,在世界或地区谋求统治地位的政策。

根据霸权主义国家推行霸权主义的范围,可分为世界霸权主义和地区霸权主义两种类型。由于世界霸权主义是在全球范围内推行霸权主义政策,同时世界霸权主义又与地区霸权主义有着千丝万缕的联系,它对世界的和平与稳定所构成的威胁要远远大于地区霸权主义,因此,在反对一切霸权主义的同时,我们必须着重反对世界霸权主义。根据霸权主义国家的社会制度,可分为帝国主义国家的霸权主义和非帝国主义国家的霸权主义。帝国主义是一种社会制度,霸权主义是一种对外政策。由于帝国主义国家的统治阶级是资产阶级,其阶级性质决定它必然推行侵略扩张政策,必然成为霸权主义国家。非帝国主义国家与霸权主义之间没有必然的联系,但是,如果非帝国主义国家的政府把本国、本民族的利益凌驾于其他国家与民族之上,也会成为霸权主义国家。不论是帝国主义国家的霸权主义,还是非帝国主义国家的霸权主义,只要推行霸权主义政策,就会成为战争的根源,我们就坚决反对。

二、军队建设思想

军队是国家武装力量的核心。新的历史条件下,邓小平创造性地回答了新形势下军队建设的重大理论问题和实践问题,形成了邓小平新时期军队建设思想。

(一) 建设一支强大的革命化、现代化、正规化军队

1. 革命化

革命化反映军队的阶级属性和思想政治水平,所要解决的是我军的政治立场、根本性质和精神动力问题。革命化建设是我军区别于一切剥削阶级军队的

根本标志。军队革命化建设的主要任务是:坚持党对军队的绝对领导,坚持全心全意为人民服务的根本宗旨,坚持老红军的优良传统和作风,维护军队高度稳定,确保我军政治上永远合格。

2. 现代化

现代化是军队战斗力水平的最直接的反映,是决定军队战斗力强弱的核心因素。军队现代化建设既是一个系统工程,涉及军队建设的各个方面,又是一个动态工程,不同时期有不同内容。新时期加强军队现代化建设的主要任务是:使我军拥有先进、优良的武器装备,掌握先进的军事理论和军事技术,具有现代条件下的自卫作战能力。

3. 正规化

正规化反映军队的组织、管理、军制状况及纪律水平,是影响军队战斗力的重要因素。它是现代化建设的必要条件,是提高军队战斗力的客观需要。新的历史条件下,军队正规化建设的主要任务是:建立科学的编制体制,健全规章制度,完善军事法规,坚持从严治军、依法治军,实施科学管理,确保军队战斗力大幅提高。

新时期军队建设总目标中的革命化、现代化、正规化是一个有机整体。革命化建设是根本,是灵魂,保证我军的建设方向。现代化是中心,为革命化、正规化建设提供实践依据。正规化是保障,为革命化、现代化建设提供重要的条件和环境。

(二) 走有中国特色的精兵之路

围绕新时期军队建设总目标,邓小平针对新时期我军面临的新情况、新特点,运用马克思主义的立场、观点和方法,为加强军队现代化建设指明了途径,即走有中国特色的精兵之路。

1. 军队建设要突出中国特色

第一,我国的政治制度,既是军队建设的政治基础,又为军队建设规定了明确的方向。在任何时期、任何条件下,军队建设必须与我国的政治特色一致,注重把我国的政治特色贯彻、渗透、体现在军队建设过程之中。第二,经济是国防与军队建设的物质基础,军队建设的目标、规模、水平,在相当程度上取决于国家经济发展水平,军队建设必须与中国的经济发展同步进行。第三,军队建设必须考虑中国特殊的地理环境,考虑中国面临的安全环境,考虑未来的可能威胁,考虑国家发展的客观需要,与国家的安全环境相适应。

2. 军队建设要注重质量建设

第一,要坚持“精兵”原则,通过压缩军队员额,精简机关,把军队搞精干。第二,要坚持“利器”原则,下决心改进军队的武器装备,真正搞出令敌震慑的、顶用的东西。第三,要坚持“合成”原则,解决好军队的编制、体制问题和诸军兵种联合作战问题。第四,要坚持“高效”原则,提高军队机关的工作效率和指挥水平,

强化部队的协同作战能力、快速反应能力、电子对抗能力、野战生存能力和综合保障能力。

3. 军队建设要突出教育、训练的地位

在没有战争的条件下，提高部队军政素质，主要靠教育训练。军队建设必须毫不动摇地坚持教育、训练的战略地位，以提高军队战斗力为标准，坚持从严、从难、从实战需要出发的“三从”训练原则，确保军队战斗力不断生成和提高。

三、军事战略思想

邓小平结合新的军事斗争实践和我军现代化建设的实际情况，在继承和发展毛泽东军事思想的基础上，逐步形成了具有鲜明时代特色的新时期军事战略思想。

（一） 以国家利益为最高准则处理军事战略问题

新的历史条件下，邓小平依据马克思主义的国家利益观和当代国际关系的现实，明确提出了“以国家利益为最高准则处理军事战略问题”的重要论断。

1. 邓小平强调以国家利益为最高准则来处理军事战略问题的深刻原因

第一，国家利益集中反映了全体人民的共同需求，是人民群众最关心的“最大的事情”，关系到整个国家的安危、兴衰和荣辱。第二，我国的国家利益是全体人民的共同利益，国家利益集中体现并且高于阶级、民族和各社会团体的利益。第三，在处理国家关系时，社会制度和意识形态的差异与矛盾应当服从国家利益，不能以牺牲国家利益为代价。第四，奉行独立自主的对外政策，依靠自己的力量来维护国家利益，不依靠某种联盟力量或依附于别国而获取利益。

2. 邓小平强调以国家利益为最高准则来处理军事战略问题的具体要求

第一，国家利益是确定军事战略目标的准则。军事战略目标必须与国家总体战略目标相一致、相吻合。第二，国家利益是确定国家关系的准则。历史隔阂、意识形态差异和社会制度差异等问题，可以争取互谅互让的方式解决，化干戈为玉帛。任何国家都不得损害中国的国家利益。第三，国家利益是判断决策是否正确的准则。判定一项对内或对外战略决策是否正确，应当看其是否损害国家利益。如果损害国家利益，这一战略决策就是错误的。

（二） 积极防御战略思想

邓小平指出：“我们的战略始终是防御，20 年后也是战略防御，这包括核潜艇也是战略防御武器……就是将来现代化了，也还是战略防御。”这一论述明确提出了我国仍然坚持积极防御的战略思想。

坚持积极防御的战略思想，一是我国社会主义政治性质的必然要求。中国是个社会主义国家，永远不会欺负别国，永远不会称霸，永远不会向全球伸手。二是发挥国家总体力量的必然要求。坚持积极防御战略思想，可以树立我国的和平形象，推动友好睦邻关系的发展，使军事斗争与政治、经济、外交、文化等各条战线上的斗争结合起来，形成有机整体，争取主动地位。三是适应现代战争需要的必然要求。现代战争有其新的特点与规律，面对现代战争的特点与规律，只有坚持积极防御战略思想，才能充分做好军事斗争准备。

新的历史条件下，坚持积极防御战略思想，要把战略态势上的防御性与军事指导上的积极性统一起来，要把和平时期遏制战争和战争时期打赢战争统一起来，要从政治上考虑和处理军事问题，做到严守自卫立场，积极配合政治、外交和经济斗争，维护世界和平，努力改善国家安全环境。

四、人民战争思想

坚持积极防御战略思想，从根本上讲就是要坚持人民战争思想。由于我国有着实行人民战争的深厚潜力和社会政治与经济基础，完全能够依靠人民战争遏制未来战争，打赢未来战争。

1. 坚持人民战争思想，要同现代条件和现代战争特点结合起来

现代条件下的人民战争与过去不同：对象不同，装备不同，手段不同，条件不同，表现形式不同。现代条件下的人民战争，是一场捍卫国家利益并在国家政权统一组织下进行的人民战争，我军所拥有的武器装备无论是数量还是质量都远远超出过去的水平，加之现代战争的科学技术含量大幅度上升，演变成综合国力对综合国力的较量、系统对系统的较量，因此，进行人民战争的战略、战术发展要随着战争的发展而发展。

2. 坚持人民战争思想，要加强军事科学研究

先进的军事理论历来是军队建设得以健康发展的必要条件，是战争的重要制胜因素。因此，坚持人民战争思想，既要重视解决人民战争的现代技术与物质基础，又要重视解决人民战争在现代条件下的理论指导和作战指挥问题；既要研究自己，又要研究对手；既要研究军队与地方的结合，又要研究军队内部诸军兵种的联合；既要研究武器装备的发展趋势及科学组合，又要研究人和武器装备的结合，努力提高现代条件下人民战争的综合效能。

五、国防建设思想

邓小平国防建设思想，主要论述了国防建设的时代背景、国防建设的根本任务、国防建设与国家经济建设的关系、国防建设的基本内容等问题，是我国国防建设的指导思想。

（一） 国防建设要与国家经济建设协调发展

1. 国防建设要服从国家经济建设大局

新的历史条件下，坚持以经济建设为中心的国家和社会发展战略，是真正解

决现阶段中国社会主要矛盾，巩固和发展社会主义的根本所在。因此，国防建设要从国家发展的战略全局来筹划，服从国家经济建设这个大局，并将其作为国防现代化建设中带有全局性的基本原则始终贯彻下去。

2. 国防建设要与国家经济建设同步发展

经济实力只是国防强大的必要前提，但经济发展不能替代国家的安全。经济和国防，历来都是国家独立和自主不可或缺的两个基本条件，应该在国家总体战略布局中将二者协调一致起来考虑、运作，最终实现国防建设与经济建设同步发展。因此，要在国民经济不断发展的基础上，合理确定和调整国防投入比例，使国防建设经费的投入既不影响国家经济建设大局，又能满足国家安全的需要，加快国防现代化建设步伐，逐步增强我国的国防实力。

（二） 坚持“三结合”武装力量体制，积极推进武装力量建设

中国人民解放军、中国人民武装警察部队、民兵相结合是中国当代的“三结合”武装力量体制。必须坚持这一武装力量体制，积极推进武装力量建设。

1. 加强中国人民解放军的建设

军队是国家武装力量的核心，我们要坚持邓小平提出的“建设一支强大的现代化、正规化革命军队”这一总目标，走有中国特色的精兵之路，积极支持、配合军队进行改革，确保军队战斗力在现有的基础上得到大幅度跃升，真正把军队搞强大。

2. 加强中国人民武装警察部队的建设

中国人民武装警察部队是担负国家安全保卫任务的武装力量，在维护国家稳定、强化社会综合治理方面发挥着越来越重要的作用。要坚持用马列主义、毛泽东思想和党的路线、方针、政策教育训练部队，使之成为忠于党，忠于人民，热爱社会主义祖国，党和国家可以依赖的武装力量。

3. 加强民兵的建设

民兵制度是我国一项传统的军事制度，是我国后备力量的基本组织形式，是国家武装力量体制中不可或缺的重要内容。大力加强民兵建设，既可以保证后备兵员的数量，更能够保证后备兵员的质量，有利于推动常备军的质量建设，有利于国防建设的整体发展。

（三） 全面推动国防科技和国防工业建设

国防科技和国防工业是国家的战略性产业领域，是国家综合国力的主要标志。建立现代化国防，必须拥有现代科学技术和现代化国防工业。国防科技和国防工业的发展要走军民结合、平战结合、军品优先、以民养军的发展道路，坚持自力更生与对外开放相统一，坚持适当引进和借鉴外军先进经验与技术相结合，大力发展军品外贸和国际军工技术合作，提高国家国防科研生产能力，稳定和锻炼国防科研队伍。要建设和拥有一支规模宏大、特别能战斗、结构合理的国防科

技人才大军。要理顺武器装备工作的领导管理体制,加强对国防科技和国防工业的领导。

(四) 加强国防建设中的军事法规建设

军事法规建设是国防现代化建设的重要组成部分,是衡量国防现代化的重要指标之一。加强军事法规建设,要在专门军事法制机构的领导下,学习、借鉴国内外、军内外立法的理论和经验,着眼于新时期国防和军队建设的特点和需要,加强军事法制研究,强化法制意识和执法功能,为国防和军队建设营造一个有法可依、有法必依、执法必严、违法必究的依法治军的良好氛围。要制定、修订和颁布一系列军事法规、制度和条令、条例,逐步健全军事法规体系。要进行军事法制教育,增强国民和军人的法治观念,为实现依法治国、依法治军奠定思想基础。

第五节 江泽民国防和军队建设思想

江泽民国防和军队建设思想,是江泽民在中国特色社会主义建设进入新阶段,大力发展社会主义市场经济体制的新的历史条件下,关于国防和军队建设问题的科学理论体系。江泽民国防和军队建设思想,主要解决了在世界多极化曲折发展,新军事革命不断深入,我国实行改革开放和发展社会主义市场经济体制的历史条件下,如何积极推进中国特色的军事变革,解决好人民军队“打得赢、不变质”两个历史性课题,为建设中国特色社会主义提供安全保障的问题。

一、国家安全思想

江泽民作为中国共产党第三代领导集体核心,以面向未来和开辟新世纪的战略家眼光与胆识,敏锐把握时代发展脉搏,洞察错综复杂的斗争风云,着眼于国家关系大局,提出了新的国家安全思想。

(一) 站在时代和全球的高度审视国家安全问题

江泽民指出,世界形势发生深刻变化,和平与发展的时代主题不可逆转,多极化趋势不断加快,国家之间的依存关系日益加强,国际关系中的经济、科技因素明显上升,经济优先、发展至上,已成为冷战后世界大多数国家制定内外战略的基本信条。新时期的国家安全战略必须立足于时代主题和国际形势的变化,转变传统安全观。

当今国际社会多极化已初见端倪,经济、科技因素在国际关系中发挥着首要作用,这对争取我国安全环境是有利的。但是,霸权主义和强权政治依然存在,领土、民族、宗教、资源等因素引发的武装冲突和局部战争连绵不断。不公正、不

合理的国际政治经济秩序没有改变,发展中国家的广大人民仍处于贫困状态。国际社会的不稳定和不确定因素,导致新的动荡、冲突甚至战争。这一形势,使我国直接面临的现实军事威胁基本消除,但潜在的威胁和周边不稳定因素有所增加;外部世界对我国大规模军事入侵的可能性进一步降低,但各种非军事的挑战日益增多,经济发展中的各种不良因素越来越成为新时期国家安全的主要危险;军事实力仍然是维护国家安全的重要工具和手段,但非军事力量在国家安全中的作用日益突出,且更为经常和有效。

(二) 摒弃冷战思维,确立新的国家安全观念

从世界形势发展和对中国国家安全的影响出发,着眼于中国更着眼于世界,着眼于当前更着眼于未来,江泽民提出了中国当代新的国家安全观念。

1. 国家安全以经济安全为核心

解决中国所有问题,江泽民指出归根结底要靠经济的发展。他要求,一方面要使国内经济在金融危机、失业、生态灾难、通货膨胀、大规模贫困、商品不安全、外来人口冲击等方面保持稳定、均衡和可持续发展。另一方面要在国际经济中保持国内经济所依赖的国外资源和市场相对稳定和持续,以免受国际游资的冲击和打击。要把国家经济安全与对外开放结合起来,积极参与国际经济合作与竞争,利用经济全球化带来的各种有利条件和机遇,增强我国经济抵御和化解各种风险的能力,维护国家经济安全。

2. 国家安全呈现综合安全特征

把国家安全作为一个整体考虑,江泽民提出了包括政治、科技、军事在内的新的国家安全观念。政治上,江泽民提出了以主权安全为核心的政治安全观,即:国家主权和统一不容侵犯,国家内政不容干涉。不允许超级大国推行强权政治,将自己的社会制度和意识形态强加于他国,强迫他国接受自己的价值观。努力做到穷国逐渐走向富裕,富国继续向前发展。科技上,江泽民提出了以和平利用科技为目的的科技安全观,即:将科学技术纳入和平与发展的轨道,将科技合作建立在公平合理的基础上,不应将科技转让作为谋求暴利的手段,更不能以此对他国施加压力。军事上,江泽民提出了以和平、合作为中心的军事安全观,即:军事力量负有保卫国家主权和领土完整、抵御外来侵略、维护国家统一的神圣使命,立足于防止冲突和战争,着眼于预防危机发生、控制冲突升级、维护和平与稳定。

(三) 多种手段并举谋求国家安全利益

当今,国家安全面临的问题之广、形势之复杂、任务之艰巨都是过去无法比拟的,必须综合运用各种手段和措施,发挥整体合力,实现总体安全。

1. 运用经济手段解决国家安全问题

一方面,要抓好国民经济的可持续发展,充分发挥科技进步和技术创新在经济领域的"增效器"作用,增强解决国内自身问题的能力;另一方面,发挥经济和政治的效能,暂时搁置争议问题,以经贸活动促进双方对话与接触,最终获得双边问题解决。

2. 运用外交策略与艺术谋求安全环境

江泽民提出,要以接触对接触,以斗争对遏制,以信任取代猜疑,以对话取代对抗,以协商取代冲突,以互谅互让取代争夺,以人类共同安全取代集团安全,推动世界多极化发展,拓展国家发展空间,谋求良好的安全环境。

3. 发展国防和军事力量强化国家安全

要坚持军队建设服从和服务于国家经济建设大局的思想,经济建设和国防建设两头兼顾、协调发展,利用较长时间内大仗打不起来和国内经济快速发展的有利条件,大力推进军队质量建设,发挥好国防和军队在国家安全中的保证和后盾作用。

二、军队建设思想

江泽民围绕军队建设提出了一系列新理论、新思想和新的方针原则,明确了军队建设和军事斗争准备的立足点与着力点,拓宽了军事斗争准备的新思路,丰富了新时期军事斗争的谋略艺术。

(一) 按照"五句话"的总要求全面加强军队建设

江泽民依据邓小平关于军队"革命化、现代化、正规化"建设总目标,结合军队建设不断发展的实际,从增强军队综合战斗力出发,提出了"政治合格、军事过硬、作风优良、纪律严明、保障有力"的总要求。"五句话"的总要求涵盖了新时期军队建设的基本内容,涵盖了战斗力的基本要素。

"政治合格",就是要始终坚持党对军队的绝对领导,坚持人民军队的性质、本色和作风,军队始终是党的利益、人民的利益和社会主义国家利益的忠实捍卫者。"军事过硬",就是要具有牢固的战斗力思想、精湛的军事技术、良好的军事素质和快速高效的反应能力,能够有效履行维护国家安全统一和发展利益的职责使命。"作风优良",就是要有良好的思想作风、工作作风、战斗作风和生活作风,实事求是,谦虚谨慎,学以致用,敢于创新,英勇顽强,雷厉风行,艰苦奋斗。"纪律严明",就是要严格遵守法律法规和条令条例,严格遵守政治纪律、组织纪律、廉洁纪律、群众纪律、工作纪律和生活纪律,做到令行禁止,一切行动听指挥,确保部队的集中统一和高度稳定。"保障有力",就是在一定的经济和社会条件的基础上,科学组织和运用人力、物力、财力、技术等,及时、准确、高效地保障军队建设和作战需要。

"五句话"的总要求,既是实现军队"三化"建设总目标的总要求,也是检验军队"三化"建设总目标实现程度的重要尺度,它是一个有机整体,寓于军队建设

总目标和提高战斗力的全过程之中。

（二） 用新时期军事战略方针统揽军队建设全局

1993 年年初，在江泽民的领导下中央军委制定了新时期军事战略方针，把军事斗争准备的基点，由应付一般条件下的局部战争转到打赢现代技术特别是高技术条件下的局部战争上来。

新时期军事战略方针的主要着眼点：一是增强维护国家安全统一的军事战略能力，为建设中国特色社会主义提供可靠的安全保障；二是在新的起点上解决我军面临的主要矛盾，积极应对世界新军事变革的挑战，努力实现军队跨越式发展；三是应对最困难、最复杂的局面，按照打赢现代技术特别是高技术条件下局部战争的标准搞好军事斗争准备；四是遏制或延缓战争发生，通过切实增强打赢能力，达到维护和平、争取和平的目的。新时期军事战略方针，明确了新形势下我军军事斗争准备的目标和任务，解决了我军建设和改革的方向问题，强有力地牵引和推进着我军现代化建设的发展。

新时期军事战略方针对国防和军队建设具有全局性的统领作用。江泽民要求全军各项建设和一切工作，都要在新时期军事战略方针的指导和统揽下，立足于未来打赢现代技术特别是高技术条件下的局部战争，全面部署和深入展开。要强化“打赢”意识，把增强现代技术特别是高技术条件下的防卫作战能力，作为军队建设和一切工作的中心任务。用新时期军事战略方针统揽军队建设全局，必须紧紧抓住我军的现代化水平与打赢高技术战争的要求不相适应这个主要矛盾，着力解决增强我军高技术条件下防卫作战能力的关键问题。必须以军事斗争准备为龙头，牵引和带动国防和军队现代化建设的整体推进。

（三） 实施科技强军战略，加强军队质量建设

江泽民指出，争夺质量优势，是世界军事竞争的重要发展趋势，能否适应这一趋势，把我军的质量建设搞上去，关系到我国在世界格局中能否占据更加有利的战略地位，关系到我军能否打赢未来可能发生的高技术局部战争。军队要实施科技强军战略，要依靠科技进步提高军队建设质量。

实施科技强军战略，核心内容是把依靠科技进步提高战斗力摆在国防和军队建设的战略位置，增强国家的军事科技实力，全面提高军队建设的科技含量。因此，在国防和军队建设过程中，要加强国防科研，改善武器装备，提高广大官兵的科技素质，建立科学的体制、编制，提高科技创新能力和科学管理水平。要学习借鉴当代世界先进科技成果和外军依靠科技进步提高战斗力的有益经验，谋求更快的发展速度和更好的发展效益。

实施科技强军战略，必须实现我军建设由数量规模型向质量效能型、由人力密集型向科技密集型转变，把提高战斗力的重点转到依靠科技进步的轨道上来。军队在保持一定规模的同时，要提高质量效能，从根本上增强打现代化战争的能力和指挥现代化战争的能力。

（四） 积极推进中国特色的军事变革

中国特色的军事变革，就是适应世界新军事变革发展趋势，从我国的国情和军情出发，走以信息化带动机械化、以机械化促进信息化的跨越式发展道路，实现军队建设的整体转型，建设一支能够打赢未来信息化战争的强大的现代化、正规化革命军队。

推进中国特色的军事变革，必须走跨越式发展道路。目前，我军正处于机械化尚未完成，又需要实现信息化的特殊阶段，面临着机械化和信息化建设的双重历史任务。我们应该在加强机械化建设的同时，加快军队信息化建设的步伐，走跨越式发展道路。推进中国特色的军事变革，必须坚持以机械化为基础，以信息化为主导，以信息化带动机械化，以机械化促进信息化，按照信息化的要求促进军队建设整体转型，努力推进机械化和信息化的复合式发展。

三、国防建设思想

建立巩固的国防是我国现代化建设的战略任务。江泽民审时度势，从国际战略环境着眼，从维护国家安全出发，提出了一系列国防建设思想。

（一） 新的历史时期国防建设只能加强不能削弱

江泽民指出，中华人民共和国成立以来的历史表明，无论是抵御外部敌人的侵略，还是巩固国家政权，维护社会稳定，国防和军队都具有举足轻重的作用，国防和军队建设只能加强不能削弱。国防和军队的强弱，关系到国家民族的存亡。国家的生存与发展，离不开国家的主权独立、领土完整、安全统一和稳定，无论是确保国家的内政不被干涉、主权不被侵犯、领土不被分裂和占领，还是实现祖国统一，促进国家长治久安和人民安居乐业，都不能没有强大的国防和军队。

国防和军队的强弱，关系到国家地位的高低。一个国家离开了强大的国防和军队，在国际社会中国家的腰杆子就硬不起来，言行就得不到重视，就无法团结和凝聚世界和平力量来维护世界的和平稳定，就不可能得到世界各国的尊重。

国防和军队的强弱，决定着国家发展能否有一个安全稳定的环境，决定着祖国统一大业能否实现，决定着国家发展能否拥有足够的战略资源，决定着国家发展能否具有雄厚的基础，这一切对我国未来发展都将产生重大影响。

（二） 依靠人民和全社会的力量加强国防和军队建设

江泽民指出，国防和军队建设是全党和全国各族人民的共同事业，必须依靠广大人民的力量和全社会的力量来建设。

依靠人民和全社会的力量加强国防建设，必须深入持久地开展国防教育，增强全民国防观念。在长期的相对和平环境里，在发展社会主义市场经济和对外开放条件下，容易产生和平麻痹思想，需要把加强国防教育作为国防建设的战略

举措来对待。国防教育，要突出爱国主义这个核心内容，要着力增强全民忧患意识，使全体人民牢固树立关心国防、热爱国防、建设国防、保卫国防的光荣感和责任感。

依靠人民和全社会的力量加强国防建设，必须完善国防动员机制，确保战争潜力迅速转化为战争实力。要按照“平战结合、军民结合、寓兵于民”的方针，进一步调整和完善国防动员体制，提高快速动员能力。要把国防动员纳入国防经济和社会发展总体规划，国家和社会各个方面的建设要考虑和满足未来战争的需要，使战争潜力增长寓于国家综合国力增长之中，提高平战转换能力。要适应社会主义市场经济的要求，改革、调整国防动员方式，建立、健全国防动员法律法规，形成新的国防动员机制。

依靠人民和全社会的力量加强国防建设，必须加强后备力量建设。要按照人民战争思想，实行精干的常备军与强大的后备力量相结合，在加强军队建设的同时，高度重视国防后备力量建设，做到平时少养兵，战时多出兵。要抓好预备役部队和民兵应急分队、专业技术分队建设，加强关系国民经济命脉等要害部门的国防后备力量建设。要提高预备役部队和民兵的快速动员能力的训练水平，真正做到召之即来，来之能战，战之能胜。

依靠人民和全社会的力量加强国防建设，必须加强军政、军民团结。各级党委和政府要从维护国家长治久安的高度，关心和支持军队建设和改革，认真抓好拥军优属各项政策法规的落实，配合军队完成教育训练、战备值勤等各项任务。军队要忠实履行全心全意为人民服务的宗旨，自觉尊重地方党委和政府，坚定不移地贯彻服从国家建设大局的方针，支持和参加国家的改革与建设事业。

（三） 国防建设要与国家经济建设协调发展

正确处理国防建设与经济建设的关系，始终是国家发展战略全局中的重大问题。当代中国的发展战略，是以经济建设为中心，包括经济、政治、科技、文化、外交、军事在内的全面发展战略。国防和军队建设，是国家发展战略中的重要内容，必须坚持国防建设与经济建设两头兼顾、协调发展。

1. 正确处理国防建设与经济建设的关系

以经济建设为中心，是由我国社会主义初级阶段的基本国情和主要矛盾所决定的，保持经济持续发展，不断提高国家的经济实力，是提高我国国际竞争力，维护国家独立和主权的关键所在，是解决包括国防现代化在内的当代中国所有问题的基础。国防建设要服从和配合国家经济建设大局，充分发挥自身优势，积极参加有利于振兴国民经济的各项建设，为国家的发展和繁荣贡献力量。

2. 国家要在经济不断发展的基础上逐步加大国防建设投入

把经济建设搞上去和建设强大的国防，是我国现代化建设的两大战略任务。经济发展并不等于国防强大，国防建设服从经济建设大局，并不意味着等经济搞上去了再抓国防建设。在经济不断发展的同时，国家重视加强国防建设，提高安全保障能力，也是国家经济建设发展的需要，要及时把一部分经济实力转化为军事实力，形成与经济实力相协调和与国防建设需要相符合的军事实力。

3. 努力形成国防建设与经济建设相互促进、协调发展的机制

要看到当今世界军用与民用之间相融相通的因素不断扩大的趋势，国防建设中的一些通用性较强的设施要实行军民合用，国防科技工业要能军能民，最大限度地发挥国防资源的军事经济效益和社会经济效益。国家在进行经济建设特别是基础设施建设中，要充分考虑国防和军队的需求，做到既能促进经济发展，又能增强国防能力。要加强政策制度研究，大力促进国防经济与社会经济、军用技术与民用技术的相互兼容，使国防建设与经济建设相得益彰。

第六节　胡锦涛国防和军队建设思想

胡锦涛国防和军队建设思想，是新世纪、新阶段用科学发展观统筹国防和军队现代化建设，打赢信息化战争的军事指导理论，是对毛泽东、邓小平、江泽民国防和军队建设思想的丰富和发展，是科学发展观在国防和军事领域的展开和延伸，是当代中国马克思主义的创新军事理论。党的十八大把科学发展观同马克思列宁主义、毛泽东思想、邓小平理论、“三个代表”重要思想一道，确立为中国共产党必须长期坚持的指导思想。胡锦涛国防和军队建设思想，是科学发展观的重要组成部分，是科学发展观在军事领域的运用，实现了党的军事指导理论的又一次与时俱进。

一、以科学发展观指导国防和军队建设

科学发展观强调以人为本，以实现人的全面发展为根本目的，从人民群众的根本利益出发谋发展、促发展，不断满足人民群众日益增长的物质文化需要，切实保障人民群众的经济、政治和文化权益，让发展的成果惠及全体人民。科学发展观是我们党领导社会主义现代化建设实践经验的理论结晶，是对毛泽东思想、邓小平理论、“三个代表”重要思想的继承、丰富和发展，是指导发展的世界观和方法论的集中体现，是推进社会主义经济建设、政治建设、文化建设、社会建设全面发展的指导方针，也是加强国防和军队建设的重要指导方针。

（一）筑牢军魂，永葆本色

党对军队的绝对领导是我军建设的根本原则，全心全意为人民服务是我军的唯一宗旨，坚持党绝对领导下的人民军队的根本性质和宗旨，是国防和军队建设中贯彻科学发展观的首要问题和根本要求。新世纪、新阶段，我军建设面临着

西方敌对势力推行“西化”“分化”政治战略的严峻挑战,面临着我国改革发展进入关键时期出现的新矛盾、新问题的复杂考验,面临着社会日益信息化带来的深刻影响。只有坚持以科学发展观指导国防和军队建设,坚持党绝对领导下的人民军队的根本性质和宗旨,才能保证我军建设的正确方向,保证军队一切行动听从党中央、中央军委的指挥,坚持完成党赋予的各项任务;才能保证军队把人民的利益始终放在高于一切的位置,把坚持以人为本———科学发展观的核心与坚持全心全意为人民服务———我军的唯一宗旨统一起来,积极投身经济建设、政治建设、文化建设和构建社会主义和谐社会的伟大实践之中,自觉为全面建成小康社会做贡献;才能把我军建设真正纳入科学发展的轨道,走全面协调、可持续发展的路子,实现又快又好地发展。

(二) 统筹兼顾,协调各方

以科学发展观指导国防和军队建设,必须统筹好国防和军队建设的五个重大关系。

1. 统筹好中国特色军事变革与军事斗争准备的关系

推进中国特色军事变革,是在复杂的国际背景和我国安全环境面临严峻挑战的条件下进行的,既要着眼迎接未来挑战,又要关注现实威胁,把做好军事斗争准备作为重要内容,与军事斗争准备一体筹划、一起部署、一并落实,围绕军事斗争准备实践来展开,通过推进中国特色军事变革,不断提高军事斗争准备的质量。要着眼世界新军事变革的前沿,着眼占领未来军事斗争的制高点,把军事斗争纳入中国特色军事变革之中,提高军事斗争准备的起点。要边准备、边形成战斗力,推动中国特色军事变革,努力建设一支能够打赢未来信息化战争的强大的现代化军队,保持遏制战争的威慑能力,随时准备应对各种挑战与考验。

2. 统筹好机械化建设与信息化建设的关系

现代战争形态正由机械化战争向信息化战争转变,机械化军队正在转变为信息化军队。目前,我军正处在机械化尚未完成,又需要努力实现信息化的特殊历史时期。要在加强机械化建设的同时,加快军队信息化建设的步伐,走跨越式发展道路。要从我国国情和军情出发,以机械化为基础,以信息化为主导,以信息化带动机械化,以机械化促进信息化,努力推进机械化和信息化的复合式发展,完成机械化与信息化的双重历史任务。

3. 统筹好诸军兵种作战力量建设的关系

要适应作战形式进一步从单一军种为主的协同性联合作战,向诸军兵种一体化联合作战转变的要求,以科学发展观为指导,以提高战斗力为核心,充实和加强各种作战力量。要进一步优化军兵种力量结构,加强海军、空军和第二炮兵部队建设,使军队内部结构相互协调、功能相互补充,全面提高我军的威慑和实战能力。要进一步优化军种内部力量结构,增加高技术装备部队比重。要进一步形成一体化作战力量体系，把各种作战力量、作战单元、作战要素融合为一个结构合理、协调运行的整体，使我军能够生成和发挥出最大的整体作战效能。

4. 统筹好当前建设与长远发展的关系

要把国防和军队现代化建设发展的阶段性和连续性统一起来，把全面发展、协调发展和可持续发展统一起来，通过抓好当前建设，为长远发展提供条件和基础。既要注重发展的现实需要，又要着眼发展的长远后劲，在抓长远性、基础性、根本性工作上下功夫。要处理好现实需要和客观可能的关系，坚持量力而行，坚持有所为有所不为，从实际出发，推动国防和军队现代化建设稳步前进。

5. 统筹好主要战略方向建设与其他战略方向建设的关系

要深刻认识国家安全问题的综合性、复杂性、多变性，切实把握好战略全局，突出重点，兼顾一般，多手准备，有备无患。主要战略方向与次要战略方向既有区别又有联系，要大力加强主要战略方向建设，加大投入，优先保障，随时准备应对现实的威胁和挑战。同时，要适当兼顾其他战略方向的相互关联，以保持战略全局的平衡和稳定，牢牢把握战略主动权。

（三） 开拓创新，快速发展

以科学发展观指导国防和军队建设，必须着力推动军事理论创新、军事技术创新、军事组织体制创新和军事管理创新。

1. 军事理论创新

要以党的军事指导理论为统领，使党的军事指导理论成为研究军事理论、制定军事政策和军事制度的根本指南。要面向现代化、面向世界、面向未来，在继承我党我军优秀军事理论成果的基础上，大胆借鉴和吸纳世界上一切有益的军事理论成果，创新和发展中国特色的军事理论。要坚持以实际问题为中心，紧紧围绕军队建设和军事斗争准备的重大现实问题，深入研究信息化条件下和发展社会主义市场经济环境中治军、建军的特点和规律，深入研究军队建设的阶段性特点，深入研究军事、政治、后勤、装备工作的特点和规律等，构建具有时代特色的军事理论体系。

2. 军事技术创新

要把提高军事技术和武器装备的自主创新能力，作为国防和军队现代化建设的战略基点，坚持军民结合、寓军于民，坚持原始创新、集成创新、引进消化吸收再创新相结合，力争在一些基础性、前沿性、战略性技术领域取得重大突破，推动我军高新技术武器装备自主式发展、跨越式发展、可持续发展。要完善以作战需求牵引军事技术创新和武器装备发展的工作机制，努力形成着眼长远、兼顾当前、相互配套、合理可靠的作战需求指标体系。要构建军民结合、寓军于民的军事技术创新体系，促进军民科技创新体系的融合。要努力提高国防关键技术和武器装备自主创新能力，掌握一批拥有自主知识产权的国防关键技术和核心技术。

3. 军事组织体制创新

随着战争形态由机械化向信息化加速转变和军事斗争准备的深入发展，我军组织体制存在的矛盾和问题还比较多，与信息化条件下军队建设和作战要求还不相适应。推动军事组织体制创新，要把重点放在建立和健全联合作战指挥体制、联合训练体制及联合保障体制上，放在优化力量结构、完善作战力量编成上，逐步建立适应武器装备现代化发展水平和信息化条件下作战方式变化的新型体制编制上。

4. 军事管理创新

新世纪、新阶段，我军武器装备现代化水平日益提高，部队编成结构发生重大变化，军费投入不断增加，军事管理内涵大大拓展，对军事管理提出了新的要求。要适应我军现代化建设和军事斗争准备的新形势，更新管理观念，加强战略管理、部队管理和资源管理，创新管理机制和管理方式，不断增强科学管理能力，提高现代管理水平。

二、新世纪、新阶段我军的历史使命

胡锦涛站在时代发展的前沿，着眼国家利益和军队建设与发展的战略全局，根据军队所处的国际、国内环境发生的重大变化，提出了新世纪、新阶段我军的历史使命——为党巩固执政地位提供重要的力量保证，为维护国家发展的重要战略机遇期提供坚强的安全保障，为维护国家利益提供有力的战略支撑，为维护世界和平和促进发展发挥重要作用。

（一） 为党巩固执政地位提供重要的力量保证

为党巩固执政地位提供重要的力量保证，是党赋予我军的核心使命。当前，我党执政地位面临着许多方面的挑战。一是西方发达国家在经济、科技、军事等方面的优势给我们造成的压力长期存在，致使一部分人不能正确认识我国社会主义初级阶段的基本国情，对跟党走的信念和走社会主义道路的信念产生动摇，有的甚至对党的执政地位、执政能力、执政合法性产生怀疑。二是西方敌对势力加紧对我实施“西化”“分化”战略，政治上公然培植和支持境内外敌对势力，意识形态上利用各种手段宣扬其政治价值观和生活方式，大肆进行思想文化渗透，利用所谓人权和民族宗教等问题，向我国施压或进行颠覆活动，运用妖魔化的手段散布“中国威胁论”，恶化我国现代化建设的国际环境。三是社会转型期的矛盾进一步凸显，生产力和科技、教育的整体水平还不高，人口、资源、环境的压力还很大，农村贫困人口、城镇下岗失业人员还为数不少，东西部差距、城乡差距、贫富差距还较大。四是党对军队绝对领导的原则和制度面临着国际思想政治领域的尖锐斗争。西方国家为了在全世界推行其价值观，大搞所谓“民主输出”和“颜色革命”，策动军队保持所谓“中立”，把我军作为“和平演变”的重点目标，极力推销“军队非党化”“军队非政治化”“军队国家化”等政治观点，千方百计地进行思想渗透和拉拢策反。

正是从国际、国内的现实需要出发，胡锦涛主席提出，军队要为巩固党的执政地位提供重要的力量保证。这是对马克思主义军队建设学说的新发展，也是对军队地位、作用与时俱进的新概括，进一步说明军队在党的执政地位中的重要作用及军队在国家政权中的重要作用。我军作为党领导下的人民军队，在巩固党的执政地位、确保社会主义江山永不变色、维护人民群众的根本利益中肩负着神圣使命，具有重要作用。

（二） 为维护国家发展的重要战略机遇期提供坚强的安全保障

对一个国家来说，战略机遇期是指国际、国内各种因素综合作用形成的，并对党和国家的历史命运产生全局性、长远性、决定性影响的某一特定历史时期。战略机遇期是客观存在的，又可能是稍纵即逝的。及时抓住并充分利用好机遇，就能实现超常规的发展；错过机遇，则功败垂成，甚至会遭到历史的淘汰。

当前，影响我国战略机遇期的主要因素有：一是世界与我国的重大转折同时出现，时间重叠但目标不同，各国都想抓住这一机遇发展自己，各种矛盾和利益冲突在所难免。二是我国周边环境存在诸多不确定因素，陆地上边界问题尚未完全解决，海洋国土有一半存在争议，“台独”势力对国家主权和领土完整及国家战略发展空间构成严重威胁，恐怖主义、“藏独”、“东突”等民族分裂势力危害边疆，非传统威胁对国家安全稳定带来不利影响。三是随着经济进一步发展，改革不断深化，各种思想文化相互激荡，各种社会矛盾相互影响，不利于社会稳定的因素增多。

把握战略机遇期，关键是要创造一个稳定可靠的安全环境。我军要为维护国家发展的重要战略机遇期提供坚强的安全保障，必须运用军事实力所产生的威慑作用，遏制或延缓战争的爆发，必要时以果敢的军事行动控制危机，以战止战；必须进一步增强忧患意识、战略风险意识，充分认识机遇中包含着风险，风险中隐藏着机遇，在认清风险中珍惜机遇，在克服风险中抓住机遇；必须增强紧迫感、责任感，尽可能把风险估计得高一些，切实担负起我军的历史使命，时刻做好应对战争、突发事件和各种危机的准备。

（三） 为维护国家利益提供有力的战略支撑

国家利益是一个国家和民族的最高利益，维护国家利益是军队的神圣职责，是军人行为的最高准则。国家把军队作为自己的盾，军队把维护国家利益作为自己的崇高使命，反映了国家与军队不可分离的关系。

新的时代条件下，科技进步使得人类的认知领域不断扩大，国家的快速发展又迫切需要拓展利益空间，这两者的交互作用，使国家利益的空间范围逐渐超出传统的领土、领海、领空范围，不断向海洋、太空、电磁空间扩展和延伸。国家利

益空间范围的不断拓展,要求军队既要重视国家的现实安全,更要关注国家的未来安全;既要考虑国家的生存安全,更要重视国家的发展安全。可见,为国家利益提供有力的战略支撑,是时代赋予我军的战略性课题。它不仅从新的视角强化了军队的地位作用,而且对军队地位、作用的内涵给予了与时代发展相适应的界定,为军队的建设与发展指明了方向。军队的基本职能不仅要在维护国家主权、抵御侵略中发挥作用,更要在维护国家经济利益、谋求国家发展的内外条件方面发挥作用。为维护国家利益提供有力的战略支撑,军队必须具有与之相适应的能力。要着眼国家发展大局,拓宽安全战略和军事战略视野,加强维护太空安全战略能力建设,加强维护电磁空间安全战略能力建设,加强维护海外利益安全的远洋防卫作战能力建设,加强维护海洋权益的战略能力建设,有力保障国家的安全和发展利益。

(四) 为维护世界和平和促进发展发挥重要作用

为维护世界和平与促进共同发展发挥重要作用,是党和人民根据世界还存在着影响和平的现实诸多因素而赋予我军的神圣使命,既是对军队在新的历史条件下地位作用的肯定,也是在向世界表达我党、我国对世界和平与安全的关切,表达中国作为一个负责任的大国为共同缔造一个和平与发展的新世界将做出的努力。使命明确提出了我军在参与和处理国际事务中的任务,从而把建设与大国地位相适应的军事力量,与在世界和平事业和共同发展的进程中有所作为有机地联系起来,使军队的地位、作用在更广阔的空间得到拓展。

维护世界和平与促进共同发展,必须有强大的军事力量做后盾。我国要迎接来自国际的竞争和挑战,不仅需要坚持和平共处的对外政策,树立新型安全观,还需要建立一支强大的军事力量。要积极参与国际军事安全与合作,包括加强国际反恐的军事合作,积极致力于军控、裁军与防扩散,广泛参加联合国维和行动等,为维护世界和平做出新贡献。要利用相对和平的稳定环境,寓军队建设于国家总体建设之中,通过综合国力的提升来增强军队的实力,并将这种实力通过一定形式展示出来,以期收到震慑对手、遏制战争的效果。要有必要的军事上的准备,形成打赢战争的能力,为和平解决争议,开展有理、有利、有节的政治、外交斗争创造条件。

三、加强思想政治建设

胡锦涛明确提出,思想政治建设是人民军队政治工作的最本质部分,它直接保证党对军队的绝对领导,保证党的路线、方针、政策在人民军队的贯彻落实。军队要积极适应新的形势和任务,把部队思想政治建设摆在全军各项建设的首位,始终不渝地坚持党对军队绝对领导的根本原则和制度,按照党中央和中央军委的部署,把全军的意志和力量凝聚到履行新使命、完成新任务的具体实践中。

（一） 始终坚持正确的政治方向

加强思想政治建设，始终坚持正确的政治方向，要按照党中央、中央军委的部署，把全军的意志和力量凝聚到履行新使命、完成新任务的具体实践中。要坚持不懈地用党的创新理论武装官兵，紧密结合形势、任务，深入开展我军历史使命教育、理想信念教育、战斗精神教育。要在全军大力开展“以热爱祖国为荣、以危害祖国为耻，以服务人民为荣、以背离人民为耻，以崇尚科学为荣、以愚昧无知为耻，以辛勤劳动为荣、以好逸恶劳为耻，以团结互助为荣、以损人利己为耻，以诚实守信为荣、以见利忘义为耻，以遵纪守法为荣、以违法乱纪为耻，以艰苦奋斗为荣、以骄奢淫逸为耻”的教育，引导官兵树立社会主义荣辱观，坚定理想信念，树立正确的世界观、人生观和价值观。

（二） 努力增强思想政治工作的针对性和时效性

加强思想政治建设，努力增强思想政治工作的针对性和时效性，是确保党对军队绝对领导的必然要求，是确保部队“打得赢、不变质”的必然要求，是确保广大官兵健康成长的必然要求。要着眼于时代发展和任务变化对思想政治工作提出的新要求，根据部队官兵的成分变化和思想实际，有的放矢地做工作，增强思想政治工作的针对性、实效性、主动性。要紧密联系部队建设的新形势和新特点，努力改进思想政治工作。要始终把革命化建设放在第一位，更加有力、更加扎实、更加富有成效地推进思想政治建设。

（三） 积极创新和改进思想政治教育内容

我军建设进入新世纪、新阶段之后，部队官兵思想出现了许多新情况、新问题，思想政治教育的内容必须随之发生变化。因此，加强思想政治建设，积极创新和改进思想政治教育内容，必须突出理想、信念教育这个核心，引导官兵树立正确的世界观、人生观、价值观，使广大官兵始终保持政治上的坚定和思想道德上的纯洁，始终保持坚强的革命意志和旺盛的战斗精神。要深入进行爱国奉献教育、革命人生观教育、尊干爱兵教育和艰苦奋斗教育，使广大官兵不断提高马克思主义理论水平，提高思想政治素质，提高辨别是与非、善与恶、美与丑、荣与辱的能力，筑牢拒腐防变的思想防线。

（四） 强化战斗精神，树立敢打必胜信心

强化战斗精神，树立敢打必胜信心，是我军的优良传统和宝贵的精神财富，在新世纪、新阶段继续发扬光大十分重要。目前，我军武器装备的现代化水平有了很大改善和提高，但与西方主要发达国家军队武器装备的发展水平相比还有很大差距。要以劣胜优，以劣抗优，就必须充分发挥我军的优点和长处，充分发挥人的主观能动性，把现有武器装备的潜力和效能最大限度地发挥出来。由于人的思想觉悟、战斗意志、牺牲精神及综合素质直接决定着武器装备效能的发挥，影响着战争的胜负，因此，为打赢未来的信息化战争，捍卫国家利益，我军必

须在不断改善和发展武器装备的同时，继承和发扬不怕牺牲、不怕疲劳、连续作战、英勇顽强和敢打必胜的光荣传统，进一步强化战斗精神，保持我军的特有优势。

胡锦涛国防和军队建设思想的核心是开创国防和军队现代化建设新局面，必须站在国家安全和发展战略全局的高度，统筹经济建设和国防建设，在全面建成小康社会进程中实现富国和强军的统一。全面履行党和人民赋予的新世纪新阶段军队历史使命，必须坚持以毛泽东军事思想、邓小平新时期军队建设思想、江泽民国防和军队建设思想为指导，把科学发展观作为国防和军队建设的重要指导方针，贯彻新时期军事战略方针，加快中国特色军事变革，做好军事斗争准备，提高军队应对多种安全威胁、完成多样化军事任务的能力，坚决维护国家主权、安全、领土完整，为维护世界和平贡献力量。

第七节　习近平强军思想

习近平强军思想，明确了新时代国防和军队建设一系列根本性、方向性、全局性的重大问题，是习近平新时代中国特色社会主义思想的“军事篇”，是马克思主义军事理论中国化、时代化的新飞跃，是党的军事指导理论的重大突破、重大创新、重大发展，为实现党在新时代的强军目标、把人民军队全面建成世界一流军队提供了科学指南和行动纲领。必须牢固确立习近平强军思想在国防和军队建设中的指导地位。

（一） 深刻认识习近平强军思想的重大里程碑意义

习近平强军思想，植根强国复兴新时代，指引强军兴军新征程，在马克思主义军事理论中国化进程中，在党的军事指导理论创新发展中，在我们党治国理政实践中，具有重大政治意义、理论意义、实践意义。

立起了新时代维护核心、听党指挥的看齐基准。维护核心、听党指挥，最内在最根本的是自觉向党中央看齐，向习近平主席看齐，向党的基本理论、基本路线、基本方略看齐。习近平强军思想，作为习近平新时代中国特色社会主义思想的“军事篇”，集中体现了党的意志主张，反映了党和人民对军队的时代要求，指明了军队建设坚定正确的政治方向；从新时代坚持和发展中国特色社会主义基本方略的高度，突出强调坚持党对人民军队的绝对领导，要求军队坚决维护党中央权威和集中统一领导，坚决维护和贯彻军委主席负责制，揭示了人民军队从胜利走向胜利的根本力量所在；始终坚持从政治上建设和把握军队，以党的政治建设为统领，全面加强军队党的建设，确立了新时代政治建军的大方略，为我们提高政治站位、增强政治能力提供了根本遵循。新时代，军队以党的旗帜为旗帜、以党的方向为方向、以党的意志为意志，必须坚持用习近平强军思想统一思想、统一步调,坚定维护习近平主席在党中央和全党的核心地位,更加自觉地对党忠诚、听党指挥。

实现了马克思主义军事理论中国化、时代化新飞跃。坚持用鲜活的马克思主义军事理论指导实践,是党建军治军的一条根本经验。面对世情、国情、军情的深刻变化,面对强国强军的时代要求,习近平强军思想做出一系列新的重大判断、新的理论概括、新的战略安排。指出世界正发生前所未有之大变局、我国正处于由大向强发展的关键阶段、军队正经历着一场革命性变革,强调国防和军队建设进入了新时代;阐明新时代军队使命任务和强军的奋斗目标、建设布局、战略指导、必由之路、强大动力、治军方式、发展路径等重大问题,把党对军事力量建设和运用规律的认识提高到新水平。习近平强军思想把全面推进国防和军队现代化纳入强国复兴大战略、大布局,擘画了未来几十年军队建设发展的蓝图,为走好新的长征路确立了行动纲领。这些理论上的重大突破、重大创新、重大发展,为丰富和发展马克思主义军事理论做出原创性贡献,开拓了当代中国马克思主义军事理论和军事实践发展新境界。

提供了大踏步走中国特色强军之路的根本遵循。习近平主席以巨大政治勇气和强烈责任担当,带领全军重振政治纲纪,坚定不移推进政治整训,有效解决了弱化党对军队绝对领导的突出问题;重塑组织形态,大刀阔斧全面深化改革,有效解决了制约军队建设的体制结构突出问题;重整斗争格局,坚定捍卫国家核心利益,有效解决了军事力量运用方面的突出问题;重构建设布局,创新发展理念和方式,有效解决了军队建设聚焦实战不够、质量效益不高的突出问题;重树作风形象,强力推进正风肃纪反腐,有效解决了不正之风和腐败现象滋生蔓延的突出问题。全面贯彻习近平强军思想,军队才能跟上全面建成社会主义现代化强国进程,在世界新军事革命浪潮中勇立潮头、赢得战略主动,朝着世界一流军队扎实迈进。

丰厚了培养"四有"新时代革命军人的精神滋养。拥抱新时代,践行新思想,实现新作为,必须有一代新人来担当。习近平强军思想是武装人、培养人、提高人的最好"教科书"。这一思想,坚守中国共产党人的初心和使命,充满道路自信、理论自信、制度自信、文化自信,为新时代革命军人立起了坚不可摧的精神支柱;坚持人民军队性质、宗旨、本色,发扬党和军队的光荣传统与优良作风,为官兵传承红色基因、担当强军重任提供了思想政治营养;强调敢于斗争、敢于胜利,指出军队历来是打精气神的,一不怕苦、二不怕死的战斗精神永远都不能丢,为砥砺军人血性胆魄明确了努力方向;贯通中国梦、强军梦、我的梦,蕴含着观察世界、思考人生的科学方法,为书写军旅出彩人生提供了价值引领。用习近平强军思想铸魂育人,官兵心中就有了魂、脚下就有了根,培养"四有"新时代革命军人、锻造"四铁"过硬部队就有了根本保证。

（二）全面领会习近平强军思想的精神实质和丰富内涵

习近平强军思想内涵丰富、思想深邃，涵盖新时代国防和军队建设方方面面，构成一个系统完整、逻辑严密、相互贯通的科学军事理论体系。

明确强国必须强军，巩固国防和强大人民军队是新时代坚持和发展中国特色社会主义、实现中华民族伟大复兴的战略支撑。中华民族伟大复兴绝不是轻轻松松、敲锣打鼓就能实现的。国家越是发展壮大，面临的压力和阻力就越大。这是我国由大向强发展进程中无法回避的挑战，是实现中华民族伟大复兴绕不过的门槛。强国必须强军，军强才能国安。国防和军队建设是国家安全的坚强后盾，军事手段是实现伟大梦想的保底手段，军事斗争是进行伟大斗争的重要方面，打赢能力是维护国家安全的战略能力。军队必须服从服务于党的历史使命，把握新时代国家安全战略需求，为实现中华民族伟大复兴提供战略支撑。

明确党在新时代的强军目标是建设一支听党指挥、能打胜仗、作风优良的人民军队，必须同国家现代化进程相一致，力争到 2035 年基本实现国防和军队现代化，到 21 世纪中叶把人民军队全面建成世界一流军队。建设强大的人民军队是我们党的不懈追求。在各个历史时期，我们党都根据形势任务的变化，及时提出明确的目标要求，引领军队建设不断向前发展。习近平在提出中国梦不久就提出强军梦，在作出全面建成社会主义现代化强国战略部署的同时，提出实现党在新时代的强军目标，把人民军队全面建成世界一流军队。这是适应世界新军事革命发展趋势和国家安全需求，对军队建设目标作出的新概括新定位，内在要求建设强大的现代化陆军、海军、空军、火箭军、战略支援部队、联勤保障部队和武装警察部队，建设绝对忠诚、善谋打仗、指挥高效、敢打必胜的联合作战指挥机构，不断提高军队现代化水平和实战能力。

明确党对军队绝对领导是人民军队建军之本、强军之魂，必须全面贯彻党领导军队的一系列根本原则和制度，确保部队绝对忠诚、绝对纯洁、绝对可靠。坚持党对军队的绝对领导是中国特色社会主义的本质特征，是党和国家的重要政治优势。必须强化“四个意识”，严肃政治纪律和政治规矩，深入抓好军魂教育，坚决维护权威、维护核心，坚决维护和贯彻军委主席负责制，坚决抵制“军队非党化、非政治化”“军队国家化”等错误政治观点的影响，提高坚持党对军队绝对领导的政治自觉和实际能力，确保党指挥枪的原则落地生根。军队高级干部必须对党忠诚、听党指挥，做对党最赤胆忠心、最听党的话、最富有献身精神的革命战士。

明确军队是要准备打仗的，必须聚焦能打仗、打胜仗，创新发展军事战略指导，构建中国特色现代作战体系，全面提高新时代备战打仗能力，有效塑造态势、管控危机、遏制战争、打赢战争。人民军队永远是战斗队，人民军队的生命力在于战斗力。必须贯彻新形势下军事战略方针，把备战与止战、威慑与实战、战争行动与和平时期军事力量运用作为一个整体加以运筹,牢固树立战斗力这个唯一的根本的标准,提高军事训练实战化水平,扎实做好各方向各领域军事斗争准备,聚力打造精锐作战力量,着力建设一切为了打仗的后勤,加快构建适应信息化战争和履行使命要求的武器装备体系,加快建设以联合作战指挥人才为重点的高素质新型军事人才队伍,发扬一不怕苦、二不怕死的战斗精神,锻造召之即来、来之能战、战之必胜的精兵劲旅。

明确作风优良是人民军队的鲜明特色和政治优势,必须加强作风建设、纪律建设,坚定不移正风肃纪、反腐惩恶,大力弘扬党和军队的光荣传统与优良作风,永葆人民军队性质、宗旨、本色。作风优良才能塑造英雄部队,作风松散可以搞垮常胜之师。军队要恪守全心全意为人民服务的宗旨,牢记为人民扛枪、为人民打仗的神圣职责,始终做人民信赖、人民拥护、人民热爱的子弟兵。把理想信念的火种、红色传统的基因一代代传下去,加强党史、军史和光荣传统教育,永葆老红军的政治本色。军中绝不能有腐败分子藏身之地,要锲而不舍、驰而不息地把作风建设和反腐败斗争引向深入,努力铲除腐败现象滋生蔓延的土壤,积极培育风清气正的政治生态。严肃各项纪律,坚持严字当头、一严到底,下大气力治松、治散、治虚、治软,用铁的纪律凝聚铁的意志、锤炼铁的作风、锻造铁的队伍。各级领导干部要以行动做无声的命令,以身教做执行的榜样,带动形成崇尚实干、敢于担当、主动作为的良好氛围。

明确推进强军事业必须坚持政治建军、改革强军、科技兴军、依法治军,更加注重聚焦实战、更加注重创新驱动、更加注重体系建设、更加注重集约高效、更加注重军民融合,全面提高革命化、现代化、正规化水平。政治建军是军队的立军之本,任何时候任何情况下都不能有丝毫松懈;改革是决定军队未来的关键一招,必须大刀阔斧实施改革强军战略;科学技术是核心战斗力,必须下更大气力推进科技兴军,赢得军事竞争主动;军队越是现代化,越要法治化,必须厉行法治、从严治军。贯彻“五个更加注重”战略指导,必须强化作战需求牵引,提高军队建设实战水平;下大气力抓理论创新、抓科技创新、抓科学管理、抓人才集聚、抓实践创新,靠改革创新实现新跨越;坚持成体系筹划和推进军事力量建设,全面提高军队体系作战能力;坚持以效能为核心、以精确为导向,提高国防和军队发展精准度;深入实施军民融合发展战略,加快把军队建设融入经济社会发展体系,实现国防和军队建设更高质量、更高效益、更可持续的发展。

明确改革是强军的必由之路,必须推进军队组织形态现代化,构建中国特色现代军事力量体系,完善中国特色社会主义军事制度。深化国防和军队改革,是为了设计和塑造军队未来。领导管理体制联和作战指挥体制改革,以重塑军委机关和战区为重点,强化中央军委集中统一领导和战略指挥、战略管理功能,建立“军委管总、战区主战、军种主建”的新格局,形成决策权、执行权、监督权既相

互制约又相互协调的运行体系，构建平战一体、常态运行、专司主营、精干高效的战略战役指挥体系。规模结构和作战力量体系改革，按照调整优化结构、发展新型力量、理顺重大比例关系、压减数量规模的要求，推动军队由数量规模型向质量效能型、由人力密集型向科技密集型转变，部队编成向充实、合成、多能、灵活方向发展。军队政策制度调整改革，着力立起打仗的鲜明导向，营造公平公正的制度环境，使军事人力资源配置达到最佳状态，让军人成为全社会尊崇的职业，把军队战斗力和活力充分激发出来。

明确创新是引领发展的第一动力，必须坚持向科技创新要战斗力，统筹推进军事理论、技术、组织、管理、文化等各方面创新，建设创新型人民军队。创新能力是一支军队的核心竞争力，也是生成和提高战斗力的加速器。必须把创新驱动发展的引擎全速发动起来，善于运用新理念、新思路、新方法推进军队各项建设。要加快形成具有时代性、引领性、独特性的军事理论体系，依靠科技进步和创新把军队建设模式和战斗力生成模式转到创新驱动发展的轨道上来，下大气力推进军事管理革命，努力培养造就宏大的高素质创新型军事人才队伍，大力弘扬创新文化，激励官兵争当创新的推动者和实践者，使谋划创新、推动创新、落实创新成为全军的自觉行动。

明确现代化军队必须构建中国特色军事法治体系，推动治军方式根本性转变，提高国防和军队建设法治化水平。一支现代化军队必然是法治军队。强化法治信仰和法治思维，坚持依法治官、依法治权，领导干部带头尊法学法守法用法，引导官兵把法治内化为政治信念和道德修养，外化为行为准则和自觉行动。构建系统完备、严密高效的军事法规制度体系、军事法治实施体系、军事法治监督体系、军事法治保障体系，坚决维护法规制度权威性，强化法规制度执行力。推动实现从单纯依靠行政命令的做法向依法行政的根本性转变，从单纯靠习惯和经验开展工作的方式向依靠法规和制度开展工作的根本性转变，从突击式、运动式抓工作的方式向按条令条例办事的根本性转变，形成党委依法决策、机关依法指导、部队依法行动、官兵依法履职的良好局面。

明确军民融合发展是兴国之举、强军之策，必须坚持发展和安全兼顾、富国和强军统一，形成全要素、多领域、高效益军民融合深度发展格局，构建一体化的国家战略体系和能力。把军民融合发展上升为国家战略，这是我们党长期探索经济建设和国防建设协调发展规律的重大成果，是从国家发展和安全全局出发做出的重大决策，是应对复杂安全威胁、赢得国家战略优势的重大举措。着眼经济实力和国防实力同步增长，强化统一领导、顶层设计、改革创新和重大项目落实，同步推进体制和机制改革、体系和要素融合、制度和标准建设，完善军民融合组织管理体系、工作运行体系、政策制度体系，逐步实现国家各领域战略布局一体融合、战略资源一体整合、战略力量一体运用，努力开创经济建设和国防建设

协调发展、平衡发展、兼容发展新局面。

（三） 努力掌握习近平强军思想蕴含的科学立场、观点、方法

习近平强军思想蕴含着辩证唯物主义和历史唯物主义的立场、观点、方法，凝结着共产党人的理想信念、价值追求、思想风范，体现了我们党新时代建军治军的先进理念、指导原则、高超艺术，为强军制胜提供了科学的思想方法和工作方法。

勠力强军兴军的使命担当。习近平强军思想，贯穿的一个高频词就是"担当"，嘱托最多的就是"使命"，生动展现了以党和人民为念，以国家主权、安全、领土完整为念，以国防和军队建设为念的深厚革命情怀。这种担当精神，体现为矢志实现中国梦强军梦的抱负追求，体现为以身许党许国的崇高品格，体现为跑好历史接力赛中我们这一棒的政治自觉。这是激励我们不负党和人民重托、担当新时代军队使命任务的精神力量。

军事服从政治的战略智慧。"凡战法必本于政胜。"马克思主义认为，军事是实现政治目的的工具和手段。习近平强军思想，把握政治、经济、外交与军事之间日益增强的相关性、整体性，始终从实现民族复兴大目标认识和筹划战争问题，从党和国家事业发展全局出发，统筹推进国防和军队建设，着眼国家政治外交大局和国家安全战略全局，筹划指导军事行动。这是对马克思主义战争观、军事观的丰富发展，贯穿着军事服从政治、战略服从政略的大逻辑，为打好政治军事仗、军事政治仗提供了根本指导。

勇于破解矛盾的问题导向。抓住关节点、奔着问题去，是矛盾论的时代运用。习近平主席在领导强军实践中，坚持直面问题、勇于变革、攻坚克难，有效解决了制约军队建设和发展的深层次矛盾问题。这些都体现了拨乱反正、正本清源的问题意识和问题思维，为我们找准工作突破口、开拓事业新局面提供了科学方法。

防范风险挑战的忧患意识。"备豫不虞，为国常道"。面对波谲云诡的国际形势、复杂敏感的周边环境、艰巨繁重的斗争任务，习近平主席郑重告诫全党全军，必须居安思危、知危图安，时刻准备进行具有许多新的历史特点的伟大斗争，保持"三个高度警惕"，重点防控可能迟滞或中断中华民族伟大复兴进程的全局性风险。每次重要会议、每临重大事件，习近平主席总是高度重视分析面临的风险挑战，深入研判国家安全威胁，既高度警惕"黑天鹅"事件，又防范"灰犀牛"事件；既预置防范风险的先手，又提出应对和化解风险挑战的高招；既注重打好防范和抵御风险的有准备之战，又注重打好化险为夷、转危为机的战略主动战。这对于我们强化如履薄冰的谨慎、居安思危的忧患，应对重大挑战、抵御重大风险、克服重大阻力、解决重大矛盾，杜绝出现战略性、颠覆性错误，提供了方法论指导。

主动谋势造势的进取品格。良好战略环境是要争取的，不可能坐等天下太

平。习近平主席坚持和发展我们党积极防御的战略思想，充分发挥军事力量的战略功能，营造于我有利的战略态势。军事战略指导实现与时俱进，增强了进取性和主动性，赋予了积极防御战略思想新的内涵。积极开展钓鱼岛维权斗争，划设东海防空识别区，组织海空力量出岛链常态巡航，实施海外护航撤侨行动，加强边境管控、反恐维稳等，这些都坚持以防御为根本、在“积极”二字上做文章，体现了超前谋划、主动作为的战略进取观，体现了坚守底线又敢于亮剑的斗争艺术。

求实务实落实的领导作风。我们党和军队是靠实事求是起家的，也要靠实事求是赢得未来。党的十八大以来国防和军队建设的巨变，是习近平主席带领全军干出来的。习近平主席反复强调并身体力行实干兴邦、实干兴军，号召撸起袖子加油干；厉行“三严三实”，真抓实干、埋头苦干，多干打基础、利长远的工作；调查研究“身入”更要“心至”，把功夫下到查实情、出实招、办实事、求实效上；强化落实意识，增强落实本领，对部署的任务要雷厉风行，不能拖拖拉拉；坚持一张蓝图干到底，以踏石留印、抓铁有痕和钉钉子精神做实做细做好各项工作；等等。这是马克思主义实践标准、党的实事求是思想路线在军事指导上的运用，是把新时代强军蓝图变成现实的作风保证。

锐意开拓奋进的创新精神。习近平主席把改革创新作为军队建设发展的根本动力，强调身子转过来了，脑子也要转过来，主动来一场思想革命、头脑风暴，从一切不合时宜的思维定式、固有模式、路径依赖中解放出来；号召把改革进行到底，推动人民军队从领导体制到工作机制、从战斗力到精气神、从思想作风到工作作风等发生脱胎换骨式的变化；决策实施科技创新战略，构建军民融合科技创新体制，设立国防科技创新特区，国防科技和武器装备建设加快由跟跑并跑向并跑领跑转变。

（四）坚持把习近平强军思想贯彻到国防和军队建设各领域全过程

要把党的十九大描绘的强军蓝图化为现实，把人民军队全面建成世界一流军队，必须深入学习贯彻习近平强军思想，使这一最新军事指导理论在官兵头脑中深深扎根，在部队各项建设中全面落地。

坚持不懈用习近平强军思想武装全军。每一次党的指导思想的与时俱进，都伴随一场持续深入的理论武装。新时代的大学习首先是新思想的大武装。要按照习近平主席“走在前列”“关键要实”的要求，把学习贯彻习近平新时代中国特色社会主义思想作为重大政治任务，突出学好习近平强军思想，在体系学习、举旗铸魂、知行合一、转化运用上下功夫见成效，切实学懂弄通做实。贯彻党中央开展“不忘初心、牢记使命”主题教育的部署，在全军开展“传承红色基因、担当强军重任”主题教育，引导官兵更加坚定自觉地维护核心，坚决听习近平主席指挥、对习近平主席负责、让习近平主席放心。坚持把改造学习、整顿学风贯穿学习教育全过程，纠治空泛表态、表面文章、学用脱节、严下不严上等问题，立起真学实做的好学风,学出坚定信仰,学出绝对忠诚,学出使命担当。

始终聚焦备战打仗这个主责主业。习近平主席指出,军队讲新气象新作为,归根到底要看练兵备战这一条。学理论要联系实际、务求实效,最大的实际、最大的实效就是要落到备战打仗上。要强化练兵备战鲜明导向,摆正工作重心,坚持战斗力标准,增强忧患意识、底线思维、敌情观念,做到一切工作向能打仗、打胜仗聚焦。坚定不移把军事训练摆在战略位置、作为中心工作,大抓实战化军事训练,端正训风演风,开展群众性练兵比武活动,牢牢掌握能打仗、打胜仗的过硬本领。对"和平积习"来一个大起底、大扫除,下决心把那些背离打仗要求的繁文缛节、惯性做法清除掉,推动全军回归战斗队本真。

着力在解决问题、推动工作上下功夫。思想利箭不是用来欣赏和赞美的,而是为了射入靶心,学懂弄通是为了干好工作。要从回答"统帅之问"入手,以习近平主席点的问题为突破口,用好习近平强军思想的锐利武器,在解决一个个实际问题中推动工作落实。保持政治整训劲头和力度,深入贯彻古田全军政治工作会议精神,全面彻底肃清郭伯雄、徐才厚流毒影响,持续纯正部队政治生态。保持改革的定力、恒心、韧劲,紧盯运行机制、政策制度滞后等影响改革效能的矛盾问题,已有的改革成果要巩固拓展,已经推出的改革方案要狠抓落实,没有完成的改革任务要加紧推进。保持创新活力,解决国防科技创新基础研究不够厚实、关键核心技术受制于人、创新成果转化运用不够等突出问题,提高科技创新对军队建设和战斗力发展的贡献率。保持严明纪律,解决思想不严、管理不严、纪律不严、工作不严等问题,把从严贯穿部队建设各领域全过程。

领导干部坚持以上率下、真学实做。领导干部信念过硬、政治过硬、责任过硬、能力过硬、作风过硬,是最有力的动员。要带头加强学习,加强实践锻炼,提高做好各项工作的本领;带头真抓实干,弘扬勤政务实作风,深入开展调查研究,同形式主义、官僚主义坚决斗争,把工作抓紧抓实、抓出成效;带头从严要求,做到心有所畏、言有所戒、行有所止,要求部队做的,自己首先做好,要求部队不做的,自己坚决不做;带头廉洁自律,把洁身自好作为第一关,从小事小节做起,坚决反对特权思想、特权现象,习惯在受监督和约束的环境中工作生活,时时处处做好表率,发挥"头雁效应",带领部队把新时代强军事业推向前进,坚决完成党和人民赋予的新时代使命任务。

思考题

1. 什么是军事思想?军事思想主要包括哪些内容?
2. 毛泽东人民战争思想的基本理论观点是什么?
3. 邓小平新时期军队建设思想的基本内容是什么?
4. 习近平强军思想的内涵是什么?

第四章 现代战争

第一节 战争概述

战争是一种集体、集团、组织、民族、派别、国家、政府互相使用暴力、攻击、杀戮等行为,使敌对双方为了达到一定的政治、经济、领土的完整性等目的而进行的武装战斗。由于触发战争的往往是政治家而非军人,因此战争亦被视为政治和外交的极端手段。

广义来说,并不是只有人类才有战争。蚂蚁和黑猩猩等生物也有战争行为。战争是政治集团之间、民族(部落)之间、国家(联盟)之间的矛盾最高的斗争表现形式,是解决纠纷的最暴力的手段,是自然界解决问题的办法手段之一,通常被认为是原始社会才会使用的方法,由于其造成生命的消失,在现代人类社会不被认可。

战争是极端的行为,战争的产生是由主导者为了自己或者集团的利益而发起的行为,这种获取利益的行为不惜以牺牲生命为代价获得。

战争是由两个或多个团体或组织,由于共同关心的权利或利益问题,在正常的非暴力手段不能够达成和解或平衡的状况下,而展开的具有一定规模的初期以暴力活动为开端,以一方或几方的主动或被动丧失暴力能力为结束标志的活动。

中国古代战争为争、战、征、伐、兵等。战国时期的兵书《吴子》中已有“战争”一词。阶级社会的战争,是用以解决阶级、民族和民族、国家和国家、政治集团和政治集团之间矛盾的最高的斗争形式。它是政治通过暴力手段的继续,是流血的政治。

战争观是对战争的根本看法,包括对战争起源、战争根源、战争原因、战争本质、战争性质、战争目的、战争与相关因素的内在联系、消灭战争的途径及战争与革命、战争与和平的关系等观点。它对认识和指导战争具有重要作用。战争观是战争实践在人们头脑中形成的理论观点，受人们的认识能力和阶级立场的制约。

战争可分为正义战争和非正义战争。基于自卫、保卫和平、保卫国家主权和领土完整、为了自由和尊严进行的战争，是正义战争。侵略战争、征服战争、出自压迫掠夺目的的战争，是非正义战争。战争还可分为传统战争和现代战争、局部战争和世界战争等多种类型。

历史上对战争及其产生根源有各种不同观点。自然主义战争学者认为，战争的根源在于自然环境和人类的生物本性，并认为战争是自然的和永恒的现象。宗教战争论者则认为战争是上帝对人的惩罚，并用超自然力量解释战争起因。种族主义者则认为，战争的起因是优劣民族之间差别。近现代地缘主义政治学者则认为战争是基于地理环境，即为争夺一定的生存空间和自然资源引起的。马尔萨斯主义者则认为，人口过剩和饥饿是战争的真正原因。历史唯物主义认为，战争既非从来就有，也不是永恒的，战争是社会生产力和生产关系发展到一定阶段的产物，是在私有制产生以后，随着阶级和国家的形成，出现压迫和被压迫时才出现的。

在二战之前（包括二战），战争是由于参战各国经济、政治发展不平衡所导致的。在战后，直至21世纪初，大多是由于多极化与单极化的矛盾激化而导致的，但最近因宗教文化民族冲突升华引发的战争将是主要原因（如巴以冲突）。战争的根源有政治、经济、社会、文化等多种因素。对战争状态的描述也有多种方式，现代国家主要从法律角度对战争进行描述。认为战争是交战国之间的一种特殊法律关系。这种战争状态通常经过一定的法律程序，并伴随着一系列的法律后果。战争状态是法律状态，它往往是交战双方或一方宣战，但彼此之间并不一定有实际的战争冲突。通常由国家最高权力机关宣布战争状态。交战国家一旦进入战争状态，它们之间就由和平关系转变为战争关系，战争法也同时开始适用。对战争的描述除从法律角度外，还可以从军事角度、政治角度等方面进行论述。

对战争问题的系统的理性认识，主要包括对战争产生、发展、消亡过程的揭示，对战争目的、性质和态度的阐述，对战争与政治、经济、军事、科学技术、自然条件等因素相互关系的论述，以及战略、战役法、战术的理论原则等。战争理论是战争实践的指南，它来源于战争实践，受战争实践的检验，并随着战争和军事技术的发展而不断丰富发展。和平时期，人们可以根据战略格局的变化和科学技术提供的材料，在过去战争实践的基础上，通过科学预测、军事演习和作战模拟等方法，研究提出新的战争理论。战争理论具有历史继承性和鲜明的阶级性，它的先进与落后，对每一次战争的进程和结局，都有重大影响。人类社会经历了连绵不断的战争，产生了丰富的战争理论。在中国，成书于2 000多年前的被世界各国公认的最早的战争理论名著《孙子》，从战略高度论述了一系列带普遍性

的战争规律和指导原则。随后,又有《吴子》《孙膑兵法》《尉缭子》《司马法》《六韬》《黄石公三略》《唐太宗李卫公问对》《武经总要》等数以千计的兵书相继问世,表明了中国古代战争理论的丰富。在欧洲,从记述古代指导战争实践的文字中,可以看出他们对战争的本质已有较系统的认识,一些史书、战争回忆录中也反映了这种对战争的理性认识。

C. von 克劳塞维茨的《战争论》和 A. H,若米尼的《战争艺术概论》,提出了一系列战争理论和作战指导原则,是资产阶级奠基性的战争理论名著。马克思、恩格斯的军事著作,运用辩证唯物主义和历史唯物主义的观点分析战争,揭示战争的普遍规律,为无产阶级革命战争理论奠定了基础。毛泽东撰写的《中国革命战争的战略问题》《论持久战》以及十大军事原则等一系列军事著作,全面系统地总结了中国革命战争的经验,结合中国革命战争的特点,论述了中国革命战争的规律,是中国革命战争理论的代表作。

第二节　新军事变革

当今世界,在以信息技术为核心的高技术的推动下,军事领域正在发生着一场新的军事变革。这场军事变革的实质,是一场以信息化为主要特征的军事信息化革命。其产生的主要动因与高技术的发展密切相关。随着高技术的进一步发展,当前这场新军事变革已进入一个新的质变阶段,并将发展成为一场遍及全球、涉及所有军事领域的深刻革命,对世界军事形势、国际战略格局乃至战争形态的演变产生深刻影响。

一、新军事变革概述

“新军事变革”,是从英文 RMA(Revolution in the Military Affairs)翻译而来的。二战后,随着信息技术的迅猛发展及其在军事领域的广泛应用,使得军队指挥手段不断向自动化方向发展。随着军队指挥自动化系统与精确制导武器的研制与发展,为军事变革的孕育提供了最基本的物质和技术条件。在这种历史背景下,苏军总参谋长奥加尔科夫元帅于 1979 年提出了“新军事技术革命”的概念。他认为:新兴技术将使军事学说、作战概念、训练、兵力结构、国防工业和研制重点发生革命性变化,即出现新的军事技术革命。

20 世纪 80 年代初,由信息革命引发的第三次工业浪潮,引发了人类社会在各个领域中根本性的变革,也给军事领域带来了一场深刻的革命。1982 年,美军针对苏军在欧洲战场提出的“大纵深作战”理论,结合自身高技术武器装备的发展现状,提出了“空地一体战”理论,同时开始着手重点发展精确制导武器,调整军队体制、编制，以适应第三次浪潮战争形态的变化。1991 年爆发的海湾战争，正式拉开了这场世界性军事变革的序幕。1993 年 8 月，时任美国国防部基本评估办公室主任的马歇尔提出了“新军事革命”的概念。1994 年 1 月，美国国防部接受了这一提法，并正式组建“军事革命高级指导委员会”，进行官方研究。1995 年底，美军在深化理论研究的基础上开始采取实际步骤进行军事变革的一系列实验。

1996 年 5 月，美参联会公布《2010 联合作战构想》，同年 12 月，美国国防部颁布《信息作战》纲要。至此，美军开始全面推动军事变革。2003 年 3 月，伊拉克战争爆发，从战争结局上看，美军在军事上取得了巨大成功，标志着人类战争已经进入一个新的发展阶段。在这场战争中，人们不仅看到军事变革给当代世界军事领域所带来的巨大冲击，同时也看到了军事变革所塑造出的信息化军队的作战威力。

通过大力推进新军事变革，美军获得了超强的作战能力，这使世界各主要国家在震惊的同时，更增强了紧迫感和危机感，围绕如何缩小与美国的“时代差”和“技术差”而纷纷制定措施，竞相加快了军事变革的步伐。一些国家结合伊拉克战争的主要做法及前期军事变革的经验教训，出台了一系列新军事变革的新举措，推动军事变革在更高的层次、更广的领域、更大的范围加速发展，从而使世界新军事变革进入一个整体质变的发展阶段。

二、新军事变革的主要动因

新军事变革的主要动因，是科学技术的突破性发展、军事需求的强力拉动以及军事理论的有力牵引等。其中，科学技术的突破性发展是新军事变革产生的重要因素。

（一） 科学技术的突破性发展是新军事变革的强大动因

科学技术是最高意义上的革命力量，是推动社会进步和军事变革的强大动力。当代科学技术，特别是以信息技术为核心的高新技术的飞速发展是新军事变革最直接的推动力。以信息技术为核心的一大批高新技术和产业蓬勃兴起，在被广泛应用于军事领域后，催生了新军事变革，并不断推动世界新军事变革向深度和广度发展，成为推动世界新军事变革最有力的杠杆。同时，新军事变革的出现和不断发展，又必然要求武器装备不断更新，从而牵引和推动军事高技术的深入发展。

在当代高技术领域，信息技术是基础、是核心。信息技术在军事领域引发的变化，主要表现在它物化出新一代的信息化武器装备，并使军事理论和体制、编制发生革命性的变化。其中，武器装备及其体系的变化是直接的、基础的和革命性的。

（二） 军事需求的强力拉动是新军事变革产生的内在动因

军事变革不是自然发生的客观物质运动，而是对抗主体之间的主观能动行为，是军事需求驱动和军事主体选择的必然结果。因此，在一定物质技术的基础上，战略需求和战略主体的选择便成为决定军事变革进程和结局的重要因素。冷战结束后，两极格局解体，世界安全形势发生了深刻变化，信息化战争将成为新的战争形态，国际恐怖主义、地区冲突成为当今世界的关注点，这种新的军事需求使得军事斗争的形式和手段又发生了新的变化，它使冷战时期那种建立在机械化战争基础上，准备打大规模战争甚至核战争的军事斗争方式和军队建设模式，难以适应新的安全需求。因此，必须对建立在机械化战争基础上的军队进行彻底改革，以满足新的需要。

（三） 军事理论的创新是新军事变革产生与发展的基础和先导

军事理论的创新，对新军事变革的产生与发展起着基础性和先导性的作用。20 世纪 50 年代以来，随着军事理论的不断创新与发展，引导着新军事变革沿着正确的方向顺利进行，从而使新军事变革的进程缩短、速度加快。军事理论的创新促进了军事战略的调整。冷战结束后，世界各军事大国和强国的军事战略已经由机械化战争形态的军事战略向信息化战争形态的军事战略转变。军队建设理论的创新引导了军队的改革与发展，军队建设的质量特别是高科技含量在不断提高。作战理论的创新推动了作战方式的变革。“空地一体战”理论、信息作战理论、空间作战理论和联合作战理论等相继提出与运用，催生了超视距打击、精确打击等新的作战方式，极大地改变了现代战争的面貌。

三、新军事变革的基本特征

（一） 群体技术推动

任何时代最新的科学技术总是最先应用到军事领域，任何时代的战争都是那个时代科学技术成果的大展示，军事领域里的变革始终离不开科学技术的突破与发展：冷兵器军事变革的引发是冶炼技术，热兵器变革的引发是火药技术，机械化军事变革的引发是动力技术，核军事变革的引发是核技术。这些军事变革的一个重要特点就是基本上表现为单项技术推动。而新军事变革有所不同的是，它的初始推动力来自以信息技术为核心的一大批高技术群的发展，同时新军事变革又牵引着科学技术深入发展，进而推动新军事变革向更高层次迈进，显示出这场新军事变革极强的技术特征。

（二） 推进周期较短

从萌芽到发展直至最终成熟，构成了每次军事变革的整个周期过程。最早的冷兵器时代军事变革至少经历了 2 000 多年；热兵器时代的军事变革大约持续了 800 年；机械化兵器时代的军事变革，用了大约 150 年。具有特殊性的核军事变革，已经历半个多世纪，而且还在持续。新军事变革尽管从开始孕育至今不过30年，但进展非常迅速。据预测，21世纪中叶将大体完成这场变革。

（三） 科学性要求高

以往军事变革都是事后的认识和总结，所以带有自然性和被动性。而当前这场军事变革是人们洞察军事领域的发展趋势而主动认定和提出的。在军事变革推进中，各个主体都强调积极性、主动性和计划性，从顶层设计入手加强宏观统筹规划，重视理论牵引与指导功能，通过军事变革推进军事发展，抢占当今和未来军事的制高点。

（四） 发展失衡加剧

新军事变革具有全面性、彻底性、快速性，决定了要推进和完成这次变革，必须以强大的经济实力、工业基础做支撑，以高科技能力做后盾，以较强的军事能力做基础，以加快观念转变为前提。但是，各国在这些方面存在很大差异，不仅决定了一国能否参与军事变革，也决定了参与变革的国家在实践上的不平衡。

（五） 相对独立且不可逆转

军事既从属于政治，是政治的工具，又以经济做基础，是一个相对独立的领域，有着自身的发展规律。显然，军事变革是社会变革总链条中的重要环节，但同时又表现出相对的独立性。政治上的落后与反动不一定是军事变革的障碍，政治的先进与正义也不一定是军事变革成功的先决条件。同时，与其他方面的社会改革有反复和复辟现象不同，军事变革一旦发起，就会逐步推进，直至成功。

（六） 战争形态转型

军事变革的直接和最终结果是导致战争形态的转变。战争形态的演变与军事变革的演进相适应、相一致。冷兵器战争、热兵器战争、机械化战争、核战争都是与历次军事变革相对应的战争形态。这次新军事变革最终将促使战争形态发生根本性转变，即机械化战争逐步被信息化战争形态所取代。但是当前和未来一段时间世界范围爆发的战争，还称不上是信息化战争，而是核背景下的信息技术主导的机械化战争。

四、新军事变革的发展趋势

未来10～20年，随着纳米技术、隐形技术和定向能技术的突破，将为世界新军事变革提供新的物质技术基础。在可以预测的未来，新军事变革将呈现出以下趋势：

（一） 军事科学技术的发展水平将有进一步突破

20世纪70年代起，属于信息化军事范畴的信息革命便拉开序幕，这场信息革命分为军事传感革命和军事通信革命两个阶段。

军事传感革命主要表现为：出现了计算机控制的探测器材以及单个作战平

台和武器系统的计算机化,武器的命中精度有了极大提高,单个作战平台的性能成倍地提升。据测算,装有新型传感器的作战平台,其探测距离相当于过去的5倍,探测范围和探测到的信息量是过去的25倍。目前,在成熟探测技术的基础上,人们又大力发展人工智能技术,目标是使探测与智能相结合,从而实现探测的智能化和无人化。现阶段,人工智能技术已经能造出可供实战使用的机器人;新材料技术、遥控技术和遥感技术的不断发展,使无人飞机变得日趋轻巧灵便,作战效能增强。

军事通信革命主要表现为:数字技术广泛应用于军事领域,出现了可以处理大量数据信息的指挥、控制、通信、情报与计算机系统(即 C^4I 系统)。目前,传感器材可搜集超视距信息,卫星可搜集全球信息。如果这些信息只供给单个作战平台使用,目标识别和快速攻击问题就无法解决。为此,美国国防部投入巨资,加速信息网络技术的发展,于 2010 年建成全军统一的 C^4ISR[即指挥(Command)、控制(Control)、通信(Communication)、计算机(Computer)和情报(Intelligence)、监视(Surveillance)、侦察(Reconnaissance)的简称]系统,预计到 2025 年建成 C^4ISRW(W 是 Weapon,指武器)系统,从而实现侦查、预警、指挥、控制和打击手段的一体化。

(二) 武器装备信息化建设将进一步向广度和深度发展

当前,世界各国武器装备发展的大趋势是由机械化逐步向信息化过渡。自海湾战争以来,人们发现,经信息化改造的武器装备都具有较强的综合作战效能,为此,世界各国开始投入巨大的人力、物力和财力来加强武器装备的信息化建设。目前,美国陆军正在研制的“未来战斗系统”,就是一种新型的信息化陆战武器系统。该系统把陆军的各种作战平台和各种作战需求与部队各要素紧密结合起来,使之共享作战信息并最大限度地发挥协同优势,以缔造先发制人、决战决胜的新型陆军。美国空军也在不断加强信息化建设。现已装备部队的 F-2 与正在试飞的 F-35,将替代 F-15 与 F-16。前者将具有更好的隐身性、更高的机动性,同时还将具备超音速巡航和远程作战等能力,届时将使美国空军作战能力大大提高。未来的海上武器装备将充分吸收航空、航天、电子等领域的最新技术成果,并将在机动能力、两栖作战能力、隐身能力、安全性和经济可承受性等方面有较大突破,综合作战效能将得到全面提高。

空间武器将逐步由后台走向前台。从发展的角度看,空间作战飞行器和空天飞机将是未来空间作战的威慑和实战力量,其可以在数十千米的高空或数百千米的近地轨道上执行多种作战任务。空天飞机集飞机、运载器、航天器等多种功能于一身,将是 21 世纪遂行全球作战乃至控制空间、争夺制天权的“撒手锏”装备。美国已把重点放在发展空间作战飞行器上,把研制空天飞机作为 20 年后的长远目标,近期将推出技术难度比较小的具有空天飞机部分功能的空间作战飞行器。

（三）军事组织体制将向便于信息快速流动与使用的方向发展

新军事变革的主要内容之一，就是使军事组织体制实现从工业时代向信息时代的跨时代跃升。这种跃升的实质，是使信息这一主导要素能在军队内部和战场上快速、顺畅、有序地流动，以适应打未来信息化战争的要求。反映到体制、编制上，就是用信息化时代的体制、编制改革工业时代机械化的军事形态，从而使信息化武器装备和创新性作战理论所蕴含的作战潜力实现“物化”。因此，军队体制、编制改革的总体趋势是，向便于信息快速流动和使用的方向发展。一是变纵长形“树”状领导、指挥体制为扁平形“网”状领导、指挥体制。几场局部战争表明，工业时代构建的适用于机械化战争要求的领导、指挥体制已不再适应信息化战争的要求，在实战中已暴露出信息流程长、信息流动速度慢、抗毁能力差等弊端。为了改变这种情况，世界各国正逐步建立外形扁平、横向联通、纵横一体的网状领导指挥体制。二是进行陆军结构改革。高技术局部战争表明，陆军的地位和作用与以往相比在下降，陆、海、空协同作战的理念正日益深入人心。为此，改变陆军结构就成了各国面临的重大军事问题，小型化、轻型化、多能化，是军事强国陆军改革的大方向。三是组建信息战部（分）队。为了实施和打赢信息战，一些国家开始组建信息攻防部（分）队，如建立专门负责实施进攻信息战的航空队，“黑客”与“反黑客”等各种计算机应急反应分队和计算机网络防护分队，等等。这些新型部队的建立，将在未来信息化战争中发挥举足轻重的作用。

（四）作战双方的对抗方式将呈现出以网络为中心的体系对抗

随着以计算机为核心的网络技术的发展，战争中作战双方不再是力量单元之间的较量，而是以网络为纽带、以整体对抗为表现形式的体系与体系之间的对抗。在这种以网络为中心的体系对抗中，作战人员并不像过去那样仅仅依赖单元武器装备，每个作战人员面对的是己方和敌方两大网络化的信息网络系统，一切作战资源，都必须依赖信息网络才能发挥最大的作战效能。双方对抗中，谁先获取信息，并以最快的速度处理信息、分发信息，谁就能夺取制空权和制海权，进而就能够掌握战争的主动权。如果从武器装备构成体系上分析，在未来战争中，武器装备的使用将从突出强调利用坦克、飞机、军舰等作战平台的单元作战性能，转到强调综合利用信息化武器装备系统的整体效能上来，突出武器装备系统的体系对抗。目前，美军正加紧研制 C^4KISR 系统，该系统是将预警、侦查、监视、指挥、控制、通信、计算机和情报系统与精确打击系统联成一体，从而形成一个以网络为中心的庞大的武器装备系统。在未来战争中，计算机网络和通信网络将把信息化作战平台与各种探测系统、指挥控制系统、精确打击系统集成为一体化的军事信息系统，使武器装备体系的整体性更强、更完善，从而使信息化战争中体系对抗的特征表现得更为鲜明。

（五）战争形态将逐步由机械化战争向信息化战争转变

随着信息化武器装备的大量使用，战争形态正逐渐由机械化战争向信息化战争转变。据统计，海湾战争中，使用的信息化武器装备只占8%，科索沃战争中占到了35%，阿富汗战争中占到了56%，伊拉克战争中则占到了70%。由此可以看出，信息化武器装备在战争中的使用量在不断增加。由于信息化武器装备的大量使用，使得战争双方在信息空间的争夺日趋激烈，继争夺制陆权、制海权和制空权之后，争夺制信息权已成为战争双方争夺的新焦点，并出现诸如信息战、网络战、指挥控制战和心理战等许多新的作战样式，战场空间也从三维地理空间拓展到电磁空间、心理空间和信息空间等多维空间，并形成陆、海、空、天、电以及心理等多维一体的全方位联合作战，战争的形态也开始由机械化战争向信息化战争转变。这些变化，都与信息化武器装备的性质和结构的发展变化有关。可以预测，未来10～20年，随着信息化武器装备的大量使用，将有力推进机械化战争向信息化战争的加速转型，并最终实现完全意义上的信息化战争。

随着世界新军事变革的迅猛发展，现阶段，我军的现代化建设也面临着严峻的挑战。为确保在未来可能发生的信息化条件下的局部战争中打得赢，为构建和谐社会提供坚强有力的安全保障，我们必须要加强对世界新军事变革的研究，坚持以正确的理论指导军事变革，以科学发展观谋划军事变革，以开拓创新的精神推动军事变革，走出具有中国特色的信息化和机械化建设并举的复合式发展道路，积极推进有中国特色的军事变革。

第三节　机械化战争

一、机械化战争概述

机械化战争是主张陆军实行机械化和依靠机械化军队取胜的军事理论，同时以飞机轰炸敌方交通枢纽和补给系统，步兵降为辅助兵种，亦称坦克制胜论。

1. 机械化战争理论产生背景

早在1878年7月，布拉肯布里（C. B. Brackenbury）上校在《十九世纪评论》杂志上发表了《装甲的野战炮兵》，他基于普拉弗里会战的经验，认为当炮兵处于近距离最大杀伤效力时，其自身也处于步兵火力的射程内。因此布拉肯布里提议用轻薄的装甲保护炮手，使步兵的轻火力失效，而炮兵则能达到最大杀伤效果且不需为安全担心。后来被称作坦克的现代战车是防护、火力、运动三位一体的结合，布拉肯布里的建议缺少运动这一因素，但已将防护和火力合二为一，标志着现代战车观念的最初萌动。

2. 机械化战争产生过程

一战初,堑壕和铁丝网加上步枪和机枪便可组成难以突破的防线。火炮密集轰击固然可使防线出现缺口,但向纵深发展突破、扩张最初的战果几乎不可能。面对这一战场僵局,大战刚开始不久,英国的斯温顿(F. D. Swinton)上校、法国的埃蒂安纳将军认为:虽然个别的士兵是无法装甲的,但他可以像水手一样,用装甲车辆来运载。这种车辆须作越野行动,所以应使用履带,而不是车轮(其中最具远见卓识的,要算对使用履带的强调,几十年后,德军在莫斯科会战的失败,根据利德尔·哈特的看法,德国装甲部队严重缺乏履带式坦克是个重要原因)。这种战车使士兵在动态中得到保护,并能在静态中战斗,实际上是把海军装甲战舰作战原理移植到了陆地上。由于加入了运动这一重要因素,他们的思考遂成为现代战车观念诞生的标志。

1914 年 10 月 20 日,斯温顿上校从法国前线回到伦敦,向帝国防御委员会的汉基上校汇报了战场僵持的特点后建议,以美国人霍尔特发明的履带式拖拉机为参考,制造一种能够避弹和越过堑壕的战车,车上装有能毁灭机枪的小型速射炮。汉基大为欣赏,两人进一步讨论之后,分别向英国远征军司令部和陆军部提出这项建议,但均被拒绝。

丘吉尔便在自己的海军部设立一个部门,专门拨款进行战车研制,他被迫去职后仍利用自己的影响来继续这项实验。也许是战场久陷僵持的缘故,英国远征军司令部接受了斯温顿的建议,国内新成立的陆海两军联合委员会对此项试验也很投入。是年 7 月,斯温顿被授权协调战车试验工作。1916 年 2 月 2 日,在英国的哈特费尔德进行了世界上第一次现代战车的试验。

坦克在一战中使用以后,显示出很强的突击力。英国坦克军参谋长 J. F. C. 富勒首先总结了在这次战争中使用坦克的经验。他在 1918 年 5 月拟制的《1919 年计划》中,提出了建立和使用机械化军队的新观点;之后,又在《世界大战中的坦克》(1920 年)、《论未来战争》(1928 年,中译本名为《机械化战争论》)等著作中进一步做了阐述,创立了机械化战争理论。

富勒认为,坦克出现以后,陆军机械化是必然的发展趋势,战争将是一种纯粹的机械化活动,战争胜负“百分之九十九在于武器”,战场上坦克数量多的一方胜利的机会亦多。他认为,骑兵将退出战场,步兵降为辅助兵种,炮兵则需提高机动能力。还主张,作战时,首先以坦克出敌不意地突向敌人的纵深,摧毁其首脑机关,同时以飞机轰炸其交通枢纽和补给系统,接着使用摩托化步兵和炮兵扩大战果,追歼逃敌,一次会战即夺取战争的胜利。富勒的理论,虽然指出了军队建设和作战方法发展的某些趋向,但过分夸大了坦克的作用,贬低了人和其他兵种在战争中的作用。

继富勒之后,德国的 H. W. 古德里安、法国的 C. 戴高乐、奥地利的 L. von 艾

曼斯贝格尔等人，也从不同角度提倡机械化战争论。

二、机械化战争战例

1916年9月15日，坦克首次出现在松姆河战役中。参战的坦克虽然只有十八辆，但却取得重大战术效果。在后来的康布莱战役和亚眠战役里，协约国开始大量使用坦克。当时的作战样式是把坦克配属给步兵部队，由坦克在前开道，步兵在后跟随，这种步坦协同产生了极大的战术效果，打破了由堑壕、铁丝网带来的战场僵持。当时，坦克进攻虽然没有直接形成战略性突破，但它对德军心理上的恐惧和绝望产生了战略性的影响。德军在亚眠会战中惨败，许多德军士兵起初在对方猛烈炮火和步兵反复冲击下仍能顽强抵抗，直到坦克从自己身旁驶向防线后方时，他们一方面感到无能为力，一方面觉得自己已尽了最大努力，便放下了武器，成群成群地投降。

一位德军俘虏曾说："在多数情况下，官兵们都认为战车的迫近，即可算是中止战斗的良好借口，他们的责任感可以使他们面对着敌人的步兵，挺身而斗，但是一旦战车出现之后，他们就会感觉到已经有了充分的理由，可以投降了。"这种情况正如布拉肯布里所言：任何会战的目标在本质上是追求精神效果，因为死伤并不能使敌人退却。这一精辟的论断在德国鲁登道夫的回忆中得到再次验证："8月8日清晨，英国和法国以强大的坦克兵力在阿尔贝和莫勒伊尔之间发动进攻，在那场战斗中，一直是英法军队占优势，他们深深地突破了我们的前线。我们在那里的一些师被彻底冲垮，敌军的坦克使这些师的司令部大吃一惊……我们所拥有的最精锐的师中有六七个师全部被歼。形势变得极端严重……事实证明大量使用坦克的战术是我们最可怕的敌人。8月8日这一天结束了我们继续战斗的可能性。"

这种理论为德国法西斯头子A.希特勒及其统帅部所接受，成为希特勒建立坦克军团、集中使用坦克的理论基础，也曾推动某些国家重视建立强大的机动部队和改革进攻的作战方法，并应用于二战初期闪击波兰、法国和进攻苏联的作战行动中。

凡尔赛和约禁止德国生产坦克，德国于是另找出路。1921年，德国同俄国达成军事和经济上的合作，建立了两个合作机构，"工业投资促进会""比索联合股票公式"，德国帮助俄国恢复工业，提供技术，俄国同意德国在俄国工厂里监制飞机、坦克，并在莫斯科近郊、卡尔夫克建立分厂，研究和生产各种被凡尔赛和约所禁止的，包括毒气在内的武器。同时俄国还向德国提供训练基地，分别在卡森、卡尔可夫开办了坦克学校和航空兵学校，以训练德国的坦克兵和航空兵。希特勒任德国总理后开始重整军备，1933年在德国兵工署举办的现代兵器表演会上，希特勒对古德里安训练的一支小型装甲分队的表演大为赞赏，连声说："这就是我所希望的东西！这就是我所需要的东西！"1935年，德国已经成立了3个装甲师，根据古德里安的一再要求，德国坦克装备了当时第一流的观察和通信指挥工具，这一优势弥补了德国坦克的许多不足，并在后来的战争中这种优势保持了很长时间。

1938年，德国军方是在建立传统骑兵为主、装甲兵为辅的骑兵军，还是建立装甲兵为主、骑兵为辅的机械化部队问题上面临抉择，希特勒支持古德里安的主张，认为在现代战争中，马匹已无利用价值。于是，德国把大部分骑兵或改编为摩托化部队，或编入装甲部队。至此，古德里安运用大量坦克和摩托化步兵，配合摩托化的炮兵与空军，发动闪电战攻击的思想最终成为德军的典型战法。

三、机械化战争启示

每个时代都有属于自己时代的战争样式，机械化战争的基础是工业革命以来科学技术的飞速发展，钢铁冶炼、化学工业、特种金属冶炼、内燃机、无线电通信、声学仪表技术等。这些带动了军事技术的发展，导致新武器装备的发明，而新武器促使新军事思想的诞生，带动军队的编制、训练、战略和战术的革命。

二战战前的军事学术状况反映了人类战争史的一般规律：当科学技术飞跃带来新军事技术革命的时刻，也是军事学术思想创新的契机。这些崭新的军事观念必将深刻影响下一次战争的作战样式。

今天我们已经站在"后机械化战争"时代门口，总结和回顾二战战前的军事学术争论的这段经历，对如何应对从机械化战争向信息化战争的转型具有极大的启示。

第四节　信息化战争

海湾战争、科索沃战争、阿富汗战争、伊拉克战争、利比亚战争等当代具有划时代意义的局部战争，标志着一个全新的战争形态——信息化战争时代已经到来。在战争形态加剧演变的时代，我军尚无信息化战争实战经验，而军争之难，难在后发先至。信息化战争作为一种全新的战争形态，无论是概念内涵还是产生动因、发展阶段等，都有别于机械化战争。科学认识这些问题，是应对信息化战争的重要前提。

一、信息化战争的定义

什么是信息化战争？《中国人民解放军军语》的释文为："信息化战争，是依托网络化信息系统，使用信息化武器装备及相应作战方法，在陆、海、军、天和网

络电磁等空间及认知领域进行的以体系对抗为主要形式的战争，是信息时代战争的基本形态。”对信息化战争的内涵，可从以下几个方面去解读。

第一，信息化战争是在核威慑条件下进行的常规战争。远程核武器的巨大破坏力，再加上现在高度发展的信息技术，就形成现阶段和未来的战争形式——核威慑下的信息化战争。

第二，信息化战争是以信息化武器装备为物质基础的战争。信息化武器装备种类繁多。从功能上，可区分为信息系统、信息化装备平台、信息化弹药和信息战装备等。这些武器装备是信息化战争的工具。

第三，信息化战争是在信息化战场展开的战争。网络化信息系统的无限延伸，“数字地球”“数字化战场”和远程精确打击兵器的出现，打破了陆地、海洋、天空、太空以及信息、认知等虚拟空间的界限，彻底改变了传统战场空间相对狭小、相对分割的面貌，形成了多维一体的信息化战场。

第四，信息化战场是信息主导能量释放的战场。通过信息流主导物质流和能量流，实现指挥控制灵敏实时、作战行动整体联动、保障能力聚集高效、“软打击”和“硬毁伤”能量的精确释放。

二、信息化战争的形成

（一） 信息化战争形成的条件

1. 信息技术的发展和运用

信息化战争形成的首要条件是信息技术的长足发展。在古代，金属兵器引发了冷兵器战争，火药的使用催生了热兵器战争，机械化战争则是坦克、飞机和军舰驰骋于兵器战争后的结果。二战以来，以微电子技术为核心、以微电子技术与现在通信技术和计算机技术的结合为特征的现代信息技术广泛应用于战争，它不可抗拒地引起了一系列军事变革。信息作用超过了火力和机械力的作用，信息资源成为最重要的战略资源，信息技术逐步主导武器装备，信息战成为主要的作战方式，机械化战争的形态开始淡出，一种新的战争形态呼之欲出。信息技术的迅猛发展和广泛应用开启了信息化战争的大门。

2. 信息化社会环境的形成

信息化战争的形成离不开社会信息化的大环境。信息化战争是人类进入信息化社会后的产物，是信息时代在军事领域的体现。在信息社会中，信息技术的不断发展使信息快速传播和复制，人类的知识和信息量呈几何级数膨胀，经济全球化不断推进，信息对人类的生活、生产、政治、经济、科技、文化、军事都产生巨大影响，信息超越物质和能源成为人类生存和发展最重要的资源。信息化时代的特征表现在人类活动的所有方面，当然也包括军事领域。信息化社会环境推动和支撑信息化战争的发展，两者互相促进。

3. 现代战争的实践

战争实践是产生新的战争形态的必由之路。信息化技术主导武器装备和信息化理念对战争的启示，都只是为新的战争模式的出现提供了一种可能，只有通过新的战争的实践，才能检验和发展新武器、新打法、新理论。人类战争史上冷兵器战争、热兵器战争和机械化战争形成的过程都证明了这一点。

4. 新军事革命的深入开展

一个新的战争形态的形成过程必然是与一场深入进行的新军事革命过程相伴随的。只有在战争实践的基础上，在军事理论、作战原则、武器系统、编制体系、作战手段等方面进行持续的彻底的革命，摒弃过时的东西，建立起一套反映信息化战争形态的规律和指导规律的战争体系，信息化战争才能形成。

5. 经济实力的支撑

信息化战争是一种高度消费经济资源（主要是信息资源）的战争。信息高速公路、C^4KISR 系统、精确制导弹药、太空兵器、职能部队，以及具有高技术、高知识、高素质的人员等，无不需要雄厚的经济实力（主要是信息实力）的支撑。在近几场的信息化战争中已经得到充分的体现。

6. 政治利益和军事战略的驱动及牵引

信息化战争作为一种政治工具必然是为政治服务的，其最终的形成必然受制于政治利益和军事战略的需要和驱动。在和平与发展时代，世界人民反对战争的呼声不断高涨，经济全球化水平持续推进：一方面，各国在政治、经济、军事、贸易、能源、环境等方面存在矛盾，新旧国际秩序相互斗争；另一方面，各国经济又相互渗透，你中有我，我中有你，一荣俱荣，一损俱损。在这种国际背景下，霸权主义在使用军事手段去维护其政治、经济利益时，就不太可能发动如二战时期那样以物资和能源的巨大破坏和消耗为特点的大规模战争，而是需要一种对物资和能源的破坏消耗较小、对世界经济影响较小而对本国经济、政治有利的局部战争，即所谓四两拨千斤的战争。信息化战争恰好符合霸权主义的政治和军事需求。信息技术的发展确实使作战方式发生了革命性的变化，但如果这种新的作战方式的战争效应不符合政治利益需要，那它就不可能被反复地运用于战争实践，因此也就不可能最终成形。很显然，政治利益和军事战略的驱动及牵引是信息化战争形成的不可缺少的条件。

（二） 信息化战争形成的历程

1. 1946 年第一台计算机的问世使信息化战争萌生

迄今为止，人类社会曾经经历过五次信息革命。前四次分别以语言、文字、印刷术和造纸术、无线电通信技术的发明为标志。而第五次信息革命，则是从 1946 年第一台计算机问世开始的。人类社会信息化进程的发端，也自然带动了军队和战争体系信息化进程的启动，信息化战争就此萌生。至 20 世纪 60 年代，

数字化武器装备开始列装部队;70 年代至 80 年代初,数字化通信和计算机网络技术得到发展,激光技术和光纤技术开始应用,美军在信息、空间监视、远程导弹制导等方面完成了一系列革新;80 年代初的英阿马岛之战和以叙贝卡谷地之战中相继出现电子战;1982 年,美陆军领导人提出了“第三次世界浪潮”,孕育出“信息时代的战争”的观点;1984 年,美军开始使用“信息战斗”的术语;1986 年,美国建立国家科学基金网 NSFNET,成为因特网的起点。

2. 海湾战争的实践缩短了信息化战争形成的过程

在 20 世纪 90 年代初发生的海湾战争中,多国部队使用了数十颗卫星、几百架次的电子战斗飞机、几百枚精确制导的巡航导弹、F-117 隐身战斗机和约 8% 的制导武器。这些由信息技术主导的兵器在战场上发挥了很大的作用,一些初步的信息战理论也得到了检验。8% 的制导弹药完成了 40% 的轰炸任务;F-117 出动的架次只占多国部队一千多架飞机出动总架次的百分之几,却完成了 60% 以上的战略突击任务,且无一伤亡。战争的实践使人们深切感受到信息技术和信息化作战方法对战争带来的革命性影响,极大地刺激了许多国家的战争体系,军事理论界普遍将海湾战争视作信息化战争的雏形,美国国防部甚至称其为人类社会的第一场信息化战争。

海湾战争结束后,许多国家在社会信息化不断发展的同时加快了向信息化战争前进的步伐。1991 年,美国提出了“信息高速公路”的设想,1993 年开始了大规模的信息网络建设,其他国家也加大投资建设。一场以数字化多媒体集成和互联网络技术综合而成的信息化浪潮迅速席卷全球。随着网络革命、电信革命、计算机革命和软件革命的发展,信息化社会逐步到来。1993 年以后,美军分别成立了“空军信息战中心”和“海军信息战中心”;1994—1995 年,美军提出了信息战活动、全维信息战、信息对抗、信息控制、信息优势、指挥控制战、信息作战、联合信息战和战略信息战的概念。1995 年,美国防部成立“信息战执行委员会”,出台“美国陆军数字化总计划”,并建立信息作战部队,1997 年建成一个数字化旅。1997 年,美国在国防信息系统领域的投资达到 253 亿美元,占国防关键技术投资的 43% 。

海湾战争结束后的短短十年,人类战争系统的信息化建设迅猛发展,至 1999 年的科索沃战争爆发前,一些西方发达国家的军队,尤其是美军已具备了进行初步的信息化战争的能力。海湾战争的实践缩短了信息化战争形成的过程。

3. 科索沃战争标志着信息化战争的初步形成

1999 年发生的科索沃战争,是人类历史上第一场可以称作是信息化战争的战争,作为战略进攻方的北约部队,大量使用以信息技术为主导的现代化武器装备,运行已经构建的信息化战争系统,打了一场与其政治、军事战略相匹配的信息化局部战争。北约部队使用占其总弹药量 35% 的精确制导弹药摧毁了战场

74%的攻击目标,并成功运用了C^4KISR[K即Kill(杀伤)的简称]。系统实施战区外战役指挥与战区内战术指挥相结合的作战指挥。双方广泛开展了信息战和信息反击战,舆论战、心理战、法律战、电子战、斩首战得到运用。信息主导体现于战争的全过程。科索沃战争结束以后,战争信息化体系得到更快的发展,信息化战争又向更高层次的数字化、网络化方向发展。这些已在尔后发生的阿富汗战争和伊拉克战争中得到体现。

三、信息化战争的基本特征与作战样式

任何战争形态,都有区别于其他战争形态的典型特征。孙子曰:"知己知彼,百战不殆。"正确认识信息化战争的特征,是科学地进行战争准备和正确地指导战争的前提。

(一) 信息化战争的基本特征

信息化战争的基本特征是与机械化战争相比较而言的。信息化战争的主要特征有以下几个方面:

1. 武器装备信息化

武器装备是进行战争的武器系统,是进行战争的重要物质基础,也是不同的战争形态相区别的首要标志。工业时代的机械化战争,是以机械化武器装备为物质基础所进行的战争,使用坦克、飞机、枪炮之类的机械化兵器。信息化战争作为一种新型的战争形态,是运用以计算机技术为核心、以信息技术为基础的信息化武器装备系统所进行的战争,运用的武器装备具有高度信息化的特征。信息化战争时代武器装备的高度信息化,主要体现在攻防武器系统、单兵装备和指挥控制系统的信息化方面。

攻防武器系统的信息化,不仅体现为硬杀伤型武器的信息化方面,软杀伤型武器也实现了信息化。硬杀伤型武器信息化,主要是指精确制导武器和各种信息化作战平台。软杀伤型武器信息化,是指对敌方目标本身不具有直接杀伤、摧毁、破坏和干扰作用,但可支援、保障己方作战力量和作战武器系统对敌实施作战行动的信息化武器装备。如雷达、电磁测向机、电子干扰机、激光干扰机以及专用的侦察、探测设备等,这些软杀伤型武器装备,由于信息技术的发展,也越来越具有高度信息化的特征。

信息化战争时代的单兵装备也越来越具有信息化的特点,尤其是单兵数字化装备,提升了单兵装备的信息化含量。信息化的士兵装备,从攻击、防护到观察、通信、定位,能够实时侦察和传递信息,既是战场网络系统的一个终端,也是基本的作战单元,具有人机一体化的远程传感能力和较强的生存能力,能够实时地为各种作战平台和单兵提供数字化的目标信息。单兵数字化装备的出现和运用,意味着信息化军队的作战能力出现了革命性变化。

信息化战争时代,军队作战指挥控制系统也越来越高度信息化,是军队发挥整体威力和效能的"神经和大脑"。当今军队指挥控制系统的发展,不仅集计算机、指挥、控制、通信、情报、侦察、监视于一体,还将打击和杀伤融合进去,成为名副其实的 C^4KISR 系统,信息化的攻防武器系统、单兵数字化装备和信息化指挥控制系统,将战场有机地连接为数字化战场,实现了战场情报、通信、指挥、控制、战斗勤务支援、软杀伤和硬杀伤等功能的一体化,从而使信息化战争出现了完全不同于机械化战争的崭新面貌。

2. 作战力量一体化

不同的战争需要不同的军队。信息化战争的本质特征不仅体现在武器装备的信息化方面,也体现在军事力量的信息化方面,只有信息化军队才有资格打信息化战争。军事力量信息化高度体现在作战力量一体化方面。

信息化作战力量,主要包括陆上作战力量、海上作战力量、空中作战力量、导弹作战力量、空间作战力量、信息作战力量、特种作战力量等。由于信息技术的进一步发展,作战力量中无人化作战平台将大量使用,隐身化武器装备的性能将跃上新的台阶,各种作战力量不但信息化水平越来越高,也越来越小型化、模块化、多功能化,而且军兵种之间的界限将趋于模糊,军队建设不再泾渭分明,各种作战力量融为一体,形成作战力量根据作战需求"重塑与再造组合",最大限度地发挥各种作战力量的长处和优势。因此,未来信息化战争中,由于各种信息化作战力量能够真正实现一体化,一体化的信息化作战力量将真正名副其实地主导未来战场。

3. 作战空间多维化

任何战争都在一定的战争空间中展开,由于科学技术和战争手段的发展,战争空间越来越拓展并呈现出多维化的特征。

20 世纪之前的战争基本上是在陆地和海洋进行的,战场是平面的、一维的。一战后期飞机开始运用于战场,开辟了陆地和海洋之外的战场新空间——天空。二战时期,大规模的空战和飞机轰炸将空间争夺几乎发展到了极致,人类对战场空间的陆、海、空立体化的认识不断深化。二战及战后时期的机械化战争,是以陆、海、空为基本领域的三维对抗。在 20 世纪初的战争中,交战双方在战场上大量使用了无线电通信联络,并出现了侦听无线电信号、对敌电磁通信进行干扰等活动。经过二战后几场局部战争的发展,以电磁通信为核心的电子战发展为电子侦察、电子干扰、无线电欺骗、模拟佯攻等多种样式,电子战成为现代战场作战的重要组成部分,电磁空间已经成为独立的战场争夺空间。二战后,高空物理、天体物理和航天技术的发展,促使人们将探索的目光投向从未涉足过的太空。现代战场上的卫星通信和定位的使用,天基武器的出现,真正把太空变成了另一个重要战场。未来太空作战将出现导弹拦截战、卫星攻击战、天对地攻击战和太空武器作战平台之间的攻防战等作战样式。

计算机网络技术是首先用于军事通信领域的,而且当前计算机网络已经成为军队日常管理和作战指挥中必不可少的一部分。对网络的破坏、干扰和防护已经成为军队作战的重要组成部分。围绕计算机网络空间的攻防斗争已经成为现代战场作战的重要部分,计算机网络已经成为现代战争空间的一个重要组成部分。当代多场局部战争表明,信息化战争的战争空间形态已经出现多维化趋势,由以陆、海、空、天、电磁等为主体的实体空间,向以网络、人的认知领域等为主体的虚拟空间扩展,实体空间与虚拟空间相结合,成为信息化战争时代战争空间的基本特点。信息化战争的作战行动,不但在传统的陆、海、空、天、电磁等领域展开,而且将在网络、人的认知领域等虚拟空间进行激烈的争夺。

4. 战争进程快速化

以往的机械化战争,战争持续时间一般比较长,而信息化战争,节奏明显加快,进程大大缩短。

未来信息化战争的进程将呈现出快速化趋势。主要原因:一方面,在信息技术的作用下,武器装备的能量释放的速度加快,杀伤力在增加,信息技术手段的运用,使军队的机动能力、打击能力和保障能力大大提高,单位时间作战效能明显增强;另一方面,信息化武器装备造价昂贵,战争消耗急剧增大,这必然迫使信息化战争的进程加快。此外,由于微电子技术、计算机技术、人工智能技术、人造卫星技术、航天技术、远距离通信技术等高新技术得到很大发展,军队的武器装备发生了质的飞跃,常规导弹可以迅速精确命中数百至上万公里外的作战目标,洲际导弹数十分钟内可以精确地击毁地球上任何一个目标,5 ~ 20 倍超高音速导弹和 X-37B 空天飞机可以建立“1 小时全球打击圈”,远程长续航能力的无人机正逐步普及,智能机器人正逐步走向战场,因此,信息化战争中远距离、超视距的快速精确打击成为可能,这也要求信息化战争作战指导必然追求速战速决。

5. 作战能力体系化

不同的战争形态具有不同的战斗力形态。所谓战斗力基本形态,是指在特定的战争形态下,在一定的社会经济基础和科学技术基础上作战能力所体现出来的基本状态。从人类战争产生到公元 13 世纪左右是冷兵器战争时代,军队作战能力或战斗力的基本形态是基于将士体能的作战能力,军队的战斗力的构成和形成主要依靠将士的“体能”。公元 10 世纪中国发明了火药,13 世纪到 14 世纪火药技术传到欧洲之后至 19 世纪,人类进入了热兵器战争时代。热兵器战争时代战斗力的基本形态是基于有效火力的作战能力,火力在一定程度上取代了基于将士体能的冷兵器打击能力,有效的火力成为军队战斗力中最为重要的要素,战斗力的基本形态是“体能 + 热能”。20 世纪初至 20 世纪中叶,以两次世界大战为标志,人类战争形态完成了由热兵器战争向机械化战争的转变,机械能与

热能、化学能进一步结合，使机械化战争中武器装备释放能量的方式发生了深刻的变化，也使军队战场机动能力发生了空前的变化，战斗力的基本形态是基于有效“火力 + 机动力”的作战能力，战斗力的构成和形成主要依靠武器装备的数量、质量所表现出来的火力加机动力来实现作战能力的生成和提升。20 世纪末至 21 世纪初相继发生的海湾战争、科索沃战争及伊拉克战争，使人类的战争形态进入信息化战争时代。先进的军事信息系统支撑的作战体系在信息化战争中大发神威，军队的整体作战能力得到了质的跃升，信息化战争中军队战斗力的基本形态是基于信息系统的体系作战能力，军队作战能力的生成源自信息主导下的“信息力 + 机动力 + 火力”而形成的整体作战能力。

新时代党的军事指导理论认为，“基于信息系统的体系作战能力成为战斗力的基本形态”。所谓基于信息系统的体系作战能力，就是以综合的电子信息系统为纽带和支撑，各种作战要素、作战单元、作战系统相互融合，将实时感知、高效控制、精确打击、快速机动、全维防护、综合保障集为一体，所形成的具有倍增效应的体系化作战能力。其基本特征是：军队的数量、质量、能量之间的关系发生了深刻的变化，人员和武器装备的数量规模并不等于质量优势，更不等于能力优势，利用一定的手段和方式来获取和建立信息优势，并将信息优势转化为决策优势、行动优势和战争胜势，即质量优势决定作战能力水平；基于信息系统的体系作战能力是诸军兵种作战能力的高度融合，不但武器系统高度融合、作战单元高度融合，而且各种作战要素也高度融合，即诸军兵种作战（保障）力量紧密结合，实现作战效果聚优；信息在信息化战争中是最为基础和最为重要的作战资源，主导着作战体系中各种要素和作战行动，信息和火力由于信息系统而实现一体化，从而主导着军队整体作战能力的发挥。深刻认识和把握信息化战争中“基于信息系统的体系作战能力成为战斗力的基本形态”这一信息化战争的基本特征，有助于我们找准我军信息化建设的着力点和目标，从而切实实现信息化战争条件下战斗力生成模式的转变。

6. 作战方式一体化

每一种战争形态都对应着一定的基本作战方式。一体化联合作战成为信息化战争的主要作战方式。

一体化联合作战，是指诸军兵种的联合作战力量，在一体化联合作战指挥机构的集中统一指挥下，依托一体化信息系统或准一体化信息系统，以战场信息高度共享为主要标志，综合使用各军兵种作战力量，实施快速、精确、高效的决定性联合作战行动。一体化联合作战的优点在于作战效率高、节奏快、配合密切。从体系论的观点来看，一体化联合作战体系中的各个单元有纵横相通的信息网络支持，能共享战场态势信息，由信息网络联成一体，具备自我适应系统作战的能力。简而言之，就是在发现和确定攻击目标后，根据各单元具体的战场方位和作战能力,以及需要达到的攻击要求,各种作战力量和作战平台能够迅速自主地决定用哪个单元、哪种方式遂行攻击,最大限度地发挥军队的整体作战效能。近期世界几场局部战争表明,一体化联合作战具有一系列明显的信息化作战特征,主要是高度融合与高效的指挥体制、无缝链接的 C^4KISR 系统、全维实时的战场感知、高速灵敏的精确作战、集约化的按需保障等。正是在这个意义上,一体化联合作战才是真正的信息化作战主要方式,才是信息化战争中基本的作战形式与作战方法。

7. 战争制权多样化

战争中的一切作战行动和军事行动,都是围绕战争或作战的主动权而展开的。围绕战争主动权的军事理论探索,相继产生了制陆权、制海权、制空权、制交通权、制信息权、制心理权及"制虚拟领土权"等制权理论。在以往战争中,战争主动权的争夺领域相对单一,决定战争胜负的制权也相对单一和独立。

20 世纪下半叶以来,人类军事活动领域开始从陆、海、空"老三维"进入太空、电磁网络空间和认知域"新三维",打破了传统战争空间的约束,使人类的作战方式和战争形态发生了巨大变化。太空、电磁网络空间和认知域构成的没有国界的无限无影无形空间,有人称之为虚拟空间、虚拟领土。信息时代,一个国家的政治、经济、科技、文化、军事的安全,不再仅仅局限于陆、海、空这些现实领土,而在很大程度上取决于是否有能力夺取"虚拟领土",是否有能力管辖好"虚拟领土"。如果一个国家不能拥有"制虚拟领土权",那么其保护传统领地的能力很值得怀疑。在信息化战争时代,制天权高于制空权,但能否取得制天权又在很大程度上取决于能否拥有制信息权,而制信息权的核心是人的智力对抗,关键在于是否拥有制心理权。在信息化战争时代,战争制权不仅由制陆权、制海权、制空权、制交通权向制信息权、制心理权及"制虚拟领土权"扩展,而且制信息权、"制虚拟领土权"是新的军事制高点,未来谁控制了更多的制信息权和"制虚拟领土权",谁就拥有更多的战争主动权,更容易获得战争优势,从而赢得战争的胜利。

8. 制胜规律多样化

信息技术革命导致的信息化军事革命,不但改变了战争形态、战场形态、军队战斗力形态和作战方式,而且改变了战争的制胜机理。如果撇开政治因素不论,我们可以说以往的战争的制胜机理大致有两大规律:一是强胜弱败,二是火力和机动力制胜。而信息化战争的制胜规律,除了这两条外,还有新的制胜规律,这些规律将主导未来信息化战争的胜败。

一是信息制胜规律。在信息化战争中,信息优势取代火力、机动力成为衡量双方力量优劣的首要标志,成为整体作战和高效作战的前提和制胜基础,从信息优势中谋求整体对抗优势,成为信息化战争制胜的根本途径。信息优势对作战过程和结局最根本的影响在于强化整体作战能力,即通过形成信息优势—决策

优势—竞争优势—全谱优势，使拥有信息优势的一方最终赢得战争胜利。二是整体制胜规律。要打赢信息化战争，不仅需要军事能力，还需要由政治、经济、科技、文化、外交等多种因素结合在一起的国家战略能力。从近几场高技术局部战争看，战争无论规模大小，国家战略能力都是赢得信息化战争胜利的基础。只有把国家的战略能力与军事打击能力相结合，把政治、经济、外交、科技、文化领域的斗争与战场作战相结合，才能赢得信息化战争的胜利。三是人机融合制胜规律。信息化战争是人机一体的战争，人的智能与武器的性能融为一体，赋予武器以智慧和灵性。人的高超智慧、指挥艺术等可先期融入武器系统之中，也可在作战过程中通过对武器的实时控制来提高其作战效能。信息化战争中指挥艺术和军事谋略在很大程度上表现在战前的作战运筹和战中的战略性交战中，甚至被融入人机交互系统、专家知识库系统和武器智能制导系统中去，也就是说，人的智能既将战争过程前伸了，也向战争之前位移了。在这样的信息化战争中，如果人的头脑和电脑不能有效地连接和沟通，不能实现有效的人机融合，那么人就没有办法进行战争思维，更没有办法实施指挥控制。因此，未来信息化战争，将是人机融合共同制胜，谁违背了这一规律，就会失败。四是体系对抗制胜规律。信息化战争的基本特点，就是信息主导，体系对抗。因此，着眼夺取以制信息权为主的综合制权，实施高度自主灵活的体系破击，是信息化战争制胜的基本机理，也是打赢信息化战争的基本途径。

（二） 信息化战争的作战样式

1. 情报信息战

所谓情报信息战，是指战争双方围绕情报信息的获取与反获取而展开的对抗活动。信息化战争的核心内容就是围绕信息的获取权、控制权和使用权而展开的争夺与对抗。在信息化战争中，如果不能有效地获取信息，就不可能有效地控制和使用信息，而情报信息战实质上就是围绕信息获取权而展开的争夺与对抗。因此，情报信息战是信息化战争的先导和主要作战样式之一。

2. 网电一体战

所谓网电一体战，就是在信息化战场上，综合运用电子战和网络战手段，为破坏敌方战场网络化信息系统并保证己方战场网络化信息系统的正常运行而采取的一系列作战行动，其目的是夺取战场制信息权。网电一体战是电子战不断发展和计算机网络战迅速崛起的必然结果。

在信息时代，以计算机网络为核心的信息系统成为维系国家安全的重要基础设施和军队的神经中枢。一旦国家网络信息系统遭到攻击并被摧毁，整个国家就会陷入一片混乱，国家武装力量将会因遭到瘫痪而丧失战斗力。网电一体战的根本目的，就是通过电磁—网络一体化的攻防手段，破坏和控制敌方国家的信息基础设施，摧毁和瘫痪敌方军队的指挥控制系统，同时，保证己方相应系统

的正常运行,夺取电磁领域和计算机网络领域两大优势,掌握制信息权,进而夺取战争的主动权。可见,综合运用电子和网络攻防手段的一体化作战必然成为未来信息化战争的主要作战样式。

3. 精确火力战

所谓精确火力战,简单地说,就是在 C^4KISR 系统的指挥控制下,使用信息化的精确制导武器,以物理毁伤手段打击敌方力量体系的关键力量和能力的作战样式。

精确火力战追求的是整个作战过程的精确化。要实现精确作战,对目标进行精确侦察和定位、实时传递目标信息、对作战力量进行精确控制、对目标实施精确打击以及精确评估毁伤效果五个环节缺一不可。目前,以上五个方面的问题,尤其是目标毁伤效果评估问题还未得到很好的解决,因此,精确火力战还处在初级阶段。随着信息技术的发展,在未来信息化战争中,以打击敌方力量体系的重心,迅速瘫痪其整个战争体系,使其失去抵抗能力和意志为目的的精确火力战作为一种作战样式将全面走向成熟。

4. 心理作战

心理作战是指运用心理学原理,通过宣传、威慑和欺骗等方式从精神上和心理上瓦解敌方军民的斗志,同时消除敌方宣传、威慑和欺骗所造成的影响,巩固我方军民心理防线的对抗活动。心理作战作为一种特殊的作战样式,在一战末期才开始受到普遍重视。在二战中,心理作战的组织机构、规模、手段、方法和作战理论都得到了进一步发展。二战以后,世界上许多国家都成立了专门研究和组织实施心理作战的机构,并且把心理作战作为总体战的一个重要环节,与军事、政治、经济、外交、文化斗争紧密结合,综合应用。目前,心理作战已经成为现代战争不可缺少的组成部分并且发挥着极其特殊的作用。随着心理科学和信息技术的不断发展,心理作战将逐渐发展成为未来信息化战争的基本作战样式,并且对战争胜负产生重大甚至是决定性的影响。

5. 特种作战

特种作战是相对于常规作战而言的,它是由特种部队或临时赋予任务的部队担负,为达成特定目的而实施的作战。特种作战在机械化战争中就已出现,但其往往独立进行,对主要作战行动的配合作用十分有限。随着信息技术的发展,特种作战在近期几场局部战争中的作用越来越明显。比如,在阿富汗战争中,美军特种部队为空中的轰炸机及战斗机指示塔利班部队的位置,用全球定位系统制导炸弹和激光制导炸弹准确命中目标;在伊拉克战争中,美军更是大量使用特种部队,执行多种作战任务,特别是在对敌方纵深战略目标的情报收集、目标指示、毁伤效果评估等行动中发挥了重要作用。在未来信息化战争中,特别是 C^4KISR 系统和战场信息网络的建立,主要在敌方纵深进行的特种作战将成为整

体作战行动的有机组成部分,发挥极其重要的作用。

6. 指挥与控制战

指挥与控制战所追寻的目标即体系瘫痪,它通过对敌指挥控制系统进行物理和电子攻击,切断敌指挥中枢与战场执行单位的联络。一般而言,指挥与控制战包括“擒王”与“卡脖子”行动。擒王行动就是攻击敌方的指挥自动化系统的核心部分,视情况对其实施毁灭性的打击。进攻一方如能在开战之初即打击对方指挥中心,就能不费一枪一弹而取得胜利。海湾危机爆发后,以美国为首的多国部队立即开始了对伊拉克军事指挥控制中心长达160天的电子侦察;火力战开始前,又进行了连续24小时的电子进攻和火力打击;随后,隐形飞机对伊军指挥中心大楼进行了抵近精确攻击,迅速夺取各项制权。“卡脖子”行动就是切断敌方指挥自动化系统的通信网络,如能通过电子干扰和火力摧毁的方式将其切断,其一线作战部队再强大,也难以发挥作用。海湾战争中,正是因为联军对伊军通信网络进行了全面干扰和破坏,几十万大军群龙无首,在沙漠中一筹莫展。

四、信息化战争与国防建设

信息化战争时代的到来,不但加剧了世界各国战略力量对比的不平衡,而且对世界各国的国防和军队建设提出了严峻的挑战。“上下同欲”,全国军民在思想上和军事上增强打赢信息化战争的信心,“以虞取胜”,在各方面加强战争准备,这是我国应对信息化战争挑战的必然选择。

(一) 培养信息化战争军事人才

人才是强国之本,也是兴军之本。加强信息化战争军事人才队伍建设,是强国之急务、强国防的战略性问题。努力培养高素质的信息化战争军事人才队伍,是信息化战争对加强国防和军队建设的新要求。

第一,努力构建我国新型的信息化人才培养体系。国家信息化人才队伍,既是国家发展的宝贵战略资源,也是国防建设的力量源泉。打牢了国家信息化人才队伍的基础,国防和信息化战争军事人才队伍才能有坚实的依托。必须树立超前意识,系统构建我国信息化人才培养体系,以科学的培养模式、高效的培养机制,大力推进我国的信息化人才队伍建设,迅速缩小我国与发达国家国民素质上的整体差距,缩小我国信息化人才队伍与发达国家信息化人才队伍的“信息技术差”和“知识差”,以适应国防信息化建设及未来信息化战争对人才的需要。

第二,要探索完善信息化军事人才培养机制。一要革新军事人才培养思路,重视超前培养复合型指挥人才、智能型参谋人才和专家型科技人才。二要建立良好的军事职业教育机制,加大对人才轮训的力度,使其持续不断地掌握新知识、新理论、新技能,保证各类军事人才的知识始终紧跟部队武器装备发展不断更新,确保信息化军事人才队伍建设更好地适应信息化战争需要。

第三，要大力改进院校教育模式。信息化军事人才培养，既要依靠军队院校培养教育，也要依托国民教育体系。新型信息化军事人才培养，要以国民教育为主，解决学历教育、知识教育等基础性的问题，提高官兵的知识水平和技术素养，依靠军队院校的任职教育，解决军官和士官的军事技术、谋略水平和专业能力。

第四，要大力拓宽军事人才培养的渠道。要加强指挥与技术专业军官间的岗位轮换，尽快实现指技合一。要进一步扩大部队与院校间、军兵种间、机关与部队间交叉任职、换岗锻炼的规模，加快培养复合型军事人才的步伐。还要加大国际军事交流的力度，拓宽军官的战略视野，更新观念，丰富知识。

第五，要拓宽地方人才进入军队的渠道。要根据军队信息化建设和未来战争的需要，吸收地方科技素质、政治素质高的人才入伍，改善现有官兵知识结构，扩展战斗力增长点。

（二） 发展信息化武器装备

先进的武器装备是打赢信息化战争的重要物质基础。信息化战争的飞速发展，要求不断提升武器装备的信息化水平，以适应未来信息化战争的需要。

首先，要努力实现我军武器装备建设的跨越式发展。目前，我军仍然处于机械化尚未完成、信息化挑战又非常严峻的“双重历史任务”时期，即我军在未来数十年中，既要努力实现武器装备的机械化，又要实现信息化，要两步并作一步走。因此，我军要贯彻跨越式发展战略，在大力加强武器装备机械化建设的同时，要以信息化带动机械化发展，努力提升武器装备的信息化水平，为打赢未来信息化战争铸造“撒手锏”。

其次，要树立信息主导和“系统集成”的观念，在武器装备发展上，要大力发展信息化、智能化的远程精确作战武器系统，集作战、侦察、预警、指挥与控制于一体的 C^4KISR 系统；在战场建设上，要建立数字化、网络化战场。

再次，要树立“虚拟实践”观，要充分利用“虚拟现实”技术，创造“人工合成环境”和“战斗实验室”，增强我军武器装备发展的预研能力和预检能力，提高信息化武器装备发展的效益。

（三） 加强打赢信息化战争国家战略能力建设

信息化战争本质上是国家整体战略能力的较量，而不是单纯的军事力量的比拼。

首先，要大力加强国家战略组织力建设。信息化战争是对国家的战略情报获取与决策能力、政治组织力、外交能力、战争动员能力、战略输送能力、战略指导能力等在内的战略组织力的全面考验。为此，我国必须围绕未来信息化战争需求，努力加强国家战略组织力建设。

其次，要大力加强国家软实力建设。打赢未来信息化战争，不仅凭“硬实力”，也要靠“软实力”，甚至“软实力”是“硬实力”发挥作用的决定性因素。如果

没有强大的国家软实力,硬实力就难以发挥应有的作用。因此,我国必须紧紧围绕提升我国的政治软实力、建设先进的文化软实力、建设先进的战略文化软实力、建设科学先进的军事文化软实力,努力加强中国特色软实力的全面建设,增强国家维护世界和平和打赢信息化战争的能力。

(四) 加强适应信息化战争要求的武装力量体系化建设

信息化战争中,武装力量是进行战争的主体,要打赢未来信息化战争,必须以信息化战争要求为牵引,加强武装力量的体系化建设。

一是必须加强精干的常备军与强大的后备力量相结合的武装力量体系建设。在常备军建设方面,要本着精干、高效和加强军队质量建设原则,大幅度压缩军队规模,优化军队结构,建立灵敏高效的指挥机构,确立科学合理的体制编制,大力提升军队质量,增强武装力量的威慑和实战能力;在后备力量建设方面,要本着寓军于民、平战结合的原则,大力加强民兵和预备役部队建设,提高民兵与预备役部队的作战能力和快速动员能力,一旦战争需要,能够为军队提供源源不断的高素质作战力量补充。

二是要努力加强信息化作战力量体系建设。我军信息化作战力量主要包括陆上作战力量、海上作战力量、空中作战力量、导弹作战力量、空间作战力量、信息作战力量、特种作战力量等,加强我军的信息化作战力量体系建设,就是要将这些主要作战力量形成基于信息系统的体系化作战能力,使我军各种作战力量能够根据作战任务和维护国家安全的需要,形成"能打仗,打胜仗"的能力。

(五) 适应信息化战争要求,加强信息化战场建设

任何战争都是在一定的战争空间和特定的战场上进行的。信息化战争的发展,使得战争空间不断拓展,战场也出现了以"数字化"和"透明化"为主要特征的信息化战场。打赢未来信息化战争,我军必须适应信息化战争要求,加强信息化战场建设。

战场"数字化",就是对战场上的各种物体、因素、条件、情况,包括交战双方的军队,进行统一的编码处理,构成以数字方式进行的综合处理的信息源和传递的信息,使上下级指挥与下级报告的方式及作战人员和武器装备平台之间的通信联络,都从利用传统的通信工具改为利用指挥信息系统及各种数字化作战平台来进行,实现战场信息的快速传递、处理和应用。战场"透明化",指的是在信息化战争中,战场侦查手段将囊括空间感知技术、空中感知技术、地(海)面感知技术等各个领域,前线的传感器、太空的卫星将不停地把各种情报传输给计算机,并把这些情报信息和图像画面实时地显示在指挥所的显示屏上。所有己方战斗人员均可同时获得这些信息和图像,从而对敌我双方的位置、态势以及集结、运动等情况都看得一清二楚。在未来信息化战争中,我军与强敌作战,将必然面临战场"数字化"和"透明化"的强大挑战,因此,加强我国的国防建设,不但要加强交通、阵地、作战物资储备等传统战场建设，还必须努力在和平时期加强我国的“数字化”和“透明化”战场建设，切实为我军打赢未来信息化战争提供良好的战场支撑环境。

（六） 确立与信息化战争要求相适应的国家安全观念

信息化战争出现于战争舞台，对传统的国家安全观念产生了巨大的冲击，要打赢未来信息化战争，应当以习近平主席提出的总体国家安全观为指导，确立与信息化战争要求相适应的国家安全观念。

一是要确立网络空间安全观。当代网络空间领域已经成为和平时期和信息化战争中争夺、冲突的重要领域，网络空间安全已经成为国家安全的重要组成部分，我们必须树立保卫国家网络空间安全的战略意识，在传统的国家安全观中确立起维护国家网络空间安全就是维护国家安全的科学观念，高度重视这一新兴国家安全领域里的安全问题。

二是确立信息疆域安全观。在信息时代，由于国家的地缘边疆向“信息边疆”扩展和延伸，形成了一种崭新的信息权力源——“信息主权”，使传统主权观念受到冲击和影响。未来的国家安全，将以“信息疆域”和“信息主权”为核心，信息疆域中维护国家信息主权的斗争将成为维护国家主权斗争的前沿和主要阵地。因此，我们必须具有世界眼光和未来眼光，要树立“信息边疆”这一崭新的国家安全疆域观，维护国家安全边疆，不仅要维护传统的地缘战略边疆，更要争夺和维护“信息边疆”，这一新的安全疆域，将直接影响我国的和平、稳定与发展。打赢未来信息化战争，必须树立维护国家“信息疆域”安全和维护国家“信息主权”的安全观念，必须从大战略层面进行统筹和应对。

三是确立“信息技术”安全观。信息技术不但是当代社会运行的重要支撑，也是国家安全的重要战略支撑，信息疆域和信息主权的出现，以及围绕信息主权在网络空间中展开的一系列激烈竞争与格斗，都以信息技术作为重要的战略支撑。在信息网络时代有效维护国家安全，不仅需要发展信息技术，提升国家信息能力，更需要根据信息技术变革来探索和形成维护国家安全的新的战略战术手段。因此，必须确立信息技术是国家安全的重要战略支撑的新型国家安全观念。

四是确立“信息人才”安全观。任何国家在信息网络时代能否维护国家安全，不仅要依靠科学家队伍、信息安全专家队伍和信息化军队这些专业力量，更依赖于具有较高信息素质的广大民众。正如战争中广泛动员人民群众打人民战争比其他形式的战争组织方式更有威力一样，在信息网络时代维护国家安全，也需要发挥人民群众的智慧和力量。因此，在信息网络时代维护国家安全，要树立“信息人才”是维护国家安全主体力量的科学观念，首先要解决全民信息素质的问题，把提高全民信息技术素养和信息安全观放在第一位。

五是确立“网络安全体系”安全观。国家安全始终是一个综合安全问题，既

有政治安全、经济安全和外交安全,也有军事安全。而在信息网络时代,国家安全不仅包括上述传统安全问题,还包括恐怖主义、网络安全等非传统安全问题,而且信息网络安全是国家总体安全的“基石”。因为政治信息安全关系国家的稳定与命运,经济信息安全关系国家经济的正常运行,军事信息安全关系国家军事力量和战略手段的可靠性,科技信息安全关系国家的发展潜力和竞争力,文化信息安全关系国家的价值观取向。因此,必须科学确立“网络安全体系”,这是维护国家安全的基础屏障的国家安全观念,从国家战略层面加强构建维护信息网络空间安全的安全体系,为维护国家安全提供基础性的安全屏障。

（七） 大力提升国家信息化国防动员能力

信息化战争是一种全新的战争形态,不但是国家综合实力与能力的较量、战争意志和指挥艺术的比拼,更是国家信息化国防动员能力的对抗。着眼于打赢未来信息化战争需求、加强国防和军队现代化建设,必须大力加强我国的信息化国防动员能力建设。

一是要加快国家的国防信息化建设进程,奠定信息化国防动员的坚实基础。打赢信息化战争的根基,在于国家国防信息化的总体水平,信息化条件下的国防动员高度依赖国家的国防信息化水平。加快国防信息化建设的进程,努力提高我国国防建设的信息化水平,才能为我国的信息化国防动员提供保障。加快国防信息化建设进程,一方面,要大力加强国家信息基础建设,为国防信息化奠定坚实的基础;另一方面,要大力加强国防信息基础建设,满足国防和军队建设的信息化需求。关键要走军民融合式发展道路,国家信息化建设和国防及军队信息化建设要高度融合,即必须走出一条中国特色的军民深度融合式发展道路,提高国防信息化建设的整体效益。

二是要加快军队的信息化国防动员能力建设。要在大力推进国防动员数字化建设、搞好信息技术研制开发推进国防动员智能化、搞好信息体系功能整合推进国防动员一体化、搞好信息应用规范和技术标准大力推进国防动员精准化、经常组织应急应战方面的信息化国防动员演练等方面下功夫,不断增强我军打赢未来信息化战争的信息化动员能力。

（八） 高度重视加强先进军事理论建设

先进的军事理论,历来是战争的重要制胜因素。当代军事强国先进的信息化战争理论层出不穷,既牵引了信息化战争的发展,又是打赢信息化战争的重要保障。着眼于打赢未来信息化战争的国防和军队建设,必须高度重视加强先进军事理论建设问题,为我军打赢未来信息化战争提供科学的军事理论指导。

首先,要以习近平主席提出的“强军目标”为牵引,构建面向信息化战争的中国特色军事理论体系,以先进的军事理论体系的重塑来推动国防和军队建设,为打赢未来信息化战争提供科学的理论支撑。我们面向信息化战争的军事理论体系，应当重点研究信息化战争条件下的战争与战略理论、军队建设理论、政治工作理论、作战理论、作战保障理论。只有军事理论上全面突破，整体创新，才能牵引我国面向信息化战争的军事体系的重塑。

其次，要努力转变军事理论创新模式，增强军事理论创新的科学性和实用性。一是要科学总结当代信息化战争实践经验，辩证吸收外军信息化战争理论有益成分，超前设计我军将来可能面临的信息化战争模式，探索信息化战争的特点规律和制胜机理，创新信息化战争条件下人民战争的战略战术，切实增强中国特色信息化战争理论的前瞻性、科学性和实用性。二是应该借鉴美国等发达国家的做法，形成具有自己特色的军事理论创新计划协调机制、竞争机制、激励机制、监督机制、评价机制及成果转化机制。只有建立和健全军事理论创新机制，才能使我军面向信息化战争的军事理论创新走在世界前列。

综上所述，瞄准打赢未来信息化战争的要求，加强我国的国防建设，是一个重大的战略性问题和系统工程，只有充分认识信息化战争的特点和规律，建设好一支“能打仗、打胜仗”的信息化军队，我们才能以强大的国防实力遏制战争和打赢战争，为中华民族的中国梦提供战略支撑。

思考题

1. 简述战争的概念。
2. 新军事变革的动因是什么？
3. 简述机械化战争的产生背景。
4. 什么是信息化战争？如何理解信息化战争定义的科学含义？
5. 信息化战争有哪些基本特征？
6. 信息化战争对国防建设提出了哪些新的挑战与要求？
7. 如何加强我国的国防建设，提高打赢信息化战争的能力？

第五章 信息化装备

20世纪70年代以来，随着以信息技术为核心的高新技术群的崛起和迅猛发展，人类社会技术形态逐步由机械时代向信息时代转变。以科学技术为重要推动力的武器装备发展，也逐步开始了由机械化向信息化的跨越。信息化武器装备的发展与运用，对现代战争产生了深刻的影响。

第一节　信息化装备概述

一、基本概念

信息化及信息化武器装备等基本概念，是对信息化和信息化武器装备的本质的反映，是研究信息化及信息化武器装备的基础。要把握信息化和信息化武器装备概念，必须把它放在历史过程中考察，才能准确理解其中的内涵和本质。

（一）信息

物质、能量和信息是构成世界的三大要素，也是现代科学技术利用的三大资源。但对信息概念的界定，国内外学术界至今尚无定论，提出的各种观点达140余种。信息一词的拉丁词源是informatio，意思是通知、报道或消息。《辞海》对信息的解释：① 音讯、消息。② 通信系统传输和处理的对象，泛指消息和信号的具体内容和意义，通常须经过处理和分析来提取。

人类对信息的利用、处理经历了一个从自在到自为的发展过程。古代对信息的利用处于自发阶段，利用信息的手段和方法简陋，对信息的获取和处理主要依靠人体自身的信息器官，尽管文字和造纸术的发明提供了信息储存的方法，有利于信息的传播和文化的交流，但信息传递方式相当落后。因此，在战争中用于指挥军队的信息手段十分有限。一般来说，古代战争中的信息工具主要有两类：

（1）简单视听信号式信息手段，如烽火、旗类和鼓类。

（2）指挥文书类信息手段，如我国春秋时期就有典、谟、训、诰、命、檄、移、书、盟书等军事类文件。

在人类的战争史中，利用信息的手段长时间局限于对自身信息器官的应用。信息获取主要依靠实地侦察，信息处理主要依靠指挥员的大脑，战场信息传递局限于视距传输。

20 世纪 40 年代后，现代信息理论开始形成，按照控制论创始人维纳的说法，“信息就是信息，不是物质，也不是能量”。到目前为止，关于信息的不同定义已有百种以上，我国信息科学专家钟义信教授提出的全信息理论在学术界有较大影响。他认为，信息的定义分为本体论层次和认识论层次两种。本体论层次的信息，是指该事物运动的状态和状态变化方式的自我表述/自我显示；认识论层次的信息，是指主体所感知或表述的关于该事物的运动状态及其变化方式，包括状态及其变化方式的形式、含义和效用。从信息的性质出发，信息可以分为语法信息、语义信息、语用信息。语法信息是只涉及事物运动的状态和状态变化方式本身，而不涉及状态及其变化方式的含义和效用层次的信息；语义信息是关于事物运动的状态及其变化方式的含义层次的信息；语用信息是指关于状态及状态变化方式的效用层次的信息。

现代信息科学把信息看成是物质的一种属性，认为：一切信息都是由特定的物质运动过程产生、发送、接收和利用的，信息的发送者和接收者只能是某种物质实体或其衍生物，不存在与物质无关的信息。任何信息都要靠一定的物质形式来承载、表示、固定，承载信息的物质形式称为信息的载体。信息的产生、传递、交换、加工、处理、存储、提取等操作都是通过对信息载体的物质形式来实现的。在这个意义上，人类在尚未从科学角度认识信息之前就已发展了许多处理信息的技术，从事着许多利用信息的活动：① 人类的起源是以信息的获取、处理、传播为基础的，人类的劳动过程可以看作是一个人类自身的信息器官进行信息活动的过程；② 古代的许多发明都可以看作是古代信息技术的创新与发展，如语言、文字、纸张、印刷术的发明及发展，结绳记事、烽火为号的信息储存和传递的原始通信方式。

从目前的观点分析，信息可以从狭义和广义两方面理解：从广义来看，人类所感知的一切有意义的消息、信号等都可以看作信息；从狭义上来看，消息是表达信息的工具、载荷信息的客体。信息是包含在消息中的抽象量，信号是发送信息的手段。事物总是通过特定的信号发送信息，接收者从传来的消息中获取某种信息。军事信息和一般信息的本质相同，它是指应用于军事领域的信息及具有军事价值的信息。

（二） 信息技术

一般来说，古代没有真正意义上的信息技术，但从信息的广义理解来看，古代存在各种利用信息的手段和方法。现在人们所指的信息技术是指随着电力作

为能源使用的突破,自19世纪30年代有线和无线电通信技术发明以来,利用和处理信息的各种物质技术手段。现代信息技术的定义是:信息是获取、加工、存储、检索、分配、传递、显示和利用等技术的总和,也是通信、雷达、广播电视、计算机网络、软件、多媒体和信息安全等技术的总称。

信息技术是有关信息的产生、获取、变换、传输、存储和利用等技术的统称,是由信息基础技术、信息系统技术和信息应用技术三个层次或领域相关联而构成的统一整体。

在信息技术体系中,其核心技术有微电子技术、光电子技术、电子计算机技术、信息获取技术、通信技术、信息对抗技术等。

(1) 微电子技术是指采用微电子材料和先进的微细加工工艺设计、制造微小型电子元器件的技术以及与上述元器件应用有关的技术。它主要包括微电子材料技术、集成电路制造技术及微组装技术等。它是在传统电子技术基础上发展起来的一种渗透性强、影响面广的高技术,是现代基础信息技术的核心。可以说,任何先进的信息化武器装备都离不开微电子技术。

(2) 光电子技术是现代信息技术中的一个重要分支。它是由光学和电子技术相结合而形成的一门高技术,主要研究光波与物质中的电子相互作用及其能量相互转换。世界各国大力发展光电子技术,并迅速将其物化为军事装备,使武器系统迈入综合应用高技术的新阶段。光电子技术具有探测精度高、信息量大、信息传输快、抗干扰和保密性强等特点,广泛应用于侦查、识别、预警、反隐形、跟踪、制导、火控通信、导航、模拟训练、信息处理、光电子对抗等领域。尤其是在空地的探测定位和制导中,光电子技术占有主要地位。光电制导武器具有投放精度高、抗电子干扰能力强等优点。

(3) 电子计算机技术是各种武器装备及作战指挥与控制系统的信息处理中心,是战场管理与武器控制的重要手段。随着计算机技术的发展及应用,不仅作战指挥、信息情报、教育训练和后勤保障等领域将发生革命性变化,而且武器装备将具有思维能力,能有意识地寻找、辨别、躲避或摧毁要打击的目标。目前,电子计算机技术包括许多技术领域,最关键的技术包括硬件技术、软件技术、网络技术和计算机应用技术等。

(4) 20世纪90年代以来,随着人类社会推进到信息时代,作为信息联系纽带的通信技术发生了突飞猛进的变化,特别是在以计算机技术为核心的微电子技术的支持下,现代通信技术正孕育着一场新的革命。目前,按通信手段的不同,通信可分为无线电通信、有线电通信和光通信。无线电通信是利用无线电波传输信息的通信方式,通常包括无线电台通信、无线电接力通信、散射通信、卫星通信和流星余迹通信等,可传送电话、电报、数据和图像等信息。有线电通信是利用金属导线传输电磁信号的通信方式,可传输电话、电报、图像、数据等信息。

光通信是利用光传输信息的通信方式，光通信的频带宽、通信容量大、抗电磁干扰能力强。按光源特性的不同，光通信分为激光通信和非激光通信。按传输媒介的不同，光通信分为大气激光通信和光纤通信。

(5) 信息获取技术是应用信息科学原理和方法，实现并扩展人类感觉器官的功能，增强人类感知和认识事物能力的技术。其具体任务就是把有关事物或目标的运动状态和运动方式加以记录，并以适当的形式表示出来。信息获取技术主要包括雷达技术、光电信息获取技术、声波信息获取技术以及地面传感器技术等。信息获取技术也称传感技术，运用此类技术组成的系统和装备称为传感器。

(6) 信息对抗技术是为了进行信息对抗所采用的各种技术的总称。信息对抗技术主要包括电子对抗技术和计算机网络对抗技术。电子对抗技术包括通信对抗技术、雷达对抗技术、光电对抗技术、制导对抗技术、导航对抗技术、引信对抗技术、敌我识别对抗技术和水声对抗技术等。其中，每一项技术从功能上看，又包含侦查技术、干扰技术和防御技术。计算机网络对抗技术包括网络对抗侦查技术、网络对抗攻击技术和网络对抗防御技术。

（三） 信息化

目前，学术界对“信息化”内涵的理解还不完全一致。通常，对信息化一词的运用，一是当成一个整体的概念，二是作为一个修饰性的前缀或后缀。但从其应用现状来看，“信息化”概念的引申与泛化现象比较严重，这也是导致许多信息化的相关概念不能达成共识的重要原因之一。

信息化概念是从社会进化角度提出的。目前，公认信息化一词起源于日本。信息化概念传入我国，以 1986 年 12 月在北京召开的“首届中国信息化问题学术讨论会”为标志。与会专家讨论了信息化的重要性和中国研究发展信息化的迫切要求，会后编辑出版了《信息化——历史的使命》一书。20 世纪 90 年代以来，我国学者对国家社会、经济信息化和企业信息化进行了大量的研究，信息化在我国军事领域中的研究以钱学森提出“核威慑下的信息化战争”为主要标志。迄今为止，出现了许多有价值的研究成果和专著。但是，随着信息科学技术的不断发展，信息化的内涵也在不断地发展与变化，信息化应用的领域也在不断拓展，尤其是在军事领域，仍存在许多需要深入研究的问题。信息化武器装备与信息化紧密相连，这就需要以信息为理论研究的逻辑起点，对信息化进行深化研究。

在国民经济和社会发展领域，我国对信息化内涵进行了明确的界定：“信息化是以信息技术广泛应用为主导，信息资源为核心，信息网络为基础，信息产业为支撑，信息人才为依托，法规、政策、标准为保障的综合体系。”这也是目前我国关于信息化比较权威的定义。国家信息化就是在国家统一规划和组织下，在农业、工业、科学技术、国防及社会生活的各个方面应用现代信息技术，深入开发，

广泛利用信息资源,加速实现国家现代化的进程。

国家信息化体系的六大要素包括信息资源、信息网络、信息技术应用、信息技术和产业、信息化人才、信息化政策法规和标准。这个体系(即信息化建设六方面所涵盖的内容)是根据中国国情确定的,与国外提出的国家信息基础设施有所不同。

从实际应用看,信息化的内涵相当丰富,应用的领域也相当广泛。在不同的领域也有着不同的解释,即使在同一领域的不同方面,其应用的含义也不相同,如工业信息化、企业信息化、军队信息化等。但总体上,可以概括出以下几点:

(1) 信息化可以作为体系来理解。比如,社会信息化、经济信息化、教育信息化、军队信息化都可以看成一个体系,这个体系包括信息技术、信息资源、信息网络、信息人才、信息的相关法规等要素。

(2) 信息化可以作为过程来理解。作为一个过程来理解,是指人类运用信息技术为核心的当代高新技术群对某个领域或某事物进行重构的动态过程。如果作为一个过程来理解,它必然涉及某事物信息化发展的阶段、实现的目标、实现的途径、实现的方法等一系列问题。

(3) 信息化可以作为一种状态来理解。作为一种状态,通常可以用一系列的状态指标来衡量,也就可以构建衡量信息化水平或信息化发展程度的指标体系,运用定量的方法对信息化问题进行较为精确的研究。

军队信息化是国家信息化在军队现代化建设中的反映。我军在研究军队信息化问题时,产生了许多有关信息化的概念,如信息化战争、信息化军队、信息化作战、信息化军事形态、信息化军事理论和信息化武器装备等。将诸多方面冠以信息化的标签,主要是为了表征一种新的军事形态或新的军事理论等。迄今为止,我军对军队信息化及相关问题的研究已经有十余年的历史,形成了一系列创新的理论成果,对普及信息化知识,提高对信息化重要性的认识发挥了重大作用。但是,在某些重大问题的认识上仍然存在不同观点,存在着同一概念各自表述的现象。自从我军提出“建设信息化军队,打赢信息化战争”的战略要求以来,这种局面迫切需要改变。关于军队信息化,许多学者和专家从不同视角提出了自己的看法,主要观点有:“所谓信息化,就是充分利用当今迅速发展的信息硬件和软件技术,把一个个分散的军队创新子系统综合成为一个一体化的大系统,并运用信息时代的军队创新方法,提高军队创新体系在军队信息化建设领域中的创新能力。”“军队信息化建设,是在人类文明走向信息社会或信息时代的过程中,在信息化战争需求的牵动下,利用信息革命的成果武装军队,使军队能实时获取信息、实时处理信息、实时传输信息、实时利用信息、实时准确攻击目标,最终建成信息化军队的活动。”

信息化由“四大要素”构成,即数字化、网络化、精确化和智能化。其中,数字化是条件,网络化是基础,精确化是目的,智能化是方向。它的本质是系统化,就是借助数字和网络,最大限度地发挥信息的“链接”“融合”“倍增”功能,实现人与武器、人与战场的最完美结合。信息化具体表现在三个方面:① 数字化的作战单元;② 网络化的子系统;③ 子系统的综合集成。

从广义上讲,军队信息化内涵十分宽泛,几乎涉及了军队建设的所有方面和各项工作,这就导致了全军目前对军队信息化内涵的不同理解。目前,军队信息化主要包括:① 从战斗力构成要素看,军队信息化包括武器装备信息化、军事人员信息化和体制编制信息化;② 从军队工作看,主要包括军事、政治、后勤、装备工作的信息化;③ 从军队构成要素看,包括军事理论、军事技术、体制编制和后勤保障等信息化。此外,比较常见的是以国家信息化体系的六要素为参考,而提出的军队信息化六要素说。

武器装备信息化(建设)是军队信息化建设的物质前提和关键。目前,学术界对武器装备信息化的表述也尚未统一。总结已有研究成果,分析武器装备信息化特点,可以认为:武器装备信息化,是指采用先进的信息技术,开发相关的信息资源,广泛应用于武器装备建设各个方面,提高武器装备的整体作战效能,增强战斗力,加快武器装备现代化的过程。它要求不断提升武器系统的信息获取、传输、处理、存储、共享、管理、分发、对抗能力及其数字化、智能化、网络化和一体化水平,并通过军事信息系统实现指挥控制、情报侦察、预警探测、综合通信、信息对抗等功能与武器系统的交联,提供可靠的信息保障、智能化的决策支持和有效的指挥控制,为最终形成军事优势服务。

武器装备信息化,是一个涉及武器装备建设全局的综合性问题。武器装备信息化建设包含两大要素:

(1) 装备体系的信息化,主要包括主战装备信息化、信息装备武器化、武器与军事信息系统一体化、信息基础设施网络化以及信息化技术基础(含军用元器件、军用计算机等)等。其中,主战装备是物质基础,信息装备是特种手段,综合电子信息系统是“黏合剂”和“倍增器”,国防信息基础设施是关键支撑,技术基础是重要保障。

(2) 装备建设环境的信息化,包含相关的装备理论创新、编制体制改革、人才培养、保障装备发展、设施建设、法规制度建立与完善等内容。

(四) 信息化武器装备

自从美国军事理论家汤姆·罗那在 1976 年首次提出“信息战争”概念以来,人们就开始了对信息化武器装备的思考,并陆续提出了电子战装备、网络战装备、信息作战武器、数字化装备、电子信息装备等概念。这些概念反映了人们对信息化战争所需要的武器装备某一阶段和某一侧面的认识,对推进信息化武器装备建设与发展,深化人们对信息化战争及其武器装备的认识发挥了重要作用。

对信息化武器装备建设实践进行具体分析，是确立科学的信息化武器装备概念的重要基础。

从历史上看，信息化武器装备作为装备发展的一个重要历史时期，大体上经历了两个重要的发展阶段：

第一阶段是在19世纪中叶，电磁电报机出现，直到20世纪70年代中期，这一时期的突出特点是信息装备功能的单一化，集中表现于一种装备只能完成信息工作的某一特殊任务。如二战期间的各种型号的干扰机、发射机、干扰箔条，以及越南战争期间美军装备的各种干扰吊舱等。

第二阶段大体是20世纪70年代中期以后，具有一定综合功能的信息装备系统产生。尤其是20世纪80年代末以来，信息装备发展的一个突出特点是，由信息装备的单项装备、分立系统逐步转向综合集成和一体化的新阶段，其重要标志是CISR系统和综合电子系统等概念的确立和相应装备的产生和发展。

尤其是海湾战争以来，以美国为代表的西方发达国家所推进的军队转型的实践活动，使信息化武器装备系统比较完整地呈现出来。美军认为，信息化战争主要包括两个重要方面：① 经常性军事信息活动；② 信息战（攻击与防御）。

在经常性军事信息活动中，其主要任务是收集情报、监视与侦查，精确导航和定位，气象行动，公共事务行动。在信息战中，一方面是进攻性信息对抗活动，主要进行心理战、电子战、军事欺骗、物理攻击、计算机网络攻击和公共事务行动；另一方面是防御性信息对抗行动，主要包括作战安全、信息保障、计算机网络防御、反欺骗、反情报、公共事务、反宣传行动和电子防护。在这个意义上，有利于实现上述任务的装备，都可看作是信息化武器装备的组成部分。

通过对信息化武器装备建设实践的分析，可以得出以下几点结论：

（1）信息化武器装备是一个历史发展的概念，不仅包括信息化阶段的信息战装备，也包括机械化阶段的电子战装备；不仅包括现阶段的信息作战装备，也包括未来发展的信息作战装备。

（2）信息化武器装备是与信息化战争紧密相关的，从一定意义上说，提出信息化武器装备的概念，只是为了适应信息化战争的需要。

（3）从信息化武器装备的关系属性来看，发展信息化武器装备的核心在于造成“于一方有利的不平衡状态”，使得己方具有收集、处理和传送不间断信息流的能力，同时利用或阻止敌方实施相同的能力。

（4）美军所理解的信息化武器装备，不仅包括电子信息装备，也包括传统意义上的机械化装备（只不过更需要大量运用电子信息技术）。其中，物理摧毁常被理解成“利用作战力量摧毁或削弱敌方部队、信息源、指挥和控制系统、设施，它包括来自地面部队、海军和空军的直接与间接火力，以及特种作战部队的直接行动”。

综上所述,信息化武器装备,是指信息技术在装备技术构成中占主导地位,信息要素在作战行动中支配物质、能量要素的效能发挥,具有较高信息获取、传输、处理、存储、共享、管理、分发、对抗能力及数字化、智能化、网络化和一体化水平的武器、武器系统和军事技术的统称。

对信息化武器装备内涵的理解应把握以下两个问题:

(1) 信息化武器装备是复杂的技术系统,是当前装备发展的最高级装备形态。它着眼于装备系统的整体功能而言,本身暗含着体系之意。体系中的个体是信息化武器装备的子系统,不能称其为信息化武器装备,只有系统整体才能被称为信息化武器装备。这样可以避免评价现代坦克、飞机等装备是否是机械化或信息化武器装备的尴尬。

(2) 信息化武器装备体系结构的核心是军事信息系统,信息化武器装备的各个子系统在信息网络系统的协调下有效运行。信息化武器装备的主战力量是各种信息化作战平台、精确制导弹药、信息战装备、一部分新概念新机理武器等软、硬杀伤力量,用于保障作战行动的各种信息化军事技术器材也是信息化武器装备的重要组成部分。由此,可将信息化武器装备分为信息化主战装备、军事信息系统和信息化保障装备三大系统。

(五) 信息化武器装备体系

武器装备体系是在国家安全和军事战略指导下,按照建设信息化军队、打赢信息化战争的总体要求,适应一体化联合作战的特点和规律,为发挥最佳的整体作战效能,而由功能上相互联系、性能上相互补充的各种武器装备系统,按一定结构综合集成的更高层次的武器装备系统。主要包括全军武器装备体系、各军兵种武器装备体系以及面向特定军事应用领域的武器装备体系,如战略威慑装备体系、战略预警装备体系、信息支援装备体系等。

20 世纪 90 年代以来,我军从武器装备发展战略的高度,对武器装备体系相关问题进行了一系列的研究,2003—2005 年进行的“深化 2020 年前武器装备发展战略研究”,则进一步把发展信息化武器装备体系明确为研究的主题。信息化武器装备体系是信息时代武器装备体系的具体表现形式,是武器装备体系发展的高级形态。

1. 信息化武器装备体系的内涵

目前,对信息化武器装备体系这一概念使用得多、界定得少。军事科学院王保存教授认为,信息化武器装备体系是建立在国防信息基础设施之上的各种信息化武器系统和技术装备的总和,主要由精确制导弹药、信息化平台、军用智能无人系统、单兵数字化装备、军事信息系统或 CI 系统、新概念武器六大类装备构成。《中国军队第三次现代化论纲》中认为:“信息化武器装备体系是一个以信息为基础,以信息技术为支撑,以指挥控制系统为核心,以信息化、智能化为基本特

征,集软杀伤和硬杀伤为一身的一体化武器装备体系。"有的专家认为:"信息化武器装备体系,是由功能上相互联系、性能上相互补充、火力和信息力密不可分、软硬一体的各种武器装备系统,按一定结构综合集成的更高层次的武器装备系统。"

综上所述,信息化武器装备体系的基本内涵是:信息化武器装备体系各子系统,继承机械化武器装备体系的合理内核(如火力和机动力),遵循统一的体系结构框架,依托信息基础设施,以信息技术为主导,以信息系统为纽带而构成的高度整合的复杂巨大系统。信息化武器装备体系建设的方法是综合集成,信息化武器装备体系的核心功能是对人类体能和智能的双重扩展。

2. 信息化武器装备体系的功能特征

(1) 战场态势感知共享。感知共享是实现战场透明的前提条件,也是信息化武器装备体系进行体系对抗的基础。随着信息技术的飞速发展和广泛应用,信息化武器装备体系广泛采用部署在陆基、海基、空基、天基的各类光电、雷达、声呐探测系统,严密监视整个战场范围内的作战动态和打击目标,使得战场变得空前透明。同时,在信息网络和强大的信息处理与分发系统的支持下,使得各种探测系统、武器系统、指挥控制系统联系在一起,能够实现快速和大容量的信息传递和共享,实时高效地传输、处理、存储、分发、管理整个战场范围内的各种信息,使各级指挥机构、作战与保障部(分)队,直至每一个士兵都拥有共同的综合数据库、战场态势图和信息"高速路",从而在分级、按需共享信息和互联互通的基础上融为一体,实现战场透明、态势可视,清晰地显示敌、我、友的部署和行动,有效克服空间、距离对指挥控制和作战行动所造成的障碍,为各级指挥员和部队行动提供信息优势、决策优势和打击优势,从而获得战场的作战优势。

(2) 交战空间全维一体。机械化武器装备体系作战主要集中在陆、海、空三维空间内进行,彼此独立,配合较少。信息化武器装备体系的交战空间已经拓展为陆、海、空、天、电(磁)五维战场,各维作战空间需要相互配合,相互支援,任一维空间的作战都需要其他维作战空间的支持。空间和信息对抗的地位不断提高,陆上、海上和空中的作战都离不开天基和电磁空间的支援保障。同时,随着一体化联合作战的不断发展,三维作战空间对制天权和制信息权的依赖程度也会越来越大,各维作战空间的一体化趋势将更加明显。

(3) 软硬互补精确打击。在传统的武器装备体系中,由于武器装备的准确度不高,能量的释放缺乏有效的控制,因而只能采取面杀伤的方式实施火力覆盖,作战效能集中于物理域的实体摧毁。随着各类精确制导武器和信息对抗装备的发展,其精度不断提高,成本不断下降,可以在战场上大量使用,使得软硬互补的精确打击成为非接触、非线式作战的主要毁伤手段。

(4) 实时联动平行作战。在信息化武器装备体系中,各种作战力量在一体化信息网络的支撑下，借助先进的情报侦察和指控系统，各级作战单元可在第一时间掌握战场态势的变化，同步决策和行动，平行处置多种情况。通过各作战单元之间快速的信息流动，能够根据战场总体态势自主决定力量运用与协同方式，实现自适应协同和自同步行动，即在发现并确定攻击目标后，各作战实体能够着眼实现最佳效益，自主决定用什么力量，以什么方式遂行作战任务，从而使整个作战体系达到实时联动的作战要求，确保整体作战效能得到最大限度的发挥。

（5）系统配套精确保障。为适应未来信息化战场和信息化部队的需要，信息化武器装备体系中，保障装备与主战装备协调发展，在编制、模式、指挥控制方面体现出精确保障的特点。与机械化武器装备体系相比，信息化武器装备体系中的保障装备比例高，技术含量大。装备保障以信息流引导物资流、技术流，以达到适时、适地、适量、高质的保障效能，实现保障的即时化、综合化、精确化和经济性。例如，美军在伊拉克战争中，利用扫描器、射频标签、条形码、数据库及其依托的战术互联网，达到对各种保障资源的数量、种类、状态、位置及运输手段进行控制，实施“直达配送”和“伴随综合保障”，实现了装备保障的精确、高效。

二、信息化武器装备发展历程

要完整地、系统地认识一个事物，通常总得从事物的历史源头开始。研究信息化武器装备的发展历程，可以加深对信息化武器装备本质的认识，增进对信息化武器装备发展规律的理解，进而提高指导信息化武器装备发展的科学性和有效性。信息化武器装备的发展与信息技术的发展密切相关，按其功能特点，大致经历了四个时期。

（一）萌芽发展时期

这一时期大约从电报发明开始到一战结束。信息化武器装备萌芽于电报的产生及其战场运用。从有线电报电话到无线通信的跨越，人类就将作战空间扩展到电磁空间。电子战作为信息化战争的早期作战样式，对敌电子干扰行动最早发生于1904年的日俄战争期间。电报的发明成为武器装备利用信息要素的突破，此后直至一战结束，战场通信以有线为主、无线为辅，功能简单且单一。电子对抗形式主要是无线电侦察和干扰两种，限于技术水平，无线电侦察成为当时主要的电子战方式。如一战中的纽伦堡战役，德军截获了俄军的明码电报，获悉了俄军的战场分布，创造了以少胜多的重大胜利。

（二）单一功能发展时期

这一时期指从一战到二战结束，许多现代意义上的信息化武器装备开始出现，并伴随着战争迅速发展，如声呐、雷达、光学成像器材、无线电导航设备等信息感知定位装备都在这一时期产生。20世纪30年代，英、法、德、美开始进行雷达研究。德国在1930年已经有了入侵飞机早期报警系统，紧接着出现了船只报

警系统。20 世纪 40 年代中期，德国利用 600 MHz 的雷达系统，已能精确地指挥高射炮。英国则于 1937 年在其东南沿海建立了 20 个对空情报雷达站，为对付德军的空袭提供早期预警。由于雷达的贡献，在飞机数量上占劣势的英国挫败了德国空军的进攻，为扭转战局发挥了重要作用。二战时，还出现了野战电话机、交换机、电传打字机、传真机和调幅、调频无线电台等通信设备，但由于信息技术刚刚起步，它们的功能单一，性能落后，但它们在战场上发挥了不可估量的作用，表现出了巨大的应用潜力。

（三） 系统发展时期

这一时期指从二战结束到海湾战争，是各种信息化武器装备快速发展的时期：

（1）第一台电子计算机的发明开辟了信息处理的新时代。

（2）各种信息感知装备飞速发展。自 20 世纪 50 年代起，红外照相机、红外夜视仪、微光夜视仪和激光测距机先后装备部队，红外制导技术也应用于空空、地空导弹上。声呐技术进入了现代化阶段，在探测距离、多目标搜索与跟踪、测向测距精度等方面有了很大提高，并组成了反潜预警系统。雷达发展成为一个庞大的体系，其种类繁多、用途各异。例如，根据任务或用途可分为警戒和引导雷达、武器控制雷达、侦察雷达、航行保障雷达等。20 世纪 60 年代出现了预警机。

（3）航天技术的发展，出现了天基信息平台。1957 年，苏联成功发射了第一颗人造卫星后人们就开始研究天基信息平台。1961 年，美国成功发射第一代照相侦察卫星“萨莫斯”2 号。1965 年，美国发射了“晨鸟”国际通信卫星 1 号，苏联发射了“闪电”1 号，标志着天基信息传输平台进入实用阶段。

（4）20 世纪 60 年代以后，数据网和计算机网用于军事信息传输，提高了通信的自动化水平与快速反应能力。

（5）信息化弹药开始大量应用于战争。信息化弹药主要是指各种导弹、制导炸弹、制导炮弹、制导鱼雷等精确打击武器。二战时期，导弹开始出现，20 世纪 50 年代以后，导弹开始进入大规模发展时期，各种制导方式开始应用，如洲际导弹多采用惯性制导；地空导弹多采用雷达波束、无线电指令和半主动雷达等制导方式，使用电子管和模拟计算机；空空导弹多采用无线电雷达波束制导，有的采用红外制导；战略空地导弹采用惯性制导和复合制导；战术空地导弹多采用波束和有线制导；反坦克导弹开始采用光学瞄准的有线指令制导等。1960 年以后，激光制导炸弹出现。1972 年，美国在越南战争中大量使用了激光和电视制导炸弹。第一代反辐射导弹也投入战场，第四次中东战争中，各种导弹的作战效果惊人。1974 年，美国政府文件中第一次使用了精确制导武器（Precision Guide Weapons，PGM）。20 世纪 70 年代以后，信息技术的发展使小型化、低成本、高精度的制导系统研制成功，巡航导弹重新得到发展。海湾战争中，使用的精确制导武器基本上是20世纪70年代以来更新换代的产品。战争中,精确制导武器得到广泛应用。根据专家们计算,一枚PGM可替代30多枚普通型炸弹。这种弹药占整个投放量总吨重的10.9%,占发射导弹总数的7.6%。在海湾战争中,共投放了17 162枚PGM,相当于51 400枚炸弹。假如没有PGM,炸弹的数目就要增加3倍,炸弹的吨重要增加2倍,才能达到同样的效果。

(6) C^4ISR系统建设开始起步。20世纪60年代初,美军开始建设战略级和战术级全球军事指挥控制系统。在CISR系统起步期内,由于系统建设基本上是由各部门、各军种各自负责,分散进行的,采用的计算机技术是基于20世纪70年代的水平,系统存在许多缺陷,主要是三军系统不能互联、互通;系统综合能力差,不能提供准确的情报和作战毁伤评估;预警探测、指挥控制、情报处理速度慢;综合识别能力不够;采购、使用、维护和改进费用高,经济上难以承受等。

这个时期是信息化武器装备各系统的形成和完善时期,组成信息化武器装备体系的各个分系统功能上逐步完善、性能上不断提高,导致作战方式开始由单纯依靠武器装备的火力和机动力向信息化火力和机动力转变。这个阶段的一系列战争实践(越南战争、第四次中东战争、英阿马岛战争、以叙贝卡谷地战役、海湾战争、美军空袭利比亚等),使信息化武器装备大显神威并得到战争检验。各种军事电子信息系统的作用日益增大,电子战成为夺取战场优势的先导,信息战和网络战思想开始萌芽。但也暴露出了一些问题,如信息流通不畅,各个系统之间缺乏互联、互通机制,"烟囱林立",形成一个个相对闭塞的"信息孤岛"。

(四) 体系发展时期

这个时期是由分散的武器装备系统向综合一体化武器装备体系迈进的重要阶段。海湾战争以后,信息化武器装备发展主要体现在以下几个方面。

1. 军事信息系统一体化

一体化的C^4ISR系统是实现信息化武器装备系统综合集成的重要前提。从1989年开始,美军对其"烟囱"式的军事信息系统进行改革,重点发展一体化军事信息系统。1992年,美参联会推出了"武士"C^4I计划,该计划分为三个阶段:

第一阶段为快速确定阶段(1992—1995),主要是确定需求和方案,建立系统标准及互操作政策和条令。

第二阶段为中期阶段(1995—1997),主要实施过渡计划:① 把已有"烟囱式"系统中的170个系统通过转换器与现有基于互联网的国防信息系统网连接成联合网络,以满足过渡时期的需要。② 按"武士"C^4I计划要求,建设新的全球指挥控制系统。中期阶段着重发展联合C^4I系统和各军种C^4I系统的示范系统。

第三阶段为目标阶段(1997年至完成)。1997年,将监视(Surveillance)和侦察(Reconnaissance)与C^4I系统合并,并改写为C^4ISR,建成一体化的C^4ISR系统。它将战场信息获取与信息处理、传输和应用结合为一体,并隐含有电子战、信息

战的功能,形成了完整的综合电子信息系统。在阿富汗战争中,美军开创了利用无人侦察机实施火力打击的先例,指挥控制系统首次具备了杀伤的功能,因此理论界部分学者提出,应在 C^4ISR 系统中加上一个 K(Kill),才能全面地概括指挥控制系统的基本功能,即 C^4KISR 系统。

2. 新型国防信息基础设施网格化

全球信息网格或称全球信息栅格(GIG),是美军研制的新型军事互联网,是美军未来的国防信息基础设施,也是实现网络中心战,夺取信息优势和决策优势,并最终实现全面军事优势的物质基础。2001 年 7 月,在美国国防部呈交国会的《网络中心战》报告中,反复强调了全球信息网格是美军获得信息优势的前提和基础。该报告认为,只有在 GIG 的支持下才能遂行网络中心战,从而获得信息优势、决策优势,并最终获得全谱优势。在美军的规划中,GIG 的建设分为三个阶段:第一阶段截至 2003 年,主要按照已有的 GIG 初步设想对现有的网络和设施进行集成;第二阶段截至 2010 年,在各军兵种内部实现 GIG 的功能;第三阶段截至 2020 年,实现三军的互联、互通、互操作,完全建成全球性的信息网络。

美军已分别于 2001 年和 2003 年发布了《GIG 体系结构》1.0 版和 2.0 版,目前已处于实施阶段。美军希望军事网格建成后,比其他国家的军事能力领先 15 年以上。在 2003 年的伊拉克战争中,GIG 第一阶段建设的成效开始显现。包括后勤人员在内的 30 万大军的行动,已经表现出较强的协同性和适应性。

3. 武器装备作战平台信息化改造

作战平台信息化改造,不仅可以使武器平台具有强防护力、远航(射)程、高机动性和高隐身性能,更重要的是具备对战场信息的获取、传递、处理、再生和应用等能力,其结果是将机械化作战平台改造为信息化作战平台,使武器平台成为 C^4I 系统的一个作战节点。例如,伊拉克战争中,美军使用的 MI09A6“帕拉丁”自行榴弹炮、M270 多管火箭炮等,都是在原有火炮基础上加装了先进的火控系统和电子设备,从而使反应能力、生存能力、杀伤能力和可靠性有了大幅度提高。

4. 武器装备体系构成网络化

随着计算机网络技术的发展,信息化武器装备体系呈现出复杂的网络化结构特征,这不仅表现在信息化武器装备体系本身是一个网络化的结构,其不同层次的分系统也是一个复杂的网络。作战理论创新牵引武器装备发展。美军网络中心战理论的提出,加速了信息化武器装备体系向网络化发展的趋势。1997 年,美国海军首次提出“网络中心战”概念以来,网络中心战理论逐步引起国防部的高度重视。2001 年 7 月,美国国防部向国会呈交的《网络中心战》报告中阐述了网络中心战概念,介绍了美国国防部开展的各项网络中心战工作,对美国国防部发展网络中心战能力过程中的经验、教训进行了总结,并展望了今后网络中心战的发展思路;报告附件详细介绍了国防部所属各军种、各部门在发展网络中心战能力方面的设想、概念、方案、计划和有关的试验情况，并提出了相关的国防技术目标。该报告标志着美军对网络中心战已经达成初步共识，并将其作为夺取信息优势、实现国防战略转型、提高联合作战能力的重要手段。网络中心战与以往的平台中心战的最大区别是它的网络化作战结构，按功能可把整个作战网络分为三个互连、互通的网格：传感器网、交战网和信息网格。

迄今为止，美军的网络中心战还处于不断探索、发展和完善之中，需要相当一段时间才能成熟。在阿富汗战争和伊拉克战争中，美军对网络中心战进行了一定程度上的检验，其表现更加坚定了美军推行它的信心。可以看出，从伊拉克战争至今，美军正在加紧其 C^4KISR 系统、GIG 系统和新型作战平台的信息化建设，加大关键技术的投资力度，网络化的信息化武器装备体系建设已经成为美军未来军事转型的物质基础。

三、信息化武器装备对作战的影响

信息技术的飞速发展和广泛应用，已经并正在军事领域引起一系列革命性的变化，其中最直接、最突出的变化，是大量信息化武器装备登上了现代战争舞台，对作战行动产生了巨大的影响。概括起来，主要表现在侦查立体化、打击精确化、反应高速化、防护综合化、控制智能化五个方面。

（一） 侦察立体化

在传统战争中，由于受科技与装备发展水平的限制，“眼观六路观不远，耳听八方听不全”。随着信息技术的飞速发展和广泛应用，情况发生了本质的变化。现在，从大洋深处到茫茫太空，布满了天罗地网式的侦查监视系统：水下的声呐，能够偷偷地寻觅军舰和潜艇的踪迹；地面的传感器，能够警惕地注视人员与车辆的动静；至于空中的侦察飞机、天上的间谍卫星，则更站得高看得远。

侦查是打击的前提。从一定意义上讲，高水平的侦查监视技术本身就是一种威慑力。为了对毁伤效果进行有效的评估，美军要求每隔 72 h 把战区照片更新一遍。从一定意义上讲，侦查能力的差异性，决定了交战双方的不平等性，美国参联会原副主席欧文斯说，如果交战的一方可以一天 24 h，仅以 30 s 的延迟，在各种气象条件下，透过云层，在 10 m 的误差以内非常精确地看到另一方，而他的对手则不能，他一定会赢。

（二） 打击精确化

衡量武器装备的优劣，打击力是首当其冲的要素。传统的武器装备，由于对能量的释放缺乏有效的控制，准确度不高，往往片面追求唯大、唯多和大规模杀伤破坏。信息化武器装备，强调在“精”字上做文章。所谓“精”，就是要能够“攻其一点，不及其余”，尽量不引起不必要的附带毁伤。

正因为精确制导武器有如此的奇效，所以世界各国竞相研制和发展。20 世

纪70年代,时任美军防务计划与工程项目领导的前国防部部长佩里,曾经提出过著名的“三能力”:看的能力——发现战场上所有高价值目标;打的能力——能直接攻击每个所看到的目标;毁的能力——“打就能中”,毁伤所攻击的每个目标。30年后的今天,美军的武器装备已经基本达到了上述要求,而其他国家也正在向这个方向努力。

(三) 反应高速化

虽然历来“兵贵神速”,但因为受技术条件的限制,传统武器装备常常“欲速不达”。在现代战争中,由于充分利用了信息技术的成果,真正做到了机动快、反应快、打击快、转移快。

在部队机动速度大大加快的同时,现代武器从发现目标到攻击目标的反应时间也大为缩短。当前,计算机控制的火控系统,能在1.6 min内操纵4门火炮摧毁35个分离的目标,而在15年前,摧毁这些目标需要2 h;1个空中突击旅(由1 900名士兵和84架直升机组成)的战斗力,相当于拥有1万名士兵和500辆坦克的装甲师。在信息化战争中,“被发现就意味着被命中”,有些目标在炮击开始10~15 s后就可能隐蔽起来,因此要求发射准备时间和反应时间要尽量缩短。由于微电子技术和计算机技术的发展,使得从定位定向、跟踪目标、计算射击诸元、气象修正、调整火炮方向和高低直到补偿倾斜等都正在或即将实现自动化,从而使火炮到达阵地后做好射击准备的时间缩短为60 s,同时还提高了精度;而发现目标到发射炮弹的反应时间也相应减少到5~8 s。

(四) 防护综合化

“保存自己,消灭敌人”是一切战争的共同原则。由于现代侦察、监视和探测手段具有全方位、全频谱、全天候、全时辰的特点,进攻一方如果不能有效地保护自己,就可能出现“发难者先遭难”的结局。当一架战斗机在重要地区300 m以上高度飞行时,可能受到800~900部雷达的照射,其中可能有300~400部雷达以600~700个不同频率的波束进行搜索,有30~40部雷达跟踪飞机。如果再加上光电探测设备的威胁,战场电磁环境必将更加复杂。这对飞机、导弹等进攻性武器是一个严峻的挑战。在这种情况下,防护的地位显得特别重要。

战争本来就“好比是一个未经航行过的、充满暗礁的大海,统帅可以凭智力感觉到这些暗礁,但是不能亲眼看到,并且要在漆黑的夜里绕过它们”。而信息技术的广泛应用,又使现代战场环境变得更加复杂。为了赢得胜利,交战双方总是力图通过各种手段获取对方的情报。现代先进的探测技术为侦查提供了科学的千里眼、顺风耳,而隐身与反隐身技术又可使被探测一方采用“障眼法”金蝉脱壳。道高一尺,魔高一丈,斗智斗勇,循环无穷。以信息技术为基础发展起来的信息化武器装备,将使未来战争更加有声有色。

（五） 控制智能化

现代高技术的发展，使武器装备的射程、威力、精度都几乎达到了各自的极限。交战双方的差别，在很大程度上取决于它们对部队指挥和武器控制的水平上。要想驾驭信息化战争，单靠传统的指挥手段已经远远不够，必须借助于信息技术。美国海军之所以在 1998 年提出“网络中心战”的概念，就是考虑到在未来战争中海军要打击从海上、空中到岸边直至内陆纵深数千公里范围内的目标，还要为海军陆战队和陆军提供火力支援。传统的平台中心战难以适应，必须利用信息技术，把作战部队及其作战平台、作战支援部队，以及轨道上的军用卫星联系起来，实时提供完整的战场空间态势信息，以便先敌采取行动，实施精确打击、联合作战。

近年来，美军不惜耗费巨资，加紧建设“全球信息栅格”，其主要目的就是要把世界各地的美军官兵连接起来，在未来的信息化战争中，及时提供联合作战所必需的数据、应用软件和通信能力，以获取信息优势和决策优势。按照美军参联会下属联合参谋部向国会正式提交的报告，“全球信息栅格”将同时具备 4 种基本功能：计算能力、通信能力、信息表示能力和网络操作能力，实现在全球范围内，把涉及信息收集、处理、存储、分发的各种军用信息系统，连接成一个公共的“诸网之网”，使信息得以畅通、及时地流向任何需要它的用户，以至于一名野战士兵通过全球信息栅格就可以获得以前连高级指挥官都难以获得的态势信息，从而实现指挥的智能化。

四、信息化武器装备发展趋势

在世界新军事变革条件下，各国都在积极开展武器装备信息化建设，以把工业时代的机械化武器装备体系逐渐改造成信息时代的信息化武器装备体系。各类信息化武器装备的发展趋势简述如下：

（一） 信息化作战平台发展趋势

信息化作战平台，是指装有大量电子信息设备、与 C^4I 系统联网的坦克等装甲车辆、火炮与导弹发射装置、作战飞机与直升机、水面舰艇与潜艇等各类武器的载体，其主要发展方向是隐形化、多功能化和无人化。

近年来，国外在隐形技术开发方面已取得了突破性进展，美国、俄罗斯、英国、法国、德国、瑞典等相继研制出隐形装甲车、隐形舰艇等多种隐形平台。为进一步提高平台的隐形性能，他们又在积极探索隐形的新原理、新技术，如主动隐形技术。采用主动隐形技术后，未来的作战飞机将既有更强的隐形能力，又具备高机动性能。外国专家预计到 21 世纪中叶，大部分主战武器装备将实现隐形化。

信息化作战平台的另一个发展趋势是多功能化。美国正在研制的“百人队长”级攻击型核潜艇，俄罗斯已造出原型机的 1-42 战斗机，英国、德国等正在设

计的智能坦克，它们都具有多种功能，能遂行多种作战任务。

世界主要国家都在大力开发信息化军用无人系统。军用无人系统又称“军用智能机器人”，是指能代替士兵遂行各种军事任务的机器，如卫星、导弹、无人机、无人车、无人水下系统、无人值守探测系统等。军用无人系统在战争中的作用越来越大，可遂行的任务越来越多。

（二） 信息化弹药发展趋势

信息化弹药也称为精确制导弹药，是指依靠自身动力装置推进，能够获取和利用目标所提供的位置信息，并由制导系统控制飞行路线和弹道，以准确攻击目标，直接命中概率通常大于50%的弹药。主要包括制导炸弹、制导炮弹、制导子母弹、制导地雷、巡航导弹、末制导导弹、反辐射导弹等。

在西方发达国家军队，信息化弹药的发展已经经历了三代，目前正在向灵巧型、智能型方向发展。智能型信息化弹药将情报、监视、侦察功能与火力打击能力融为一体，既能发现和快速跟踪目标，也能攻击和摧毁目标。

（三） 防空和反导武器发展趋势

由于在高技术局部战争中导弹与飞机唱主角，再加上导弹技术扩散很快，各国都十分重视发展防空和反导武器。

美国于1999年3月成功地试射了新型“爱国者-3”防空导弹。该型导弹作战效能高，在伊拉克战争中对伊军导弹的拦截率高达70%。美军的防空导弹正在向两个方向发展：① 中高空导弹主要用于反战术弹道导弹和高速固定翼飞机；② 低空近程导弹主要用于反直升机、无人机和巡航导弹。最终，美军将建成防空、反导及反巡航导弹的一体化防御体系。

（四） 信息化单兵系统发展趋势

各国军队的单兵装备正在不断向信息化方向发展。信息化单兵系统又称为单兵综合作战系统，是士兵在21世纪信息化战场上的个人装备，可实时地侦察和传递信息，具有人机一体化和多功能等特点，将大幅度提高士兵的信息、防护、攻击和生存能力。美国、英国、法国、德国、俄罗斯、以色列、澳大利亚等很多国家都制定了信息化单兵系统开发计划，以使配备这种装备的士兵成为未来信息化战场上“军事大系统”的节点。

信息化单兵系统包括头盔子系统、武器子系统、计算机子系统、防护服子系统、微气候空调子系统等。

（五） 空间战和信息战武器发展趋势

为了准备实施天战，很多国家特别是美国和俄罗斯都在大力发展天战武器系统。目前，美国、俄罗斯等正在研制或计划研制的天战武器主要有四种：

（1）用于干扰、破坏敌方航天器的反卫星武器，如地基与海基反卫星武器、机载反卫星武器和天基反卫星武器三种。它们既可利用直接碰撞动能实施硬杀伤,又可采用激光、微波、粒子束等定向能进行软杀伤,还可通过使用或喷涂化学物质等进行非致命性杀伤。

(2) 反导武器,主要有天基反导武器和地基、海基、空基反导武器。后三种反导武器是当前美国发展反导系统的重点,已逐渐成熟,不久即可用于实战部署。天基反导武器的发展较为迟缓,但优势很大,不仅可在全球范围内拦截导弹,还可在助推段实现高效拦截。

(3) 太空作战飞行器,这种可多次使用的飞行器,由自身的动力系统或航天飞机送入轨道,在轨道上停留数周至一年的时间,能执行多种作战任务,如作为动能或定向能武器平台部署、修理、回收己方卫星,破坏敌方卫星等。

(4) 空天飞机,它快速进入外层空间后,既可充当战时空间指挥所,又能遂行侦察预警及对陆、海、空、天重要目标进行攻击。

美、俄的天战武器可望在2020年开始进入部署阶段,并形成实战能力。

近年几场高技术战争表明,信息战武器已经成为战争中夺取信息优势的主战装备。信息战如电子战已不再局限于通信和雷达对抗的范围,而已扩展到指挥、控制、引导诸方面,成为系统对系统的对抗。因此,各国军队将更加重视研制新型电子战装备,使这种装备的多功能性、作用距离、软硬毁伤能力有显著提高。

在未来信息化战争中,网络战将成为信息战的重要样式之一。计算机病毒将是网络战的主要进攻手段。目前,美国、俄罗斯等国不仅在开发各种计算机病毒、逻辑程序、隐蔽程序等信息战攻击武器,还在研究远距离注入病毒的方式。

(六) 军事信息系统发展趋势

进入21世纪后,随着计算机的智能化以及通信、传感和其他信息技术的飞速发展,军事信息系统的发展方向可以概括为:① 由烟囱状的集中式结构向分布式结构转变,加强系统横向互通,建立智能化横向路由链路,以提高系统的可靠性、抗毁性和生存能力;② 向综合化、智能化方向发展,以提高系统的自动化程度和空地一体化程度,更好地发挥系统的整体效能;③ 向用于外层空间的战略防御系统和适用于信息化战争的移动式系统方向发展,而后者的发展将快于前者;④ 由单一军用系统向平战、军民两用系统方向发展,以扩展系统的增值服务和满足平时部队管理的需要;⑤ 与国家信息网络系统建设同步进行,或借用国家干线作为军事信息系统传输平台干线,以提高系统建设与使用效益;⑥ 向标准化、规范化方向发展,尽可能多地采用民用部件。

各国军事信息系统的发展呈四大趋势:

(1) 网络化。网络化的军事信息系统可使信息处理速度更快、信息处理容量更大,并将信息及时分发给所需用户,使官兵随时掌握战场态势,以满足作战指挥和各种作战行动对信息的需求。

(2) 综合化。不仅体现在指挥、控制、通信、情报向指挥、控制、通信、计算

机、情报、侦察、监视、精确火力打击等功能的扩展上，而且体现在同种功能系统的数据融合上。系统功能综合化的好处是能提高获取目标信息的实时性和准确性。

（3）三军系统集成化。各军种信息系统实现集成化，不仅可以减少系统的数量，而且能从根本上解决三军系统的互联、互通、互操作问题，从而满足联合作战和未来信息化战争的需要。

（4）侦察、通信、导航卫星化。这些功能实现卫星化后，有利于形成全天候、高分辨力、覆盖面大的侦察能力，远程、高速、大容量、大范围的通信能力以及精确的定位和导航能力。

（七） 新概念武器发展趋势

信息化武器装备体系的重要成员之一是新概念武器。新概念武器是指在工作原理、破坏机理和作战方式上与传统武器有很大不同，可大幅度提高作战效费比或形成新军事能力的高技术武器群体。目前，美国、俄罗斯等正在研制的新概念武器主要有以下三类：

（1）定向能武器。定向能武器主要包括激光武器、微波武器和粒子束武器。近 10 年来美国、俄罗斯等国都在积极发展激光武器，并取得了巨大进展，有的已接近战斗部署阶段。微波武器是利用定向发射的高功率微波束，破坏敌方电子设备或攻击敌方作战人员的一种定向能武器。粒子束武器靠高能强粒子束流的动能摧毁目标，目前尚处于探索阶段。

（2）动能武器。如动能拦截弹和电磁发射武器，它依靠高速运动的弹头或弹头碎片摧毁目标。电磁发射武器是动能武器中的新秀，它是利用电磁能或电热化学能产生推力，使弹丸或其他有效载荷获得动能的武器，主要包括电热炮和电磁炮。

（3）非致命武器。它是指使作战人员和武器装备失能、破坏最小化而专门设计的武器系统，又称为失能武器或非杀伤性武器，主要包括超级润滑剂、材料脆化剂、超级腐蚀剂、超级胶黏剂、动力系统熄火弹、激光致盲武器、次生武器、化学失能剂等。

第二节 信息化作战平台

要理解信息化作战平台的概念，首先要明确作战平台的概念。目前，对作战平台有两种理解：一种观点认为，作战平台是“现代各种武器系统中具有运载功能并可作为火器依托的载体部分，如坦克、步兵战车、舰艇、飞机等武器系统中除火器之外的部分”。另一种观点认为，作战平台是武器及其载体的统称，武器平台是武器的运载或投送工具。可以看出，第二种观点的武器平台与第一种观点的作战平台含义基本一致,第二种观点的作战平台定义更为合理。因为,作为战争的工具,把武器或火器与其载体结合在一起考虑更有实际意义。

因此,本书对信息化作战平台的定义是:信息化作战平台即信息化武器及其载体的总称。它包括信息化的坦克与装甲车、火炮与导弹发射装置、飞机以及直升机、舰艇等作战平台。信息化作战平台具有相互之间以及与指挥系统进行通信联络的数据链,以便于相互沟通信息,反映战场态势,接受作战命令;具有雷达、光电等传感器,用以探测敌方目标,为及时、精确的火力打击提供目标信息;具有侦查干扰和敌我识别设备,用以增强平台的自卫能力和识别能力;具有导航定位设备。

在信息化战争中,信息化作战平台与各种先进的打击系统结合在起,可以极大地提高武器系统的综合作战效能,对取得战争的胜利具有举足轻重的作用。根据信息化战争的需要,现在世界各国尤其是军事大国和强国都非常重视发展作战平台,尤其是信息化作战平台,注重提高作战平台的信息化程度。

信息化作战平台主要包括陆上作战平台、海上作战平台和空中作战平台等。

一、信息化陆上作战平台

陆上作战平台是地面武器系统的基础,其数量和质量状况决定着陆上作战能力。信息化陆上作战平台是陆军装备信息化的重要标志。当前,世界主要国家的陆上作战平台以信息化水平不断提高的第三代为主,构成了多代并存、高中低档相结合的陆上主战装备体系。随着信息技术的不断发展,更高性能的信息化陆上作战平台将更多地装备部队。

(一)信息化陆上作战平台概述

1. 信息化陆上作战平台的发展历程

信息化陆上作战平台主要包括坦克、步兵战车、装甲输送车、自行火炮车、导弹输送和发射车及指挥控制车辆等。陆上作战平台是陆上武器系统的基础,其数量和质量状况决定着陆上作战能力。在陆上武器中,主战坦克是主要的战斗兵器,可完成多种作战任务。

目前,陆上作战平台大都采用自行式车辆,且以履带式为主,少数采用轮式车。世界主要国家的陆上作战平台以第三代为主,并呈现多代并存的局面。

在信息化战争中,海、空军的装备越来越突出,在作战中的使用量也大大超过陆上作战装备。如在 42 天的海湾战争中,空袭整整进行了 38 天,陆军仅仅在最后的 100 小时才开进战场。而在科索沃战争中,以美国为首的北约虽然部署了陆上部队,但并未真正投入使用。这说明陆上作战平台的作用在下降,其主要原因在于作战效能不够,难以满足信息化战争条件下的战争需求。因此,陆军的装备必须不断地改革创新,要有新的发展,才能适应未来信息化战争的需求。这

是信息化战争对陆上作战平台提出的新挑战。

2. 信息化陆上作战平台的发展趋势

21世纪,陆战武器装备的发展重点是提高信息力、火力、生存能力和战场机动能力,实现标准化、通用化和系列化。近年来,世界各国调整了陆上作战平台的发展进度,加快对现有装备的改进和提高,其主要的发展趋势是:

(1) 在研制新一代陆上作战平台时全面应用先进信息技术。近年来,美、英、法等发达国家都在先期概念技术演示验证的基础上开始研究下一代主战武器系统,正将资金从传统平台的研制转移到发展信息化装备平台上。新的主战系统将发展成为以网络为中心的"系统之系统",即由侦察车辆、指挥控制平台、独立的火力压制系统、地面战斗与人员输送车辆以及用于支援作战的无人机等功能平台构成的大系统,集侦察、监视、目标搜索、火力打击、保障等功能于一体的"未来作战系统"(FCS)。

(2) 进一步提高机动性能。提高机动性能的重点是提高陆上作战平台的越野机动性、加速性和转向性。这些性能与平台的动力传动装置、操纵与悬挂系统的性能水平、单位功率、履带接地压力以及负重轮行程和发动机的加速性能等有关。其中,动力装置的发展趋向是:除继续改进增压、中冷柴油发动机外,燃气轮机的采用将逐步增多,功率有可能增至1 500 kW。还将进一步研究陶瓷绝热发动机,其与同功率的柴油机相比,体积与重量将减少40%,燃料将节约30%。而传动装置的发展重点是:设计先进的综合推进系统,采用电子操纵,增大功率密度(单位体积功率),达到结构紧凑、传递功率大、操纵维修方便等目的。此外,液气悬挂使用增多,并有可能出现主动式悬挂系统。为进一步提高作战平台的战场机动性,还提出在平台上建立战场管理信息系统,安装显示器,供乘员阅读地图信息,配设导航仪,明确敌我配置态势等。

(3) 进一步提高生存能力。较强的生存能力是保持战斗力必不可少的条件。由于现代探测技术的长足进步和精确制导技术的飞速发展,来自空中的威胁越来越大,对陆上作战平台的战场生存构成了严重威胁。因此,未来陆上作战平台将通过多种途径,全面系统地提高平台的防护性能。

(4) 发展系列化、通用化作战平台。系列化是根据某类产品或装备的使用需求和发展规律,按一定序列排列其主要性能参数和结构形式,有计划地指导产品的发展,以满足广泛需求的一种标准化方法。通用化是指将现有的或正在研制的具有互换性特征的通用单元用于新研制武器系统的一种标准化方法。未来将把导弹和火炮综合在同一辆装甲车上,便构成弹炮一体化武器系统,使坦克具有直射、间射和对空作战能力,"新型装甲作战平台(NGP)"装上不同的武器,就可以使之成为主战坦克、步兵战车或防空系统。

（二）信息化陆上作战平台对作战的影响

二战证明，陆军的坦克装甲部队作为陆上作战的中坚力量，对战争的进程和结局产生深刻影响，被视为“陆军战斗力的象征”。世界近期的几场局部战争，特别是海湾战争、伊拉克战争等表明，以坦克、装甲战车等为核心的信息化陆上作战平台仍然是陆军地面进攻作战的主要突击力量，是陆军地面近战的先锋和最终解决战斗的骨干力量。

1. 军队机动作战能力增强

20 世纪 70 年代以来，各国依靠信息技术等科学技术的进步，对坦克、装甲车的动力装置、传动装置、悬挂装置以及潜渡设备、导向设备等进行了较大的改进和发展，使坦克装甲车的最大行程、最大时速、越野时速和在各种不良天候及复杂地形上的通行能力有了很大的改善。坦克、装甲车机动性能提高，使日行军速度达 300 km 或 400 km，并可通过运输机装载坦克、装甲车实施快速空中机动。

2. 陆军纵深攻击能力增大

信息化陆上作战平台在空中力量的密切配合下，使高技术战争表现出大迂回、大纵深的特征。二战中那种靠坦克部队首先打开突破口，再进入纵深实施机动作战的情况已有很大改变。海湾战争陆上作战中，以美国为首的多国部队组成 5 个突击集团部署在科威特和沙特阿拉伯接壤的东、西线上，有 4 个突击集团在伊军正面实施佯攻和助攻，而由装甲师、机械化师组成的主攻突击集团在伊军右翼实施远距离、大范围迂回的纵深作战。通过大纵深的迂回、包围、穿插、分割，同时打击伊军全纵深，以破坏伊军的作战体系和作战计划，陆上作战仅 100 小时就宣告结束，在最短的时间内，获得最佳的作战效益，创下了战争史上的奇迹。

3. 战斗指挥和协同复杂

以坦克、装甲车为基本装备的信息化陆上作战平台，其内部分工复杂，专业种类多，技术性强，组织指挥难度大，要求高，增大了现代战斗指挥和协同的复杂性。现代战场情况瞬息万变，部队机动速度进一步加快，作战方式转换频繁，电子对抗能力提高，保持装甲机械化部队完整顺畅的通信系统，是能否顺利实施指挥、协同和遂行作战任务的关键。这就要求在战役、战术中，及时和不间断地指挥与协同，大大增加了其复杂性。

4. 战斗非线性特征明显

随着信息技术、电子技术、新材料、新能源及能量控制方式等广泛运用于坦克、装甲车辆上，坦克、装甲车监视和目标搜索系统的探测距离增大，分辨能力提高，夜间作战能力增强，加之坦克装甲车各种武器射程的不断增加，快速机动能力和防护能力的进一步提高，使地面战斗的战场范围空前扩大，交战双方将在前沿和后方、正面和翼侧同时或交错展开，形成“全纵深、全方位”的非线式交战形态。战场上双方交织、相互渗透，战场情况更加错综复杂、瞬息万变。交战双方

依靠坦克、装甲车的快速机动能力，更加主动频繁地实施机动，从而使战场前后方概念明显淡化，战场日趋不规则。

二、信息化海上作战平台

海军是以舰艇部队为主体，在海洋空间遂行作战任务的军种。在海洋占表面积71%的地球上，海军无疑在战争中具有重大的作用。世界军事强国无不发展先进的信息化海上作战平台，以保持强大的海军力量。在高技术的催化下，新型舰艇大量涌现，海军战斗力不断增长。

（一）信息化海上作战平台概述

1. 信息化海上作战平台的发展历程

海上作战平台主要指在海洋进行战斗活动的舰艇，主要用于海上机动，进行战略核突袭，保护己方或破坏敌方的海上交通线，进行封锁或反封锁，参加登陆或抗登陆作战和打击攻击作战。信息化海上作战平台的技术复杂、知识密集，集中反映一个国家的工业水平和科技最新成就。信息化海上作战平台是指包括水面舰艇和潜艇在内的各种作战舰艇，是现代海军最主要、最基本的装备。

（1）水面舰艇。水面舰艇是海军编成中历史最悠久的兵种，而且在很长时间内曾经是海军的唯一兵种。海军在维护海上交通线的安全、反潜、开展水雷战以及遂行日常的巡逻警戒、护渔护航等战斗勤务中，均离不开水面舰艇。世界各国水面舰艇无论是在吨位上，还是在装备的数量上，均占其海军编成中的第一位。信息化水面舰艇包括航空母舰、巡洋舰、驱逐舰、护卫舰、高速攻击艇、水雷战舰艇、两栖舰艇以及军辅船等。

① 航空母舰。二战后，由于直升机和垂直/短距起降飞机、精确制导武器、自动控制技术、核动力等在舰船上的应用，航空母舰更加适应现代战争的需要，成为衡量一个国家海军是否强大的重要标志。二战之后，美国一共发展了五级航空母舰，经过了从常规动力航空母舰到核动力航空母舰的发展历程。

② 巡洋舰。巡洋舰是一种比驱逐舰排水量大、武器多、威力强，在远洋作战中起骨干作用的大型军舰。二战后，各国重新设计了为数不多的新型巡洋舰，如美国的“长滩号”、法国的“贞德”号等，并对老式巡洋舰进行了现代化改装。到20世纪60年代末和70年代初，先后出现了导弹巡洋舰和反潜巡洋舰，它们普遍装备直升机，有些采用了核动力装置，如美国的“班布里奇”号、“加利福尼亚”号等舰。20世纪70年代以来，由于有些大型号导弹驱逐舰的防空、反潜等的作战能力已接近导弹巡洋舰，因此促使后者更加趋向于增强其对海、对岸的突击能力，如美国的“提康德罗加”级导弹巡洋舰，除装备先进的防空、反潜武器系统外，还装备了更多、更新的反舰或对陆上目标攻击的导弹。

③ 驱逐舰。驱逐舰是一种以导弹、火炮、鱼雷等为主要武器，具有多种较强

作战能力的中型水面战斗舰艇。二战后,驱逐舰最突出的特点是导弹和直升机成为它的主要武器,还出现了装有核动力装置的驱逐舰。

④ 护卫舰。护卫舰是以导弹、舰炮和反潜装备为主要武器的轻型战斗舰艇,是海军主要水面舰种之一。它一般比驱逐舰吨位小、武器弱、航速低,但机动性好、造价低。20世纪五六十年代,护卫舰在航速、武器和电子设备等方面有较快进展。现代护卫舰以导弹和直升机为主要武器,有的护卫舰已发展为小型驱逐舰,如美国海军的"诺克斯"级、"佩里"级,其基本使命与驱逐舰无多大差异,只是反舰和防空的武器数量威力稍差,续航力小,但反潜能力一般都很强。

⑤ 两栖舰艇。两栖舰艇用于运输和遣送登陆兵及其技术装备上岸的军舰,亦称登陆舰艇。由于二战中有实施登陆的需求,美、英等国开始建造两栖舰艇,到战争结束时已经拥有各式登陆舰上千艘。冷战时期,登陆作战的需要和两栖作战战术研究的发展,导致了两栖战舰的迅速发展。特别是20世纪70年代初以来,美国、俄罗斯、法国、意大利、英国、荷兰、日本等国家都很重视开发和建造两栖舰艇,如美国的两栖通用攻击舰"黄蜂"级等。

(2) 潜艇。潜艇是一种既能在水面航行,又能潜入水下,并且能够在一定深度范围内进行机动作战的战斗舰艇。由于信息技术等各种高技术在潜艇上的运用,使现代潜艇的技术、战术性能和作战能力有了显著的提高。现代潜艇包括弹道导弹核潜艇、攻击型核潜艇和常规潜艇。

① 弹道导弹核潜艇。弹道导弹核潜艇是指装备弹道导弹的核潜艇。所装备的导弹通常称为潜艇发射的弹道导弹或潜地弹道导弹。美国于1959年建成了世界上第一艘弹道导弹核潜艇,起步最早,技术水平最先进。

② 攻击型核潜艇。攻击型核潜艇是采用核动力装置推进,以鱼雷和战术导弹作为进攻性武器的核潜艇。目前,世界上除中国有核潜艇外,美国、俄罗斯、英国、法国拥有攻击型核潜艇。美国发展攻击型核潜艇起步最早,技术水平始终居世界领先地位。从1954年第一艘攻击型核潜艇—"鹦鹉螺"号服役开始,美国已发展了六级批量生产的攻击型核潜艇,分别为"鳐鱼"级、"鲣鱼"级、"长尾鲨"级、"鲟鱼"级、"洛杉矶"级、"海狼"级,正在打算发展新一级攻击型核潜艇。

③ 常规潜艇。常规潜艇是由常规动力推进的一种既能在水面航行,又能在水下隐蔽活动的战斗舰艇。近年来,局部冲突时有发生,常规潜艇在局部战争中有明显优势。各国海军十分重视常规潜艇的发展,德国、法国、俄罗斯、意大利、瑞典等老牌潜艇建造国争先推进新一代常规潜艇的开发,以增强海上军事实力。

2. 信息化海上作战平台的发展趋势

(1) 水面舰艇的发展趋势。随着高新科技的发展和海上作战的需要,水面舰艇将向着大吨位、远续航力和提高综合作战能力的方向发展,使之在现代海战中充分发挥"基本兵种"的作用。据目前掌握的资料分析,水面舰艇的发展将主

要集中于以下几个方面。

① 研制新型导弹发射装置,提高水面舰艇的作战能力。各种类型的舰载导弹是水面舰艇的主要攻防武器。导弹的携带数量是构成水面舰艇作战能力的主要因素。水面舰艇以往采用的臂式发射架、箱式发射架等较为笨重,占用空间大,战斗使用也不够简便,限制了舰艇携带导弹的数量。随着导弹垂直发射技术的研制成功,新型导弹发射装置采用井式结构,每艘舰艇可携带近百枚或上百枚各型舰载导弹,从而极大地提高了大中型舰艇的海上作战能力。

② 采用新型动力装置,提高水面舰艇的机动能力。动力装置是水面舰艇的"心脏",其性能决定了水面舰艇的机动能力。采用新型动力装置,提高水面舰艇的机动能力,是水面舰艇发展上的一个重要方向。目前,水面舰艇采用的动力装置有核动力装置、蒸汽轮机动力装置、内燃机(主要是柴油机)动力装置和燃气轮机动力装置。其中,燃气轮机动力装置是一种新型动力装置,越来越多地在各型水面舰艇上采用。

③ 采用隐形技术,提高水面舰艇的隐蔽性。机动能力弱,隐蔽性差,易被发现和遭到攻击,是水面舰艇主要的弱点。提高水面舰艇的隐蔽性,实质上就是提高水面舰艇的生存能力。随着隐形技术的发展和其在水面舰艇的广泛应用,这个弱点可望得到解决。

④ 研制新船型。船型是一种船舶区别于其他不同类型船舶的特征综合。开展对船型的研究,探索适合建造各种水面舰艇的新船型,对水面舰艇的发展具有深远的战略意义。

(2) 潜艇的发展趋势。随着高技术的广泛运用,潜艇将向着进一步提高潜艇的水下机动能力、水下搜索目标能力、水下攻防作战能力、水下隐身能力、反潜自导鱼雷的防御能力以及提高综合控制水平等方向发展。

① 提高潜艇水下攻击能力。提高潜艇水下攻击能力是潜艇装备发展的主要趋势。潜艇水下机动能力、水下搜索目标能力、导航定位精度和武器效能的提高以及降低潜艇噪声等,都能直接或间接地提高潜艇水下攻击能力。其中,提高武器效能可显著地提高潜艇水下攻击能力。增大自导鱼雷的射程、航速和自导距离,提高鱼雷武器系统的快速反应能力,能使鱼雷潜艇增大攻击距离,增加攻击机会,提高命中概率和潜艇攻击行动的隐蔽性,从而提高鱼雷潜艇的水下攻击能力。为提高飞航式导弹潜艇水下攻击能力,除了进一步提高潜射飞航式导弹的抗干扰能力和命中概率以外,将增大潜艇飞航式导弹水中段的航程,即潜艇发射的飞航式导弹,先在水中像鱼雷那样航行一段距离,然后跃出水面,飞向目标。这种导弹,能保持发射艇位置的隐蔽性,缩短在空中飞行的时间,使对方可用于抗击导弹的时间更为短促,有利于提高潜艇飞航式导弹的命中概率,从而提高飞航式导弹潜艇的水下攻击能力。潜艇装备的弹道导弹,将继续增大射程,提高命

中精度和突防能力。

② 提高潜艇隐身能力。提高潜艇隐身能力,是今后潜艇发展的一个重要趋势。潜艇噪声直接关系到潜艇的隐蔽性,并影响声呐对目标的探测效果,对艇员的健康也有不利的影响。因此,降低潜艇噪声成为发展潜艇装备的主要内容之一。事实说明,今后发展的方向将不再是一味降低噪声,而是朝“隐身潜艇”的方向发展。

③ 增强潜艇对反潜自导鱼雷防御的能力。在各种反潜舰艇和反潜飞机上,普遍装备反潜自导鱼雷,它是反潜兵力攻击潜艇的主要武器。因此,必须采取有效措施增强潜艇对反潜自导鱼雷的防御能力:第一,增大潜艇探测器材发现反潜自导鱼雷的距离,以便潜艇被反潜自导鱼雷攻击时,能及时做出反应;第二,装备各种干扰、模拟器材,使潜艇能对反潜自导鱼雷实施有效的干扰和欺骗。

④ 实现潜艇全面综合自动控制。随着电子技术和电子计算机技术的发展,利用计算机对潜艇各系统进行操纵控制及对各种数据进行处理与显示,将得到进一步的发展。潜艇现有的操纵控制系统、导航控制系统、通信控制系统、战术攻击控制系统、战略武器控制系统以及监视、环境控制系统将逐步实现自动控制。另外,还将实现各系统之间的直接联系,使信息逐步集中起来,最后实现潜艇的全面综合自动控制。自动控制程度的提高,将增强潜艇的快速反应能力,提高潜艇的机动能力、水下攻击能力和生存能力,减轻艇员的劳动强度,减少舰员人数,改善居住条件,从而进一步提高潜艇的战斗力。

(二) 信息化海上作战平台对作战的影响

信息技术等高技术应用于海上作战平台,极大地提高了海军的作战能力,给海上作战带来深刻影响。

1. 海上作战方式发生改变

先进的信息化海上作战平台,使现代海战不会再像过去那样,双方军舰列阵对垒,群舰交锋,集中火力,死拼钢铁,打海上阵地战。精确制导武器可以从飞机、舰艇和潜艇上发射,在远离目标的地方发起攻击,使巨大的军舰遭到毁灭性打击。在现代海战中,以小制大成为可能。

2. 作战进程和节奏加快

在信息化条件下,海战是高消耗的战争,战争双方都想尽快结束战争,尤其是装备优势的一方,将力争速战速决。先进的信息化海上作战平台为加速作战进程提供了前提。

3. 战场空间和范围扩大

先进的信息化海上作战平台可以进行远程奔袭、大范围机动、高速度远距离集结兵力,实施海、陆、空、天、电磁的全方位封锁,并可调用遍及全球的电子系统和卫星系统参战,其兵力展开之广是传统海战所远不能及的。

4. 战争发起的突然性增大

传统海战，从获取对方信息，完成战争准备，到战争的发起，往往需要经过相当长的一段时间。先进的信息化海上作战平台使海军的快速反应能力和机动作战能力大大提高，从而大大缩短了作战的准备时间。舰载和潜射导弹可以从任意海域在远离目标区的地方发起突然攻击。在构成武装力量的军种中，海军是唯一能够不受国界限制，迅速投送兵力，对敌国进行突然打击的军种，它能随时被派遣到没有永久基地的遥远海区独立作战。不但可以跨越国界作战，而且投送兵力规模大，成本低，易于实施突然袭击。

三、信息化空中作战平台

信息化空中作战平台是空军最主要、最基本的装备，也是海军和陆军的主要兵器之一，可以装载各种导弹、机炮、航弹、制导炸弹和电子战装备。它的机动性能好，突防能力强，能出其不意地发起攻击，给敌人以毁灭性的打击，有效地支援地面和海上的作战行动。信息化空中作战平台的数量和质量将对未来信息化战争的各个方面产生重大的影响。

（一）信息化空中作战平台概述

1. 信息化空中作战平台的发展历程

信息化空中作战平台作为空空和空地作战的主要技术装备和运载工具，主要有战斗机、轰炸机、歼击轰炸机、强击机、直升机、反潜巡逻机、侦察机、军用运输机、预警机、电子对抗飞机、空中加油机和军用教练机等。

（1）战斗机。战斗机又称歼击机，按其承担的主要任务可分为对空作战和对地攻击两大类。前者由格斗机（又称空中优势战斗机）和截击机组成；后者由战斗轰炸机（我国称歼击轰炸机）和攻击机（我国称强击机）组成。

自从1915年第一架专门用于空中格斗的战斗机问世以来，战斗机的发展经历了活塞式和喷气式两个阶段。20世纪50年代初，喷气式战斗机已经基本上取代了活塞式战斗机。从20世纪50年代出现第一代超声速战斗机，到现在已经发展到第四代。

（2）轰炸机。轰炸机是专门用于对地面、水面（下）的目标实施轰炸的飞机，是航空兵实施空中突击的重要力量。轰炸机按遂行任务的范围分为战略轰炸机和战术轰炸机。战术轰炸机因其自卫能力和机动性能差，从20世纪50年代中期起，各国已不再研制，而被战略轰炸机取代。从二战结束至今的50多年里，战略轰炸机共经历了三个发展阶段：第一阶段，20世纪40年代后期至50年代，轰炸机的推进动力全部改为涡轮喷气发动机；第二阶段，20世纪六七十年代，美国和苏联分别相继研制成功超声速战略轰炸机，它们都采用变后掠翼技术，具有高空超声速和低空高亚声速突防能力；第三阶段，20世纪八九十年代，美国又首先研制成功 B-2 隐身战略轰炸机，主要靠隐身实现高空或低空突防，其雷达反射截面只有 0.1 m^2。

(3) 预警机。预警机是一种集预警、指挥、控制、通信、情报功能于一体，起活动雷达站和空中指挥中心作用的作战支援飞机。预警机最早出现在二战后期。目前，国外预警机的发展大致经历了三代，并正在向第四代相控阵雷达预警机的方向发展。

(4) 运输机。军用运输机是运送人员、武器装备和其他军用物资的飞机，用以实施空运、空降和空投，以保障地面部队实施空中快速机动。按运输能力分为战略运输机和战术运输机。

(5) 直升机。直升机是依靠发动机带动旋翼产生升力和推进力的航空器。随着直升机技术的日益成熟，直升机的种类、型号也在不断发展，形成了一个庞大的直升机家族。按照用途，直升机可分为武装直升机、运输直升机和战斗勤务直升机三种类型。直升机真正用于实战是从 20 世纪 50 年代开始的，在朝鲜战争中美军用直升机运送伤员、给养，这一阶段直升机的主要特征是采用活塞式发动机，统称为第一代直升机。从 20 世纪 60 年代开始，直升机除担任侦察、运输等任务外，还担负起了空中突击和对地攻击两种新的作战任务，在此期间出现了空中突击直升机和攻击直升机。这一阶段直升机的主要特点是采用涡轮轴发动机，称为第二代直升机。越南战争后，各国发展了第三代直升机，装备有先进的电子设备、火控系统、夜视器材、通信导航设备、动力装置及武器弹药。目前，军用直升机正在向第四代隐身直升机方向发展。美国陆军正在研制的 RAH-66“科曼奇”侦察、攻击及空战直升机就是第四代直升机的典型代表。

2. 信息化空中作战平台的发展趋势

随着信息技术推动空中作战平台的不断发展，信息化水平的进一步提高，其发展趋势有如下几点。

(1) 更加注重多用途作战能力。今后战斗机发展都要求多用途化，在设计研制时就提出明确需求。因此，战斗机在无须改型的情况下，自身就兼有很强的对地攻击能力；若进行专门的改进，则对地攻击能力更强。“一机多用”或“一机多型”将成为战斗机发展的标准模式。同时，战斗机与攻击机的界限也将越来越模糊。

(2) 更加强调隐身性能。现役的战斗机 F-22、轰炸机 B-2A、战斗轰炸机 F-117A 等都具备了良好的隐身性能。目前，美国、俄罗斯正在研制的新一代作战飞机都十分强调隐身性能。美国军方考虑研制的军用运输机具有隐形特点，能向战区运送部队、军事装备以及大规模毁灭性武器。新一代直升机将采用现代化的传感器和先进的复合材料技术以及各种吸波材料涂层，使其雷达反射截面、红外特征值减小，提高其隐身性能。

(3) 不断改进现役空中作战平台。战略轰炸机技术复杂,研制、采购和使用维护费用极为昂贵,一般中小国家无力涉足。美国现已装备有世界上最先进的轰炸机。在此期间,为适应未来战争的需要,许多国家(地区)和组织正在着手对他们的预警飞机进行改进。美国空军、北约组织和英国目前正在实施 E-3 预警飞机雷达系统改进计划,通过提高脉冲多普勒雷达灵敏度、采用高可靠性新型处理机和重新修改软件等,提高探测、跟踪小目标和隐身目标的能力。

(4) 无人作战平台向实用化方向迈进。无人机的造价低,隐蔽性能好,生存能力强,而且不受人的生理条件限制,在现代战争中有广泛的用途。采用高技术研制新型的无人机将是空中作战平台今后发展的一个重要方面。正在研制自主式无人机和遥控机器人无人机除继续执行战场监视侦察、电子对抗、通信中继、战场运输、气象监测和模拟假目标等任务外,还可执行空战和对地攻击任务,其作用将越来越大。

(二) 信息化空中作战平台对作战的影响

信息化空中作战平台的机动性能好,突防能力强,能出敌不意地发起攻击,给敌人以毁灭性的打击,有效地支援地面和海上的作战行动。信息化空中作战平台将对战争的各个方面产生重大的影响。

1. 使空袭作战成为独立的作战阶段

信息化空中作战平台的发展可大大增强空中打击能力,使空袭作战的地位、作用更加突出。信息化空中作战平台可装载各种先进武器以及各种先进的火控系统、通信、导航、电子战系统和观瞄设备,可实施全空域、全方位、全高度、全天候和全天时的空袭作战,可实施“外科手术”式的打击。空袭作战已经成为独立的作战阶段。

2. 使空中战场的范围不断扩大

信息化空中作战平台的活动空间正在不断扩大。在高度上,正向超高空和超低空两极发展,特别是超低空,不仅直升机可以贴地飞行,高性能作战飞机的超低空飞行能力也有很大的提高。现正研制一种能贴近地面或水面飞行的新型飞机。在水平范围上,先进的空中作战平台采用大功率的发动机,航程远、作战半径大。如现代战略轰炸机的航程都在几千千米以上,最大可达 2 万千米。空中加油技术的发展使航程更远。空中战场范围的不断扩大以及空中作战平台留空时间的增长,使现代空中作战立体化更加明显,内涵更加丰富。

3. 为陆、海军增添了纵深打击的新手段

在信息化战争中,海军舰队依靠舰载空中作战平台,为海洋战区实施纵深打击提供了一种全新的作战手段,其效果已远远不是传统海战的火力所能及的。使用直升机实施纵深立体攻击,已成为现代陆战场纵深攻击作战的重要组成部分。随着直升机和其他远战兵器的发展,纵深打击不仅在战役范围内广泛使用,而且将普及到战术范围。

4. 使作战指挥的快速性及机动性提高

信息化空中作战平台不仅可以担负攻击和运输任务,同时还能执行侦察、预警、电子战、工程保障和指挥通信等多项任务。空中侦察较之地面侦察活动范围广、机动、快速,是战时情报的重要来源之一。先进的空中作战平台上都有电子对抗装备,使合成军队在作战行动中的电子对抗能力明显增强,对作战行动的进程乃至战争的结局产生重要的影响。利用直升机在空中快速撒布地雷,能在短时间内形成大面积雷区,克服了人工布雷的许多困难,提高了工程保障能力。空中作战平台可使指挥所、通信枢纽等随时实施空中转移,以保证作战指挥的不间断性和及时性。空中作战平台还可用作自动转信站,可敷设通信电缆、运送通信设备等,使合同战斗的指挥与通信保障能力得到明显的提高。空中作战平台能在短时间内迅速地向地面运输工具难以到达或根本无法到达的地区的战斗部队运送食品、武器、弹药和其他物资,还可及时运送伤病员、回收战损的武器装备,在加强后勤保障方面发挥了重要的作用。

第三节　综合电子信息系统

一、电子对抗技术

(一) 电子对抗的含义

电子对抗也叫电子斗争或电子战,是指敌对双方使用电子技术设备和器材所进行的争夺电磁波控制权的斗争。

(二) 电子对抗技术的分类

电子对抗主要包括电子侦察、电子进攻、电子防御。电子侦察包括支援侦察和情报侦察,电子进攻包括电子干扰和反辐射摧毁,电子防御包括反侦查、反干扰和反摧毁。而按对抗的对象不同,则可分为通信战、雷达战、光电战、导航战、制导战、敌我识别战、C^4KISR 系统战和计算机战等。

电子战的实质,是敌我双方利用电子战武器装备或器材,争夺电磁频谱的控制权。实施电子战的目的,是通过对抗设法使敌方的电子设备性能降低或完全丧失工作能力,造成通信中断、雷达迷盲、兵器失控,使敌人变成“聋子”和“瞎子”;同时保障己方的电子设备充分发挥“千里眼”“顺风耳”的作用,有效地控制各类兵器,为夺取战争的胜利创造有利条件。

（三）电子对抗技术在现代战争中的应用

1. 通信对抗

通信对抗是指通信领域的电子对抗，是敌对双方利用普通的无线电通信设备及专门的通信对抗设备，在无线电通信领域内进行的电磁斗争。它包括通信侦查、通信干扰、通信抗干扰等主要的对抗措施。通信对抗的主要目的在于：侦收破译敌方密码，获取敌方信息，获取通信的有关技术、战术参数，分析获取有关敌方兵力部署和作战意图的情报；使敌方通信系统在关键时刻暂时失效，从而造成敌方指挥系统的瘫痪状态，使其丧失关键性战机；通过采用各种可能的手段欺骗迷惑敌方，抑制敌方干扰，保证我方通信系统有效地工作。

（1）无线电通信侦查。

无线电通信侦查是电子侦察的重要组成部分，它是指运用专门的无线电侦查设备或普通的通信设备，对敌方各种无线电通信信号进行搜索、截获、识别、定位和分析，以获取有关情报的一种电子侦察。无线电通信侦查主要有侦听、侦收、测向与定位。

无线电侦听、侦收是通过侦察敌方无线电通信信号并直接从中获取有关情报的一种侦查方式。侦听接收的是电报、电台通话、有线电话等有声信号，侦收接收的是电传电报、传真电报和图像等无声信号。

无线电通信测向是利用无线电定向接收设备来确定正在工作的敌通信电台的方位。无线电通信定位，是利用至少两部配置在不同地点的测向机，同时对一部电台测向，将两个所测方位在地图上交会，从而确定被测电台的坐标的侦查方法。

（2）无线电通信干扰。

无线电通信干扰是指发射频率与对方通信信号相同或相近，而功率比较强大的干扰信号，致使敌方的无线电通信设备不能正常工作，从而扰乱对方的正常通信。无线电干扰有多种不同的干扰方式。

① 瞄准式干扰。瞄准式干扰是指用于干扰的载频与对方通信信号频率重合，频谱宽度基本相同，或略宽于对方，而功率明显强于对方通信信号的干扰方式。由于其干扰频率集中，干扰能量可全部用来压制敌方的通信信号，因而干扰信号的利用率高、干扰效果好。一般情况下，瞄准式干扰主要用于压制敌方作战部队的指挥通信以及前沿分队的重要通信。

② 拦阻式干扰。拦阻式干扰又称阻塞式干扰。干扰信号的频谱很宽，基本能覆盖敌方电台的整个工作频段。拦阻式干扰的优点是无须频率重合设备，也不用引导干扰的侦查设备，能同时压制频带内多个通信电台。但由于辐射能量要平均分配到频段内的各点，因而要求其发射功率比瞄准式大得多，同时也可能会干扰己方通信。

③ 扫频式干扰。扫频式干扰的频谱不宽,但频率在敌方电台的整个工作频段来回波动,从而以较小的发射功率干扰敌方整个工作频段所有电台的工作。这种方式正受到越来越多的重视和使用。

2. 雷达对抗

雷达对抗就是交战双方为保障己方雷达有效工作,并极力破坏对方雷达正常效能的发挥而进行的雷达侦察与反侦察、干扰与反干扰、摧毁与反摧毁的斗争。

(1) 雷达侦察。雷达侦察是指为获取敌方雷达的技术、战术参数而实施的电子侦察,其目的是实施警告和引导干扰或为摧毁敌方雷达提供坐标。所以,雷达侦察应该理解为对雷达信号的侦察。现代战场上、天空中布满了几百上千种各类雷达信号,飞机等各种军事装备在机动中时刻处于雷达的监视和探测之中。为了准确、及时地获取这些雷达信号是否对己存在危险,必须对其分析。这样的过程就是我们所说的雷达侦察,它在本质上与前面所介绍的雷达探测完全不是一回事。雷达侦察设备有以下三类。

① 雷达情报侦察设备。雷达情报侦察设备安装在飞机、舰船、车辆和卫星上,用来侦察敌方雷达的技术情报和敌方的军事情报。

② 雷达告警设备。雷达告警设备是一种安装在作战飞机、舰艇、装甲车辆上,用于截获、识别雷达信号并判断威胁程度,为己方提供实时告警的设备。它可及时发现敌雷达控制的武器系统的攻击,以便采取干扰、规避等技术或战术对抗措施。

③ 侦察引导设备。侦察引导设置用于获取敌雷达所在方位、工作频率等技术参数,然后指引干扰机在方向上和频率上对准敌方雷达实施干扰。

(2) 雷达干扰。雷达干扰是利用雷达干扰设备和器材,发射、反射、散射或吸收敌雷达波,扰乱或欺骗敌方雷达系统,使其效能降低或完全失效。雷达干扰分有源干扰和无源干扰两大类。

① 有源干扰。有源干扰是利用专门的干扰机发射干扰信号,以扰乱敌雷达的正常工作。有源干扰分为压制性干扰和欺骗性干扰。压制性干扰是指使用与敌方雷达频率相同的雷达,发射出功率更强的雷达波,使敌方雷达只能接收干扰信号而无法工作。欺骗性干扰是利用欺骗性干扰机发射或转发与目标回波信号相同或相似的假信号,使受干扰雷达分辨不清真假目标,甚至造成对假目标的跟踪。它分为距离欺骗、角度欺骗和速度欺骗。欺骗性干扰可以制造出大批假目标,以使敌方雷达屏幕上出现几十甚至上百个假的目标,使敌方无法准确判断并可能造成混乱,甚至贻误战机。

② 无源干扰。实施干扰时不是依靠干扰机施放干扰电波,而是利用无源器材来改变目标对电波的反射,改变电波的传播特性以破坏雷达对目标的发现和

跟踪,这就是无源干扰。无源干扰包括金属箔条干扰、角反射器干扰、吸收层干扰、假目标干扰。

(3)反辐射摧毁。反辐射摧毁是使用反辐射武器对敌方的雷达等电子设备实施火力摧毁,使其无法工作的一种最彻底的电子进攻措施。其基本原理是利用敌雷达等电子设备的电磁辐射,作为反辐射武器的制导信号,对雷达进行寻的、跟踪直至摧毁;或利用高能电磁脉冲,使敌雷达等电子设备元器件过载而烧毁。反辐射武器主要有反辐射导弹、反辐射无人机和高功率微波定向能量武器。另外,还有反辐射炮弹和反辐射火箭等。

3. 光电对抗

光电对抗是指敌对双方在紫外、可见光及红外光波段,利用光电设备或器材,通过光波传输的作用,截获、识别敌方正在工作的光电辐射源信息,并继而采取各种手段削弱以至破坏其光电设备的效能,同时保证己方光电设备正常发挥效能的技术措施等。

(1)光电侦查告警。光电侦查告警是利用光电技术手段获取并查明对方光电武器和侦测器材的工作状态、性能、配置、方向、技术特点等参数,以便及时提供情报和发出告警,为实施有效的规避和干扰进行准备。光电侦查设备目前最成熟的是光电告警设备,主要有红外告警设备和激光告警设备。红外告警设备是一种用实时探测、识别来袭目标的红外辐射信号,判断目标类型和威胁程度,并能迅速发出警报信号的光电设备。它主要由光学接收系统、红外传感器、信号处理器及显示告警装置等部分组成。其工作原理是光学接收系统把入射的光信号聚集成光束后,输送给红外传感器,红外传感器把光信号转换为电信号,信号处理器完成电信号的分析、判断后,用灯光或音响等方式向操作人员发出告警信号。激光告警设备是一种专门用来截获、测量、识别敌方激光信号,并实时发出告警信号的光电侦查设备。它主要由光学接收系统、光电传感器、信号和显示告警设备等部分组成,工作原理与红外告警设备类似。

(2)光电干扰。光电干扰是利用光电技术和光电器材,压制、欺骗和扰乱敌方光电设备,使其不能正常工作或完全失效。光电干扰分为有源干扰和无源干扰两类。光电有源干扰是利用己方光电设备或器材主动发射强光束或光波干扰信号,削弱、破坏对方的光电设备和器材正常发挥效能。有源干扰又可分为压制性干扰和欺骗性干扰,以干扰激光制导炸弹等。光电无源干扰是利用本身并不产生和发射光频辐射的器材,吸收、反射或散射对方光波的能量,以及人为地改变目标的光学特性等手段,使对方光电设备效能降低、失效或受骗。常用的方法有烟幕或水幕等遮障、涂料伪装、投掷光电干扰箔条、热抑制等。光电干扰设备主要有红外干扰机、激光干扰机和红外诱饵三种。

二、军用航天技术

航天是指人类及人造天体在地球大气层外宇宙空间的航行活动。航天的目的是探索宇宙空间、开发利用空间资源。航天技术是探索、开发和利用宇宙空间以及地球以外天体的综合性工程技术，又称空间技术。航天技术主要包括航天器的设计与制造、发射与回收、运行与控制及空间生命保障技术等。航天技术作为20世纪人类认识和改造自然进程中最具影响的科学技术之一，在给我们生活带来巨大改变的同时，也对当今世界以高技术运用为核心的新军事变革产生重大、全局、根本性的影响。正如美国前总统肯尼迪在1960年10月竞选美国总统时所主张的："哪一个国家能控制宇宙，它就能够控制地球。"

（一） 航天技术

航天技术的组成主要包括航天运载器技术、航天器技术和航天测控技术。

1. 航天运载器技术

航天运载器技术是航天技术的基础。要想把各种航天器送到太空，必须利用运载器的推力克服地球引力和空气阻力。运载火箭是最常用的运载器。

2. 航天器技术

航天器也称空间飞行器，它是指在太空沿一定轨道运行并执行一定任务的飞行器。航天器分为无人航天器和载人航天器两大类。人造地球卫星是数量最多的航天器。

3. 航天测控技术

航天测控技术是对飞行中的运载火箭及航天器进行跟踪测量、监视和控制的技术。为了保证火箭正常飞行和航天器在轨道上正常工作，除了火箭和航天器上载有测控设备外，还必须在地面建立测控（包括通信）系统。地面测控系统由分布在全球各地的测控台、站及测量船组成。

（二） 航天技术在军事上的应用

1. 军事航天运输系统

航天运输系统最基本的是运载火箭，可为太空战运载装备，向太空运送军用卫星、军用载人飞船、军用空间探测器等军用航天器。具有代表性的运载火箭有：美国的大力神4B型运载火箭，这是美国国防部发射大型军用载荷的主力火箭，主要发射大型军用侦察卫星、电子情报卫星、导弹预警卫星，起飞推力为1 512 t，低轨运载能力为21.55 t；俄罗斯的"能源号"运载火箭，它是世界上推力最大的火箭，起飞推力达3 483 t，低轨运载能力达105 t；中国的"长征二号E"型运载火箭，这是科研人员仅用1年半时间就研制成功的中国第一种捆绑式运载火箭，低轨运载能力为9.2 t。

2. 军事载人航天系统

军事载人航天系统主要有载人飞船、空间站、航天飞机和正在研制中的空天飞机。四种载人航天器在军事应用上既有共同点,也有不同点。

(1) 航天飞机。航天飞机是往返于地球表面和近地轨道之间,运送有效载荷的新型宇宙飞行器。它主要由轨道器、固体火箭助推器、外挂式燃料贮箱组成。美国是目前世界上唯一拥有实用型航天飞机的国家,它先后制造了 5 架实用型航天飞机。它们分别是"哥伦比亚"号、"挑战者"号、"发现"号、"阿特兰蒂斯"号和"奋进"号。其中"挑战者"号、"哥伦比亚"号航天飞机分别于 1986 年 1 月和 2003 年 1 月失事。苏联也曾经研制了一架名为"暴风雪"号的航天飞机,并于 1988 年 11 月 15 日成功地进行了不载人试验飞行。

(2) 载人飞船。载人飞船是保证航天员在空间轨道上生活和工作,执行载人航天任务并可返回地面的航天器。同时,它也是一种最小的载人航天器。除了具备航天飞机在军事上的应用外,它在军事应用上的独特之处在于:一是能与空间站对接后进行联合飞行,成为太空基地的组成部分;二是作为太空军事基地的轨道救生艇。中国的"神舟"号系列飞船就是一种典型的载人飞船。到 2016 年 10 月,中国的神舟飞船已经发展到"神舟十一号",进行过多次载人飞行。

(3) 空天飞机。空天飞机是军用航天飞机的简称,也叫跨大气层飞行器,是集航空技术和航天技术于一身,同时具有航空与航天两种功能的新型军用飞机。其与航天飞机相比有五大不同点:一是天地往返更为便捷;二是能在大气层和太空两个环境中飞行;三是运载能力达到 60 吨以上;四是运输费用更低,可降到一般航天飞机的十分之一甚至百分之一,并可重复使用;五是一种综合性的空天武器系统,可作为战略轰炸机、战略侦察机和远程截击机使用,能够从空间轨道上向地球任何地方发射导弹并返回地面,整个过程仅需约 90 分钟。有人预言:未来只要用 4 架空天飞机组成的航天机群就可以覆盖全球,足以完成对地球任何地方的军事行动,包括毁灭性的核打击。因此,空天飞机将是 21 世纪控制空间、争夺制天权的关键武器装备之一。目前美国已经完成了 X-37B 型空天飞机的试飞。

(4) 空间站。空间站又称为轨道站或航天站,是具备一定试验或生产条件的、可供航天员生活和工作、长期运行的大型人造地球卫星。对于军事应用而言,与航天飞机相比,它还是一艘不落的"航天母舰",是建立在外层空间的军事基地。2011 年年底组建完成的国际空间站由美、俄、日、加及欧洲空间局等 12 个成员共同参与。这是世界航天史上第一个由多国合作建造的最大空间工程。它结构复杂,站体庞大,预计总投资超过 630 亿美元。国际空间站的建造标志着载人航天活动又进入了一个新的发展阶段。中国也在积极进行空间站的试验和建造工作。2011 年 9 月,中国"天宫一号"空间实验室发射升空,同年 11 月 3 日,

"神舟八号"飞船与"天宫一号"成功交会对接。中国预计在2022年前后建成自己的载人空间站,其将成为中国空间科学和新技术研究实验的重要基地。

3. 军事卫星系统

军事卫星是以军事意图为目的的各种人造地球卫星的统称,是太空航天器中最多的一类,约占世界各国航天器发射数量的2/3以上。军事卫星系统主要有军事侦察(探测)卫星、导航卫星、测地卫星、气象卫星、导弹预警卫星等,构成了今天完整的军事卫星体系。

(1) 军事侦察卫星。侦察卫星是获取军事情报的人造地球卫星。它是发展最早、数量最多、应用最广的一种军事卫星。侦察卫星的特点很多,它侦查效率高,收集和传递情报速度快、效果好,生存力强,而且不受国界与自然地理条件的限制。

(2) 导航卫星。导航卫星是通过发射无线电信号,为空中、地面、空间和海洋用户进行导航定位的人造地球卫星。它作为一定范围内的位置基准和时间基准,可以为联合作战中各军兵种部队提供连续、实时、全球性的定位、导航、武器制导和授时服务,从而极大地提高了部队的作战效能。目前,世界上已经建成的卫星导航定位系统主要有美国的GPS系统、俄罗斯的"格洛纳斯"系统、欧洲空间局的"伽利略"系统和中国的"北斗"卫星导航系统。

① GPS系统。GPS系统即美军的全球卫星导航定位系统。美国军方于1973年开始研制与部署,1994年建成。它由28颗卫星组成,其中4颗作为预备,正常运行的只有24颗卫星。它的军用定位精度优于10m(指的是军用信号)。

② "格洛纳斯"(GLONASS)系统。"格洛纳斯"系统是俄罗斯于1995年建成的全球卫星导航定位系统。这个系统的定位精度较之于美国的GPS系统稍差一点,精度误差30~100 m。

③ "伽利略"系统。"伽利略"系统是欧洲空间局正在加紧建设的全球卫星定位系统。伽利略系统将由30颗卫星组成,卫星均匀地分布在高度约为2.3×10^4 km的3个轨道面上。据外电报道,该系统的定位精度比美国的GPS全球定位系统还要精确。它的建设,将彻底打破卫星导航领域长期以来由美、俄垄断的局面。

④ 中国"北斗"卫星导航系统。中国"北斗"卫星导航系统(Bei Dou Navigation Satellite System,BDS)是我国自行研制的全球卫星定位与通信系统,是继美国全球卫星定位系统(GPS)和俄罗斯全球卫星导航系统(GLONASS)之后第三个成熟的卫星导航系统。系统由空间端、地面端和用户端组成,可在全球范围内全天候、全天时为各类用户提供高精度和高可靠定位、导航、授时服务,并具短报文通信能力,已经初步具备区域导航、定位和授时能力,定位精度10 m,测速精度0.2 m/s,授时精度10 ns。至2020年3月9日,已发射54颗卫星。目前,北斗卫星系统已经对亚洲地区实现全覆盖。

北斗卫星现已经可以为世界各地的人们提供全球定位、导航、授时、短报文服务。可以预见,北斗卫星导航系统的建成,将进一步拓展我军导航及精确制导手段和方式,为实现强国梦和强军梦提供有力保障。

(三) 中国航天技术发展概况

中国航天事业的发展对提高我国的国际威望,形成当代世界战略格局产生了重大影响,而这重大影响的背后起支撑作用的是我国航天事业发展所取得的“五大成果”。

成果一:建立了一支优秀的航天技术队伍。1958 年 5 月,毛泽东在党的八大二次会议上提出:“我们也要搞人造卫星。”1968 年 2 月 20 日,专门成立了中国空间技术研究院,由钱学森出任第一任院长。在钱学森的参与、组织和领导下,一边进行航天科研,一边培养航天人才。到目前为止,我国已经形成了包括科研院所、企业集团、发射基地和数万科技研发和生产队伍的完整配套的航天科研和工业体系,为祖国的航天事业做出了杰出的贡献。

成果二:成功地研制出大型运载火箭系列。我国的运载火箭技术起源于导弹的研制,在相当长的一段时间里都是执行着一边研制远程导弹一边研制大型运载火箭的“双轨式”发展道路。直到 1970 年 4 月 24 日,“长征一号”运载火箭首次发射成功以后,才逐渐形成了长征系列火箭家族。到目前为止,我国先后研制了 12 种不同型号的“长征”系列运载火箭。

成果三:成功地研制出各类人造地球卫星。1970 年 4 月 24 日成功研制并发射了第一颗人造地球卫星“东方红一号”,成为世界上第五个能独立自主研制和发射人造地球卫星的国家。到目前为止,我国共研制并发射了近百颗各种人造卫星,形成了五大卫星系列:返回式遥感卫星系列、“东方红”通信广播卫星系列、“风云”气象卫星系列、“实践”科学探测与技术试验卫星系列、“资源”地球资源卫星系列。

成果四:高标准地建设了完整的发射和测控体系。从 1958 年人民解放军挺进大西北,建设第一个航天发射基地——酒泉卫星发射中心至今,我国已经建成了酒泉、西昌、太原、文昌四个具有国际先进水平的航天发射基地。此外,我国的航天测控体系建设也位于世界领先地位,已经建成了遍布全国的陆地测控站和 4 艘远望号远洋测量船,形成了覆盖全球的航天测控网,并且我国的航天测控体系还具备了国际联网共享测控资源的能力。

成果五:载人航天和探月技术取得了突破性的进展。从 1992 年开始,在经历了 11 年的刻苦攻关和 4 次无人飞行试验的基础上,2003 年 10 月 15 日,我国独立自主研制和发射的“神舟五号”载人飞船终于在绕地球飞行 14 圈之后,于 10 月 16 日安全降落在内蒙古四子王旗主着陆场。2005 年 10 月,“神舟六号”载人飞船把 2 名航天员送上太空并胜利返回,这就意味着我国载人航天的试验阶段已经结束，下一步就转入了太空应用。2013 年 6 月，“神舟十号”发射升空，并成功进行了由太空向地面的太空授课。2016 年 10 月，“神舟十一号”发射升空。2013 年 12 月，“嫦娥三号”成功发射并登月，同时携带的月球探测车“玉兔号”成功进行了月面行走和科学研究工作，标志着中国也成为“月球俱乐部”的一员。2011 年 9 月，“天宫一号”发射成功。2017 年 4 月，“天舟一号”货运飞船成功发射，给 2016 年 9 月发射的“天宫二号”送去快递。如今，中国载人航天已全面迈入空间站时代。

三、指挥信息系统

指挥信息系统（以往称之为军队指挥自动化系统）是综合运用以计算机为核心的技术装备，实现对作战信息的获取、传输、处理的自动化，保障各级指挥机构对所属部队和武器实施科学高效的指挥、控制与管理，具有指挥控制、情报侦查、预警探测、通信、信息对抗、安全保密以及有关信息保障功能的各类信息系统的总称。它是在军队指挥机构中，采用自动化的硬设备及相应的软设备等现代化工具，实施指挥与控制的“人－机”系统，它是军队实现指挥自动化的手段和工具。目前西方发达国家称之为 C^4KISR 系统。

（一） 指挥信息系统简介

目前世界各主要国家和地区的军队都建有各种类型的 C^4KISR 系统。美国指挥信息系统的建设从 1953 年开始，分为三个阶段：第一阶段，即初创时期，各军种建立各自的指挥信息系统；第二阶段，即发展与繁荣时期，在已建立的指挥信息系统之间实现信息沟通；第三阶段，即成熟与完善时期，将各军种指挥信息系统联成一体，实现军队的“全盘自动化”。现已形成遍布全球的 C^4KISR 系统。

我军在指挥信息系统建设方面起步较晚。1984 年，总部和各大军区、军兵种、国防科工委建立了远程汉字联机系统，从 1985 年开始，远程汉字终端联机系统逐步向计算机网过渡。目前，我军已建成了集作战、通信、机要为一体，覆盖军委机关、战区、军种主要业务部门和集团军、省军区及部分作战师的自动化指挥网，并投入全时值勤，实现了军用文书、报表传递用户化，为全军作战指挥信息的快速传递和处理创造了良好的条件。但比起世界上先进的国家，我们还存在着较大差距。

（二） 指挥信息系统的构成

从信息在 C^4KISR 系统中的流程角度来看，指挥信息系统按照功能区可分为六个分系统，具有不同的结构和功能。

1. 信息收集分系统

信息收集分系统也称情报获取系统，主要由各种自动化侦查探测和监视设备，如侦察卫星、侦察飞机、雷达、声呐、遥感器等组成，它能及时收集敌我双方的

兵力部署、作战行动及战场地形、气象等情况，为指挥员定下决心提供实时准确的情报。

2. 信息传递分系统

信息传递分系统主要由通信信道、交换设备和通信终端设备三部分组成。通信信道主要有短波、超短波、有线载波、微波接力、散射、卫星通信及光纤通信等。交换设备主要有电话自动交换机、电报和数据自动交换机等。通信终端设备主要包括电传机、传真机、汉字终端机和数字式电话机等，通常由这些设备组成具有各种功能的通信网，能迅速、准确、保密和不间断地自动传输各种信息。

3. 信息处理分系统

信息处理分系统含用来进行信息处理的电子计算机及其输入/输出设备。该系统能对输入计算机的各种格式化信息自动进行综合、分类、存储、更新、检索、复制和计算等，并能进行军事运筹，协助指挥人员拟订作战方案，对各种方案进行模拟、比较、选优等。

4. 信息显示分系统

信息显示分系统主要由各类显示设备如大屏幕显示器、信号显示板、光学投影仪等组成。以文字、符号、表格以及图形图像等多种形式，为指挥员提供形象、直观、清晰的态势情报和战场实况，供指挥员直观了解情况。

5. 决策监控分系统

决策监控分系统由辅助决策设备和监控设备组成。包括协助指挥员定下决心的人工智能电子计算机、各种功能的监控工作台以及地面、海上、空中、空间的监视系统等，有些系统则需指挥员或操作员进行决策监控，如作战指挥系统。

6. 执行分系统

执行分系统主要由自动把指令信息变成行动的执行设备和人员组成，如导弹武器系统的发射控制和制导装置、火炮的发射控制装置以及各种遥控设备和执行机构等。

以上六个分系统有机结合，形成一个统一的整体，组成完整的 C^4KISR 系统。

（三） 指挥信息系统在现代战争中的运用

随着信息技术的发展，C^4KISR 系统给军事指挥带来了巨大的发展。在海湾战争中，美军使用指挥信息系统实施作战指挥，使多国部队以极小的代价赢得了这场战争的胜利。战争中，他们所获取的每一项情报，都由 C^4KISR 系统的通信分系统传到美国五角大楼指挥中心的计算机内进行分析和处理，然后将结果传给各有关部门，每个过程在几分钟或几十分钟内就可完成。海湾战争 42 天的通信信息流量比欧洲 40 多年的信息流量还要大。如此大的信息流量，如果没有大容量的信息处理系统进行处理是不可想象的。所以，海湾战争的结局再一次印证了马克思关于技术决定战术的论断，技术的发展往往不以指挥员意志为转移地改变着战争的进程。

指挥信息系统在现代战争中的运用，主要体现在作战指挥方面，即指挥和控制过程中，包括收集情报、传递情报、处理情报、显示情报、定下决心和实施指挥几个阶段。

1. 收集情报

情报获取是系统工作的首要步骤，及时可靠的情报，是指挥员定下决心的依据。由于指挥自动化系统便于和现代化的各种探测、侦查设备相连接，或者使其作为一个终端，故能使无论采用何种途径、何种手段获取的情报可直接、及时地汇集。如将声呐和计算机连在一起，不仅能测出目标的方位、距离，而且能测出目标的类型，甚至能立即指出是敌人的哪一艘舰艇。因为计算机的数据库里可存储敌人所有舰船的噪声资料，供鉴别使用。

2. 传递情报

迅速、准确、保密和不间断地传递情报，是保证适时、连续和隐蔽指挥的前提。指挥信息系统，除了拥有高质量的通信网和各种功能的终端设备，为迅速、准确地传递信息创造有利条件外，更重要的是，它采用数字通信方式，运用计算机等自动化设备，使多种通信业务高速自动完成。通信交换中心的电子计算机，不仅能记住各用户的直达线路和迂回线路，而且能对所有线路不间断地进行监测，掌握每条线路的性能及其工作状况。当每条直达线路发生故障或者占线时，它能按最好、次好的顺序自动选择和接通迂回线路，保证信息不间断地传递。由于交换中心的计算机具有存储信息的功能，所以可对信息进行分组交换，即先将信息存储起来，然后自动分成若干组，通过多手段、多渠道传到对方，再按原来顺序予以还原，因而大大提高了通信的保密性。

3. 处理情报

处理情报是指对原始情报进行分类、研究、分析和综合。为了全面及时地了解战场情况，指挥员及司令部总是希望增加收集情报的手段，加快情报处理的速度。但大量情报涌来，如果处理不及时，势必造成积压，不能发挥应有的作用。据美军统计，美集团军司令部用常规手段只能处理所获情报的30%。利用电子计算机处理情报，不但自动化，而且简单化。对于数字情报，如雷达、声呐、传感器以及其他数据获取设备传来的数字信号，无须任何交换，直接输入计算机即可进行处理或存储。对于已经格式化或较易格式化的情报，如电报、图表、报告等，通过预先规范化并予以编码，变成数字信号，而后利用计算机进行处理。

4. 显示情报

情报信息只有显示出来才便于了解和使用。指挥信息系统的情报显示系统可以采用多种形式，可在大屏幕或显示器上显示出文字、图形、图像，可以用快速打印设备打印出文字、图表、符号。除了对情报实时显示外，当指挥员判断情况，

定下决心需要从积累的大量情报资料中寻找有关情报并加以显示时,借助计算机检索,可以很快从大量资料中找出所需要的情报。如存有数十万条情报资料的信息系统,指挥人员利用身边的信息指令设备,便可以向数据库或缩微系统检索情报,从键盘输入查找信息到显示所需的情报,只需要一分钟左右。

5. 定下决心

通过上述各个环节,指挥员获得了大量的情报,为及时定下决心创造了有利条件。在定下决心时,仍然要靠指挥员精心运筹施谋定计,对此指挥信息系统不能代替。但是系统可以帮助指挥员选择方案,通过计算机可以对各个方案进行逼真的推演,进行优劣对比,从而权衡各个方案的利与弊,从中选出最佳方案。

6. 实施指挥

实施指挥是指挥员的决心付诸实施的过程,是指挥周期的最后一个环节。在过去的战争中,指挥员的谋略虽然很高明,但由于指挥渠道不畅,常常不能很好地贯彻执行。而以电子计算机为核心的指挥信息系统,可以使指挥员的决心及时准确地下达,而且十分保密。这对下级及时了解上级意图,更好地遂行作战任务,具有非常重要的意义。同时,指挥信息系统及时监督决心的执行情况,并准确、及时地反馈给指挥员,确保指挥员决心的落实,以实施不间断的作战指挥。

第四节 信息化杀伤武器

一、新概念武器

新概念武器是近年来出现的一类采用高新技术的新型武器,其特点是应用新的机理和能源,在技术上有重大突破与创新,在作战方式和作战效能上与传统武器有明显不同,对未来的战争将产生革命性的影响。目前发展中的新概念武器主要包括:定向能武器、电炮类武器、非致命性武器和一些新概念弹药等。新概念武器的潜在作战效能和应用前景已引起了主要军事大国的重视。

(一) 定向能武器

所谓定向能武器,是指利用沿一定方向发射与传播的高能射束攻击目标的一类新型兵器,又称射束武器或能束武器。

定向能武器的主要优点有:它可把能量高度集中的射束以光速或接近光速直接射向目标;瞬发即中,使目标难以躲避;控制射束能快速地转换攻击方向,反应灵活;一般只对目标本身或其中某一部位造成破坏,绝不殃及其他部位,而不会像核武器、生化武器或化学爆炸性武器那样产生大范围的附加损害和破坏;有些定向能武器只用作软杀伤。因此,定向能武器既可用于干扰目标发挥功能作用的电子战,又可用于直接破坏或摧毁目标的战术和战略防御,如拦截飞机、卫星和各种导弹。

定向能武器包括激光武器、电磁脉冲武器(含电磁导弹)和高能粒子束武器三种。

1. 激光武器

根据激光武器输出功率的大小,激光武器可以区分为低能激光武器和高能激光武器两大类。按美国国防部定义,单脉冲输出能量在 2×10^4 J 或平均输出功率达 3×10^4 W 的激光武器为高能激光武器,其余称之为低能激光武器。

低能激光武器主要是指激光干扰与致盲武器,而高能激光武器包括防空激光武器、反卫星激光武器和反洲际弹道导弹激光武器等。

(1) 激光干扰与致盲武器。激光干扰与致盲武器是重要的光电对抗装备,已开始装备于部队。它能干扰、致盲甚至破坏侦察、制导、火控、导航、指挥、控制和通信等系统中的望远镜、潜望镜、瞄准镜、夜视仪、前视红外装置、测距机、跟踪器、传感器、目标指示器、光学引信等,并可损伤人眼,在战场上可以起到扰乱、封锁、遏阻和压制作用,并能对敌方产生强烈的心理威慑。

(2) 防空激光武器。防空激光武器是指利用平均输出功率为几十万瓦到几兆瓦的激光器,通过破坏关键元部件或毁伤壳体等方式,来拦击精确制导的导弹、炮弹、炸弹和飞机等。美军曾在 2003 年用机载激光武器成功拦截了一颗试验导弹。

(3) 反卫星激光武器。反卫星激光武器可通过干扰、破坏卫星上的仪器设备或摧毁卫星平台,使敌方的指挥、控制、通信与情报系统瘫痪。美国曾于 1997 年用高能激光照射了太空中一颗报废的卫星,引起世界各国震惊。

2. 电磁脉冲武器

电磁脉冲武器的杀伤作用分软杀伤和硬杀伤两种功效。目前正处于发展中的电磁脉冲武器按其性能和用途可分为高功率微波武器、电磁波炸弹和电磁波导弹以及早先的核爆炸电磁脉冲。

(1) 高功率微波武器。高功率微波武器又称射频武器,是利用定向发射的高功率微波束去毁坏敌方电子设备和杀伤敌方作战人员的一种定向能武器。这种武器的辐射频率一般为 1 ~ 30 GHz,功率在 1 GW 以上。主要特征是:将高功率微波源产生的微波经高增益定向天线向空间发射出去,形成功率高、能量集中且具有方向性的微波射束,使之成为一种杀伤破坏性武器。它通过毁坏敌方的电子元件、干扰敌方的电子设备来瓦解敌方武器的作战能力,破坏敌方的通信、指挥与控制系统,并能造成人员的伤亡。高功率微波武器对目标的破坏是一种软破坏——通过干扰或烧毁敌方武器系统的电子元器件、电子控制及计算机系统等,使它们不能正常工作。

高功率微波武器有两种工作方式:一种是能多次或重复使用的,称作常规高功率微波武器;另一种是只能一次性作用的微波弹,用运载工具投掷到敌方,在目标附近“爆炸”发射高功率微波。目前,美国和俄罗斯都研制出并试验了能重复作用的高功率微波武器样机,有些已进行了外场试验。

(2) 电磁波炸弹。电磁波炸弹是一类爆炸时能产生强电磁脉冲辐射的“炸弹”。可用炮射、战术导弹运载等方式将电磁波炸弹掷向目标附近爆炸。根据它产生的电磁波脉冲频段,对目标进行破坏。电磁波炸弹有两类:一类辐射的电磁波在微波波段,叫微波弹,它是高功率微波武器的一种,主要采用投掷方式工作;另一类辐射的电磁波频谱较宽(含微波),我们称其为电磁脉冲弹。

微波弹技术目前已有重大突破,有的已接近装备部队和实用。

(3) 电磁波导弹。电磁波导弹并非真正意义上的导弹,而是一种能量随距离慢衰减的脉冲电磁波。一般电磁波所携带的能量,随向远处传播距离的平方成反比地衰减。所以,当接受电磁波的目标离发射源很远时,目标接收到的电磁波能量已微乎其微,距电台甚远的收音机难以听清电台的广播就是这个道理。而“电磁波导弹”则相反,它使用一种特殊(瞬态)源激励下而辐射出的脉冲电磁场,它的能量在向远处传播过程中的衰减速率比一般的电磁波慢得多,即并不按传播距离的平方成反比衰减。因此,电磁波导弹传播到很远距离处也能保持较多的能量,这就使它作为定向能武器攻击远距离目标成为可能。

根据所携带的能量多少,电磁波导弹可对目标进行硬杀伤或软杀伤。其应用主要体现在四个方面:一是做定向能武器;二是做电磁干扰机;三是做“电磁波导弹”式雷达;四是做“电磁波导弹”通信系统。

3. 高能粒子束武器

高能粒子束武器对目标的破坏和杀伤机制分成两类:一类是硬杀伤,另一类是软杀伤。

高能粒子束带有巨大的动能,打在目标上可产生热效应和韧致辐射,以此毁坏目标,这就是硬杀伤。粒子束穿透能力强,可钻入其内引爆炸药,还能破坏导弹的制导系统,熔化一些电子元器件,击穿微型电子器件。粒子束也能破坏核弹头的核燃料或核装药(如钚 239 和铀 238)。所谓软杀伤,是指粒子束在目标前后或侧面飞过时,所产生的辐射场对导弹制导系统的破坏。

粒子束武器大体有三种类型:天基粒子束武器、舰载粒子束武器和陆基粒子束武器。

(1) 天基粒子束武器。和天基激光武器一样,把粒子束武器各个系统分别布置在若干个人造卫星或宇宙飞船上,在大气层外空间拦截敌人导弹。粒子束武器布置在天基,有如下优点:一是“站得高看得远”,预警卫星和精密跟踪卫星站在外层空间,可监视千里之外的目标;二是“站得高射得远”,大气层外空气极稀薄,粒子高速飞行时几乎不与气体分子碰撞而损失能量,因此可攻击更远的目标。

(2) 舰载粒子束武器。舰载粒子束武器主要用来截击敌人的巡航导弹以保护自己的舰船。由于巡航导弹体积小,往往接近舰船时才被发现,但此时仅剩几秒钟时间,常规武器已来不及对付。

(3) 陆基粒子束武器。陆基粒子束武器分两种情况:一种是布置在地下导弹发射基地附近,用以防止敌人的“第一次打击”,此时要求用粒子束摧毁万米以外的目标;另一种是布置在城市周围,用以保卫城市,此时要求在 100 km 以外摧毁目标。

(二) 新动能武器

新动能武器是弹头速度达 5 倍音速以上,利用其产生的巨大动能直接摧毁目标的武器。新动能武器主要包括非核动力拦截弹和电磁炮等。

1. 非核动力拦截弹

1985 年 9 月,美国利用动力拦截弹成功地击毁了一颗在太空运行的废旧卫星。这枚反卫星动力拦截弹长 5.4 m,直径 0.5 m,发射时全重 12 000 kg,由 F15 鹰式战斗机携带,在空中发射,主要用于攻击高度在 500 km 以下的低轨道卫星,其速度可达 13.7 km/s。

(1) 非核大气外层拦截导弹。美军为研制一种可供实战使用的非核大气外层拦截导弹系统,早在 1978 年就开始实施一项名为“寻的覆盖层试验(HOE)”计划。该计划的目标是验证长波红外寻的技术及利用非核动力武器摧毁目标的可能性,为研制出可用于中末段防御、低空防御和大气外层拦截的有效动能武器铺平了道路。经多次试验,美国于 1984 年 6 月 10 日在 160 km 高空拦截获得成功,这是世界上第一次使用非核动力拦截器在外层空间拦截弹道导弹获得成功。这次试验在制导与精度控制以及拦截方式设计等方面有许多创新,是新型反导系统发展的一个里程碑。

(2) 非核大气内层拦截导弹。这种拦截导弹为小型雷达寻的拦截导弹,是又一种新动能武器。它是利用弹载毫米波雷达寻的装置来搜索目标的,其探测器的直径只有 15 cm。这种导弹主要用于拦截大气内层的再入弹头,以保卫重要的目标,不是用来拦截外层空间目标的。实验导弹长约 4 m,发射升空后能将拦截器送到预定空域。拦截器用 216 个小火箭发动机控制飞行方向,每个小火箭只有拇指那么大。拦截器上配备的探测器将有关目标的技术数据输入装在拦截器上的计算机内,计算机即可输出信号,控制小火箭按程序点火,使拦截器飞向目标。

2. 电磁炮

电磁炮是靠电磁力而不是靠传统的发射药把弹丸加速到高超音速,以弹丸

的动能毁伤目标的武器系统。相对于传统身管火炮,由于其长度及发射机理的限制,其弹丸出口速度通常在2倍音速上下,能突破3倍音速的火炮极少。但是,利用电磁力发射炮弹,从理论上来说,只要轨道足够长,其弹丸出炮口的速度远远可以突破3倍音速,甚至可以用来发射卫星。美军2008年研制成功的电磁炮是轨道炮,它在两条平行的轨道中间夹一枚弹丸,弹丸后部有等离子体,利用流经轨道的电流产生的磁场与流经电枢的电流之间的电磁力加速弹丸,使其射出。

电磁炮是用途十分广泛的高技术武器之一,可用来反卫星、反导弹;可拦截地面战车和军舰发射的导弹;可替代高射武器和防空导弹作为防空武器使用;还可以对付坦克和装甲车。美国的电磁炮发射速度为每分钟500发,射程为40~90 km,能攻击飞机和空对舰导弹。

（三） 声波武器

声波武器就是利用各种声波和声音(包括超声、次声、噪声)发生装置,产生并发射极低或极高频率的高功率声束,使人丧失意识,失去能力,在极近的作用距离内甚至能破坏内脏器官。在作战行动中,可以利用声波武器在关键的时刻使敌方混乱,从而赢得战机。

1. 超声波武器

超声波武器是利用高能超声波发生器产生的高频声波,造成强大的大气压力,使人产生视觉模糊、恶心等生理反应,从而使作战人员战斗力减弱或完全丧失作战能力。

2. 次声波武器

次声波武器的研制比超声波武器更成熟些。次声波武器可分为两类:一类是“神经型”次声波武器,它的振荡频率与人类大脑的节律(8~12 Hz)极为近似,产生共振时,能强烈刺激人的大脑,使人神经错乱,癫狂不止;另一类是人体“内脏器官型”次声波武器,其振荡频率与人体内脏器官的固有振荡频率(4~18 Hz)相近,当与其产生共振时,使人的五脏六腑发生强烈疼痛,甚至导致人体异常,直至死亡。

3. 致昏噪声武器

这是一种对付敌方基地指挥部、空中侦察机等的定向发射武器。其原理是利用爆炸时产生的噪声来麻痹敌人的听觉和中枢神经,使人在两分钟内昏迷。德国已研制出了噪声弹。噪声弹的用途广泛,尤其适用于一些特殊事件。

4. 声响发生器

美军正在研究一种声响发生器,这种武器能发出足以威慑或使人失去行动能力的声响,但对人体和环境都不会造成长期的危害。这种技术可用于保护军事基地或使馆等设施。当来犯者靠近时,声响发生器首先发出声音,使来犯者警觉，如果他们继续靠近，声音就会变得令人胆战心惊，假如他们不顾一切，继续逼近，声响发生器就会使他们丧失行动能力。

（四） 基因武器

基因武器也叫 DNA 武器或遗传工程武器，是指运用遗传工程技术，通过基因重组，在一些致病细菌或病毒中植入能对抗普通疫苗或药物的基因，或者在一些本来不会致病的微生物体内植入致病基因，从而培育出新的抗药性很强的致病细菌，使它能对特定遗传型的人种产生致病作用。尽管基因武器尚在研制阶段，但是它巨大的杀伤力已经显露出来。

基因武器的主要特点是：一是成本低，杀伤能力强，持续时间长；二是使用方法简单，施放手段多样；三是不易被发现，难治难防；四是攻击敌方时，可以保存基础设施和武器装备不受损坏；五是基因武器具有强大的威慑作用，能给对方造成极大的心理压力，使对方士气大落，惊慌失措，草木皆兵。

基因武器在未来战争中有着特殊的效能。某种意义上，基因武器比原子弹有过之而无不及，倘若不能被禁止而被战争狂人使用，后果不堪设想。

（五） 气象武器

气象武器是指为达到军事目的，运用现代化气象科学技术，通过人工控制风云、雨雪、寒暑等天气变化来改变战争环境，人为制造各种特殊气象，配合军事打击，达到干扰、伤害、破坏或摧毁敌人的目的。气象武器主要有以下几类：

1. 人造洪瀑

用人工降水的方法增加敌活动地区的降水量，形成大雨、暴雨，影响其战场使用，甚至造成洪水泛滥，伤人毁物，冲垮道路桥梁，使敌人交通中断，补给困难，机动受限。

2. 人造干旱

通过控制上游的天气，给下游的敌对国和敌作战地区制造长时间的干旱，以削弱敌方的战争潜力，破坏敌人的生存环境。

3. 人工引导台风

向台风云区投入碘化银发烟弹或其他化学催化剂，使台风改变路径并根据需要将台风引向敌对国，以毁伤敌对国的军事设施。

4. 人工消云、消雾

人工消云、消雾是指采用加热、加冷或播撒催化剂等方法，消除作战空域中的云层和浓雾，以提高和改变能见度，保证己方目视观察，飞机起飞、着陆和舰艇航行等作战行动的安全。

5. 人工造雾（霾）

人工造雾（霾）就是通过施放大量的造雾剂，人为地制造漫天大雾（霾），以隐蔽自己的行动，或给敌人的行动造成困难和障碍。

6. 人造寒冷和人造酷热

人造寒冷，就是在敌对国或敌作战地区上空播撒吸收太阳光的物质，使气温急剧下降，制造令人难以忍受的寒冷天气，冻伤敌方的战场人员，损坏敌人的武器装备，摧毁敌人的战斗力；人造酷热，是指在敌对国或敌作战地区上空播撒吸收地面长波辐射的物质，使气温骤然升高，产生酷热，直接削弱敌人的战斗力。

7. 人造臭氧空洞

利用化学或物理的方法，消除大气层中某个范围内的臭氧分子，在大气臭氧层中形成“紫外窗口”，让太阳的紫外线直接杀伤敌对国的人员和生物。

8. 人工控制雷电

人工控制雷电，是指通过人工引雷、消雷等方法，使云中电荷转移或提前释放，控制雷电的产生，以确保空中和地面军事活动的安全。

（六） 计算机病毒武器

计算机病毒武器是20世纪80年代产生的一种新型“软杀伤”武器。

目前，随着计算机技术的迅速发展，数字化、电子化及集成微电子技术成为军事应用的发展方向。在军事工程和战场上大量使用计算机、计算机网络系统以及联网数据通信，并采用标准化的格式，这为编制计算机病毒提供了极大的可能性，大大有利于实施计算机病毒战。

（七） 人工智能武器

智能武器装备，是一种可不用人直接操作便能自行完成特定任务的武器装备的统称。目前，世界上已经研制和正在研制的智能武器装备主要有以下几种。

1. 智能军用机器人

军用机器人是一种用于军事领域的具有某种仿人功能的自动机，目前已经发展到智能军用机器人。这种机器人以微电脑为基础，以各种传感器为神经网络。它们“四肢俱全”“耳聪目明”，“智力”较高。其巨大的军事潜力、超人的作战效能，使其成为未来高技术战争舞台上一支不可忽视的军事力量。其应用主要有三个方面：一是直接遂行战斗任务；二是侦查和观察；三是工程保障。

典型的军用机器人有美国的“哨兵”，能说300个单词，能测出声、火、烟、风等异常物体的有关数据。对可疑目标能发出口令，如果目标答错口令，“哨兵”会迅速、准确地开枪射击。目前智能军用机器人正向着拟人化、仿生化、小型化、多样化方向发展，预计21世纪上半叶以智能军用机器人为主的机器人军队将“走”上战场。

2. 智能无人机

智能无人机是一种无人驾驶，能自行完成侦查、干扰、电子对抗、反雷达等多种军事任务的飞机。如德国研制的“克尔达”无人机，可以在目标上空连续巡航1小时，机体内载有炸药、信号发射机、应答器等先进设备，既可执行电子干扰任务,也可诱敌发射导弹,进行特定电子侦察等任务。阿富汗战争中,美军使用了多种型号的无人驾驶飞机,担负侦察与攻击任务,发挥了较好的作用。

此外,还有智能坦克与车辆、智能弹头、智能地雷等。

二、精确制导武器

20世纪80年代以来的一系列局部战争表明,精确制导武器的大量使用,是人类战争步入高技术乃至信息化战争时代的一个最明显的标志。据统计,精确制导武器在每一场战争中的使用量占总投弹量的百分比正呈高速指数增长的态势。在1991年初的海湾战争中为7%~8%,在1999年初的科索沃战争中上升到35%左右,在2001年秋的阿富汗战争中达到了50%~60%,而在2003年3~4月的伊拉克战争中则上升到了创纪录的约70%。

精确制导武器的广泛应用,开辟了战争的一个新纪元,正推动人类战争由高技术战争向着信息化战争的方向发展,推动着世界军事变革的快速发展。

(一) 精确制导武器发展概况

1. 精确制导武器的概念

精确制导武器是指用制导技术提高命中精度的武器,一般是指直接命中概率在50%以上的武器,包括导弹、制导炸弹、制导炮弹、制导地雷、制导鱼雷等。目前,精确制导武器的命中概率一般都达到了80%以上。

2. 精确制导武器的种类

精确制导武器从大的方面可以分为导弹与精确制导弹药两大类。这主要是从有无自身的动力来区分的。导弹是靠其自身的动力飞向目标,而精确制导弹药则是由其他方式赋予其初始速度而飞向目标。

(1) 导弹。

导弹是依靠自身动力装置推进,由制导系统导引,控制其飞行路线并导向目标的武器。导弹是精确制导武器中研究最早、类别最多、生产和装备量最大的一类。据不完全统计,到20世纪末为止,世界上能研制导弹的国家有20多个,几乎所有国家和地区都装备有导弹,各国先后研制和装备的各类导弹约600种,其中现役的超过360多种。

导弹可从多种角度分类。如果按导弹发射点和目标所在位置,可分为面对面导弹、面对空导弹、空对面导弹、空对空导弹四类。这里的“面”是指水面、地面、潜艇等。如果按作战使命,可分战略进攻型导弹、战略防御型导弹、战术进攻型导弹、战术防御型导弹四类。如果按射程,可以分为近程导弹(射程在1 000 km以内)、中程导弹(射程1 000~3 000 km)、远程导弹(射程3 000~8 000 km)及洲际导弹(射程在8 000 km以上)。如果按攻击的目标,可分为反坦克导弹、反舰导弹、反辐射(反雷达)导弹、反飞机导弹、反卫星导弹、反导导弹等。

目前，精确制导武器正朝着多功能化方向发展，如美国和瑞士共同研制的“阿塔茨”导弹，既可对付低空飞机、直升机、遥控飞行器，又可攻击坦克及地面装甲目标。近些年来，中国的导弹技术取得了巨大的进步，进入世界领先的行列。

（2）精确制导弹药。精确制导弹药与导弹的主要区别是，它自身无动力装置，其弹道的初始段、中段需要借助火炮、飞机等投掷。

① 制导炸弹。制导炸弹是指投放后能对其弹道进行控制并导向目标的航空炸弹，又叫制导航空炸弹，西方称其为灵巧炸弹。它是在普通航弹的基础上加装制导装置而成的，因而其结构简单，造价较低，一枚空地导弹的价格为十几万到几十万美元，而一枚制导炸弹的价格仅为几万美元。其制导方式有激光制导等。制导类武器的作战效能是传统弹药无法比拟的，一般可以高出其几百甚至几千倍。

② 制导炮弹。制导炮弹是用普通火炮发射，在炮弹上加装制导装置，在弹道末段实施导引、控制的炮弹。它是打击点状运动目标的精确制导武器，主要用于毁伤坦克、装甲车辆、舰艇等运动和硬质固定点目标。第一代制导炮弹以 20 世纪 80 年代美军的“铜斑蛇”和苏联的“红土地”为代表。其具有精度高、用途广、射程较远、威力较大等优点。

③ 制导地雷。制导地雷是指具有自动辨认目标能力，能主动攻击一定范围内活动装甲目标或空中目标的新型地雷。它是集自锻破片技术、遥感技术和微处理技术等高技术于一身的智能武器。反坦克地雷装有一个无源音响传感器和一套通信设备，能发现 300 m 处的装甲目标，待其接近至 100 m 时自行点火飞向目标。反直升机地雷布设在地面，在半径为 1 000 m 的空间内能自动识别敌人目标，装有音响传感器、光电传感器和微处理机，能自动寻的，待直升机飞临传感器警戒范围内，地雷引爆，利用自动抛射药将雷体抛向目标，以自锻破片摧毁目标。

④ 制导鱼雷。制导鱼雷是进攻型的水中兵器，通常由潜艇或水面舰艇发射，执行反潜和反舰任务。自反舰导弹问世以后，在远距离的反舰战斗中，导弹的威力已超过鱼雷，但在水下作战领域，尤其是深水作战领域，鱼雷仍占有头等重要的地位。特别在潜艇威胁日益严重的今天，各国海军对制导鱼雷的发展更加重视，都把制导鱼雷作为当今重点发展的水中兵器之一。

⑤ 制导子弹。制导子弹是指加入了制导技术的子弹，通过在弹头中加入光学传感器和尾翼引导，制导子弹可以在飞行中改变轨迹并击中超远距离的目标。与制导导弹飞行过程的缓慢变向不同的是，超级制导子弹并不依赖惯性测量装置而且每秒钟能够实现 30 次变向。超级制导子弹可让狙击手命中高速移动的活动目标，而且在更加严峻的条件下比目前的子弹拥有更远的射程。此外，制导子弹也能够提高狙击兵的安全，能够扩大狙击兵可隐藏位置的范围。

3. 精确制导武器的基本构成

从精确制导武器的定义可以看出，只要具备了制导系统和战斗部这两个要素，就可以被称为精确制导武器，而导弹有四个要素，为了涵盖所有精确制导武器，这里我们以导弹为代表介绍精确制导武器的基本构成。

(1) 制导系统。其将在本节后面重点介绍。

(2) 战斗部。为适应打击各种面目标和打击经加固的点目标的需要，取得更好的杀伤效果并提高作战灵活性与威慑力，精确制导武器通常采用常规战斗部、核战斗部、化学与生物战斗部等。

(3) 动力装置。动力装置主要指发动机。导弹使用的发动机分为两大类，即火箭发动机和空气喷气发动机。

(4) 弹体。弹体是指把战斗部、动力装置、制导系统和各种翼面连接在一起，构成一个结构紧凑、具有良好空气动力外形的整体。此外，导弹的舵面是弹体的重要组成部分，用于产生操纵力，以修正导弹的飞行偏差，使导弹按预定弹道飞行。导弹上装的舵面分为空气动力舵和燃气舵两类。

4. 精确制导武器的作战特点

随着精确制导武器的广泛应用，极大地改变了现代战争战场的形态，同时其作战特点也得到了充分的展现。

(1) 直接命中概率高。目前，一些有代表性的精确制导武器的命中概率可达80%，激光制导炸弹和电视制导炸弹，其圆概率误差约在2 m以内。激光制导炮弹可以准确击中运动坦克，其弹着点与瞄准点的误差甚至可以达到一二十厘米以内。

(2) 具有自主制导能力。精确制导武器通常具有“发射后不用管”的自主制导能力，它可完全依靠弹上的制导系统独立自主地捕捉、跟踪和击中目标，不需要人工或其他辅助设备进行干预。

(3) 作战效能好。精确制导武器虽然制造成本较高，但由于其具有较高的直接命中概率，因而其作战效能好、经济效益高。同无制导的武器相比，精确制导武器在完成同一作战任务时，其弹药消耗量小，所需作战费用远远低于常规弹药。

正是制导武器具有以上特点，使得信息化战争中制导武器的使用量呈现出指数增长趋势。

5. 精确制导武器的发展趋势

(1) 进一步提高命中精度，力争首发命中。精确制导武器在发射时会产生光、声等各种可探测物理现象而暴露。信息化战场上，由于敌对双方侦察和攻击能力的提高，如果精确制导武器不能做到首发命中，必将招致敌方的火力还击，甚至还没来得及进行第二次攻击就已被对方火力所摧毁。因此，今后各国军队

将进一步提高精确制导武器的命中精度,力争首发命中,以利于保存自己,消灭敌人。

(2) 研制智能化程度更高的精确制导武器。智能化武器系统的问世,使精确制导武器能够灵活选择攻击目标,获得最佳攻击效果。电子技术以及计算机、遥感遥测技术和信息处理技术的飞跃,加速了精确制导武器向智能化方向的发展。当然,智能化也是各种武器发射平台及其控制系统的重要发展方向。

(3) 通用模块化设计,达成一弹多用。实现精确制导武器通用性,不仅能一弹多用,而且大量节约了武器费用,缩短了研制周期,简化了后勤支援。

(4) 向远程化、隐形化方向发展。20 世纪 80 年代以来,实施“防御圈外”远距离火力攻击已成为一个发展方向,它能以较小的代价取得较大的胜利。这一理念要求武器特别是制导武器向远程化方向发展。

为提高精确制导武器的突防能力,外军加快了隐形材料和隐形技术的研究及其应用。目前,美海军正在装备一种新型远程隐形导弹,其外形与 F-117A 隐形战斗轰炸机相似,具有与 F-117A 相同的隐形效果。

(二) 制导系统

制导系统是精确制导武器的核心,正是有了制导系统,才能保证它能够准确地命中目标。

制导系统的基本工作原理是:由于各种目标都有各自的物理现象,从而为外界提供了各种不同的位置特征,这包括从目标反射的阳光和夜天光;从目标反射或发出的红外信息、无线电波和声波;目标的形状、速度和振动等。利用相应的探测器和传感器捕捉这些信息和特征,就可把目标从其周围环境区分开,发现和识别目标并对目标进行精确定位。尔后,将捕获的有关信息传递给弹体中的信息处理中心,导引弹体飞向目标直至摧毁目标。

目前主要的制导系统有:有线指令制导系统、微波雷达制导系统、电视制导系统、红外制导系统、激光制导系统、毫米波制导系统、合成孔径雷达制导系统、地形匹配制导系统、导航制导系统等。从总体上可分为三大类,即遥控式、自寻的和自主式。

1. 遥控式制导系统

遥控式制导系统即由精确制导武器以外的制导站控制其飞行的一种制导系统。制导站可设于地面、海上、空中。主要有有线电指令制导系统、无线电指令制导系统、电视指令制导系统和波束制导系统等。

(1) 有线电指令制导系统。有线电指令制导系统是通过连接制导站和精确制导武器的导线传输制导指令的,主要用于射程较近的反坦克导弹中。它依靠射手目视观察发现目标并进行定位和制导。在能见度良好、射手操作熟练和不受外界干扰的情况下,有线制导反坦克导弹有较高的命中精度,特别是采用光纤制导技术后,甚至可攻击眼睛看不到的小山或障碍物后面的目标。

(2) 无线电指令制导系统。无线电指令制导系统,是将制导指令转换为专用的编码,通过无线电波(如雷达波)发送到弹上,控制精确制导武器飞行的制导系统。这种制导系统作用距离远、制导精度高,但容易受电磁干扰。

(3) 电视指令制导系统。电视指令制导系统由导弹上的摄像机、电视发射机及制导站上的电视接收机、指令仪、指令发射天线等组成。当导弹飞近目标时,摄像机在摄取目标及背景图像后,通过发射机将图像信号用微波发送给制导站。站上操纵员可以从电视接收机荧光屏上看到目标和背景。操纵员只要操纵控制杆,使目标保持在荧光屏十字线中央,指令仪就可将控制杆的动作变成指令信号,通过指令发射天线发送给导弹,引导导弹击中目标。

(4) 波束制导系统。在波束制导系统中,导引信号是由弹上测定偏离波束轴偏移量的装置和产生所需控制信号的装置来形成的。波束制导分为雷达波束制导和激光波束制导两类。

2. 自寻的制导系统

“自寻的”的意思是自己寻找、跟踪并击毁目标。自寻的制导系统是利用导弹上的接收装置接收目标所辐射或反射的某种能量而实现的,这些能量有红外线辐射、无线电波、光辐射、声波等。自寻的制导多用于空空导弹、地空导弹上。根据能量来源不同,自寻的制导可分为主动式、半主动式和被动式三类。

(1) 主动式。导弹主动向目标发射能量(雷达波、激光等)并接收从目标反射回来的能量,从而控制导弹跟踪目标。

(2) 半主动式。能量来自设在地面、军舰或飞机上的制导站,导弹感受目标反射的能量,从而跟踪目标。

(3) 被动式。能量来自目标,导弹被动地感受这种能量,从而跟踪目标。

常用的自寻的制导系统主要有雷达自寻的制导、红外线自寻的制导、电视自寻的制导、毫米波自寻的制导、激光自寻的制导等。

3. 自主式制导系统

自主式制导系统又称自控式制导系统,在制导过程中不需要提供目标的直接信息,也不需要导弹以外的设备配合,而是完全依靠精确制导武器自身测量地球或宇宙空间的物理特性,从而决定精确制导武器的飞行轨迹,导引精确制导武器按预定弹道飞向目标。自主式制导系统主要有惯性制导系统、程序制导系统、星光制导系统、地形匹配制导系统和 GPS 全球定位制导系统等,本节仅介绍惯性制导系统、地形匹配制导系统和 GPS 全球定位制导系统。

(1) 惯性制导系统。惯性制导系统实际上是依据物体的转动惯性进行制导的。它根据物体的惯性,以测量导弹运动的加速度来确定导弹的飞行弹道。惯性制导的实质就在于利用几个加速度计测量出导弹在飞行中所产生的沿俯仰、

偏航和滚动各方向的加速度,然后输入计算机进行数据处理,就可得到在上述各方向的速度参数和位移参数,将导弹各个瞬间所处的空间位置与程序中所预定的导弹应在的位置进行比较,如果有偏差就形成校正信号,控制导弹回到预定弹道上,这就是惯性制导系统的工作原理。惯性制导在弹道式导弹上广泛应用,美、俄的地地中程导弹、地地洲际导弹和潜地导弹几乎全部采用惯性制导。目前惯性制导系统已经可以微型化,甚至可以装在翼展只有几十厘米的微型固定翼无人机上。

(2)地形匹配制导系统。地形匹配制导系统工作的基本原理是:预先选定巡航导弹的飞行路线,将其中段和末段飞行轨迹下方的若干地形匹配区,以数字地图的形式存储在弹上计算机内。导弹在飞行过程中,逐次将导弹探测器所探测的高度与存储在计算机内的数字地图做相关对照,检查二者是否匹配。如果不匹配,弹上计算机便自动计算出导弹的飞行偏差,并据此产生相应的指令,控制导弹沿预定弹道飞向目标。地形匹配制导具有地形越复杂、制导精度越高的特点。因为地形复杂,高差变化大,便于比较。如果目标区域地势平坦,还可采用“景象相关系统”作为末制导,以提高导弹的命中精度。

(3)GPS全球定位制导系统(也称卫星制导)。精确制导武器利用GPS制导的工作原理是:在航空炸弹或导弹准备攻击目标前,将所要攻击目标的三维坐标,即经度、纬度和海拔高度输入弹上的微处理器中,在炸弹或导弹飞向目标时,利用弹上安装的GPS接收机接收4颗以上导航卫星播发的信号,随时计算出弹体所在位置的三维坐标,这样弹体与目标之间就可以画出一条线,被称为视线,并定时测量弹体飞行时自身的轴线与这条视线之间的偏差,以此偏差来修正弹体的飞行路线,直至命中目标。这样的装置可以大大提高制导精度,如美国BGM109C“战斧”巡航导弹通过加装一个GPS接收机和天线系统,据说精度可以由9m提高到3m。同时,不少库存的老式航空炸弹通过加装GPS制导装置,所需花费不多,却能将本来应该报废处理的炸弹发挥新的作用。安装GPS接收机还可取消地形匹配制导,缩短制订攻击计划所需时间,或攻击非预定目标。

4. 复合制导系统

为了提高制导武器的抗干扰能力,可将几种已有的制导系统采取综合使用的方法,形成复合制导系统。复合制导可在较恶劣的气候条件下和复杂的战场背景下正常工作,克服电子对抗的影响,提高制导精度。

复合制导方式按目标和背景的不同物理特性进行选择,常用的复合制导技术有红外/毫米波复合寻的制导、红外/激光复合寻的制导、红外/毫米波/激光复合寻的制导、可见光/红外复合寻的制导、微波/红外复合寻的制导等。这些制导方式基本上是同时具备两种及两种以上制导方式。还有一种复合制导方式是串联式的,即在导弹飞行的不同阶段使用不同的制导方式。如射程达百万米以上的巡航导弹,就可以在飞行中连续采用惯性制导、地形匹配制导、景象匹配制导、GPS 制导等方式,实现远距离精确制导。

三、核、生、化武器

(一) 核武器

1. 核武器概述

(1) 核武器的含义。核武器是指利用自控核裂变或核聚变反应(或两者兼有)瞬间释放出的巨大能量产生爆炸作用,造成大规模杀伤或破坏效果的武器。

核武器系统由核战斗部、投掷系统和指挥控制系统构成。在一些场合,核武器就是核武器系统的同义词;在另一些场合,核武器仅指核战斗部。

(2) 核武器的杀伤破坏作用。核武器是迄今人类制造的杀伤破坏威力最大的武器。核武器的杀伤破坏作用是由其爆炸瞬间释放的巨大能量及其转化为不同的杀伤破坏因素造成的。这些杀伤因素分为两类:第一类作用时间仅为数十秒,称为瞬时杀伤因素,包括光辐射、冲击波、早期核辐射、核电磁脉冲;第二类作用时间可持续几天甚至更久,主要是爆炸产物的放射性沾染。

2. 核武器的作战运用

(1) 核武器的特点。

① 核武器能在最短时间内以最少的兵力、兵器造成敌方人力、物力的巨大损失。据测算,1 架飞机或 1 枚导弹投送 1 枚当量为 3 万吨的原子弹在空中爆炸,几秒钟内就可使 14 km^2 范围内暴露的敌人有生力量丧失战斗力。若使用常规武器,就需要大量的人员、武器、弹药和时间,而且难以达到全面杀伤的效果。

② 核武器具有多种杀伤效果,其作用几乎是同时发生的,作用的持续时间有短有长,这就使得对核武器的防护相当困难。

③ 核武器的使用手段和作用方式多种多样,已形成完整系列,可根据不同的作战目的来选择。例如,为杀伤大面积暴露的敌有生力量,摧毁其野战工事、水面舰艇、较集中的技术装备等目标,可使用核航弹、核导弹实施空中爆炸;为摧毁加固的地面目标,造成阻止敌方行动的弹坑或沾染区,可采用地面爆炸等。

(2) 核武器的作战性能。核武器的作战使用特性和能力常用若干指标表示,这些指标参数反映了一个国家核武器的研制水平和核实力。

① 目标覆盖能力。核武器攻击敌方目标的覆盖能力,由其运载工具的射程或航程反映,射程或航程指标是根据本国战略核打击意图和技术水平提出的。弹道导弹具有最大和最小射程能力。陆基战略核力量可达到全目标覆盖能力。战略轰炸机配合空中加油机和空射远程巡航导弹也具有全球到达能力。目前,美、俄两国的战略核武器对其他有核国家具有全目标覆盖能力,英、法两国只有部分目标覆盖能力。

② 毁伤能力。核武器对目标的毁伤能力由其爆炸威力、命中精度、目标特性、爆炸方式、毁伤作用等因素决定。其大小可根据目标特性采用不同的定量表示方法。

③ 突防能力。突防能力是进攻型核武器在敌方拦截下的生存能力,它与敌方使用的拦截手段有关。为提高突防能力,可采用一系列技术和手段。一是加固技术。针对敌方核拦截和非核拦截产生的各种破坏效应,对核弹头及其运载工具进行加固。二是减少目标被敌方发现、跟踪的概率,如采取降低雷达反射截面的隐身技术、施放诱饵等。

④ 生存能力。生存能力是指核武器在核环境下完成其发射、攻击任务的能力。提高生存能力的手段主要有:第一,对核武器系统(核弹头、运载工具和发射装置)进行抗核加固;第二,实行机动、隐蔽、分散部署;第三,提高戒备率,缩短反应时间,缩短发射准备时间。如美国潜射核导弹首枚发射准备时间不超过15分钟,其后齐射时间间隔不超过1分钟。

⑤ 可靠性。核武器系统的可靠性包括发射和飞行可靠性。如美国的发射可靠性已达98%,导弹和核弹头的飞行可靠性已达83%,整个系统的可靠性已达80%。

⑥ 作战灵活性。核武器的作战灵活性主要体现在:威力可调,爆炸高度可调,同一型号导弹可使用不同种类的核弹头,具有选择和重新选定目标并迅速、实时变换攻击目标能力等。

(二) 生物武器

1. 生物武器的含义

生物武器是指利用生物战剂杀伤有生力量和毁坏植物的各种武器、器材的总称,旧称细菌武器。生物武器是一种大规模杀伤、破坏性武器。

2. 生物武器的类别

生物武器是生物战剂及其施放工具的统称。生物战剂有多种分类方法。

(1) 按形态和病理可划分为六类(表5-1)。

表 5-1 部分生物战剂的主要特点

类别	名称	性能	潜伏期/天	传染性	病死率/%	预防疫苗	特效治疗
病毒	黄热病毒	致死	3～6		5～19	+	-
	东部马脑炎病毒	失能	7～10		50	+	-
	委内瑞拉马脑炎病毒	失能	2～5		1	+	-
	西部马脑炎病毒	失能	7～12		3	+	-
	阿根廷出血热病毒	致死	7～14	低	5～15	-	-
	天花病毒	致死	7～16	高	10～30	+	-
	登革病毒	失能	2～7		低	-	-
	立夫特山谷热病毒	致死	3～5	低	10	+	-
	马尔堡病毒	致死	6～10	高	35	-	-
	齐孔贡雅病毒	失能	2～15		低	-	+
细菌	炭疽杆菌	致死	1～5	低	5～20	+	+
	土拉杆菌	致死	1～10	低	40～60	+	+
真菌	粗球孢子菌	致死	7～28	低	1	-	+
	荚膜组织胞浆菌	失能	7～21	低	1～5	-	+
毒素	A 型肉毒毒素	致死					
	葡萄球菌肠毒素	失能					
衣原体	鸟疫衣原体	致死					
立克次体	Q 热立克次体	失能	10～21	低	1	+	-

注:“+”表示有。

细菌是在显微镜下才能看见的单细胞生物。作为生物战剂的细菌属于异养菌,即需要利用植物或动物获取其生存和繁殖所需的营养物质。在战争中最早使用的生物战剂就是细菌。

病毒是已知最小的生物。病毒广泛存在于自然界,可感染一切动、植物及微生物。应用生物工程技术可以人工复制病毒,用作生物战剂。日本 731 部队曾在中国军民身上做过天花病毒感染人体试验。

毒素是动、植物和微生物产生的有毒化学物质,也可用生物技术制造。故毒素战剂又称为生物化学战剂。已报道可能作为战剂的毒素有 A 型肉毒毒素和葡萄球菌肠毒素等。

真菌是有完整细胞核,并有核膜而无叶绿素的一类菌藻植物。可作为生物战剂的真菌,有粗球孢子菌和荚膜组织胞浆菌等,可经呼吸道引起全身病变。衣

原体比细菌小、比病毒大,引起的常见疾病为沙眼。

立克次体是原核细胞型微生物。其大小和生理特性介于细菌和病毒之间。自然界中对人类有致病性的立克次体有十多种。

(2) 按对人员的危害程度可划分为失能性战剂和致死性战剂两种。前者可使人员暂时丧失战斗力,死亡率低于10%,如布氏杆菌、委内瑞拉马脑炎病毒、Q热立克次体等。后者可使人患严重疾病,死亡率高于10%,如鼠疫杆菌、肉毒杆菌毒素、黄热病毒等。

(3) 按所致疾病有无传染性可划分为传染性战剂(如鼠疫、天花)和非传染性战剂(如肉毒毒素等)两类。传染性战剂多用于敌后方战略目标;潜伏期短的非传染性战剂可用于攻击敌方战役、战术目标。

可用作生物战剂的致病微生物一般应具备下列条件:致病力强、传染性大、能大量生产;所致疾病较难防治;储存、运输和施放以后比较稳定等。

3. 生物武器的效能及对作战的影响

同常规武器及核、化武器相比,生物武器的杀伤破坏作用有其独特之处。

(1) 具有传染性,传染途径多,杀伤范围广,危害作用大。

大多数生物战剂具有传染性,易造成部队大量非战斗减员、死亡。生物战剂可通过多种途径,如吸入、食入、昆虫叮咬、伤口污染、皮肤接触、黏膜感染、饮用受污染的水等,造成杀伤。由于污染区被封锁,妨碍部队机动;由于人员穿戴防护器具,使部队战斗力明显下降;由于水源、食物被污染,影响部队供给。生物战剂造成的传染性疾病若在后方流行,将引起社会混乱,造成生产停顿、交通瘫痪等严重后果。据美国测算,若有1枚带炭疽菌的"飞毛腿"导弹落到华盛顿,可夺去10万人的生命。

生物武器是各种武器中面积效应最大的武器。据世界卫生组织测算,1架战略轰炸机对完全无防护的人群进行(假想)袭击所造成的杀伤面积是:100万吨级核武器为300 km^2,5吨神经性化学毒剂为260 km^2,而10吨生物战剂为10 km^2。

(2) 不易侦查、检测。撒布生物战剂一般有三种方法:施放气溶胶;投放染菌昆虫或其他媒介物;派出特种部队污染敌方水源、食物、公共场所的通风系统等,或遗弃带菌物品、烈性传染病死者尸体等。生物战剂多选择在黄昏、午夜、清晨、多雾天气秘密施放。生物气溶胶无色、无味,所携毒昆虫、动物也无异常外观,因此很难及时发现。

(3) 危害时间长。生物战剂危害人畜的时间,一般为白天2小时,夜晚8小时左右。但部分细菌,如霍乱弧菌在水中可存活几十天,Q热立克次体在毛、棉、布、沙、泥土中可存活数日,炭疽杆菌的芽孢在土壤中能存活几十年。侵袭昆虫、动物的生物战剂,能形成自然疫源地,长期威胁人畜安全。

(4) 无立即杀伤作用。生物战剂侵入人体后都要经过潜伏期才能发病,不像核、化学武器能立即使人员丧失战斗力。这使生物武器作为战术武器使用受到一定限制,给对方发现、诊断、及时防治提供了时间和可能性。

(5) 杀伤效果受自然条件影响较大。强烈的阳光(紫外线)持续照射能杀死大多数生物战剂,大风和大气涡流能使生物战剂迅速扩散衰减,气温、雨、雪及地形也会影响生物战剂的使用。

(三) 化学武器

1. 化学武器的含义

化学武器是利用化学毒剂的毒害作用杀伤敌有生力量,迟滞、困扰其军事行动的各种武器、器材的总称。

毒剂又称化学毒剂、化学战剂、军用毒剂,是军事行动中以毒害作用杀伤人畜的化学物质,它是化学武器的基础,对化学武器的性能和使用方式起着决定作用。目前外军装备的毒剂主要有6类,即神经性毒剂、糜烂性毒剂、全身中毒性毒剂(血液性毒剂)、窒息性毒剂、失能性毒剂、刺激性毒剂。

化学武器按毒剂分散方式可分为三种基本类型。

(1) 爆炸分散型。利用炸药爆炸使毒剂呈气雾状或液滴状分散。主要有化学炮弹、航弹、火箭弹、地雷等。

(2) 热分散型。利用烟火剂、火药的化学反应产生的热源或高速热气流使毒剂蒸发,形成毒烟、毒雾。主要有装填固体毒剂的手榴弹、炮弹及装填液体毒剂的毒雾航弹等。

(3) 布洒型。利用高压气流将容器内的固体粉末毒剂、低挥发度液态毒剂喷出,使空气、地面和武器装备染毒。主要有毒烟罐、气溶胶发生器、布毒车、航空布洒器和喷洒型弹药等。

化学武器按装备对象可分为步兵化学武器,炮兵、导弹部队化学武器和航空兵化学武器等三类。它们分别适用于:小规模、近距离攻击或设置化学障碍,快速实施突袭;集中的化学袭击和化学纵深攻击,以及灵活机动地实施远距离、大纵深、大规模的化学袭击。

2. 化学武器的实战应用

(1) 化学武器的特点。

化学武器是一种大规模杀伤武器。与常规武器相比,它有以下特点:

① 杀伤范围广、扩散速度快、威力大。据统计,作战使用5吨神经性毒剂沙林,其杀伤范围可达260 km^2,与一枚当量为100万吨的热核武器相当。

② 杀伤途径多。毒剂一般以气溶胶、滴液形式使用,可通过皮肤、呼吸道、伤口直接杀伤人畜,也可经由水、食物间接造成伤害。多数爆炸型化学弹药还有破片杀伤作用。

③ 作用持续时间长。杀伤作用可延续几分钟、几小时,甚至几天、几十天。

④ 种类多,可根据需要选择使用,达到不同的战略、战役企图和战术效果。例如,进攻时使用非持久性速杀毒剂,可造成敌军在数秒钟至数十秒内死亡、瘫痪、暂时或永久丧失战斗力。防御时可使用持久性毒剂,较长期地阻止和抵御敌人。

⑤ 只杀伤人员和生物,不破坏武器装备和军事设施。被染毒的这些装备经洗净消毒后仍可使用。

⑥ 与研制生产核武器相比,化学武器所需的技术水平、设备及经费均大大降低,更易于大规模生产、装备。据统计,当量为400万吨级的氢弹,按弹重计算,每吨生产费用约为100万美元,而沙林毒剂弹每吨生产费用仅需1万美元。一些无力发展核武器的国家,为维护其本国利益常发展化学武器。因此,化学武器被人称为“穷国的原子弹”。另外,其作战效费比高。按每平方千米面积上造成大量杀伤的成本费计算,常规武器为2 000美元,核武器为800美元,神经性毒剂化学武器仅为600美元。

⑦ 受气象、地形条件限制较大。大风、大雨、大雪和近地层空气的对流,都会严重削弱毒剂的杀伤效果。使用中风向的变化还可能造成毒剂对己方人员的危害。

(2)化学武器的实战应用。

化学武器是一种大规模杀伤武器,使用化学武器是一种暴行。19世纪中期,法、英、德等国研制出化学武器后,国际性的禁止化学武器会议多次举行,各种公约、协定也接连缔结。但某些国家不遵守协定,从未停止过使用化学武器。一些发展中国家为对抗军事大国的核威胁和军事技术、武器装备的差距,也纷纷发展或进口化学武器。

化学武器始终遭到全世界人民的强烈反对。我国政府一贯坚持反对生产、储存和使用化学武器的立场,1993年1月在巴黎出席“禁止化学武器公约”缔约大会,并在公约上签字。

思考题

1. 简述信息化装备的发展趋势。
2. 简述信息化陆上、海上、空中作战平台对作战的影响。
3. 信息化杀伤武器有哪些?

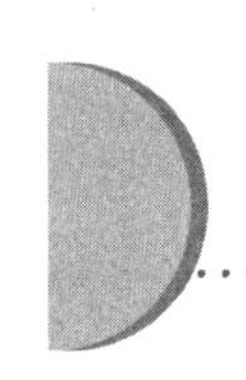

第六章 ☆☆☆ 中国人民解放军三大条令(节选)

中国人民解放军纪律条令(试行)

中华人民共和国中央军事委员会命令

军令〔2018〕59号

《中国人民解放军纪律条令(试行)》已经2018年3月22日中央军委常务会议通过,现予发布,自2018年5月1日起施行。

主席　习近平

二〇一八年四月四日

第二章　纪律的主要内容

第十一条　遵守政治纪律,对党忠诚,立场坚定。坚定不移贯彻执行党的路线、方针、政策,坚持党对军队绝对领导的根本原则和制度,牢固树立政治意识、大局意识、核心意识、看齐意识,坚决维护权威、维护核心、维护和贯彻军委主席负责制,自觉在思想上政治上行动上同党中央、中央军委保持高度一致,在重大政治斗争中立场坚定,在重大原则问题上旗帜鲜明。

第十二条　遵守组织纪律，民主集中，服从组织。坚决维护党委统一的集体领导下的首长分工负责制，坚持民主集中制根本组织制度和领导制度，坚决服从组织。

第十三条　遵守作战纪律，服从命令，听从指挥，英勇善战。有令必行，有禁必止，坚决执行命令，严格遵守战场纪律，勇敢顽强完成各种作战任务。

第十四条　遵守训练纪律，按纲施训，从难从严。按实战标准，坚持仗怎么打兵就怎么练，科学组训，真训实训，严格军事训练人员、内容、时间、质量落实，端正训风演风考风，克服以牺牲战斗力为代价消极保安全，坚决完成军事训练任务，不断提高部队战斗力。

第十五条　遵守工作纪律，爱岗敬业，忠于职守。严守岗位，尽职尽责，勤奋工作，遵守工作章程和制度规定，圆满完成各项任务。

第十六条　遵守保密纪律，严守规定，保守秘密。严格遵守国家和军队的保密法规，军事秘密制作、存储、收发、传递、使用、复制、保管、移交、销毁全过程必须严格执行保密规定，加强涉密载体使用管理，防止出现失密、泄密、窃密、卖密问题。

第十七条　遵守廉洁纪律，干净做事，清白做人。筑牢拒腐防变的思想防线，带头践行当代革命军人核心价值观，讲修养、讲道德、讲诚信、讲廉耻，带头执行廉洁自律准则，自觉同特权思想和特权现象做斗争。

第十八条　遵守财经纪律，依法管财，科学理财，节俭用财。严格执行财经法规制度，依法决策财经事项，精准管理经费资产，强化收支管控，提高使用绩效，确保财务安全，防止出现财经违规问题。

第十九条　遵守群众纪律，拥政爱民，军民一致。坚持全心全意为人民服务的宗旨，自觉维护人民群众利益，不与民争利，不侵占和损害人民群众合法权益。

第二十条　遵守生活纪律，志趣高尚，行为规范。培养良好生活习惯，情趣高雅，追求高尚，生活俭朴，遵守社会公德、家庭美德，遵守社会公序良俗，自觉维护公共场所秩序和良好社会风尚。

中国人民解放军内务条令(试行)

中华人民共和国中央军事委员会命令

军令〔2018〕58号

《中国人民解放军内务条令(试行)》已经2018年3月22日中央军委常务会议通过,现予发布,自2018年5月1日起施行。

主席　习近平

二〇一八年四月四日

第二章　军人宣誓

第十三条　军人宣誓,是军人对自己肩负的神圣职责和光荣使命的承诺和保证。军人誓词是:

我是中国人民解放军军人,我宣誓:

服从中国共产党的领导,全心全意为人民服务,服从命令,忠于职守,严守纪律,保守秘密,英勇顽强,不怕牺牲,苦练杀敌本领,时刻准备战斗,绝不叛离军队,誓死保卫祖国。

第十四条　公民入伍后,必须进行军人宣誓,宣誓的基本要求:

(一)宣誓时间不迟于入伍(入校)后90日;

(二)宣誓前,部(分)队首长应当对宣誓人进行中国人民解放军性质、宗旨、任务和军人使命等教育;

(三)宣誓必须庄重严肃,着装整齐;宣誓地点通常选择在具有教育意义的场所;旅(团)级以上单位组织宣誓时,通常举行迎军旗和送军旗仪式;

(四)宣誓可以结合授衔、授装进行;

(五)宣誓结束后,宣誓人应当在所在单位的宣誓名册上签名;宣誓名册按照规定存档。

第三章　军人职责

第一节　士兵职责

第十九条　中国人民解放军义务兵的基本职责：

（一）努力学习马克思列宁主义、毛泽东思想、邓小平理论、“三个代表”重要思想、科学发展观、习近平新时代中国特色社会主义思想，贯彻党的路线、方针、政策，遵守国家的法律法规，执行军队的法规制度；

（二）服从命令，听从指挥，英勇顽强，不怕牺牲，坚决完成任务；

（三）刻苦训练，熟练掌握军事技能，努力提高打仗本领；

（四）熟练操作使用和认真维护武器装备，使其经常保持良好状态；

（五）严守纪律，服从管理，尊重领导，团结同志，爱护集体荣誉，维护良好形象；

（六）艰苦奋斗，厉行节约，爱护公物；

（七）积极学习科学技术和文化知识，提高科学文化素养；

（八）落实安全要求，严格保守国家和军队的秘密。

第二十条　中国人民解放军士官除履行义务兵的基本职责外，还应当履行以下基本职责：

（一）刻苦钻研专业技术，精通本职业务；

（二）勇挑重担，以身作则，积极发挥骨干作用；

（三）协助军官做好思想政治工作和行政管理工作；

（四）尊重领导，团结同志，积极发挥纽带作用。

第二十一条　士兵的专业职责，由有关法规规定。

第二十二条　从地方普通中学毕业生和部队士兵中招收的军队院校学员，按照本条令第十九条的规定履行职责。

第二节　军官职责

第二十三条　中国人民解放军军官的基本职责：

（一）深入学习马克思列宁主义、毛泽东思想、邓小平理论、“三个代表”重要思想、科学发展观、习近平新时代中国特色社会主义思想，贯彻党的路线、方针、政策，遵守国家的法律法规，执行军队的法规制度；

（二）服从命令，听从指挥，身先士卒，冲锋在前；

（三）精通本职业务，掌握打仗本领，坚决完成各项任务；

（四）熟练掌握和认真管理所配备的装备，使其保持良好状态；

（五）忠诚勇敢，敢于担当，清正廉洁；

（六）爱护士兵，尊重下级，团结同志，自觉接受教育、管理和监督，处处做好表率；

（七）拥政爱民，维护军队良好形象；

（八）带头落实安全要求，严格保守国家和军队的秘密，防范事故、案件。

中国人民解放军文职干部按照前款规定履行职责。

第四章　内部关系

第一节　军人相互关系

第三十五条　中国人民解放军军人，不论职位高低，在政治上一律平等，相互间是同志关系。

军人之间应当保持健康、纯洁的相互关系。严禁吹吹拍拍、阿谀奉承，严禁拉帮结派、团团伙伙，严禁收受钱物、吃请请吃，严禁压制民主、打击报复。

第三十六条　军官、士兵依行政职务和军衔，构成首长与部属、上级与下级或者同级关系。在行政职务上构成隶属关系时，行政职务高的是首长又是上级，行政职务低的是部属又是下级，部属的上一级首长是直接首长；在行政职务上未构成隶属关系时，行政职务高的是上级，行政职务低的是下级，行政职务相当的是同级；在相互不知道行政职务时，军衔高的是上级，军衔低的是下级，军衔相同的是同级。

文职干部与军官、士兵之间，文职干部之间依隶属关系和行政职务，构成首长与部属、上级与下级或者同级关系。

部属、下级必须服从首长、上级。同级之间应当互相尊重，密切配合，团结协作。

第三十七条　首长有权对部属下达命令。命令通常按级下达，情况紧急时，也可以越级下达。越级下达命令时，下达命令的首长，应当将所下达的命令通知受令者的直接首长。

命令下达后，应当及时检查部属的执行情况；如果情况发生变化，应当及时下达补充命令或者新的命令。

第三十八条　部属对命令必须坚决执行，并将执行情况及时报告首长。如果认为命令有不符合实际情况之处，可以提出建议，但在首长未改变命令时，仍须坚决执行。执行中如果情况发生急剧变化，原命令确实无法继续执行而又来不及或者无法请示报告时，应当根据首长总的意图，以高度负责的精神，积极主动地机断行事，坚决完成任务，事后迅速向首长报告。

部属接到越级下达的命令，必须坚决执行。在执行的同时，应当向直接首长报告；因故不能及时报告的，应当在情况允许时迅速补报。

第二节　官兵关系

第四十一条　官兵关系是军队内部关系的基础。中国人民解放军军官（文职干部）和士兵，必须按照官兵一致的原则，互相尊重，互相爱护，互相帮助，构建

团结、友爱、和谐、纯洁的内部关系，同心协力地完成任务。

第四十二条 军官（文职干部）对士兵应当做到：

（一）以身作则，依法管理，耐心说服教育，关心士兵的成长进步；

（二）了解士兵情况，掌握士兵思想状况，热情帮助士兵解决实际问题，妥善解决与士兵的矛盾；

（三）尊重士兵意见，维护士兵民主权利，不压制民主，不打击报复；

（四）公道正派，对待士兵一视同仁；

（五）不打骂体罚和侮辱士兵，不收受士兵的钱物，不侵占士兵利益；

（六）关心士兵生活、安全和健康，照顾伤病员，热情接待来队的士兵亲属。

第四十三条 士兵对军官（文职干部）应当做到：

（一）尊重军官（文职干部），服从领导和管理；

（二）忠诚老实，主动汇报思想；

（三）虚心接受批评，坚决改正错误；

（四）不当面顶撞，不背后议论；

（五）不搞极端民主化，不搞绝对平均主义；

（六）积极建言献策，主动协助军官（文职干部）做好各项工作。

第五章 礼 节

第一节 军队内部的礼节

第四十九条 军人必须有礼节，体现军人的文明素养，促进军队内部的团结友爱和互相尊重。

第五十条 军人敬礼分为举手礼、注目礼和举枪礼。着军服时，通常行举手礼。携带武器装备或者因伤病残不便行举手礼时，行注目礼。举枪礼仅限于执行阅兵和仪仗任务时使用。

第五十一条 军人之间通常称职务，或者姓加职务，或者职务加同志。首长和上级对部属和下级以及同级间的称呼，可以称姓名或者姓名加同志；下级对上级，可以称首长或者首长加同志。在公共场所和不知道对方职务时，可以称军衔加同志或者同志。

军人听到首长和上级呼唤自己时，应当立即答“到”。回答首长问话时，应当自行立正。领受首长口述命令、指示后，应当回答“是”。

第五十二条 军人在下列时机和场合的礼节：

（一）每日第一次遇见首长或者上级或者军衔比自己高的同志时，应当敬礼，对方应当还礼；

（二）军人进见首长时，在进入首长室内前，应当敲门并喊“报告”，得到允许后方可以进入并向首长敬礼；进入同级或者其他人员室内前，应当敲门，经允许后方可以进入；

（三）同级因事接触时，通常互相敬礼；

（四）在室内，首长或者上级来到时，通常自行起立；

（五）参加集体活动被介绍时，应当敬礼；

（六）营门卫兵对出入营门的分队、首长和上级应当敬礼，分队带队指挥员、首长和上级应当还礼；

（七）卫兵交接班时，应当互相敬礼；

（八）军人受上级首长接见时，应当向首长敬礼，问候“首长好”；

（九）上级首长到下级单位检查工作离开时，送行人员应当敬礼，上级首长应当还礼；

（十）军人登离悬挂军旗的舰艇时，应当在码头舷梯（跳板）口附近，面向军旗立正、敬礼；数艘舰艇并靠时，只在登上第一艘舰艇前和离开最后一艘舰艇后，向军旗敬礼；登离悬挂满旗（代满旗）的舰艇时，应当向悬挂在舰艇主桅的国旗敬礼。

第五十三条　军人不敬礼的时机和场合：

（一）在实验室、机房、厨房、病房、诊室等处工作时；

（二）正在操作武器装备和位于射击、驾驶位置时；

（三）进行文体活动和体力劳动时；

（四）乘坐交通工具、电梯时；

（五）在浴室、理发室、餐厅、商店、洗手间时；

（六）着便服时；

（七）其他不便于敬礼的时机和场合。

第五十五条　分队在下列不便于敬礼并报告的时机和场合遇见首长时，只由在场职务最高者向首长敬礼：

（一）就餐、文体活动和体力劳动时；

（二）演习、实弹射击中和行军休息时；

（三）在修理间、停机坪（机库）、船坞（码头）、车场、炮场、机械场、发射场等处进行作业时；

（四）其他不便于敬礼并报告的时机和场合。

第六章　军人着装

第一节　着装的基本要求

第六十三条　军人应当配套穿着军服，佩带军衔、级别资历章（勋表）等标志服饰，做到着装整洁庄重、军容严整、规范统一。

军人退出现役后，参加国家和军队组织的重大纪念、庆典活动，通常着便服，

也可以按照活动组织单位的要求，着服役期间的军服，佩带国家和军队统一颁发的徽章。

第六十六条 军队单位和个人不得自制军服，不得购买仿制军服以及标志服饰。军人不得变卖、拆改军服，不得将军服和标志服饰出借或者赠送给地方单位和人员。

第七章 军容风纪

第一节 仪 容

第八十一条 军人应当军容严整，遵守下列规定：

（一）着军服在营区外以及在室内携带武器时，应当戴军帽；着军服在室（户）外通常戴军帽，不戴军帽的时机和场合由旅（团）级以上单位确定；戴作训帽、大檐帽（卷檐帽）、夏常服帽时，帽檐前缘与眉同高；戴冬帽时，护脑下缘距眉约1.5厘米；水兵帽稍向右倾，帽墙下缘距右眉约1.5厘米，距左眉约3厘米；军官大檐帽饰带应当并拢，并保持水平；士兵大檐帽风带不用时应当拉紧并保持水平；大檐帽（卷檐帽）、水兵帽松紧带不使用时，不得露于帽外；

（二）除军人宣誓仪式、晋升（授予）军衔仪式、授旗仪式等重要集体活动和卫兵执勤外，着军服进入室内通常自行脱帽，按照规定放置，组织其他集体活动时可以统一脱帽；驾驶和乘坐车辆时，可以脱帽；因其他特殊情况不适宜脱帽时，由在场最高首长临时确定；

（三）着军服时应当穿军鞋、穿制式袜子；在实验室、重要洞库等特殊场所，可以统一穿具有防尘、防静电等功能的工作用鞋（袜）；不得赤脚穿鞋；

（四）着军服时应当按照规定扣好衣扣，不得挽袖（着夏作训服时除外），不得披衣、敞怀、卷裤腿；

（五）军服内着毛衣、绒衣、绒背心、棉衣时，下摆不得外露；着衬衣（内衣）时，下摆扎于裤内；内着非制式衣服的不得外露；

（六）不得将军服外衣与便服外衣混穿；

（七）不得将摘下标志服饰的军服作便服穿着；

（八）不得着印有不文明图案、文字的便服；不得衣冠不整、穿着暴露、袒胸露背进入办公场所；

（九）不得着自制、仿制的军服；

（十）着军服时不得骑乘非军用摩托车。

第八十二条 军人非因公外出可以着军服，也可以着便服。女军人怀孕期间和给养员外出采购时，可以着便服。

第八十三条 军人头发应当整洁。军人发型应当在规定的发型示例中选择（生理原因或者医疗需要除外），不得蓄留怪异发型。男军人不得蓄胡须，鬓角发际不得超过耳郭内线的二分之一，蓄发（戴假发）不得露于帽外，帽墙下发长不得超过1.5厘米；女军人发辫不得过肩。军人染发只准染与本人原发色一致的颜色。

第八十四条 军人服役期间不得文身。着军服时，不得化浓妆，不得留长指甲和染指甲；不得围非制式围巾，不得戴非制式手套，不得在外露的腰带上系挂钥匙和饰物等，不得戴耳环、项链、领饰、戒指、手镯（链、串）、装饰性头饰等首饰；不得在非雨雪天打伞，打伞时应当使用黑色雨伞，通常左手持伞；除工作需要和眼疾外，不得戴有色眼镜。

第二节 举 止

第八十六条 军人必须举止端正，谈吐文明，军语标准，精神振作，姿态良好。不得袖手、背手和将手插入衣袋，不得边走边吸烟、吃东西、扇扇子，不得搭肩挽臂。

第八十七条 军人参加集会、晚会，必须按照规定的时间和顺序入场，按照指定的位置就座，遵守会场秩序，不得迟到早退。散会时，依次退场。

第八十八条 军人外出，必须遵守公共秩序和交通规则，遵守社会公德，举止文明，自觉维护军队的声誉。不得猬集街头、嬉笑打闹和喧哗。乘坐公共交通工具时，主动给老人、幼童、孕妇和伤、病、残人员让座。与他人发生纠纷时，应当依法处理。

第八十九条 军人遇到人民群众生命财产受到严重威胁时，应当见义勇为，积极救助。

第九十条 军人不得赌博、打架斗殴，不得参加迷信活动。

第九十一条 军人不得酗酒，不得违规喝酒，不得酒后驾驶机动车辆、舰（船）艇、飞机以及操作武器装备。

第九十二条 军人不得参加宗教组织和宗教活动，不得围观和参与社会游行、示威、静坐等活动，不得传抄、张贴、私藏非法印刷品，不得组织和参与串联、集体上访。

军人在网络购物、邮寄物品、使用共享交通工具等需要填写单位、身份等信息时，不得涉及部队番号和其他军事秘密。

第九十三条 军人不得购买、传看渲染色情、暴力、迷信和低级庸俗的书刊、图片以及音（视）频，不得购买、私存、携带管制刀具、仿真枪等违禁物品。

第九十四条 军人在公共场所和其他禁止吸烟的场所不得吸烟。

第九十六条 军人不得摆摊设点，不得以军人的名义、肖像做商业广告。

第九章 作 息

第一节 时间分配

第一百一十六条 工作日通常保持8小时工作(操课)和8小时睡眠,并规定起床、早操、洗漱、开饭、课外活动和点名时间。星期六可以用于集体组织文体娱乐活动,也可以安排休息。星期日和节假日除特殊情况外应当安排休息。

第二节 基层单位一日生活

第一百一十九条 起床。

听到起床号(信号)后,全体人员立即起床(值班员应当提前10分钟起床),按照规定着装,迅速做好出操准备。

各类值班(值日)人员按照规定认真履行职责;卫生员检查各班、排有无病号,对患病者根据情况处理。

因集体活动超过熄灯时间1小时的,部(分)队首长可以确定推迟次日起床时间。

第一百二十条 早操。

除休息日和节假日外,连队(队、站、室、所、库)通常每日出早操,每次时间通常为30分钟,主要进行体能训练或者队列训练。除担任公差、勤务的人员和经医务人员建议并经连队(队、站、室、所、库)首长批准休息的伤病员外,所有人员都应当参加早操。

听到出操号(信号)后,全体人员迅速集合,检查着装和携带的武器装备,跑步带到集合场,向值班员报告。值班员整理队伍,清查人数,向连队(队、站、室、所、库)首长报告,由首长或者值班员带队出操。

结合早操,每半月至少进行一次着装、仪容和个人卫生的检查,每次不超过10分钟。

营级单位每季度、旅(团)级单位每半年组织1次会操。

驻城市部队不得到营区外出早操;出早操时,应当避免影响营区周围居民休息。

第一百二十一条 整理内务和洗漱。

早操后,整理内务、清扫室内外和洗漱,时间不超过30分钟。连队(队、站、室、所、库)值班员检查内务卫生。

连队(队、站、室、所、库)首长每周组织1次内务卫生检查。

第一百二十二条 开饭。

按照规定时间准时开饭。就餐时间通常不超过30分钟。

听到开饭号(信号)后,列队带到食堂门前,整队后依次进入。

就餐时保持肃静,餐毕自行离开。

休息日和节假日坚持三餐制。

第一百二十三条 操课。

操课前，根据课目内容做好准备。听到操课号（信号）后，迅速集合整队，清查人数，检查着装和装备、器材，带到课堂（训练场、作业场）。

操课中，按照计划要求周密组织，认真听讲，精心操作，遵守课堂（训练场、作业场）纪律，严防事故。

课间休息（操课通常每小时休息10分钟，野外作业和实弹射击时根据情况确定休息时间），由值班员发出休息信号；休息完毕，发出继续操课信号。

操课结束后，检查装备，清理现场，集合整队，进行讲评。

操课往返途中应当队列整齐，歌声嘹亮。

第一百二十四条 午睡（午休）。

听到午睡号（信号）后，除执勤和经批准执行其他任务的人员外均应当卧床休息，保持肃静，不得进行其他活动，值班员检查人员午睡情况。午休时间由个人支配，但不得私自外出，不得影响他人休息。

第一百二十五条 课外活动。

晚饭后的课外活动时间，每周除个人支配2至3次外（人员不得随意外出），其余由连队（队、站、室、所、库）安排。

第一百二十六条 点名。

连队（队、站、室、所、库）通常每日点名，休息日和节假日必须点名。点名由1名连队（队、站、室、所、库）首长实施。每次点名不得超过15分钟。

点名通常以连队（队、站、室、所、库）为单位于就寝前或者其他时间列队进行。点名的内容通常包括清点人员、生活讲评、宣布次日工作或者传达命令、指示等。

点名前，连队（队、站、室、所、库）首长应当商定内容；由值班员发出点名信号并迅速集合全体人员，整队，清查人数，整理着装，向连队（队、站、室、所、库）首长报告。

唱名清点人员时，可以清点全体人员，也可以清点部分人员。

如以排为单位点名，连队（队、站、室、所、库）首长和值班员应当进行督促检查。

第一百二十七条 就寝。

连队（队、站、室、所、库）值班员在熄灯号（信号）前10分钟，发出准备就寝信号，督促全体人员做好就寝准备。就寝人员应当放置好衣物装具，听到熄灯号（信号）立即熄灯就寝，保持肃静。

休息日和节假日的前一日可以推迟就寝，时间通常不超过1小时。

第一百二十八条 休息日和节假日可以推迟30分钟起床。起床后，整理内

务，清扫室内外和洗漱。早饭后至晚饭前，主要用于整理个人卫生，处理个人事情。

第一百二十九条　舰（船）艇、飞行大队（营）的一日生活，按照有关规定执行。

院校学员队的一日生活，参照本条令关于连队（队、站、室、所、库）一日生活的规定执行。

担负演习、野外驻训、工程施工、非战争军事行动等在外执行任务部（分）队的一日生活，由带队首长确定。

第十章　日常制度

第五节　内务设置

第一百六十八条　连队（队、站、室、所、库）宿舍内床铺、蚊帐、大衣、鞋、腰带及其他物品的放置，集中居住的部队由旅（团）级以上单位统一；分散居住的分队以连级或者营级单位统一。

军官使用的卧具应当与士兵一致。

第一百六十九条　连队（队、站、室、所、库）的兵器室、器材室、储藏室、给养库、会议室、学习室、文化活动室、网络室、荣誉室等室（库），物品放置应当整齐有序，室内只准张贴（悬挂）旅（团）级以上单位规定的图、文、像、表。

轻武器及其附品、备件和弹药通常放在兵器室内；战备和训练器材通常放在器材室内；个人携行的被服和日常生活用品放在宿舍内，运行和后留的物品放在储藏室内；战备给养物资放在给养库内。

各类武器装备和物资应当严格登记手续，按照“三分四定”（“三分”是区分携行、运行、后留，“四定”是定人、定物、定车、定位）的要求，分类摆放整齐。

第一百七十一条　院校学员队的内务设置，参照本条令关于连队（队、站、室、所、库）内务设置的规定执行。学员队宿舍的书桌、书架、台灯的摆放应当统一整齐，不得摆放玩具、饰物等物品。

第七节　请假销假

第一百七十七条　军人外出，必须按级请假，履行审批手续，按时归队销假；未经领导批准不得外出。

探亲假一般在父母或者配偶居住地安排，其他去向应当如实报告。休假一般就地安排，经批准也可以到外地休假。因公或者因私出国（境）的，按照有关规定申请报批。需要续假的，应当及时提出申请并经批准，不得逾期不归。

军人在执勤和操课（工作）时间内，无特殊事由不得请假。

第八节　查铺查哨

第一百八十三条　连队（队、站、室、所、库）应当组织进行查铺查哨，每夜不少于两次，其中一次必须在熄灯后 2 小时至次日起床前 1 小时之间进行。查铺查哨通常由军官实施。

营级单位首长每周工作日查铺查哨不少于2次，旅（团）级单位首长和机关每周工作日查铺查哨不少于1次，休息日和节假日必须查铺查哨，并不定期地检查查铺查哨制度落实情况，适时进行讲评。

集中居住的营级单位，必要时也可以统一组织所属军官查铺查哨。

担负作战任务的部队和边防、海防部队，其他部队在野外驻训、恶劣天气以及其他必要情况时，应当增加查铺查哨次数。舰（船）艇部（分）队的查铺查哨，按照有关规定执行。

第十四节　保　密

第二百零七条　军人必须遵守国家、军队的保密法规，严守保密纪律，保守国家和军队的秘密。

第二百零八条　军人必须遵守下列保密守则：

（一）不该说的秘密不说；

（二）不该问的秘密不问；

（三）不该看的秘密不看；

（四）不该带的秘密不带；

（五）不该传的秘密不传；

（六）不该记的秘密不记；

（七）不该存的秘密不存；

（八）不随意扩大知密范围；

（九）不私自复制、下载、出借和销毁秘密；

（十）不在非保密场所处理涉密事项。

第十一章　日常战备

第一节　日常战备的基本要求

第二百一十三条　部（分）队必须高度重视战备工作，严格执行战备法规制度，紧密结合形势任务，经常进行战备教育，增强战备观念，建立正规的战备秩序，保持良好的战备状态。

第二百一十四条　部（分）队应当制订完善战备方案，经常组织部属熟悉方案内容，进行必要的演练。编制、人员、装备、战场和形势、任务等情况发生变化时，应当及时修订战备方案。

第二百一十五条　部（分）队各类战备物资，应当区分携行、运行、后留，分别放置，并做到定人、定物、定车、定位。战备物资应当结合日常训练、正常供应周转和重大战备行动，进行更新轮换，使其处于良好状态。战备物资不得随意动用；经批准动用的，应当及时补充。后留和上交的物资，应当建立登记和移交手续。个人运行和后留物品应当统一保管，并按照有关规定注记清楚。

第二百一十六条　部(分)队应当按照规定保持装备完好率、在航率和人员在位率,保持指挥信息系统常态化运行,保证随时遂行各种任务。

第二节　紧急集合

第二百一十七条　部(分)队应当根据上级的紧急战备号令,或者在下列情况下实行紧急集合:

(一)发现或者遭到敌人的突然袭击;

(二)受到火灾、水灾、地震、台风等自然灾害威胁或者袭击;

(三)上级赋予紧急任务或者发生重大意外情况。

第二百一十八条　部(分)队首长应当预先制订紧急集合方案。紧急集合方案通常规定下列事项:

(一)紧急集合场的位置,进出道路及其区分;

(二)警报信号和通知的方法;

(三)各分队(全体人员)到达集合场的时限;

(四)着装要求和携带的装备、物资、粮秣数量;

(五)调整勤务的组织和通信联络方法;

(六)值班分队的行动方案;

(七)警戒的组织,伪装、防空和防核、防化学、防生物以及防燃烧武器袭击的措施;

(八)留守人员的组织、不能随队伤病员的安置和物资的处理工作。

第二百一十九条　部(分)队接到紧急集合命令(信号),应当迅速而有秩序地按照紧急集合的有关规定,准时到达指定位置,完成战斗或者机动的准备。部(分)队首长根据情况及时增派或者撤收警戒;督促全体人员迅速集合;检查人数和装备;采取保障安全的措施;指挥部(分)队迅速执行任务。

第二百二十条　为锻炼提高部(分)队紧急行动能力,检查战斗准备状况,通常连级单位每月、营级单位每季度、旅(团)级单位每半年进行1次紧急集合。紧急集合的具体时间由部(分)队首长根据任务和所处环境等情况确定。

第二百二十一条　舰(船)艇部队、航空兵部队和导弹部队的部署操演、实兵拉动、战斗值班(战备)等级转进、战斗演练,按照战区、军兵种有关规定执行。

第三节　节日战备

第二百二十二条　各级应当按照战备工作有关规定,周密组织节日战备。

第二百二十三条　节日战备前,各级应当组织战备教育和战备检查,制订战备方案,修订完善应急行动方案,落实各项战备保障措施。

第二百二十四条　节日战备期间,各级应当加强战备值班。担负战备值班任务的部(分)队,做好随时出动执行任务的准备。

第二百二十五条　节日战备结束后,各级应当逐级上报节日战备情况,组织部(分)队恢复经常性戒备状态。

第十四章　国旗、军旗、军徽的使用管理和国歌、军歌的奏唱

第一节　国旗的使用管理和国歌的奏唱

第三百零六条　国歌可以在下列时机、场合奏唱:

(一) 军队单位举办的庆典活动和重要集会;

(二) 重要外事活动和重大国际性集会;

(三) 升挂国旗时;

(四) 其他需要奏唱国歌的时机、场合。

第三节　军徽的使用管理

第三百一十一条　中国人民解放军军徽是中国人民解放军的象征和标志。军人必须爱护军徽,维护军徽的尊严。

第三百一十二条　军徽及其图案可以用于帽徽、领花、臂章、荣誉章、奖状、车辆、舰(船)艇、飞机、重要建筑物、会场主席台等。

第三百一十三条　使用军徽及其图案,应当严肃、庄重,严格按照比例放大或者缩小。悬挂军徽,应当置于显著位置。不得使用破损、污损、褪色或者不合规格、颜色的军徽。

第三百一十四条　禁止将军徽及其图案用于商业广告和有碍军徽庄严的装饰或者场合。

第四节　军歌的奏唱

第三百一十五条　中国人民解放军军歌是中国人民解放军性质、宗旨和精神的体现。新兵入伍、学员入校,必须学唱军歌。国庆节、建军节等重大节日组织集会,应当奏唱军歌。

第三百一十六条　军歌可以在下列时机、场合奏唱:

(一) 军队单位举办的庆典和重要集会;

(二) 重要外事活动和重大国际性集会;

(三) 部队迎军旗、校阅、队列行进和集会;

(四) 其他维护以及显示军队威严的时机、场合。

第三百一十七条　军歌不得在下列时机、场合奏唱:

(一) 丧事活动;

(二) 舞会、一般联谊会等娱乐活动;

(三) 商业活动;

(四) 其他不宜奏唱军歌的时机、场合。

第三百一十九条　军歌一般不与其他歌曲紧接奏唱。举行接待外国军队宾客的仪式和在我国举行由军队主办的国际性集会时,可以联奏有关国家的军歌。

中国人民解放军队列条令(试行)

中华人民共和国中央军事委员会命令

军令〔2018〕60号

《中国人民解放军队列条令(试行)》已经2018年3月22日中央军委常务会议通过,现予发布,自2018年5月1日起施行。

主席　习近平

二〇一八年四月四日

第一章　总　则

第五条　队列纪律

(一)坚决执行命令,做到令行禁止;

(二)姿态端正,军容严整,精神振作,严肃认真;

(三)按照规定的位置列队,集中精力听指挥,动作迅速、准确、协调一致;

(四)保持队列整齐,出列、入列应当报告并经允许。

第二章　队列指挥

第六条　队列指挥位置

指挥位置应当便于指挥和通视全体。通常是:停止间,在队列中央前;行进间,纵队时在队列左侧中央前或者偏后,必要时在队列中央前,横队、并列纵队时在队列左侧前或者左侧,必要时在队列右侧前(右侧)或者左(右)侧后。

第七条　队列指挥方法

队列指挥通常用口令。行进间,动令除向左转走和齐步、正步互换及敬礼、礼毕时落在左脚,其他均落在右脚。变换指挥位置,通常用跑步(5步以内用齐步),进到预定的位置后,成立正姿势下达口令。纵队行进时,可以在行进间下达口令。

第八条　队列指挥要求

（一）指挥位置正确；

（二）姿态端正，精神振作，动作准确；

（三）口令准确、清楚、洪亮；

（四）熟练掌握和运用队列指挥方法；

（五）认真清点人数、检查着装，按照规定组织验枪；

（六）严格要求，维护队列纪律。

第三章　队列队形

第九条　基本队形

队列的基本队形为横队、纵队、并列纵队；需要时，可以调整为其他队形。

第十条　列队的间距

队列人员之间的间隔（两肘之间）通常约10厘米，距离（前一名脚跟至后一名脚尖）约75厘米；需要时，可以调整队列人员之间的间隔和距离。

第四章　单个军人的队列动作

第十四条　立正

立正是军人的基本姿势，是队列动作的基础。军人在宣誓、接受命令、进见首长和向首长报告、回答首长问话、升降国旗、迎送军旗、奏唱国歌和军歌等严肃庄重的时机和场合，均应当立正。

口令：立正。

要领：两脚跟靠拢并齐，两脚尖向外分开约60度；两腿挺直；小腹微收，自然挺胸；上体正直，微向前倾；两肩要平，稍向后张；两臂下垂自然伸直，手指并拢自然微曲，拇指尖贴于食指第二节，中指贴于裤缝；头要正，颈要直，口要闭，下颌微收，两眼向前平视。参加阅兵时，下颌上仰约15度。

第十五条　跨立

跨立即跨步站立，主要用于训练、执勤和舰艇上分区列队等场合，可以与立正互换。

口令：跨立。

要领：左脚向左跨出约一脚之长，两腿挺直，上体保持立正姿势，身体重心落于两脚之间；两手后背，左手握右手腕，拇指根部与外腰带下沿或者内腰带上沿同高；右手手指并拢自然弯曲，拇指贴于食指第二节，手心向后。携枪时不背手。

第十六条　稍息

口令：稍息。

要领：左脚顺脚尖方向伸出约全脚的三分之二，两腿自然伸直，上体保持立

正姿势，身体重心大部分落于右脚；携枪（筒）时，携带的方法不变，其余动作同徒手；稍息过久，可以自行换脚，动作应当迅速。

第十七条 停止间转法

（一）向右（左）转。

口令：向右（左）——转。

半面向右（左）——转。

要领：以右（左）脚跟为轴，右（左）脚跟和左（右）脚掌前部同时用力，使身体协调一致向右（左）转90度，身体重心落在右（左）脚，左（右）脚取捷径迅速靠拢右（左）脚，成立正姿势。转动和靠脚时，两腿挺直，上体保持立正姿势。

半面向右（左）转，按照向右（左）转的要领转45度。

（二）向后转。

口令：向后——转。

要领：按照向右转的要领向后转180度。

第十八条 行进

行进的基本步法分为齐步、正步和跑步，辅助步法分为便步、踏步、移步和礼步。

（一）齐步。

齐步是军人行进的常用步法。

口令：齐步——走。

要领：左脚向正前方迈出约75厘米，按照先脚跟后脚掌的顺序着地，同时身体重心前移，右脚照此法动作；上体正直，微向前倾；手指轻轻握拢，拇指贴于食指第二节；两臂前后自然摆动，向前摆臂时，肘部弯曲，小臂自然向里合，手心向内稍向下，拇指根部对正衣扣线（着海军藏青色春秋常服、冬常服时，拇指根部对正双排扣中间位置），并高于春秋常服或者冬常服最下方衣扣约5厘米（着夏常服、水兵服时，高于内腰带扣中央约5厘米；着作训服时，与外腰带扣中央同高），离身体约30厘米；向后摆臂时，手臂自然伸直，手腕前侧距裤缝线约30厘米。行进速度每分钟116～122步。

（二）正步。

正步主要用于分列式和其他礼节性场合。

口令：正步——走。

要领：左脚向正前方踢出约75厘米，腿要绷直，脚尖下压，脚掌与地面平行，离地面约25厘米，适当用力使全脚掌着地，同时身体重心前移，右脚照此法动作；上体正直，微向前倾；手指轻轻握拢，拇指伸直贴于食指第二节；向前摆臂时，肘部弯曲，小臂略成水平，手心向内稍向下，手腕下沿摆到高于春秋常服或者冬常服最下方衣扣约15厘米处（着夏常服、水兵服时，高于内腰带扣中央约15厘米处;着作训服时,高于外腰带扣中央约 10 厘米处),离身体约 10 厘米;向后摆臂时左手心向右、右手心向左,手腕前侧距裤缝线约 30 厘米。行进速度每分钟 110 ~ 116 步。

(三) 跑步。

跑步主要用于快速行进。

口令:跑步——走。

要领:听到预令,两手迅速握拳(四指蜷握,拇指贴于食指第一关节和中指第二节),提到腰际,约与腰带同高,拳心向内,肘部稍向里合。听到动令,上体微向前倾,两腿微弯,同时左脚利用右脚掌的蹬力跃出约 85 厘米,前脚掌先着地,身体重心前移,右脚照此法动作;两臂前后自然摆动,向前摆臂时,大臂略垂直,肘部贴于腰际,小臂略平,稍向里合,两拳内侧各距衣扣线约 5 厘米(着海军藏青色春秋常服、冬常服时,两拳内侧各距双排扣中间位置约 5 厘米);向后摆臂时,拳贴于腰际。行进速度每分钟 170 ~ 180 步。

(四) 便步。

便步用于行军、操练后恢复体力及其他场合。

口令:便步——走。

要领:用适当的步速、步幅行进,两臂自然摆动,上体保持良好姿态。

(五) 踏步。

踏步用于调整步伐和整齐。

停止间口令:踏步——走。

行进间口令:踏步。

要领:两脚在原地上下起落(抬起时,脚尖自然下垂,离地面约 15 厘米;落下时,前脚掌先着地),上体保持正直,两臂按照齐步或者跑步摆臂的要领摆动。

(六) 移步(5 步以内)。

移步用于调整队列位置。

1. 右(左)跨步

口令:右(左)跨 × 步——走。

要领:上体保持正直,每跨 1 步并脚一次,其步幅约与肩同宽,跨到指定步数停止。

2. 向前或者后退

口令:向前 × 步——走。

后退 × 步——走。

要领:向前移步时,应当按照单数步要领进行(双数步变为单数步)。向前 1 步时,用正步,不摆臂;向前 3 步、5 步时,按照齐步走的要领进行。向后退步时,从左脚开始,每退 1 步靠脚一次,不摆臂,退到指定步数停止。

(七) 礼步。

礼步主要用于纪念仪式中礼兵的行进。

口令:礼步——走。

要领:左脚向正前方缓慢抬起,腿要绷直,脚尖上翘,与腿约成90度,脚后跟离地面约30厘米,按照脚跟、脚掌顺序缓慢着地,步幅约55厘米,右脚照此法动作;上体正直,两臂下垂自然伸直、轻贴身体(抬祭奠物除外);手指并拢自然微曲,拇指尖贴于食指第二节,中指贴于裤缝。行进速度每分钟24~30步。

(八) 携便携式折叠写字椅行进。

携折叠写字椅行进时,左手提握支脚上横杠中间部位,左臂下垂自然伸直,写字板面朝外。

第十九条　立定

口令:立——定。

要领:齐步、正步和礼步时,听到口令,左脚再向前大半步着地,脚尖向外约30度,两腿挺直,右脚取捷径迅速靠拢左脚,成立正姿势。跑步时,听到口令,继续跑2步,然后左脚向前大半步(两拳收于腰际,停止摆动)着地,右脚取捷径靠拢左脚,同时将手放下,成立正姿势。踏步时,听到口令,左脚踏1步,右脚靠拢左脚,原地成立正姿势;跑步的踏步,听到口令,继续踏2步,再按照上述要领进行。

第二十条　步法变换

步法变换,均从左脚开始。

齐步、正步互换,听到口令,右脚继续走1步,即换正步或者齐步行进。

齐步换跑步,听到预令,两手迅速握拳提到腰际,两臂前后自然摆动;听到动令,即换跑步行进。

齐步换踏步,听到口令,即换踏步。

跑步换齐步,听到口令,继续跑2步,然后换齐步行进。

跑步换踏步,听到口令,继续跑2步,然后换踏步。

踏步换齐步或者跑步,听到“前进”的口令,继续踏2步,再换齐步或者跑步行进。

第二十一条　行进间转法

(一) 齐步、跑步向右(左)转。

口令:向右(左)转——走。

要领:左(右)脚向前半步(跑步时,继续跑2步,再向前半步),脚尖向右(左)约45度,身体向右(左)转90度时,左(右)脚不转动,同时出右(左)脚按照原步法向新方向行进。

半面向右(左)转走,按照向右(左)转走的要领转45度。

（二）齐步、跑步向后转。

口令：向后转——走。

要领：左脚向右脚前迈出约半步（跑步时，继续跑2步，再向前半步），脚尖向右约45度，以两脚的前脚掌为轴，向后转180度，出左脚按照原步法向新方向行进。

（三）转动时，保持行进时的节奏，两臂自然摆动，不得外张；两腿自然挺直，上体保持正直。

第二十二条 敬礼、礼毕和单个军人敬礼

敬礼分为举手礼、注目礼和举枪礼。

（一）敬礼。

1. 举手礼

口令：敬礼。

要领：上体正直，右手取捷径迅速抬起，五指并拢自然伸直，中指微接帽檐右角前约2厘米处（戴卷檐帽、无檐帽或者不戴军帽时微接太阳穴，约与眉同高），手心向下，微向外张（约20度），手腕不得弯曲，右大臂略平，与两肩略成一线，同时注视受礼者。

2. 注目礼

要领：面向受礼者成立正姿势，同时注视受礼者，并目迎目送，右、左转头角度不超过45度。

3. 举枪礼

举枪礼用于阅兵式或者执行仪仗任务。

口令：向右看——敬礼。

要领：右手将枪提到胸前，枪身垂直并对正衣扣线，枪面向后，离身体约10厘米，枪口与眼同高，大臂轻贴右肋；同时左手接握表尺上方，小臂略平，大臂轻贴左肋；同时转头向右注视受礼者，并目迎目送，右、左转头角度不超过45度。

（二）礼毕。

口令：礼毕。

要领：行举手礼者，将手放下；行注目礼者，将头转正；行举枪礼者，将头转正，右手将枪放下，使托前踵轻轻着地，同时左手放下，成持枪立正姿势。

（三）单个军人敬礼。

要领：单个军人在距受礼者5～7步处，行举手礼或者注目礼。

徒手或者背枪时，停止间，应当面向受礼者立正，行举手礼，待受礼者还礼后礼毕；行进间（跑步时换齐步），转头向受礼者行举手礼，并继续行进，左臂仍自然摆动，待受礼者还礼后礼毕。

携带武器（除背枪）等不便行举手礼时，不论停止间或者行进间，均行注目

礼,待受礼者还礼后礼毕。

第二十三条　坐下、蹲下、起立

(一) 坐下。

1. 徒手坐下

口令:坐下。

要领:左小腿在右小腿后交叉,迅速坐下(坐凳子时,听到口令,左脚向左分开约一脚之长;女军人着裙服坐凳子时,两腿自然并拢),手指自然并拢放在两膝上,上体保持正直。

2. 携便携式折叠写字椅坐下

要领:当听到"放凳子"的口令,左手将折叠写字椅提至身前交于右手,右手反握支脚上横杠,左手移握写字板和座板上沿,两手协力将支脚拉开;尔后上体右转,两手将折叠写字椅轻轻置于脚后,写字板扣手朝前,恢复立正姿势;当听到"坐下"的口令,迅速坐在折叠写字椅上。

使用折叠写字椅的靠背或者写字板时,应当按照"打开靠背"或者"打开写字板"的口令,调整折叠写字椅和坐姿;组合使用写字板时,根据需要确定组合方式和动作要领。

3. 背背囊(背包)坐下

要领:听到"放背囊(背包)"的口令,两手协力解开上、下扣环,握背带;取下背囊(背包),上体右转,右手将背囊(背包)横放在脚后,背囊(背包)正面向下,背囊口向右(背包口向左);按照口令坐在背囊(背包)上。携枪(筒)放背囊(背包)时,先置枪(架枪、筒),后放背囊(背包)。

(二) 蹲下。

口令:蹲下。

要领:右脚后退半步,前脚掌着地,臀部坐在右脚跟上(膝盖不着地),两腿分开约60度(女军人两腿自然并拢),手指自然并拢放在两膝上,上体保持正直。蹲下过久,可以自行换脚。

(三) 起立。

口令:起立。

要领:全身协力迅速起立,左脚取捷径靠拢右脚(蹲下时,右脚取捷径靠拢左脚),成立正姿势或者成持枪、肩枪(筒)立正姿势。

班用机枪架枪和40火箭筒架筒时,起立后取枪、筒。

携背囊(背包)起立时,当听到"取背囊(背包)——起立"的口令后,按照放背囊(背包)的相反顺序进行。

携便携式折叠写字椅起立时,当听到"取凳子——起立"的口令后,按照放折叠写字椅的相反顺序进行。

第二十四条　脱帽、戴帽

（一）脱帽。

口令：脱帽。

要领：立姿脱帽时，双手捏帽檐或者帽前端两侧，将帽取下，取捷径置于左小臂，帽徽朝前，掌心向上，四指扶帽檐或者帽墙前端中央处，小臂略成水平，右手放下。

坐姿脱帽时，双手捏帽檐或者帽前端两侧，将帽取下，置于桌（台）面前沿左侧或者膝上，使帽顶向上、帽徽朝前，也可以置于桌斗内。

（二）戴帽。

口令：戴帽。

要领：双手捏帽檐或者帽前端两侧，取捷径将帽迅速戴正。

（三）携枪（筒）时，用左手脱帽、戴帽。

（四）需夹帽时（作训帽除外），双手捏帽檐或者帽前端两侧，取捷径将帽取下，左手握帽墙（女军人戴卷檐帽时，将四指并拢，置于下方帽檐与帽墙之间），小臂夹帽自然伸直，帽顶向左，帽徽朝前。

第二十五条　宣誓

口令：宣誓。

宣誓完毕。

要领：听到“宣誓”的口令，身体保持立正姿势，右手握拳取捷径迅速抬起，拳心向前，稍向内合；拳眼约与右太阳穴同高，距离约10厘米；右大臂略平，与两肩略成一线；高声诵读誓词。

听到“宣誓完毕”的口令，将手放下。

第二十六条　整理着装

整理着装，通常在立正的基础上进行。

口令：整理着装。

要领：两手（持自动步枪时，将枪夹于两腿间）从帽子开始，自上而下，将着装整理好（必要时，也可以相互整理）；整理完毕，自行稍息；听到“停”的口令，恢复立正姿势。

第二十七条　携枪

（一）肩枪。

成立正姿势肩冲锋枪、自动步枪时，右手在右胸前握背带，拇指由内顶住，右大臂轻贴右肋，枪身垂直，枪口向下。

（二）持枪。

成立正姿势持班用机枪、狙击步枪、81式自动步枪（打开枪托）、03式自动步枪（打开枪托）时，右臂自然下垂，左手将背带挑起、拉直，由右手拇指在内压住，

余指并拢在外将枪握住，同时左手放下，枪面向后，托底钣（95 式班用机枪托底）全部（81 式自动步枪、03 式自动步枪托前踵）在右脚外侧着地，托后踵同脚尖平齐。

持枪转动时，除按照徒手动作要领外，听到预令，将枪稍提起，拇指紧贴于右胯，使枪随身体平稳转向新方向，托前踵（95 式班用机枪托底）轻轻着地，成持枪立正姿势。

（三）双手持枪。

成立正姿势持自动步枪时，使背带落在左肩，左手握护盖（或者护木），右手握握把，枪身在胸前约成 45 度，枪口朝向左下方。

（四）携枪行进。

持枪时，听到行进口令的预令，将枪提起，使枪身略直，拇指贴于右胯，使枪身稳固，其余要领同徒手。

背枪、肩枪、挂枪、托枪、提枪时，听到行进口令，保持携枪姿势，其余要领同徒手。

持枪立定时，在右脚靠拢左脚后，迅速将托底钣（95 式班用机枪托底）轻轻着地。其余要领同徒手。

（五）携枪坐下。

口令：枪靠右肩——坐下。

要领：携枪坐下时，两腿按照徒手坐下的要领进行，尔后枪靠右肩、枪面向右，右手自然扶贴护木（或者护盖），左手手指自然并拢，放在左膝上。肩冲锋枪、81 式自动步枪、03 式自动步枪坐下时，听到预令，右手移握护木（或者护盖），使背带从肩上滑下，将枪取下。

携 95 式自动步枪坐下时，听到“右手扶枪——坐下”的口令，两腿按照徒手坐下的要领进行，同时将枪置于右小腿前侧，枪身与地面垂直，枪面向后；右手自然扶握上护盖前端，左手手指自然并拢，放在左膝上。肩枪坐下时，听到预令，右手移握下护手前端，使背带从肩上滑下，将枪取下。

第五章　分队、部队的队列动作

第三十五条　集合、离散

（一）集合。

集合，是使单个军人、分队、部队按照规范队形聚集起来的一种队列动作。

集合时，指挥员应当先发出预告或者信号，如“全连注意”或者“×排注意”，然后，站在预定队形的中央前，面向预定队形成立正姿势，下达“成××队——集合”的口令。所属人员听到预告或者信号，原地面向指挥员成立正姿势；听到口令，跑步到指定位置面向指挥员集合（在指挥员后侧的人员，应当从指挥员右侧绕过)，自行对正、看齐，成立正姿势。

1. 班集合。

口令:成班横队(二列横队)——集合。

要领:基准兵迅速到班长左前方适当位置，成立正姿势;其他士兵以基准兵为准，依次向左排列，自行看齐。

成班二列横队时，单数士兵在前，双数士兵在后。

口令:成班纵队(二路纵队)——集合。

要领:基准兵迅速到班长前方适当位置，成立正姿势;其他士兵以基准兵为准，依次向后排列，自行对正。

成班二路纵队时，单数士兵在左，双数士兵在右。

2. 排集合。

口令:成排横队——集合。

要领:基准班在指挥员前方适当位置，成班横队迅速站好;其他班成班横队，以基准班为准，依次向后排列，自行对正、看齐。

口令:成排纵队——集合。

要领:基准班在指挥员右前方适当位置，成班纵队迅速站好;其他班成班纵队，以基准班为准，依次向右排列，自行对正、看齐。

3. 连集合。

口令:成连横队——集合。

要领:队列内的连指挥员或者基准排，在指挥员左前方适当位置，成横队迅速站好;各排和连部成横队，以连指挥员或者基准排为准，依次向左排列，自动对正、看齐。

口令:成连纵队——集合。

要领:队列内的连指挥员或者基准排，在指挥员前方适当位置，成纵队迅速站好;各排和连部成纵队，以连指挥员或者基准排为准，依次向右排列，自动对正、看齐。

口令:成连并列纵队——集合。

要领:队列内的连指挥员或者基准排，在指挥员左前方适当位置，成纵队迅速战好;各排和连部成纵队，以连指挥员或基准排为准，依次向左排列，自动对正、看齐。

第三十六条　整齐、报数

(一) 整齐。

整齐，是使列队人员按照规定的间隔、距离，保持行、列平齐的一种队列动作。整齐分为向右(左)看齐和向中看齐。

口令:向右(左)看——齐。

向前——看。

要领：基准兵不动，其他士兵向右（左）转头（持枪时，听到预令，迅速将枪稍提起，看齐后自行放下；持120反坦克火箭筒时，听到预令，左手握提把，右手握握把，提起发射筒，看齐后自行放下），眼睛看右（左）邻士兵腮部，前四名能通视基准兵，自第五名起，以能通视到本人以右（左）第三人为度；后列人员，先向前对正，后向右（左）看齐；听到“向前——看”的口令，迅速将头转正，恢复立正姿势。

口令：以×××为准，向中看——齐。

向前——看。

要领：当指挥员指定“以×××为准（或者以第×名为准）”时，基准兵答“到”，同时左手握拳高举，大臂前伸与肩略平，小臂垂直举起，拳心向右；听到“向中看——齐”的口令后，其他士兵按照向左（右）看齐的要领实施；听到“向前——看”的口令后，基准兵迅速将手放下，其他士兵迅速将头转正，恢复立正姿势。

一路纵队看齐时，可以下达“向前——对正”的口令。

（二）报数。

口令：报数。

要领：横队从右至左（纵队由前向后）依次以短促洪亮的声音转头（纵队向左转头）报数，最后一名不转头；数列横队时，后列最后一名报“满伍”或者“缺×名”；连集合时，由指挥员下达“各排报数”的口令，各排长在队列内向指挥员报告人数，如“第×排到齐”或者“第×排实到××名”。

必要时，连也可以统一报数。

要领：连实施统一报数时，各排不留间隔，要补齐，成临时编组的横队队形。报数前，连指挥员先发出“看齐时，以一排长为准，全连补齐”的预告，尔后下达“向右看——齐”口令，待全连看齐后，再下达“向前——看”和“报数”的口令，报数从一排长开始，后列最后一名报“满伍”或者“缺×名”。

第三十七条　出列、入列

单个军人和分队出列、入列，通常用跑步，5步以内用齐步，1步用正步，或者按照指挥员指定的步法执行；然后，进到指挥员右前侧适当位置或者指定位置，面向指挥员成立正姿势。

（一）单个军人出列、入列。

1．出列。

口令：×××（或者第×名），出列。

要领：出列军人听到呼点自己姓名或者序号后应当答“到”，听到“出列”的口令后应当答“是”。

（1）位于第一列（左路）的军人，按照本条上述规定，取捷径出列。

(2) 位于中列(路)的军人,向后(左)转,待后列(左路)同序号的军人向右后退1步(左后退1步)让出缺口后,按照本条的上述规定从队尾(纵队时从左侧)出列;位于"缺口"位置的军人,待出列军人出列后,即复原位。

(3) 位于最后一列(右路)的军人出列,先退1步(右跨1步),然后,按照本条有关规定从队尾出列。

2. 入列。

口令:入列。

要领:听到"入列"口令后,应当答"是",然后,按照出列的相反程序入列。

(二) 班(排)出列、入列。

1. 出列。

口令:第×班(排),出列。

要领:听到"第×班(排)"的口令后,由出列班(排)的指挥员答"到",听到"出列"的口令后,由出列班(排)的指挥员答"是",并用口令指挥本班(排),按照本条的有关规定,以纵队形式从队尾(位于第一列的班取捷径)出列。

2. 入列。

口令:入列。

要领:听到"入列"的口令后,由入列班(排)指挥员答"是",并用口令指挥本班(排),以纵队形式从队尾(位于第一列的班取捷径)入列。

第三十八条 行进、停止

横队和并列纵队行进以右翼为基准,纵队行进以左翼为基准(一路纵队行进以先头为基准)。

(一) 行进,指挥员应当下达"×步——走"的口令。听到口令,基准兵向正前方前进,其他士兵向基准翼标齐,保持规定的间隔、距离行进。纵队行进时,排、连通常成三路纵队,也可以成一、二路纵队。行进中,需要时,用"一二一"(调整步伐的口令)、"一二三四"(呼号)或者唱队列歌曲,以保持步伐的整齐和振奋士气。

(二) 停止,指挥员应当下达"立——定"的口令。听到口令,按照立定的要领实施,分队的动作要整齐一致;停止后,听到"稍息"的口令,先自行对正、看齐,再稍息。

第三十九条 队形变换

队形变换,是由一种队形变为另一种队形的队列动作。

(一) 横队和纵队的互换。

横队变纵队:

停止间口令:向右——转。

行进间口令:向右转——走。

纵队变横队:

停止间口令:向左——转。

行进间口令:向左转——走。

要领:停止间,按照单个军人向右(左)转的要领实施;行进间,按照单个军人向右(左)转走的要领实施。分队动作要整齐一致;队形变换后,排以上指挥员应当进到规定的列队位置。

(二)停止间班横队和班二列横队,班纵队和班二路纵队互换。

1. 班横队变班二列横队。

口令:成班二列横队——走。

要领:变换前,先报数。听到口令,双数士兵左脚后退1步,右脚(不靠拢左脚)向右跨1步,左脚向右脚靠拢,站到单数士兵之后,自行对正、看齐。

2. 班二列横队变班横队。

口令:间隔1步,向左离开。

成班横队——走。

要领:听到"间隔1步,向左离开"的口令,取好间隔;听到"成班横队——走"的口令,双数士兵左脚左跨1步,右脚(不靠拢左脚)向前1步,左脚向右脚靠拢,站到单数士兵左侧,自行看齐。

3. 班纵队变班二路纵队。

口令:成班二路纵队——走。

要领:变换前,先报数。听到口令,双数士兵右脚右跨1步,左脚(不靠拢右脚)向前1步,右脚向左脚靠拢,站到单数士兵右侧,自行对正、看齐。

4. 班二路纵队变班纵队。

口令:距离2步,向后离开。

成班纵队——走。

要领:听到"距离2步,向后离开"的口令,取好距离;听到"成班纵队——走"的口令,双数士兵右脚后退1步,左脚(不靠拢右脚)站到单数士兵之后,自行对正。

(三)连纵队和连并列纵队的互换。

1. 连纵队变连并列纵队。

停止间口令:成连并列纵队,齐步——走。

行进间口令:成连并列纵队——走。

要领:连指挥员或者基准排踏步,其他排和连部逐次进到连指挥员或者基准排左侧踏步并取齐,然后,听口令前进或者停止。

连、排指挥员位置的变换方法:听到口令,连长左脚继续踏1步,右脚向右前1步,进到政治指导员前方仍踏步,政治指导员继续踏步,副连长向前2步(未编有副政治指导员时,副连长向左前 2 步),进到连长左侧,副政治指导员向左前 1 步,进到政治指导员左侧,排长、司务长进到预定列队位置,继续踏步并取齐。

2. 连并列纵队变连纵队。

停止间口令:成连纵队,齐步——走。

行进间口令:成连纵队——走。

要领:连指挥员或者基准排照直前进,其他排和连部停止间和行进间均踏步,待连指挥员或者基准排离开原位后,各排按照排长、连部和炊事班按照司务长的口令依次跟进。

连、排指挥员位置的变换方法:听到口令,连长向左前 1 步,进到副连长前方踏步,政治指导员向前 2 步,进到连长右侧继续踏步,副政治指导员向右前 1 步,进到副连长右侧继续踏步(未编有副政治指导员时,副连长右跨半步并踏步),排长、司务长进到预定列队位置继续踏步,取齐后照直前进。

第四十条　方向变换

方向变换,是改变队列面对的方向的一种队队动作。

(一) 横队和并列纵队方向变换。

停止间,通常是左(右)转弯或者左(右)后转弯,必要时可以向后转。

停止间口令:左(右)转弯,齐(跑)步——走,或者左(右)后转弯,齐(跑)步——走;向后——转,齐(跑)步——走(当需要向后转走时,应当先下"向后——转"的口令,待方向变换后,再下"齐步——走"或者"跑步——走"的口令)。

行进间口令:左(右)转弯——走,或者左(右)后转弯——走。

要领:一列横队方向变换时,轴翼士兵踏步,并逐渐向左(右)转动;外翼第一名士兵用大步行进并同相邻士兵动作协调,逐步变换方向(愈接近轴翼者,其步幅愈小),其他士兵用眼睛的余光向外翼取齐,并保持规定的间隔和排面整齐,转到 90 度或者 180 度时踏步并取齐,听口令前进或者停止。

数列横队和并列纵队方向变换时,第一列轴翼士兵停止间用踏步、行进间用小步,外翼士兵用大步行进,保持排面整齐,边行进边变换方向,转到 90 度或者 180 度后,听口令前进或者停止;后续各列按照上述要领,保持间隔、距离,取捷径进到前一列转弯处,转向新方向跟进。

(二) 纵队方向变换。

停止间,通常是左(右)转弯,或者左(右)后转弯,必要时可以向后转。

停止间口令:左(右)转弯,齐(跑)步——走,或者左(右)后转弯,齐(跑)步——走;向后——转,齐(跑)步——走(按照横队和并列纵队向后转走的方法实施)。

行进间口令:左(右)转弯——走,或者左(右)后转弯——走。

要领：一路纵队方向变换，基准兵在左（右）转弯时，按照单个军人行进间转法（停止间，左转弯走时，左脚先向前 1 步）的要领实施，在左（右）后转弯时，用小步边行进边变换方向，转到 90 度或者 180 度后，照直前进；其他士兵逐次进到基准兵的转弯处，转向新方向跟进。

数路纵队方向变换时，按照数列横队和并列纵队方向变换的要领实施。

第七章 ☆☆☆
轻武器射击

第一节 轻武器常识

轻武器是我军步兵分队在近战中最基本的单兵武器，掌握其使用方法是军人最基本的军事技能要求。轻武器主要包括半自动步枪、冲锋枪、班用轻机枪、手枪、手榴弹和榴弹发射器等。本章着重介绍54式手枪、56式半自动步枪、81式自动步枪、56式冲锋枪、56-1式班用轻机枪等单兵武器的战斗性能、射击原理、射击动作要领、射击成绩评定和轻武器射击实施等内容。

一、54式手枪

（一） 战斗性能

54式手枪是以单手发射为主要使用方式的短枪，在50 m内射击效果良好。其有效射程500 m，战斗射速每分钟约30发，容弹量5～20发。

（二） 主要诸元

54式手枪口径7.62 mm，全枪重0.85 kg，全枪长195 mm，弹头最大飞行距离1 630 m。

（三） 主要部件名称

54式手枪由枪管、套筒、复进机、套筒座、击发机、弹匣组成(图7-1)。另有附品筒。

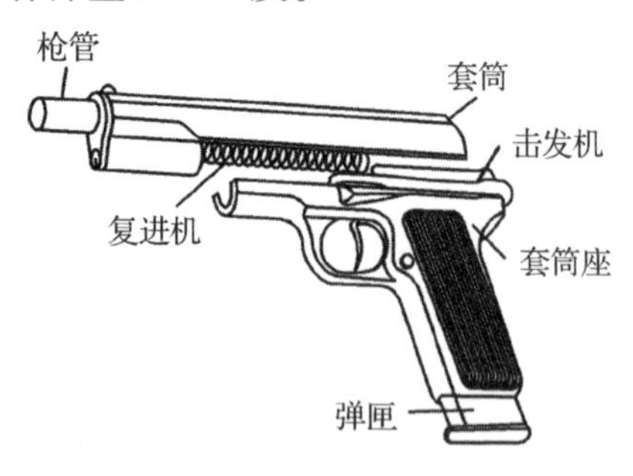

图7-1 手枪的六大部件

二、56式半自动步枪

（一） 战斗性能

56式半自动步枪是能实现首发后的自动再次装填，但只能单发射的步枪，在400 m内对单个目标射击效果最好，集中火力可射击500 m内敌人的飞机、伞兵和杀伤800 m内集团目标。弹头飞行到1 500 m内仍有杀伤力。战斗射速每分

钟35~40发。使用56式普通弹,在100 m内能射穿6 mm厚的钢板、15 cm厚的砖墙、30 cm厚的土层和40 cm厚的木板。

(二) 主要诸元

56式半自动步枪口径7.62 mm,全枪重3.85 kg,打开枪刺全枪长1.26 m(折回枪刺全枪长1.02 m),标尺距离1 000 m,瞄准基线长480 mm,准星宽2 mm,弹头最大飞行距离约2 000 m。

(三) 主要部件名称

半自动步枪由枪刺(刺刀)、枪管、瞄准具、活塞及推杆、机匣、枪机、复进机、击发机、弹仓和木托十大部件组成(附图7-2)。另有一套附品。

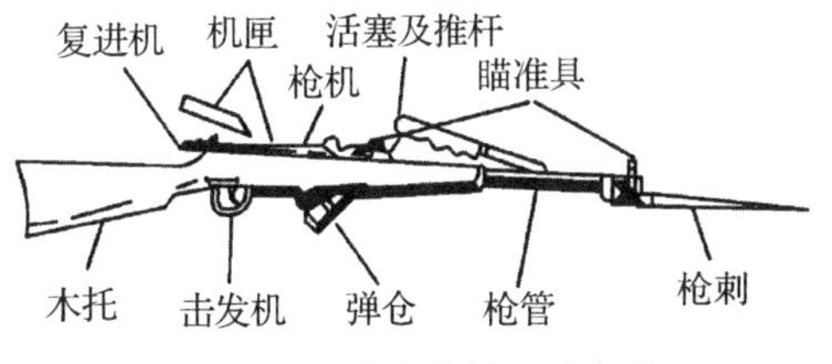

图7-2 半自动步枪的十大部件

(四) 半自动原理

击发后,击锤打击击针,击针撞击子弹底火,点燃发射药,产生火药气体,推送弹头沿膛线向前运动;弹头一经过导气孔,部分火药气体通过导气孔涌入导气箍,冲击活塞,推动推杆,使枪机向后压缩复进簧,完成开锁、抛壳,并使击锤成待发状态;枪机退到后方时,由于复进簧的伸张,使枪机向前运动,推送次一发子弹入膛、闭锁;此时,由于击锤已被击发阻铁卡住,不能向前打击击针,若再次发射,必须松开扳机,再扣扳机。

(五) 分解结合

分解结合是为了擦拭、上油、检查和排除故障。所有枪支分解前必须验枪,以保证枪膛内无弹。分解结合应按顺序和要领进行,不要强敲硬卸。分解下来的部件应按顺序放在干净的物体上。除所讲的分解内容外,未经许可,不准分解其他部件。

1. 分解

(1) 拔出通条和取出附品筒。向下、向外拉开枪刺约成45°,拔出通条,折回枪刺。然后,用食指顶开附品筒巢盖,取出附品筒,并从附品筒内取出附件。

(2) 卸下机匣盖,抽出复进机。左手握枪颈,拇指抵压机匣盖后端,右手扳连接销扳手向上呈垂直状态,再向右拉到定位,向后卸下机匣盖,抽出复进机。

(3) 取下枪机。左手托握下护木,使枪面稍向右,右手拉枪机向后取出,并将机栓、机体分开。

(4) 卸下活塞筒。左手托握下护木,右手扳固定扳手向上,使固定栓平面垂直,向上卸下活塞筒(将固定栓扳手扳回或保持不动,以防推杆弹出)。然后,从筒内取出活塞。

2. 结合

结合时,按分解的相反顺序进行。结合后,应拉送枪机数次,检查部件结合是否正确。

三、81式自动步枪

（一） 战斗性能

81式自动步枪是能实现首发后的自动再次装填,并能连发射击的步枪。可作短点射(2~5发),还可以实施长点射(6~10发)和单发射。战斗射速:点射每分钟90~110发,单发射每分钟40发。

使用56式普通弹,子弹穿透力同56式半自动步枪。

（二） 主要部件名称

自动步枪由刺刀(匕首)、枪管、瞄准具、活塞及调节塞、机匣、枪机、复进机、击发机、弹匣和枪托十大部件组成(图7-3)。另有一套附品。

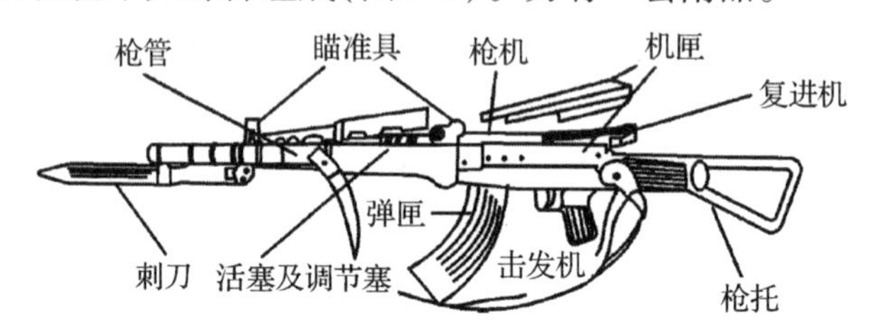

图7-3　81式自动步枪的十大部件

（三） 自动原理

击发后,击锤打击击针,撞击子弹底火,点燃发射药,产生火药气体,推送弹头沿膛线向前运动;弹头一经过导气孔,部分火药气体通过导气孔,涌入导气箍,冲击活塞推动枪机向后,压缩复进簧,完成开锁、抛壳,并使击锤处在待发状态;枪机退到最后方时,由于复进簧的伸张,使枪机向前运动,推送次一发子弹入膛、闭锁。此时,如保险机定在连发位置,扳机未松开,击发阻铁不能卡住击锤,击锤再次打击击针,形成连发;如保险机定在单发位置,击锤被单发阻铁卡住不能向前,若再次发射,必须松开扳机,再扣扳机。

（四） 分解结合

1. 分解

第一步,卸下弹匣;第二步,拔出通条和取出附品筒;第三步,卸下机匣盖;第四步,抽出复进机;第五步,取出枪机;第六步,卸下护盖;第七步,卸下活塞及调节塞。

2. 结合

按分解的相反顺序进行。

四、56式冲锋枪

（一） 战斗性能

56式冲锋枪是步兵分队在近战中歼敌有生力量的主要武器。400 m内对单个目标射击效果最好,集中火力可以射击500 m内敌人的飞机、伞兵和杀伤

800 m内的集团目标。弹头飞行到 1 500 m 仍有杀伤力。可实施短点射(2～5 发),还可实施长点射(6～10 发),必要时可实施单发射。每分钟战斗射速:单发射 40 发,点射 90～100 发。

使用56 式普通弹,在 100 m 距离内能射穿6 mm 厚的钢板、15 cm 厚的砖墙、30 cm 厚的土层和 40 cm 厚的木板。

(二)　主要部件名称

冲锋枪由枪刺(刺刀)、枪管、瞄准具、活塞、机匣、枪机、复进机、击发机、弹匣和枪托十大部件组成(图 7-4)。另有一套附品其部件用途与半自动步枪基本相同。

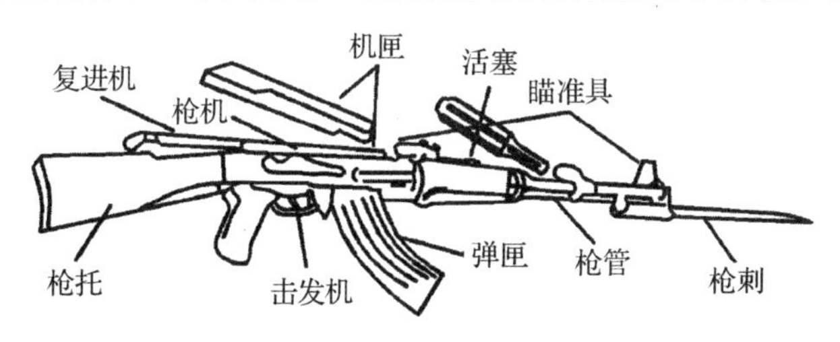

图 7-4　冲锋枪的十大部件

(三)　自动原理

扣扳机后,击锤打击击针,撞击子弹底火,点燃发射药,产生火药气体,推送弹头沿膛线向前运动;弹头一经过导气孔,部分火药气体通过导气孔,涌入导气箍,冲击活塞推动枪机向后,压缩复进簧,完成开锁、抛壳,并使击锤成待发状态;枪机退到最后方时,由于复进簧的伸张,使枪机向前运动,推送次一发子弹入膛,完成闭锁。此时,如保险机定在连发位置,扳机未松开,击发阻铁不能卡住击锤,击锤再次打击击针,形成连发;如保险机定在单发位置,击锤被单发阻铁卡住不能向前,若再次发射,必须松开扳机,再扣扳机。

(四)　分解结合

1. 分解

第一步,卸下弹匣:左手握护木,枪面稍向左,右手握弹匣,拇指按压弹匣卡榫(也可右手掌心向上握弹匣,以手掌的肉厚部分推压弹匣卡榫),前推取下。如是铁枪托,应先打开枪托。

第二步,拔出通条和取出附品筒:左手握护木,右手向下向外拉开枪刺约成45°,向外向上拔出通条,折回枪刺。然后,用食指顶开附品筒巢盖,取出附品筒,并从附品筒内取出附品。

第三步,卸下机匣盖:左手握枪颈,以拇指按压机匣盖卡榫,右手将机匣盖上提取下。

第四步,抽出复进机:左手握枪颈,右手向前推导管座,使其脱离凹槽,向后抽出复进机。

第五步，取出枪机：左手握枪颈，右手打开保险，拉枪机向后到定位，向上向后取出。右手转压机体向后，使导榫脱离榫槽，再向前取出机体。

第六步，卸下活塞筒：左手握下护木，右手扳固定栓扳手向上，使固定栓平面垂直，移握上护木后端，向上卸下活塞筒。

2. 结合

结合的要领：按分解的相反顺序进行。

五、56-1 式班用轻机枪

（一） 战斗性能

56-1 式班用轻机枪是步兵分队在近战中歼敌有生力量的主要武器。500 m 内对单个目标射击效果最好，集中火力可以射击 500 m 内敌人的飞机、伞兵，杀伤 800 m 内的集团目标。弹头飞行到 1 500 m 仍有杀伤力。主要实施短点射(2 ~ 5 发)，还可实施长点射(6 ~ 10 发)，必要时可实施连续射，连续发射 300 发子弹后，应冷却枪管。每分钟的战斗射速为 150 发。使用 56 式普通弹，在 100 m 距离上能射穿 6 mm 厚的钢板、15 cm 厚的砖墙、30 cm 厚的土层和 40 cm 厚的木板。

（二） 主要部件名称

56-1 式班用轻机枪由枪管、瞄准具、机匣、受弹机、枪机、复进机、击发机、枪托、脚架、弹盒十大部件组成。另有一套附品和备用零件(图 7-5)。

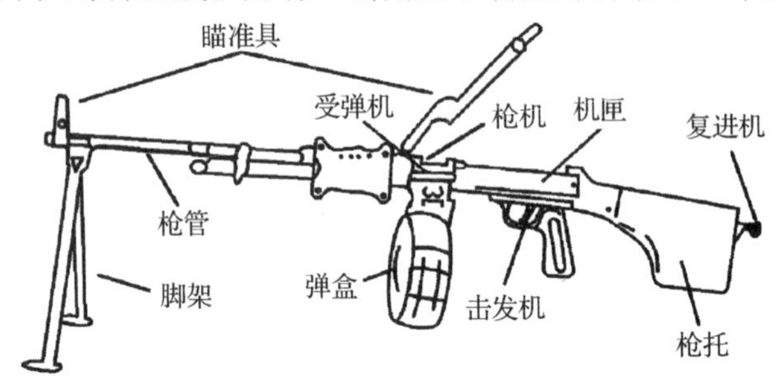

图 7-5　班用机枪的十大部件

（三） 自动原理

扣扳机后，机框借复进簧的伸张作用，带动机体向前，推子弹入膛，完成闭锁，击针撞击子弹底火，点燃发射药，产生火药气体，推送弹头沿膛线向前运动；弹头经过导气孔，部分火药气体通过导气孔和导气沟，冲击活塞使枪机向后，压缩复进簧，完成开锁、抛壳，拨弹滑板将下一发子弹拨到受弹口；枪机退到最后方时，由于扣压着扳机，击发阻铁不能卡住击发阻铁槽，枪机在复进簧的作用下再次向前运动，形成连发。

（四） 分解结合

1. 分解

第一步，取出附品盒和通条：左手虎口向后握枪托，拇指抵住托底板盖上端，右手拇指向下按压托底板盖卡榫，左手转动托底板盖，取出附品盒和通条，打开附品盒盖扣。56-1 式班用轻机枪应先从通条槽内取出通条再取附品盒。

第二步，打开机匣盖：左手握枪颈，右手扳下连接板，向前推压机匣盖卡榫，向上打开。

第三步，卸下击发机和枪托：右手握握把，左手用冲子将连接销向右顶到尽头。然后左手托握机匣，右手向后拉出。

第四步，取出枪机：左手握护木，右手从机匣的下面扣住击发阻铁槽向后拉，并握住机框和机体向后取出。再从机框上取下机体，然后向后取下机柄。

第五步，卸下复进机（必要时才卸下）：左手握住枪颈，右手将扳子刃部放在导杆座的切口内或用拇指对正导杆座，前推左拧，慢慢松开抽出。

第六步，卸下气体调整器（通常在射击后才卸下）：右手握护木，左手用扳子拧松紧定螺 2 ~ 3 圈，用木槌向右敲打其头部，使气体调整器稍离导气箍。两手协同拧下紧定螺，取出气体调整器。

2. 结合

结合的要领：按分解的相反顺序进行。

六、爱护武器

（一） 要求

爱护武器、子弹是全体参训人员的一项重要职责，也是预防故障的有效方法。要求全体人员必须做到：勤检查、勤擦拭、不碰摔、不生锈、不损坏、不丢失。使武器、子弹经常保持完好状态。

（二） 保管使用规则

（1）武器和子弹应放在安全、干燥、通风的地方，武器、弹药应分室保管。在营房，武器应放在枪架上，折回枪刺，松回击锤，关上保险，游标定在常用表尺分划上。不准将武器、子弹放在门窗附近或随意乱放。

（2）行军、训练时，应尽量避免武器碰撞和沾上污物，长时间射击时，应及时向枪机上涂油。乘车（船）时，应尽量将武器握在手中，防止碰撞和丢失。

（3）在阴雨潮湿天气，应特别注意防止部件和子弹生锈，在风沙较多的情况下，应防止灰沙进入枪内。在炎热季节，应尽量避免长时间暴晒。

（三） 擦拭上油

1. 擦拭时机和要求

实弹射击后，应用浸透油或碱水（肥皂水）的布，将武器内的烟渣、污垢擦洗干净，并用干布擦干后再上油，在以后三四天内应每天擦拭一次；训练、演习后，应适时地用干布和油布进行擦拭；不经常使用时，每周至少擦拭一次。

2. 擦拭上油的方法

擦拭前，应分解武器，准备擦拭用具。擦枪膛：把布条缠在擦拭杆活动部分，并插入枪膛，将筒盖或枪口罩套在枪口上，在枪膛内均匀地来回擦拭，直至擦净。再用布条或鬃刷，在枪膛内涂上油。擦拭导气箍、活塞筒：用通条或木杆缠布擦拭，擦净后上油。擦拭其他部件时，先擦净表面的烟渣和污垢，对孔、槽、沟等细小部位，可用竹签缠上布条进行擦拭，然后薄薄地涂上一层油。

七、子弹

（一） 子弹的各部分名称

子弹由弹头、弹壳、底火和发射药等组成（图7-6）。

（二） 子弹的种类、用途和标志

1. 普通弹

用以杀伤敌人有生力量。

2. 曳光弹

主要用以试射、指示目标和做信号。命中干草能起火。曳光距离可达80 m，弹头头部为绿色。

3. 燃烧弹

主要用以引燃易燃物体。弹头头部为红色。

4. 穿甲燃烧弹

主要用以射击飞机和轻装甲目标（在200 m内，其穿甲厚度为7 mm），并能在穿透装甲后引燃汽油。弹头头部为黑色，并有一道红圈。

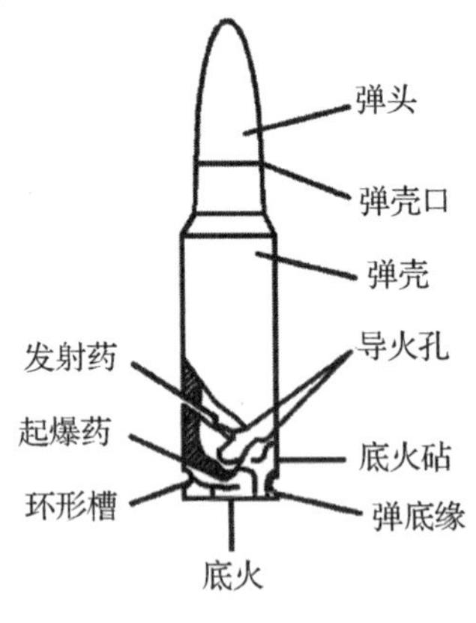

图7-6 子弹

第二节 简易射击原理

一、发射与后坐

（一） 发射

火药气体压力将弹头从膛内推送出去的现象，叫作发射。发射过程，击针撞击子弹底火，使起爆药发火，火焰通过导火孔引燃发射药，产生大量火药气体，在膛内形成很大压力。各种枪的最大膛压为1 400 ~ 3 400 kg/cm^2，半自动步枪为

2 810 kg/cm^2,压力迫使弹头脱离弹壳沿膛线旋转加速前进,直到推出枪口。

(二) 后坐

发射时武器向后运动的现象,叫作后坐。后坐的产生:发射药燃烧时,火药气体的压力同时作用于各个方向。向四周时,被膛壁所阻,向前的压力推送弹头前进;向后的压力抵压弹壳底部和枪机,使枪向后运动,形成后坐。

(三) 后坐对命中的影响

后坐对单发(连发首发)射击的命中影响极小,后坐对连发射击的命中有一定的影响。因为连发射击时,第一发子弹发射后,由于枪的明显后坐变动了原来的瞄准线,所以对第二发以后的射弹命中有一定的影响。但只要射手握枪要领正确,适应连发武器射击时的后坐规律,就能减小后坐对连发命中的影响,提高射击精度。

二、弹道及其实用意义

(一) 弹道的形成

弹头脱离枪口,在空气中飞行的路线叫作弹道。弹头在飞行中,一面受地心吸引力的作用,逐渐下降;一面受空气的阻力作用,越飞越慢,弹道形成一条不均等的弧线,升弧较长较直,降弧较短较弯曲。

(二) 弹道要素

火身口水平面——通过起点的水平面(图 7-7)。

射线——发射前火射轴线的延长线。

射角——射线与火身口水平面所夹的角。

发射线——发射瞬间火身轴线的延长线。

发射角——发射线与火身口水平面所夹的角。

升弧——由起点到弹道最高点的弹道。

降弧——由弹道最高点到落点的弹道。

射程——起点到落点的水平距离。

弹道高——弹道上任何一点到火身口水平面的垂直距离。

最大弹道高——弹道最高点到火身口水平面的垂直距离。

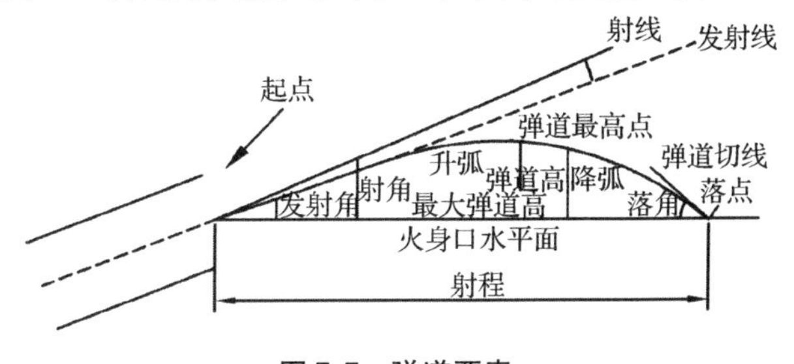

图 7-7 弹道要素

（三） 直射及其实用意义

1. 直射

瞄准线上的弹道高在整个表尺距离内不超过目标高的发射，叫作直射。这段距离叫作直射距离（图7-8）。

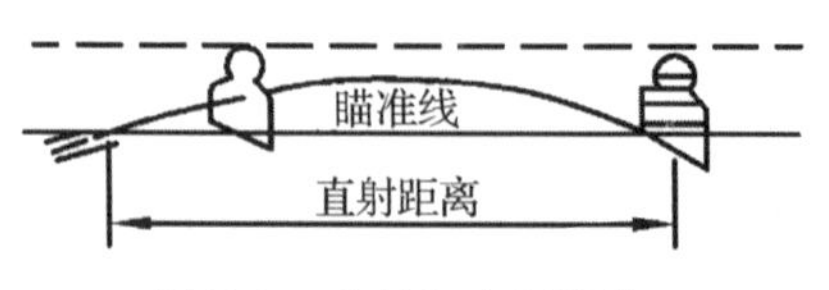

图7-8 直射和直射距离

直射距离的大小是根据目标高低与弹道的低伸程度决定的。目标越高，弹道越低伸，直射距离就越大；目标越低，弹道越弯曲，直射距离就越小。半自动步枪、冲锋枪、班用轻机枪对人头目标的直射距离为200 m，对人胸目标为300 m，对半身目标为400 m。

2. 直射的实用意义

战斗中，对在直射距离内的目标可以不变更表尺分划，瞄准目标下沿射击，以增大射速，提高射击效果。运用直射组织侧射、斜射和夜间标定射击，能获得良好效果。

（四） 危险界、遮蔽界与死角

1. 危险界

弹道高没有超过目标高的一段距离，叫作危险界。目标暴露越高，地形越平坦，弹道越低伸，危险界就越大，目标就容易被杀伤。目标暴露越低，地形越起伏（如凹地），弹道越弯曲，危险界就越小，目标被杀伤的可能性也越小。

2. 遮蔽界和死角

弹头通过不能射穿的遮蔽物顶端到弹着点的一段距离，叫作遮蔽界。目标在遮蔽界内不会被杀伤的一段距离，为死角。遮蔽物越高，目标越低，死角越大；反之，死角就越小（图7-9）。

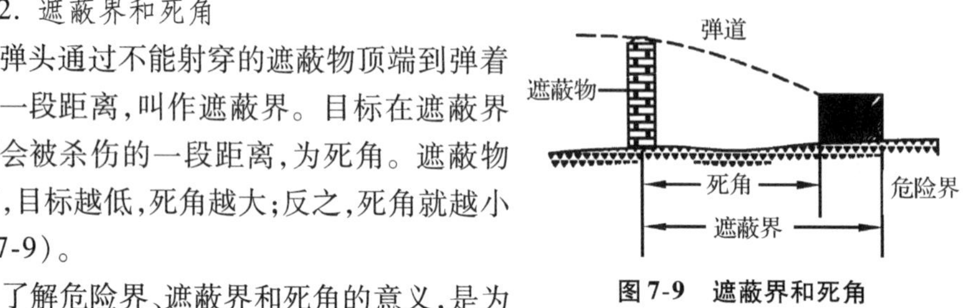

图7-9 遮蔽界和死角

了解危险界、遮蔽界和死角的意义，是为了在战斗中更好地“隐蔽身体、发扬火力”，灵活地利用地形、地物，隐蔽地接近敌人，以免被敌火力杀伤，并选择适当的射击位置，对死角内的敌人以侧射、斜射方法歼灭之。

三、选定表尺分划和瞄准点

（一） 瞄准具的作用

弹头在飞行中，受到地心的吸引力和空气的阻力作用，逐渐下降并越飞越慢，如果用枪管瞄向目标射击，弹头就会打低、打近。为了命中目标，必须将枪口抬高。各个距离上应该抬高多少，表尺上刻有相应的分划，只要按照目标的距离装定相应的表尺分划瞄准射击，就会命中目标。

（二） 瞄准要素

瞄准基线——照门的上沿中央到准星尖的直线。

瞄准线——视线通过照门的上沿中央和准星尖到瞄准点的直线。

瞄准点——瞄准线所指向目标的一点。

瞄准角——火身轴线与瞄准线的夹角。

弹道高——弹道上任何一点到瞄准线的垂直距离（图 7-10）。

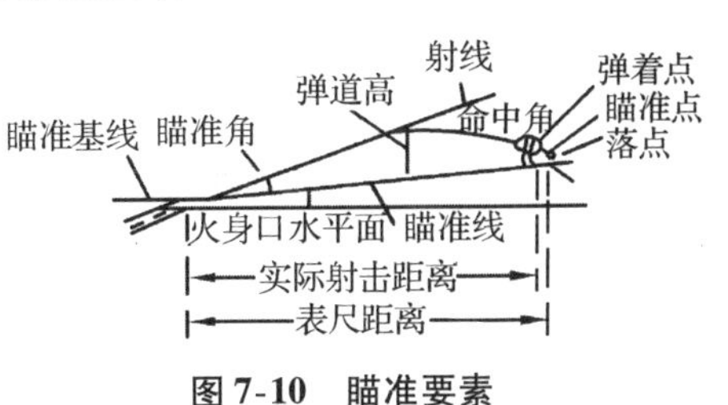

图 7-10 瞄准要素

（三） 选定表尺和瞄准点的方法

（1）目标距离在 x 百米，就装定表尺 x，并瞄准目标中央。

（2）目标距离不是百米的整数倍时，通常选一大于实际距离的表尺分划，适当降低瞄准点射击。也可选定小于实际距离的表尺分划，适当提高瞄准点射击。

（3）目标在 300m 内，通常装定表尺“3”或常用表尺，小目标瞄下沿，大目标瞄中央。

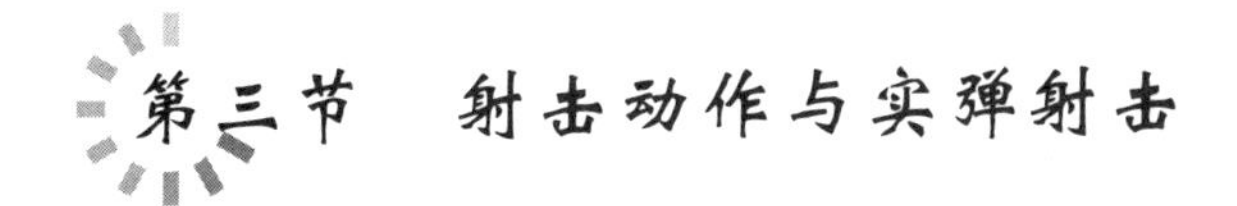

第三节 射击动作与实弹射击

一、射击动作

（一） 验枪

验枪是射击过程中保证安全的一项重要措施，使用武器前后及必要时均应验枪。验枪时，严禁枪口对人，枪身应向前方成 45°角。

（二） 装、退子弹

装、退子弹是射击前（后）的基本动作。装、退子弹应根据射击指挥员的口令执行，严禁违纪擅自实施。

（三） 定、复表尺

这也是射击前（后）的基本动作。射手射击前应根据目标距离和瞄准点定表尺，射击后应将表尺复位。

（四） 举枪、瞄准、击发

这是射击最终完成的步骤，对射击命中率有关键性作用。举枪姿势的正确与否，对射击效果有很大影响，应根据平时教员的指导，保持好身体与枪身的角度、抵肩的松紧度、贴腮的自然状况，使枪与身体构成一个自然结合体。瞄准是保证射击精度的重要条件，应做到使瞄准基线自然指向目标，使依托物高低适宜，并注意排除“虚光”。击发是完成射击的关键。

当瞄准基线接近目标点时，开始预压扳机，减缓呼吸。当瞄准基线指向目标点时，应停止呼吸，并加大对扳机的压力，直至击发。击发时，应用食指第一关节均匀、正直地向后扣压扳机，击发瞬间应保持正确一致的瞄准。

射击时，如枪支发生机械故障，应报告射击指挥员，并依命令退出子弹，交由专人排除；如属射手操作原因，应自行排除后继续射击。

二、常犯的毛病及纠正方法

（一） 抵肩位置不正确

射手若不能正确地抵肩，会使射弹产生偏差。通常情况下，抵肩过低易打高；抵肩过高易打低。纠正时，射手要反复体会正确的抵肩位置，并通过他人摸、推的方法检查位置是否正确。

（二） 两手用力不当

射击时，射手为了命中目标，往往以强力控制枪的晃动，造成肌肉紧张，用力方向不正，姿势不稳，使枪产生角度摆，增大射弹散布。纠正时，应强调据枪时正直向后适当用力，使用力方向与后坐方向一致。练习时，可在射手举枪后由协助者向后推枪、拉枪或射手两手向后引枪等方法发现毛病，纠正偏差。

（三） 击发时机掌握不当

射手为了命中目标，常为捕捉瞄准点造成勉强击发或猛扣扳机。应说明瞄准线的指向在瞄准点附近微微晃动是正常现象，这时应适时击发。预习时，射手应在反复体会保持准星与照门的平正关系的基础上，自然指向瞄准点的景况。也可用加强臂力锻炼和采取逐步缩小瞄准区的辅助练习方法，摸索枪的晃动规律，掌握击发时机。

（四） 停止呼吸过早

停止呼吸过早易造成闭气，使肌肉颤动、据枪不稳或猛扣扳机。应使射手反复体会在瞄准线指向瞄准点或在瞄准点附近微微晃动时，自然停止呼吸的要领。在剧烈活动后，无法按正常情况停止呼吸时，应进行深呼吸后再停止呼吸。

（五） 耸肩、眨眼和猛扣扳机

由于射手过多考虑枪响时机、射击成绩等原因，易造成心情紧张，产生耸肩、眨眼和猛扣扳机等动作，影响射击命中率。因此，在训练中应强调要领操作，把主要精力、视力集中在准星与照门的平正关系上，达到自然击发。

（六） 枪面倾斜

如枪面偏左（右）、射角减小、枪身轴线指向瞄准点左（右）边，射击时弹着点就会偏左（右）下。因此，在训练时，强调射手举枪应保持枪面平正。

三、实弹射击条件

半自动步枪、自动步枪实弹射击条件见表 7-1。

表 7-1 半自动步枪、自动步枪实弹射击条件

名称	第一练习	
枪种	半自动步枪	自动步枪
目的	锻炼射手对不动目标准确射击的技能	
目标	胸环靶	
距离	100m	
姿势	卧姿有依托	
使用弹数	5 发	10 发(不超过 5 次点射)
成绩评定	优等:命中 45 环以上 良好:命中 40 环以上 及格:命中 30 环以上	优等:命中 50 环以上 良好:命中 45 环以上 及格:命中 35 环以上
实施方法	1. 表尺、瞄准点自选。自下达装子弹的口令起,10 min 内射击完毕 2. 每发射一次后报靶,并指示弹着点	

四、实弹射击有关规定

(一) 靶场设置

(1) 射击场必须有可靠的靶墙,确保安全的示靶壕和掩蔽部,示靶壕的深度一般为 180 ~200 cm,并应注意避开高压线。

(2) 基本射击靶位的间隔应不小于 4 m。靶位多时,应区分靶区和编排靶号,并以旗帜或号牌进行标示。出发地线和射击地线也应用同样的方法进行标示,以区分射击地段和射击位置。

(3) 在靶场的两侧和顶部、出发地线的两翼、通向靶区的道路以红旗或灯光标示警戒区。

(4) 射击场应设置指挥所、弹药所、救护所、记录台、擦枪台,并架设通信器材。

(二) 实弹射击时的安全措施

(1) 射击场必须有可靠的靶墙,并构筑确保安全的示靶壕。

(2) 射击场应区分出发地线和射击地线。无关人员不得越过出发地线。

(3) 射击前,应向全体人员明确规定各种信号,如戒严、开始射击、停止射击(报靶)和终止射击等信号。

（4）开始射击信号发出时，示靶人员应迅速、确实地隐蔽好，严禁向外探望或外出。如需外出，应迅速用信号向指挥员报告，经许可后方可外出。

（5）射击前后必须验枪，不准将实弹和教练弹混在一起，没有指挥员的口令不准装填实弹，禁止将已装实弹的武器留在任何地方或交给任何人。报靶时，严禁无关人员进入射击地线摆弄武器或向靶区瞄准。

（三） 实弹射击的有关规定

（1）实弹射击时，射手必须使用手中武器，如不能使用手中武器射击，须经有关领导批准（军训使用矫正合格的武器射击）。

（2）自动武器规定实施点射时，每出现一次单发，再进行一次点射；每超过一次点射，降低一等成绩。

（3）射击中如发生故障，射手应自行排除，继续射击。如因武器、子弹不良等发生故障，可重新射击。

（4）跳弹命中靶子，不计算成绩。对环靶射击，命中环线算内环。

（5）打错靶算脱靶。被打错靶者如无法判明错弹时，可重新射击。

（6）不及格者可补射一次。

思考题

1. 了解54式手枪、56式半自动步枪、81式自动步枪和56-1式班用轻机枪的部件构造。

2. 了解弹道的概念。

3. 了解实弹射击时的安全措施。

第八章 防卫与战时防护

第一节 格 斗

格斗分徒手格斗和器械格斗。这里只介绍徒手格斗,徒手格斗是综合运用踢、打、摔、擒动作徒手制服敌手,它对提高执勤和处理突发事件有很大的帮助。

一、格斗势

格斗势是实施攻、防的准备姿势。

动作要领:在立正的基础上身体向左转约45°,同时左脚向右后撤一步,两脚与肩同宽,两腿微曲,两脚尖侧向正前方,右脚脚尖着地;两手上提,拳眼向内稍向上,左拳离下颌约30厘米,与肩同高,右拳护颌,下颌微收,含胸收腹;两眼目视前方。

二、步法

1. 进退步

主要用于向前、向后、斜向移动。

动作要领:在格斗势的基础上,左脚向前一步,右脚随即跟上。连续进退步时,脚步起动要突然、迅速。

2. 横移步

主要用于横向闪躲。

(1) 左横移步。在格斗势的基础上,左脚先向左侧移动一步,右脚随即向左移动。

(2) 右横移步。在格斗势的基础上,右脚先向右后移动一步,左脚随即向右移动。要求:动作连贯,闪躲及时。

3. 垫步

主要用于敌进出拳，出腿攻进，防守及反击。在格斗势的基础上，右脚先向左脚移进一步，左脚随即向前进一步。

要求：蹬地有力，进退迅速及时。

三、击打技术

人体要害部位有头部、颈部、肋部、腹部、裆部等。

1. 拳法

拳主要包括拳眼、拳心、拳面、拳峰。拳法是以拳峰为着力点，在中、近距离上对敌人头部、胸部、肋部、腹部进行攻击的方法。

（1）直拳。主要用于攻击敌方面部。

① 左直拳。在格斗势的基础上，左脚掌蹬地，身体稍向右转，左膝内扣，左脚跟提起外摆，同时左臂内旋，拳由直线击出，拳心向下，略高于肩，右拳护颌，目视攻击方向。

② 右直拳。在格斗势的基础上，右脚掌蹬地，身体稍向左转，右膝内扣，右脚跟提起外摆，同时右臂内旋，拳由直线击出，拳心向下，略高于肩，左拳护颌，目视攻击方向。

（2）摆拳。主要用于攻击敌方头部侧面及颈部。

① 左摆拳。在格斗势的基础上，身体稍向左转，随即身体向右转，左膝内扣，左脚跟提起外摆，同时左臂上抬与肩平齐，左拳画弧线向右击出，拳心不超出身体中线，击出后迅速将拳收回成格斗势。

② 右摆拳。在格斗势的基础上，身体稍向右转，随即身体向左转，右膝内扣，右脚跟提起外摆，同时右臂上抬与肩平齐，右拳画弧线向左击出，拳心不超出身体中线。击出后迅速将拳收回成格斗势。

（3）勾拳。主要用于近距离攻击敌方下颌以及腹、肋部。

① 左勾拳。在格斗势的基础上，身体先稍向左下转，左腿微曲，重心稍下沉，随即左脚掌蹬地迅速转体，带动左拳由下向右上方攻击，攻击高度约与下颌同高，着力点在拳面，右拳护颌，目视攻击方向，击出后迅速将拳收回成格斗势。

② 右勾拳。在格斗势的基础上，身体先稍向右下转，右腿微曲，重心稍下沉，随即右脚掌蹬地迅速转体，带动右拳由下向右上方攻击，攻击高度约与下颌同高，着力点在拳面，左拳护颌，目视攻击方向，击出后迅速将拳收回成格斗势。

2. 肘法

肘法是以肘部为着力点，近距离对敌方头部、腹部进行攻击的方法。

（1）左横击肘。在格斗势的基础上，身体先稍向左下转，随即身体向右转翻转体，左膝内扣，左脚跟提起外摆，同时手臂上抬与肩同高，左手弯曲约30°，挥肘向右

攻击,着力点在肘部,右拳护颌,目视攻击方向,击出后迅速将拳收回成格斗势。

(2) 右横击肘。在格斗势反势的基础上,身体先稍向右下转,随即身体向左转翻转体,右膝内扣,右脚跟提起外摆,同时手臂上抬与肩同高,右手弯曲约 30°,挥肘向左攻击,着力点在肘部,左拳护颌,目视攻击方向,击出后迅速将拳收回成格斗势。

3. 腿法

(1) 横踢。主要攻击腹部、肋部、腰部、头部及腿部。

① 左横踢。在格斗势的基础上,右脚前垫步,重心移至右腿,右腿支撑微屈,身体稍向右转的同时,左腿展髋屈膝边侧抬边向右弹击,左脚脚面绷直,着力点在脚背,踢出后膝关节挺直的瞬间迅速屈膝收腿落地成格斗势。

② 右横踢。在格斗势的基础上,重心移至左腿,左腿支撑微屈,左脚掌外摆,右腿展髋屈膝边侧抬边向左弹击,右脚脚面绷直,着力点在脚背,踢出后膝关节挺直的瞬间迅速屈膝收腿落地成格斗势。

(2) 侧踹。主要攻击敌方胸部、腹部、头部。

① 左侧踹。在格斗势的基础上,右脚前垫步,重心移至右腿,右腿支撑微屈,身体稍向右转的同时左腿展髋扣膝勾脚尖,上体侧倾,左脚脚跟向体侧直线踹出,腿充分伸直,脚正对攻击方向,着力点在脚跟,踹腿时挺腰,上体侧倾,左手自然下摆,右拳护颌,踹出后膝关节挺直的瞬间,迅速屈膝收腿落地成格斗势。

② 右侧踹。在格斗势的基础上,重心移至左腿,左腿支撑微屈,左脚掌外摆,右腿展髋扣膝勾脚尖,上体侧倾,右脚脚跟向体侧直线踹出,腿充分伸直,脚正对攻击方向,着力点在脚跟,踹腿时挺腰,上体侧倾,右手自然下摆,左拳护颌,踹出后膝关节挺直的瞬间,迅速屈膝收腿落地后撤一步成格斗势。

(3) 弹踢。主要用于攻击下颌、裆部、持凶器的手臂。

① 左弹踢。在格斗势的基础上,右脚前垫步,重心移至右腿,右腿支撑微屈,左腿提膝上抬,大腿带动小腿向前上方纵向弹踢,着力点在脚背,左手护腿,右拳护颌,击出后迅速将腿收回成格斗势。

② 右弹踢。在格斗势的基础上,重心移至左腿,左腿支撑微屈,身体微向左转,同时右腿提膝上抬,大腿带动小腿向前上方纵向弹踢,着力点在脚背,右手护腿,左拳护颌,击出后迅速将腿收回成格斗势。

(4) 前蹬。主要用于攻击敌方腹部、胸部。

① 左前蹬。在格斗势的基础上,右脚前垫步,重心移至右腿,右腿支撑微屈,左腿提膝上抬,脚向前上方直线蹬击,着力点在脚跟,左手护腿,右拳护颌,击出后迅速将腿收回成格斗势。

② 右前蹬。在格斗势的基础上,重心移至左腿,左腿支撑微屈,身体微向左转,同时右腿提膝上抬,腿向前上方蹬击,着力点在脚背,右手护腿,左拳护颌,击

出后迅速将腿收回成格斗势。

4. 膝法

膝法是近距离对敌方腹部、裆部进行攻击的技法。

(1) 右冲膝。在格斗势的基础上,重心移至左腿,右腿屈膝向前上方直线冲撞,同时两手下拉敌颈,着力点在膝盖。

(2) 左冲膝。在格斗势反势的基础上,其他动作与右冲膝动作一样。

第二节 战场医疗救护

无论是频发的地震、水灾、飓风、泥石流等自然灾害,还是猝死、内科急诊、交通事故、工伤事故等突发的意外伤害事故,都让我们明白,在漫长的一生中,我们的生命安全随时都会受到各种威胁,能否采取及时、有效的急救措施,往往决定了生命能否延续。心肺复苏、止血、包扎、骨折固定等技能是意外伤害和急救的基本技能。

一、现场救护基本原则

1. 先抢后救,脱离险境

一般情况下,伤员不宜移动,但对于处在危险境地的伤员,如在有火险、毒气等情况下,要使伤员尽快脱离险境,移至安全地带后再救治。

2. 先重后轻,先救后送

在事故的抢救工作中不要因忙乱而受到干扰,被轻伤员的喊叫所迷惑,使危重伤员落在最后救治,一定要本着先救命后治疗的总原则。对大出血、呼吸异常、脉搏细弱或心搏骤停、神志不清的伤员,应立即采取急救措施,挽救生命。现场所有的伤员经过急救处理后方可转送医院。

3. 先近后远,争取时间

在事发现场同等情况下,要先救护近处伤员,不要舍近求远,浪费宝贵的救护时间。

4. 立足现场,因地制宜

立足现场展开救护,采取一切可能的措施挽救伤员生命,不可轻言放弃。缺乏相应的急救用品时,可以因地制宜采用替代品。例如,止血可用布条、布带、领带、腰带、衣物等;固定可用书本、木棍、硬纸板等;搬运可自制担架(如将外套扣子扣紧,取两条木棍或者扫帚等物,穿过外套袖口,即可制作成一副简易的担架,图8-1),重伤员可采用4人搬运法等。在第一现场,第一目击者的不作为是对伤员最大的伤害。

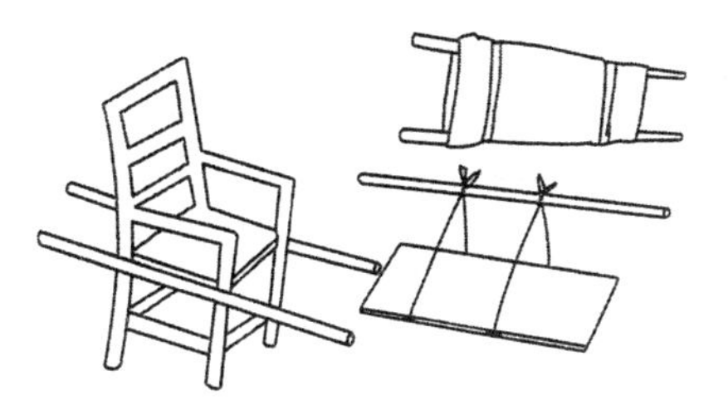
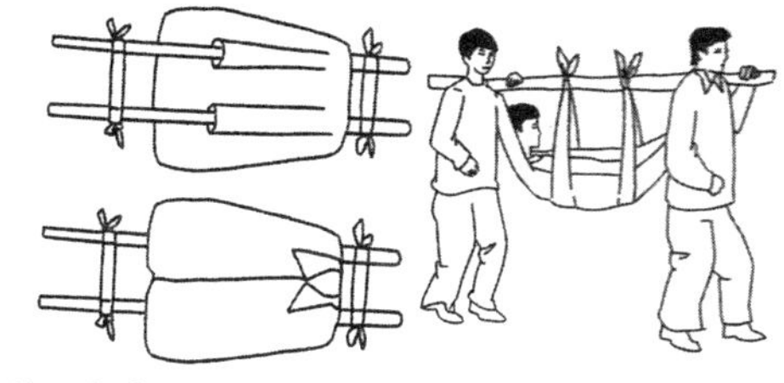

图 8-1 简易担架

二、急救

（一）心肺复苏

1. 心肺复苏概述

当人突然发生心跳、呼吸停止时，必须在 4 ~ 8 分钟内建立基础生命维持（BLS），以保证人体重要脏器的基本血氧供应，直到建立高级生命维持（ALS）或自身心跳、呼吸恢复为止。其具体操作即心肺复苏（CPR）。

心跳、呼吸骤停是临床上最紧急的情况，70% 以上的猝死发生在进入医院之前。如果在患者心跳停止后的 4 min 内进行 CPR-BLS，并于 8 min 内进行进一步生命支持，则病人的存活率为 43%。心肺复苏强调黄金 4 min，通常在 4 min 内进行心肺复苏，病人有 32% 的概率能被救活；4 min 以后再进行心肺复苏，病人只有 17% 的概率能被救活。

心肺复苏是针对呼吸心跳停止的急症危重病人所采取的抢救关键措施，即胸外按压形成暂时的人工循环并恢复自主搏动，采用人工呼吸代替自主呼吸，快速电除颤转复心室颤动，以及尽早使用血管活性药物来重新恢复自主循环的急救技术。心肺复苏的目的是开放气道、重建呼吸和恢复循环。人们只有充分了解心肺复苏的知识，并接受过此方面的训练后才可以为他人实施心肺复苏。

2. 心肺复苏的操作步骤与方法

如果是医护人员，要求在 10 s 钟之内做出是否有脉搏的判断。对一般非专业医务人员不要求检查脉搏。心肺复苏的顺序是：胸外按压—开放气道—人工呼吸。具体操作有以下几步。

（1）判断意识与呼吸。一般来说，事故发生后首先要进行的是意识的诊断，也就是检查病人是否有反应。判断病人有无反应，可以用双手轻拍病人的肩膀，然后对其侧耳根部大声呼喊，若病人有意识，则保持复苏体位。若通过这种方法病人仍无反应，则说明病人意识已经丧失。接着，检查呼吸，观察病人胸部起伏 5 ~ 10 s，以判断病人呼吸状况，确定病人是否有呼吸以及呼吸是否正常（无呼吸或仅仅是喘息），以尝试区分濒死喘息的病人（需要心肺复苏的病人）以及可正常呼吸且不需要心肺复苏的病人（图 8-2）。

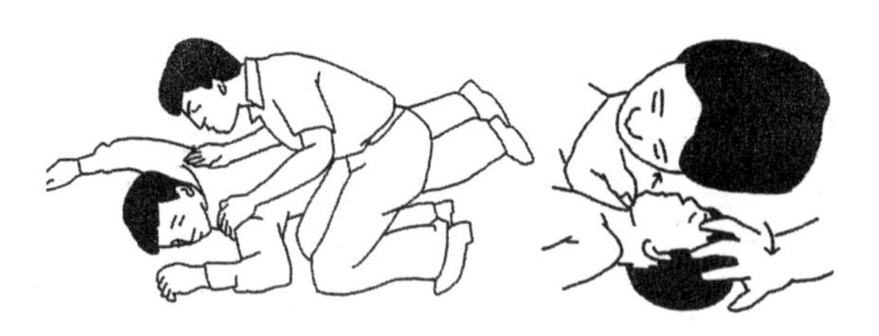

图 8-2 判断病人意识和呼吸情况

（2）呼喊求救。在经过判断后，应尽快呼救。可向附近可以帮忙的人呼救，并拨打“120”急救电话。

（3）调整体位。调整体位是针对需要进行心肺复苏的病人。如果病人突然没有意识或者大动脉波动消失，就应实施心肺复苏。在抢救的时候需要注意病人的体位，病人发生意外时可能什么姿势都有，我们需要把病人摆成仰卧位，只有在仰卧位时才能进行有效抢救。搬动病人使之仰卧时不可避免地要移动病人，在移动时一定要注意保护病人的颈部，应该托住病人的颈部进行轴向搬动，同时解松病人衣服和裤带(图 8-3)。

图 8-3 调整病人体位

（4）胸外按压。胸外按压是利用外来人工的力量，间接压迫心脏，使心脏被动地收缩和舒张，维持血液循环。

胸外心脏按压的位置必须准确，若按压位置不准确，容易造成其他脏器损伤。按压的力度要适宜，若过大、过猛，容易使胸骨骨折，引起气胸血胸；若按压的力度过轻，胸腔压力小，不足以推动血液循环。实施胸外心脏按压时，双膝跪地，以髋关节为支点，身体前倾，在两乳头连线中点（胸骨中下 1/3 处），用一手掌的掌根紧贴病人的胸部，另一手与之十指相扣（紧贴病人胸部的手五指翘起），双臂绷直，用上身力量垂直用力按压30 次，按压频率至少为 100 次/分，按压深度至少 5 cm(图 8-4)。

图 8-4 胸外按压

（5）开放气道。按压 30 次后立即开放气道，并注意观察口腔里有没有分泌物和异物。若有异物，要及时清理；若有假牙，要一并取下，畅通气道。开放气道手法有仰面抬颏法（图 8-5）和托下颌法（图 8-6）。推荐在未确定病人颈椎是否损伤时，使用仰面抬颏法开放气道；当高度怀疑颈椎损伤时，使用托颌法。因为后者难度较大，不利于进行人工通气，使用不当可导致气道阻塞，故一般情况下不建议使用该方法。

① 仰面抬颏法。把一只手放在病人前额,用手掌把额头用力向后压,使头部向后仰,另一只手的手指放在下颏骨处,向上抬颏,使牙关紧闭。勿用力压迫下颌部软组织,否则有可能造成气道梗阻,避免用拇指抬下颌。

② 托下颌法。把手放置在病人头部两侧,肘部支撑在病人躺的平面上,握紧下颌角,用力向上托下颌,如病人紧闭双唇,可用拇指将口唇分开。如果需要进行口对口呼吸,则将下颌持续上托,用面颊贴紧患者的鼻孔。

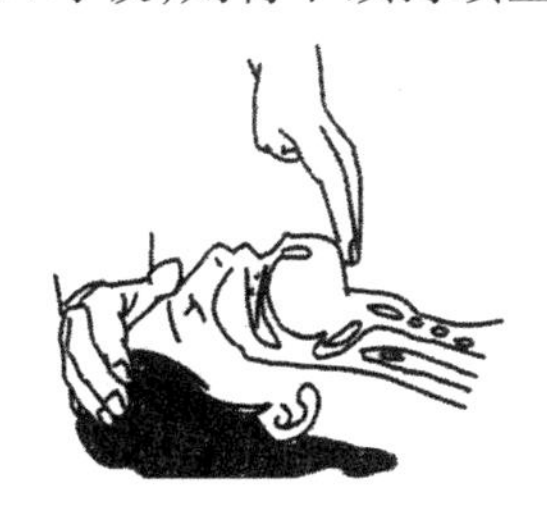

图 8-5 仰面抬颏法

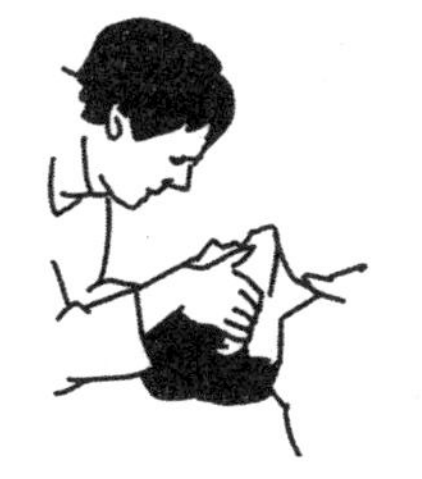

图 8-6 托下颌法

(6) 人工呼吸。开放气道后即进行人工呼吸。如果在医院外,可以进行口对口人工呼吸,吹气的量不能太大或太急促,以平静状态下给病人吹气。每次吹气 1 秒钟,间隔 1 秒钟再进行第 2 次吹气。连吹两口气之后立即进行按压,按压通气比为 30∶2,即每按压 30 次吹气 2 次,这是一个人在现场的操作方法。如果是两个人,则一人负责按压,一人负责通气,切勿按压和通气同时进行。

在对患者进行口对口人工呼吸时,要用一手将病人的鼻孔捏紧(防止吹气气体从鼻孔排出而不能由口腔进入肺内),深吸一口气,屏气,用口唇严密地包住昏迷者的口唇(不留空隙),注意不要漏气。在保持气道通畅的操作下,将气体从人的口腔吹入肺部。吹气后,口唇离开,并松开捏鼻的手指,使气体呼出。观察病人的胸部有无起伏,如果吹气时胸部抬起,说明气道畅通,口对口吹气的操作是正确的(图 8-7)。

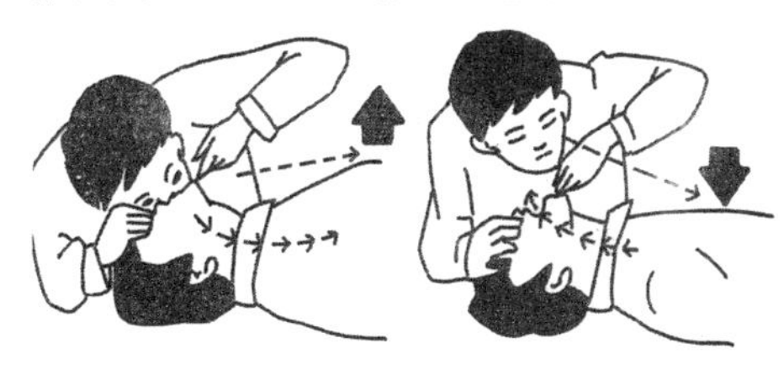

图 8-7 口对口人工呼吸

对不能经口通气的病人应使用口对鼻人工呼吸,如遇病人口唇不能被打开,口腔严重损伤,口不能完全被封住等情况,其操作方法是:首先开放病人气道,使其头后仰,用手托住病人下颌使其口闭住;深吸一口气,用口包住病人鼻部,用力向病人鼻孔内吹气,直到胸部抬起,吹气后将病人口部张开,让气体呼出;若吹气有效,则可见病人的胸部随吹气而起伏,并能感觉到气流呼出。

3. 心肺复苏有效的体征和终止抢救的指征

(1) 观察颈动脉搏动,若有效,每次按压后就可触到一次搏动。若停止按压后脉搏停止,表明应继续进行按压。如停止按压后搏动继续存在,说明病人自主心搏已恢复,可以停止胸外心脏按压。

(2) 若无自主呼吸,人工呼吸应继续进行,或自主呼吸很微弱时仍应坚持人工呼吸。

(3) 复苏有效时,可见病人有眼球活动,口唇转红,甚至脚可动;观察瞳孔时,可由大变小,并对光有反射。

(4) 当有下列情况出现时,可考虑终止复苏。

① 心肺复苏持续 30 min 以上,仍无心搏及自主呼吸,现场又无进一步救治和送治条件,可考虑终止复苏。

② 脑死亡,如深度昏迷,瞳孔固定,角膜反射消失,将病人头向两侧转动,眼球位置不变等,如无进一步救治和送治条件,现场可考虑停止复苏。

③ 当现场危险威胁到抢救人员安全(如雪崩、山洪暴发)以及医学专业人员认为病人已经死亡,无救治指征时,可终止复苏。

(二) 出血的急救

研究发现,健康成人体内的血液总量可达 4 000 ~ 5 000 mL,每千克体重约有血量 75 mL。若一次性急性大量出血达到全身总血量的 20%,即可出现急性全身贫血现象,表现为头晕、乏力、口渴、面色苍白、心跳加快等症状;若出血量达到或超过全身总血量的 30%,将会出现休克,甚至危及生命。因此,对于运动损伤中一切有出血的受伤者,尤其是大动脉出血,都必须立即予以急救处理,尽快止血。

1. 出血的分类

血液从损伤的血管流出称为出血。出血按其部位的不同分为外出血和内出血。外出血有伤口,可见血液从伤口处流出,是运动损伤中较为常见的一种出血形式。内出血体表无伤口,血液从损伤的血管直接流入组织内、体腔内及管腔内,由于内出血早期不易被发现,因此其后果往往较外出血严重。

按受损伤血管的不同,出血又可分为动脉出血、静脉出血和毛细血管出血。在运动损伤中的出血多为混合性出血。

2. 外出血的止血方法

(1) 冷敷法。常用于急性闭合性软组织损伤,可使血管收缩,减少局部充血,降低组织温度,抑制神经感觉,有止血、止痛、防肿、退热的作用。

一般用冷水或冰袋敷于损伤局部,常与加压包扎和抬高伤肢法同时使用。

(2) 抬高伤肢法。抬高受伤肢体,使肢体高于心脏水平线,并成 15° ~ 20°角,使出血部位压力降低,此法使用于四肢小静脉或毛细血管出血的止血。常在绷带加压包扎后使用,在其他情况下仅为一种辅助方法。

(3) 加压包扎法。有创口的可先用消毒的敷料盖好,之后以绷带加压包扎,此法适用于小静脉和毛细血管出血的止血。

(4) 加垫屈肢止血法。前臂、手和小腿、足出血时,如果没有骨折和关节损伤，可将棉垫或绷带卷放在肘或膝关节窝上，弯曲小腿或前臂，再用绷带以“8”字形缠好（图 8-8）。

（5）指压止血法。用大拇指压住伤口近心端的动脉于深部骨骼上，阻断血流而达到止血目的，此方法多用于体表临时性止血。

① 头顶部出血，用拇指将伤侧颞动脉压在下颌关节上。如压迫一侧不行，同时压迫另一侧。

② 面部出血，用拇指压迫颌动脉于下颌角附近的凹陷内。

③ 头颈部出血，用拇指压迫一侧颈动脉。切记不能同时压迫两侧颈动脉，以免头部血供中断（图 8-9）。

④ 肩及上臂出血，用拇指压迫同侧锁骨下动脉（图 8-10）。

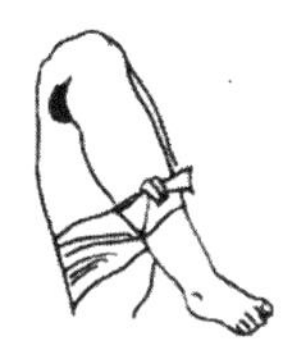

图 8-8　加垫屈肢止血法

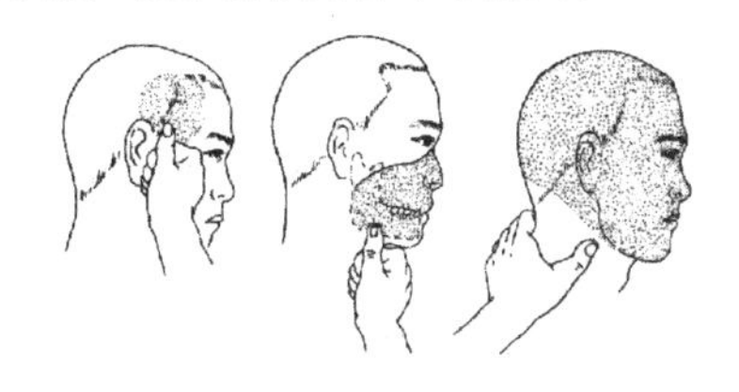

图 8-9　用拇指压迫颈动脉止血

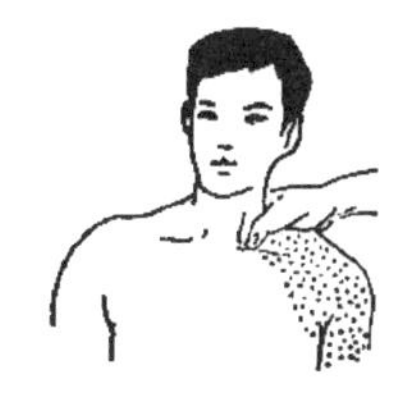

图 8-10　用拇指压迫同侧锁骨下动脉止血

⑤ 前臂及手掌出血，用拇指压迫同侧肱动脉（图 8-11）。

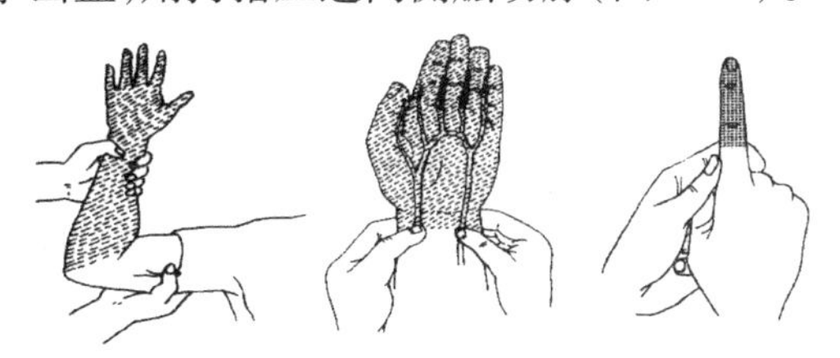

图 8-11　用拇指压迫同侧肱动脉止血

⑥ 下肢出血，两拇指重叠压迫同侧的股动脉（图 8-12）。

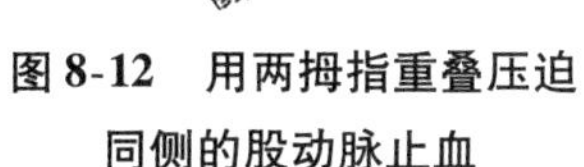

图 8-12　用两拇指重叠压迫同侧的股动脉止血

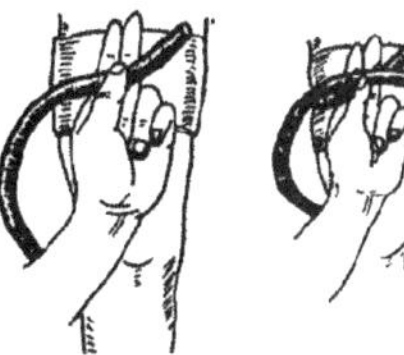
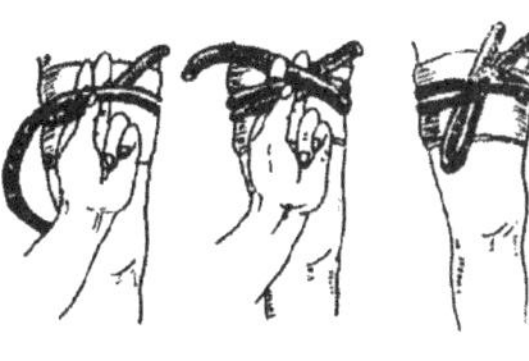

图 8-13　止血带止血法

（6）止血带止血法。适用于四肢动脉出血，常用的止血带有橡皮止血带、气性止血带、布制止血带等。方法是：掌心向上，止血带一端由虎口拿住，留出 15 厘米，一手收紧，绕肢体 2 圈，中、食两指将止血带的末端夹住。顺着肢体用力拉下，压住“余头”，以免滑脱（图 8-13）。

3. 内出血的止血方法

对于皮下组织、肌肉组织等处的小血管或毛细血管出血，采用冷敷、加压包扎等方法止血。若疑有内脏器官出血、体腔或管腔内出血，应立即将伤者送往医院，实施进一步抗休克处理和手术治疗。

（三）骨折的急救

骨折是较严重的运动损伤，但发生率低，约占全部运动损伤的1.5%。实施急救的目的，在于保护断肢，避免再度损伤；预防并发症及休克，保证生命安全；防止断肢移动，便于及时运送医院。

1. 骨折的分类

根据骨折发生的原因，分为外伤性骨折和病理性骨折。在体育锻炼中发生的骨折主要是由暴力引起的外伤性骨折。根据骨折时间的长短，分为新鲜骨折和陈旧性骨折。根据骨折的程度，分为完全骨折和不完全骨折。根据骨折处皮肤的完整与否，分为闭合性骨折和开放性骨折。

2. 骨折的原因

引起外伤性骨折的暴力，按其作用的性质和方式，可分为下述4种：

（1）直接暴力。暴力直接作用于人体而引起的该部位骨折。例如，跌倒时膝部突然跪地，使之直接撞击地面而引起的髌骨骨折；踢足球时，小腿不慎被踢伤发生的胫骨骨折。

（2）传导暴力。在离开暴力接触处较远的部位发生骨折。例如，从高处摔下时用手撑地，由跌倒时的冲力所引起的地面反作用力沿上肢向上传导，导致的腕、前臂、肘及上臂等多处骨折；足球守门员扑球时摔倒引起的锁骨骨折。

（3）牵拉暴力。肌肉强烈而不协调地收缩，引起肌肉附着处的撕脱性骨折。例如，举重时提起杠铃突然进行翻腕动作，使前臂屈肌在肱骨内上髁附着处发生的撕脱性骨折；股四头肌的猛烈收缩引起髌骨骨折或胫骨粗隆处的撕脱性骨折。

（4）积累性暴力。也称疲劳性骨折，是由于暴力的长期积累所致，如胫、腓骨疲劳性骨折。

3. 几种常见骨折的固定法

（1）锁骨骨折。取3条三角巾并折叠成宽带，在双肩腋下填上软布团或棉花团，先用2条宽带分别绕过伤员两肩在背后打结，形成两个肩环，再用第3条宽带在背后穿过两个肩环，拉紧打结，最后将两前臂缚扎固定或将伤侧肢体挂在胸前（图8-14）。

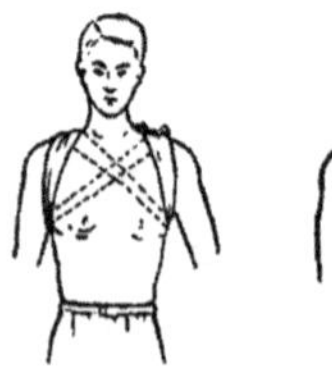

图8-14 锁骨骨折固定法

（2）肱骨干骨折。用2块长短、宽窄适宜的有垫夹板，分别放在伤臂的内、外侧，屈肘90°，用3～4条宽带将骨折处上下部缚好，再用小悬臂带把前臂挂在胸前，最后用宽带或三角巾将伤臂固定于体侧（图8-15）。

(3) 前臂骨折。用2块有垫夹板分别放在前臂的掌侧和背侧,前臂处于中立位,屈肘90°,用3～4条宽带缚扎夹板,再用大悬臂带把前臂挂在肩前(图8-16)。

(4) 手腕部骨折。用一块有垫夹板放在前臂和手的掌侧,手握绷带卷,再用绷带缠绕固定,然后用大悬臂带把患臂挂于胸前(图8-17)。

图8-15　肱骨干骨折固定法

图8-16　前臂骨折固定法

图8-17　手腕部骨折固定法

(5) 股骨骨折。用2块长夹板放在伤肢的内、外侧,内侧夹板包在大腿根部,下至足跟;外侧夹板上至腋下,下达足跟。然后用5～8条宽带固定夹板,在外侧打结(图8-18)。

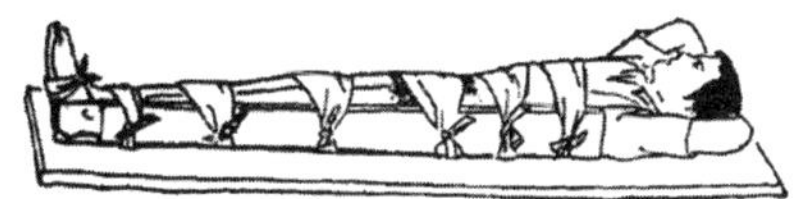

图8-18　股骨骨折固定法

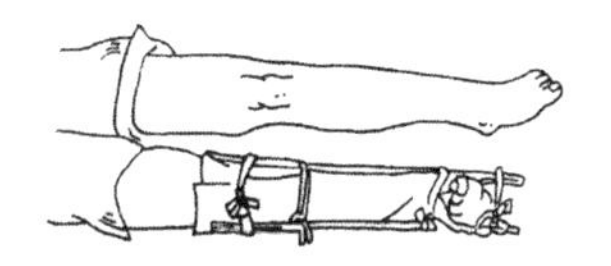

图8-19　小腿骨折固定法

(6) 小腿骨折。用2块有垫夹板放在小腿内、外侧,2块夹板上至大腿中部,下至足部,用4～5条宽带分别放在膝上、膝下及踝部缚扎固定(图8-19)。

(7) 踝足部骨折。取一块直角夹板置于小腿后侧,用棉花或软布在踝部和小腿下部垫妥后,用宽带分别压在膝下、踝上和足跖部缚扎固定(图8-20)。

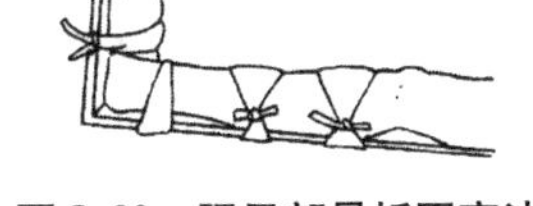

图8-20　踝足部骨折固定法

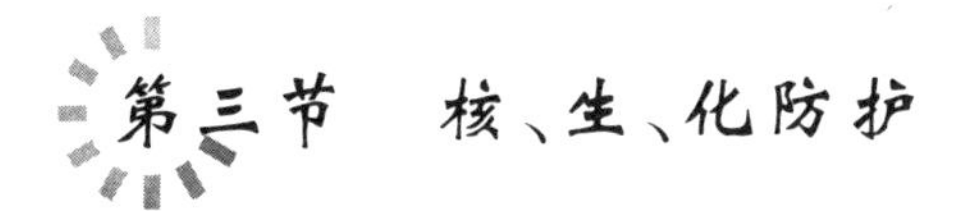

第三节　核、生、化防护

一、核武器的防护

人们对核武器的防护主要采用以下办法:

1. 集体防护

永备工事对核武器的各种效应都有较好的防护效果。工事内应安装密闭门、滤尘器、报警器、供电和供水系统及生活设施。野战工事对减弱冲击波、光辐射和早期核辐射也有良好作用。各种战斗车辆对地面放射性沾染都有不同程度的削弱作用。在坦克内部镶嵌特殊的衬里,工事外(上)部加湿土等,均能有效地防护中子弹。

2. 个人防护

各类个人“三防”器材对核爆炸的瞬时杀伤一般无防护作用,但专用护目镜可保护人眼免受核闪光的伤害。

野战条件下个人防护主要是利用地形、地物,采取正确的动作,如背向爆心卧倒,双目紧闭,立即跳入水中,迅速脱离核爆炸云迹区,跑往上风方向等。对放射性沉降物可采用预先服用药物方法防护。例如,服用碘化钾减少放射性碘在甲状腺内的蓄积,服用双醋酚汀等缓泻药使进入人体的放射性物质迅速向体外排出等。

二、化学武器的防护

1. 加强防护

(1) 要了解自己学习、工作或居住地点周围的地形、地貌,工厂和单位附近储存的化学毒物种类。化学袭击后,可根据人防部门通告和地面征候判断用毒类型;化学事故发生后,可根据发生毒物泄漏的场所和人防部门通告进行判断,以便有针对性地进行防护。

(2) 迅速进入工事隐蔽或撤离有毒区域,遭化学袭击或遇化学事故的人员,应在现场人防工作人员的指挥下,迅速进入人防工事或撤离有毒区域。撤离时,要沿逆风方向撤离,避开低洼、丛林、居民区,撤至上风空旷区域。要服从命令,听从指挥,有序地撤离现场。

(3) 及时进行呼吸道防护。主要防护毒剂蒸气、毒烟、毒雾通过呼吸道吸入体内引起中毒。有防毒面具者可以及时佩戴防毒面具。没有防毒面具者可以用毛巾、手帕、纱布等浸上水或碱性溶液(浸上人尿也有一定的防毒作用)等捂住口鼻,戴上防毒眼镜。碱性物质对很多毒剂有消毒作用。若来不及,用毛巾或布包上泥土捂住口鼻也有一定防护作用。

(4) 有条件时尽可能对全身进行防护。主要利用简易防护器材,如穿上防毒衣、雨衣,披上塑料膜、棉被等,然后穿上防毒靴(皮鞋、胶鞋也可),包裹好腿脚(可以用帆布、塑料膜等材料),戴好防毒手套,尽快离开染毒区。

2. 消毒

对皮肤消毒可概括为吸、消、洗三个环节。用棉花或干净土块吸去皮肤上的毒剂液滴(应由外向内进行擦拭消毒,避免扩大染毒面积);用棉球蘸专门的消毒药液擦拭消毒;没有专门消毒液时,也可用小苏打水、肥皂水或大量清水冲洗。消毒越及时,效果越好。

(1) 对鼻、眼的消毒可用大量清水或20%的小苏打水溶液冲洗15 min左右,

并多次漱口。

(2) 对染毒服装的消毒应在远离居住区的下风方向。棉织品用 2% 的苏打水煮沸 30 ~ 60 min 即可消毒。其他服装可用热蒸汽消毒。对暂时不用的衣物制品,也可在下风方向晾晒,进行自然消毒。

(3) 对染毒食品消毒时,有包装的罐头类食品,只要对表面消毒后就可食用。瓜果可以冲洗去皮消毒。没有包装的食品,一般应销毁。

(4) 对染毒水一般采用煮沸法和过滤法。煮沸前,先用明矾沉淀,然后在露天或通风处煮沸。过滤时,根据水中毒剂含量加入调制好的漂白粉浆和混凝剂,然后搅拌、静置,使其沉淀后再过滤。消毒后的水经检验无毒后,方可食用。

3. 急救

(1) 迅速判明毒剂种类。当人员中毒后,应迅速判明毒剂种类,在此基础上,使用急救药物。在无法判明是何种毒剂中毒时,应按毒性大、致死速度快的毒剂中毒急救。

(2) 立即进行自救、互救。急救要遵循“迅速准确,先自救后互救,先重后轻,防护、消毒、解毒相结合”的原则。救护方法要灵活,应对症下药。

(3) 避免继续染毒。首先要给中毒人员迅速戴上防毒面具或用口罩、毛巾等就便器材把口鼻捂住,然后再穿上防毒衣、雨衣或披上塑料布等,使其尽快离开染毒地区。

(4) 救护误食染毒食品者。误食染毒食品后,除急救外,还要尽快设法催吐或饮用甘草水、牛奶、豆浆、豆汤等加速排泄。

(5) 必要时对中毒人员进行人工呼吸。无论是什么毒剂中毒,都要注意保持安静休息、保暖、供氧和保持新鲜空气流通,必要时可进行人工呼吸。但对氯气、光气中毒伤员,不宜使用压胸式人工呼吸。

三、生物武器的防护

1. 对生物战剂气溶胶的防护

对生物战剂气溶胶的防护与对化学武器的防护基本相同,凡能防护化学武器的措施均能有效地防护生物战剂气溶胶。

2. 对带菌昆虫的防护

带菌昆虫是通过叮咬和取食来传播疾病的,因此,要防止昆虫叮咬,保护食物和水源不受污染。个人防护时,应戴防虫帽,穿防护衣,扎紧三口(领口、袖口、裤口),穿高筒布袜等,以防昆虫叮咬。暴露皮肤可涂防蚊油等驱避剂。

3. 预防接种

对生物战剂袭击区的人员,应根据生物战剂的类型,有针对性地进行免疫接种。

4. 对生物战剂污染区的防护

识别污染区的标志,做好个人防护。应根据生物战剂污染区的标志进行个人防护,并遵守污染区的行动规则,按所要求的路线、规定的队形、间距,迅速通过污染区。要做到行动快、动作轻,尽量减少停留时间。

(1) 隔离。发现病人,应先隔离,再由医务人员妥善处理,对可疑感染者,应限制行动,服预防药或打预防针,尽量做到"三早"(早发现、早隔离、早治疗)。

(2) 消毒。对污染区内的人员、房屋、器具和环境进行消毒。

(3)杀虫、灭鼠。苍蝇、蚊子等昆虫和老鼠是传染多种疾病的重要媒介,应予消灭。用打、捕、烧、熏或喷洒杀虫剂如敌敌畏、除虫菊酯等方法灭杀。灭鼠的方法有器械捕杀、挖鼠洞灭杀、猫捕和采用灭鼠药毒杀等。使用灭鼠药物时应注意安全。要妥善处理带病菌的昆虫、老鼠及其他小动物的尸体。有的病菌生存能力很强,可存活 10 ~ 20 年,所以在掩埋带菌动物尸体时,仍要坚持灭菌消毒和深埋。

5. 在流行病区的防护与卫生防疫

(1) 控制传染源。不少传染病在发病以前就已经具有传染性,发病初期出现传染病症状时,传染性最强。因此对传染病病人,要尽可能防止传染源扩散。对生物污染区要进行消毒。对患传染病的动物要及时妥善处理。

(2) 切断传染途径。尽量不与隔离人员和物品接触,注意包扎伤口,养成皮肤消毒习惯,不吃不洁净食品,防止吸入被污染的空气。

(3) 保护易感染人群。在传染病流行期间,要注意保护老人、儿童、体弱易病者,不要让易感染者与污染源接触;对易感染者进行预防接种,提高他们的免疫力。

(4) 开展爱国卫生运动,消除病菌的生存条件。不吃生冷食品;勤洗澡、勤换衣、勤理发,经常晾晒被褥;保持室内清洁,加强室内通风;疏通阴沟,填平死水坑,保持厕所清洁,清除杂草和垃圾;消灭苍蝇、蚊子、老鼠、臭虫等传播疾病的有害动物。

思考题

1. 掌握格斗的击打技术。
2. 掌握战场医疗救护的基本操作技术。
3. 了解核、生、化防护的办法。

第九章 ☆☆☆

战备基础与应用训练

第一节　行　军

行军是指部队向指定地区实施有组织的移动。其目的是争取主动,转移兵力,向指定方向或地区实施有组织的移动,造成歼敌的有利条件。

一、行军的种类

行军,按行动方式分,可分为徒步行军和乘车(船)行军(摩托化行军);按行军时间分,可分为昼间行军和夜间行军;按行军行程、速度分,可分为常行军、急行军和强行军;按行进方向分,可分为向敌行军、侧敌行军和背敌行军;按地形、天候分,可分为平原、丘陵、山地、山林地、沙漠、草原、高原地行军和严寒、炎热条件下行军等。

分队通常在上级行军纵队的编成内行军,或担任前方、侧方、后方警戒,有时也根据具体任务实施单独行军。

二、行军的组织准备

分队受领任务后,应根据分队的具体情况在规定的时间内,有计划地做好行军准备。如时间紧迫时,可边走边组织边准备。

(一) 传达任务，确定行军部署

接受任务后,时间充足时,应适时召开党委(支部委员)会或骨干会,传达上级的行军命令和有关指示,分析敌情,研究任务、行军路线和沿途地形等情况,确定行军部署,制订对各种情况的处置方案,明确干部分工,安排主要的准备工作。

时间仓促时,指挥员应直接向分队传达任务,明确行军部署。

行军队形的编成,应保障能迅速展开成战斗队形,通常成一路或两路纵队。单独行军时,应根据敌军的方向派出尖兵班(车)。向敌行军时,指挥员应率领必

要的反坦克火器，机枪手应位于本队先头。背敌行军时，行军序列与向敌行军时相反。

（二） 下达行军命令，进行动员

指挥员向分队下达行军命令时，应根据分队具体情况进行思想动员、明确分工，正职要亲自负责行军的组织指挥，并明确：敌情；本分队的任务、出发时间（通过出发点的时间）、行军路线、行程、大休息点、到达时间、到达地点；友邻的行军路线（分队与本队的距离）；行军序列；行军警戒、通信联络信（记）号或口令、着装规定；集合时间、地点，完成行军准备的时限；指挥员在行军中的位置。乘车行军时，还应明确车辆情况、车辆分配、各车的车长及观察（联络）员、登车时间和地点等。

单独组织行军时，还应明确尖兵班（车）的编成、任务，运动路线（与本队的距离），联络方法，可能与敌遭遇的地点和各分队的行动等。

（三） 组织好行军保障

分队单独组织行军时，保障内容通常有：

（1）应调查行军路线，尤其在夜间或其他能见度不良的条件下行军，要研究、熟悉地形特征，做好利用地图、按方位角行进的准备。必要时，应组织方向组或找好向导，派出侦察员，了解行军道路、桥梁、河流等情况。根据实际情况，可组织排障组，准备好排除障碍物的必要器材。

（2）指定观察员、对空观察和值班火器；制定伪装、灯火管制措施；规定行军纪律；明确遭敌核、化学武器和航空兵、炮兵火力袭击时各分队的行动。

（3）组织以简易通信、徒步通信、无线电通信相结合的多种通信手段，确保通信联络畅通。

（4）做好物资器材准备。主要包括武器、弹药、器材、装具、给养、饮水和药品等。准备的数量以能保障战斗、生活，又不过多增加战士的负荷量为原则。通常携带粮食3日份（其中1日份为熟食）和必要的饮水。乘车行军时，应根据敌情、任务和行程确定给养物资的携行量和保障方法，并明确随车携行规定的油料基数和加油方法。

组织行军保障的工作可在下达行军命令的同时进行，也可以在下达行军命令后进行。

（5）组织技术保障。乘车行军，应检查车辆的技术状况、备份零件和随车工具，做到随坏随修。明确上级修理车的位置，情况允许时，可利用当地兵站和地方修理单位进行维修。

（6）组织设营组。在无敌情顾虑的情况下，可组织设营组。其人员通常由管理员、司务长（给养员）、炊事员等组成。设营组应提前出发，其任务是：在预定大休息及宿营（集结）地筹备粮秣、燃料、饮水；调查社情、疫情；选择和区分大休

息地点；宿营时，安排好房子或划分露营时各分队的位置；明确停车场位置；派人在进入宿营地的路口迎接分队；向指挥员报告设营情况。

（7）政治动员。政治动员是我军的一个优良传统。动员时应讲清行军的目的、意义，提出完成任务的要求和克服困难的方法。充分鼓舞士气，以保证各项任务的圆满完成。

三、检查行军准备

分队出发前，指挥员应认真检查物资器材的携行量等，充分做好装备物资的准备。徒步行军时，要根据任务、行程、道路、天候、季节等情况，本着既能保证战斗、生活，又不过多地增加士兵负荷的原则，认真研究、确定各人员携带装备、物资器材的品种、数量和携行方法，并逐级检查配带情况；要同时检查装备物资，妥善安置好伤病员。乘车时，还应检查车辆技术情况和油料、备份零件、随车工具、克服障碍用的器材情况；明确乘载编队（组），组织装载检查；时间允许时，可进行乘车训练。

四、行军中的指挥

行军中，指挥员通常在本队先头行进，以掌握行进方向、路线和速度，随时了解敌情、沿途地形和道路状况，及时组织分队积极克服各种困难，沿上级指定路线迅速、隐蔽地前进，按时到达宿营地。

（一）准时集合出发，维护行军秩序

集合场地应选择在便于进入行军道路的位置，避开公路、交叉路口，以免阻碍交通。集合时，应派出警戒，检查各分队人员、武器、车辆、着装等情况，然后发出信号。各分队要严格按照上级指定路线、时间依次按时出发和通过出发点，迅速隐蔽地行军。

行军中，应严守行军纪律，保守行军机密，维护行军秩序，自觉听从调整哨指挥。未经上级允许不得超越前面的分队，要主动给车辆和执行特别任务的分队、人员让路。如车辆发生故障，应停靠道路右侧抢修，修好后，立即跟进，休息时归建；如道路宽阔，经上级允许，也可超越归建。车辆无法修理时，应请求上级补充车辆，或分乘其他车辆继续前进。行军中，要搞好宣传鼓动，团结互助。

（二）掌握好行军路线和速度

指挥员应通过向导（方向组）带路，或询问居民，利用地图，按方位角行进，使用行军路线图，依据识别路标、信号等方法掌握行军路线。乘车行军中，还应注意发挥各车的车长、观察员（联络员）和驾驶员的作用，利用车上里程表等掌握行军路线。

行军中，到达岔路口、转弯点、桥梁、居民地等明显方位物附近时，应判明站

立点。当发现迷失方向或走错路时，应立即停止前进，待判明后再前进。

行军速度应根据敌情、任务、时间、行军能力、道路状况、天候情况而定。正常行军，按正常每日行程和时速实施。徒步行军每日行程25 ~ 35 km，时速为4 ~ 5 km/h；乘车行军每日行程 150 ~ 200 km，昼间为 20 ~ 25 km/h，夜间为 15 ~ 20 km/h。急行军，是以最快速度实施的行军，执行紧急任务时采用，应提高行军速度，减少休息时间，必要时应轻装行动。强行军，是以加快速度并加大每日行程的方法实施，通常在奔袭、追击、迂回或摆脱敌人时采用，每日行程，徒步可达 50 km 以上，乘车可达 320 km 以上。

队形间距，徒步行军时通常连与连之间为 100 m 左右；乘车行军时通常连与连之间为 200 ~ 300 m，车距为 50 m 左右；单独行军时，尖兵班与连队之间昼间为 500 ~ 700 m，夜间为 200 ~ 300 m，尖兵车与本队昼间为 2 ~ 4 km，夜间为 1 ~ 2 km。

行军中，指挥员应根据情况适当掌握行军速度和队形间距。开始行军应稍慢，尔后按正常速度进行。通过渡口、桥梁、隘路和道路交叉路口等，特别是几个部（分）队同时通过上述复杂地段时，指挥员应亲自指挥，控制速度和队形间距，防止拥挤、堵塞而耽误时间。通过后，先头应适当减速，以便保持队形间距。掉队时，应大步跟进，不宜跑步。

（三） 组织休息

行军中，在上级编成内行军的大、小休息和远程连续行军的休息日，通常由上级统一掌握；单独行军时，由本级指挥员掌握，休息时间的长短和次数根据具体任务而定。

小休息，通常在开始行军 30 min 后进行，其时间为 15 min，尔后每行军 50 min 休息一次，每次约 10 min。休息时，应靠路边，面向路外侧，保持原来队形，督促战士整理鞋袜和装具。乘车行军时，通常 2 ~ 3 h 小休息一次，每次 25 min 左右。休息时，车辆应停靠路的右边，人员在路的右侧活动，保持原来行军序列，并派人观察、警戒，组织检查车辆，调整不合适的装载。大休息，通常在完成当日行程一半以上时进行，应离开道路，进入指定地区，休息时间为 2 h 左右。休息时，应明确出发（乘车）时间，派出警戒，必要时应指定值班分队（火器）占领附近有利地形。连应指定各排疏散隐蔽的位置和集合地点。以连或班为单位迅速组织做饭、吃饭、补充饮水，妥善安排伤员，检修车辆，加油加水，督促分队抓紧时间休息。夜间休息时，人员不应随便离队，武器不能离身。休息完毕，要清点人数，检查武器、弹药、装具、器材、物资，严防丢失，按时进入行军序列。

（四） 正确处理各种情况

行军中，指挥员应注意观察，及时发现各种情况，灵活、机动、果断地处理之，并应及时报告上级。

1. 遇敌核、化学武器袭击时

应迅速做好防护准备,拉大距离,加强观察,快速前进。当接到敌核、化学武器袭击警报时,应立即指挥分队就近疏散隐蔽,充分利用地形和防护器材进行防护。行进车辆中的乘员视情况侧卧于车内或下车就近疏散隐蔽。袭击过后,应迅速查明情况,及时组织救护,简易消除沾染(消毒),将情况立即报告上级,按指示行动。通过沾染地域时,应采取防护措施,加速通过或绕过。

2. 遭敌空袭或遇敌照明时

应立即就地疏散隐蔽或利用地形加速前进。根据上级命令,指挥对空值班火器占领阵地,射击低飞的敌机,必要时组织分队集中火力射击。乘车行军,应立即指挥车辆迅速离开道路疏散隐蔽,或拉大距离停靠路侧,人员下车疏散隐蔽。如任务紧急,应增大车距,加速行驶,组织火力边打边走。并应注意迅速通过桥梁、隘路。

3. 通过敌炮兵、航空兵封锁地段时

应力求绕过,不能绕过时,应增大间距快速通过。

4. 遇敌爆炸性障碍物时

应设法绕过或排除后迅速通过。

5. 通过有敌情顾虑的居民地、丛林、隘路、渡口、桥梁时

应力求绕过,无法绕过时,派出班(组)进行搜索或占领有利地形,掩护分队迅速通过,并随时做好战斗准备。如遇桥梁被破坏时,应在人民群众协助下,搭桥或漕渡、泅渡通过。

6. 接到上级改变行军路线的命令时

应立即停止前进,研究如何执行上级的命令,查明新的行军路线,根据需要找好向导,组织分队沿新路线前进。

五、在复杂地形、气候条件下的行军

分队在复杂地形、气候条件下行军,应加强行军的组织准备和行军指挥。

(一) 在山林地行军

山林地行军,便于隐蔽伪装。但视度不良,容易迷路;障碍物多,行进困难。应特别加强侦察警戒和安全措施,做好利用地形图,按方位角行进的准备,必要时组织方向组和排障组,携带必要的砍刀、斧、锯、绳索和其他排障器材,以便排障开路。

行军中,要注意防火、防山洪、防病和防毒虫,尽量沿道路行进。无道路时,应选择起伏较小,有明显地形特征的路线行进,顺山脊走,少走山谷,不绕山腰,避开悬崖、峭壁,并经常检查行进方向。走错路时,一般不要取捷径斜插,应原路返回到开始走错的地点,再按正确路线继续前进。经过山垭口、上下坡、急转弯

等难行路段时，应加强指挥，减速慢行。乘车行进时还应增大车距，慢行，注意检查车辆的技术状况，遇到大雾或夜间通过危险地段时，应慢速行驶，必要时，应派人在车前引导行进。

（二） 在草原、沙漠、高原地行军

草原、沙漠地便于越野行进，但体力（油料）消耗大，给养保障困难，并容易迷失方向。因此，草原、沙漠地行军，应根据行程和行军能力等情况，增大粮秣、饮水携行量，规定用水标准。乘车行军时还应增大油料携行量，带足备份轮胎、必要配件。根据不同地形和季节，采取防暑、防冻、防火灾、防暴风沙（雪）等措施。行军中，应特别注意掌握方向，尽可能沿道路行进，利用河流、湖泊、道路交叉点、沙丘等明显地形特征，加强实地与图上对照，防止走错路。

高原地行军，应特别加强行军保障。在空气稀薄的高原地行军，应减低速度，多进行短时间的停歇；乘车行军时人员切忌睡觉，应采取预防车辆供油系统气阻等措施。初到高原地行军，对“高山反应”应及时采取措施。

（三） 在严寒条件下行军

严寒条件下行军，便于克服江河障碍。但天气寒冷，容易冻伤；大雪盖地，容易迷路；积雪过深，通行困难；气温过低，车辆不易发动，耗油量增加。

行军前，应准备好防冻被服、装具和药品；调查好行军路线，做好雪地按图和方位角行进的准备；制定雪地行军防滑、伪装措施，准备好克服冰雪障碍的工具、器材。乘车行军时，应架好车篷，无车篷应设挡风板。驾驶员给车轮加上防滑链，并严密伪装，根据出发时间及时发动车辆，必要时提前热车。

行军中，注意把握方向，适当减速慢行。徒步行军应缩短小休息时间，增加小休息次数，切忌躺卧。乘车时应防止滑车，人员应经常活动手脚，切忌睡觉，每行车 1 小时小休息一次，人员下车活动。大休息应选择在有水源、避开风口的地点。力争吃热饭，饮热水。阳光下行军应戴风雪镜，以防雪盲。通过隘路、山腰，在暴风雪中翻越陡山，应特别加强行军指挥和安全保障，防摔、防雪崩，采取前拉后推或以绳索相助等方法克服强逆风和各种险情。

（四） 在炎热条件下行军

炎热条件下行军，人员容易中暑，行军比较困难。因此，行军应力求在夜间和早晚阴凉时实施。

行军前，应准备好防暑、防毒虫等药品，带足饮水，饮水中可适当加盐。根据地区特点按规定着装，乘车行军还应整理好车篷。行军中，应注意饮水方法，前 1 ~2 h尽量控制饮水，酷热时应减慢速度，增加小休息次数，延长大休息时间。大休息时尽量补充凉开水。雨季行军，应采取防雷击、防滑、防洪、防潮、防病虫叮咬等措施。通过桥梁前，应仔细查看有无损坏，上游有无洪水；通过险要地段时，预防塌方。遇到台风、龙卷风时，应利用地形躲避。能见度极差时，应特别注意

使用多种方法掌握好行军路线。

第二节 野外生存

一、野炊

野炊是指在野外用制式炊具或就便器材制作热熟食,是野战生存的一个重要方面。

(一) 野炊准备

野炊通常应准备一定数量的粮食、蔬菜、油盐酱醋、野外锅灶和引火柴等。粮食通常以个人携带和运输相结合的方法保障;蔬菜通常以就地购买为主。寒区冬季可冷冻一些便于携带的食品,还可根据条件对肉类、蔬菜、豆制品进行预先加工。

(二) 野炊位置的选择

组织野炊的位置通常选择在隐蔽条件好,附近有良好的水源,避开独立明显的物体,卫生状况良好,避开厕所、粪坑和化学沾染地区,有一定的地幅,便于展开操作和减少敌火力杀伤的地方。

(三) 锅灶设置

锅灶设置可采取自备野炊灶、就地挖灶和就地垒灶三种方法。

(1) 自备野炊灶。自备野炊灶是部队自制的各种形式的野炊灶。

(2) 就地挖灶。就地挖灶根据不同要求,分为散烟灶和蔽光灶,均由烧火槽、灶门、灶膛和烟道四大部分组成。构筑蔽光灶时应注意:灶门的大小要合理;烧火槽周围应用土加高,使之侧视不易看到火光;烧火槽的上方可用就便器材遮盖,防止空中发现火光;烟道可只设一条,但末端应用松土堵塞,防止火星外冒。

(3) 就地垒灶。在冻土地挖灶困难或来不及挖灶,条件允许时,可利用土、石块等就地垒灶。垒灶野炊时,应加强观察、警戒,随时做好战斗和转移位置的准备。

(四) 在野外就地取材烧火做饭

野炊在没有制式炊具可供使用的情况下,班长应组织全班人员利用就地器材和材料加工食物,其方法有:

(1) 在野外可以用石头做支架,或用铁丝吊挂脸盆、罐头铁盒等物,用火加热、烹煮食物,烧开水等。

(2) 可将食物穿插缠裹在铁丝、木棍上,放在火上烧烤。

(3) 将石板烧烫以后,把食物切成薄片放在上面烙熟。也可将若干拳头大小的石头放在火中烧热,然后用棍将其拨到一个40 cm深的土坑内铺垫一层,石块上铺一层大树叶,放上食物,上面再铺一层树叶,并将剩下的热石块铺在树叶上,最后铺上厚厚的树叶压住,三四个小时之后即可取食。

(4) 用和好的黄泥在地上摊成一个3 cm厚的泥饼,上面铺一层树叶。将野鸡或野兔、鱼等食物除去内脏,不脱毛不去鳞,放在泥饼上,用泥饼将食物包裹成团,放在火中烧两个小时即可食用。食用时兽毛或鱼鳞附着在泥块上随之脱离。

(5) 选粗壮的竹子砍伐,每2~3节竹筒为一段。把竹节的一端打通,将米和水灌入竹节里(米约占三分之二),然后将竹节放在火中烘烤,约40分钟可做成熟饭。

(五) 烧青(湿)柴草

青(湿)柴草是野炊常用的燃料,烧青(湿)柴草时要准备好引火柴、吹火筒、砍柴刀。然后,先点燃引火柴,将湿柴劈细,待引火柴燃烧旺盛后,将湿柴交叉架空放在火上,并要少添、勤添。烧草时,要将草挑松散,勤出灰,并可由多人轮流使用吹火筒吹风助燃。烧火时,可将青(湿)柴草放在烟道上灶口旁,边烤边烧。并留下一些烤干的柴草,为下一餐引火使用。

二、野生食物的识别与食用

野战条件下,作战情况复杂多变,携带的给养又有一定限度,而野生动物和植物具有一定的营养价值,可作为辅助食物或主要食物。

(一) 可食植物的识别与食用

在各种野生植物里,有毒的植物种类不多,数量有限,大部分野生植物均可食用。可食用的野生植物里可分为野果类、野菜类、蘑菇类、海藻类、根茎类等。

(1) 野果类。我国南方的野生灌木丛中生长着许多可食的野果,如桃金娘、山桃、胡颓子、稠李、山樱桃、山柿子、猕猴桃、酸藤果、棠梨、坚果、火把果、余甘子、野栗子、椰子、木瓜等。夏、秋两季这些野果都可以生食充饥。

(2) 野菜类。野菜的加工食用方法有以下三种:一是生食。无毒并具有美味的野菜,有苦菜、蒲公英、小根蒜等。将野菜择洗干净,用开水烫熟即可加调味品食用。另外,无毒并具有柔嫩组织的野菜,如马齿苋、托尔菜等,可将野菜用开水烫或煮开3~5 min后,将野菜捞出,挤出汁液后,加入调味品凉拌吃。二是直接炒食或蒸食。无毒或无不良苦味的野菜,有刺儿菜、荠菜、野苋菜、扫帚菜、鸭跖草等。将嫩茎叶择洗干净,切碎后即可炒食做菜,或加入主食中做粥,或做馒头、包子馅。三是煮浸。对于一些具有苦涩味并可能具有轻微毒性的野菜都可采用这一方法,如败酱草、胭脂麻、野芹、珍珠菜等。采摘嫩茎叶并洗净后,在开水或盐水中煮5~10 min,然后捞出在清水中浸泡数小时,并不时换水浸泡,浸泡时间随野菜的苦味大小而定,必要时可以过夜,然后可炒食或与主食配合做馒

头、包子馅等。

(3) 蘑菇类。通常食用的有香菇、草菇、口蘑、猴头菌、鸡菌等,一般的吃法是炒食或做汤。采食蘑菇要特别注意识别毒蘑。识别的方法:毒蘑多有各种色泽,而且美丽;无毒蘑则多呈白色或茶色。菌盖上有肉瘤,菌柄上有菌环和菌托的有毒;反之,则无毒。毒蘑多生长在肮脏潮湿、有机质丰富的地方;无毒蘑则多生长于较干净的地方。毒蘑采集后易变色;无毒蘑则不易变色。毒蘑大都柔软多汁;无毒蘑则较致密脆弱。毒蘑的汁液浑浊似牛奶;无毒蘑则清澄如水。毒蘑的味道多辛酸苦辣;无毒蘑则很鲜美。煮蘑菇时,锅里可放灯芯草同煮,煮熟后,如灯芯草变成青绿色,证明有毒;如果呈黄色,则无毒。毒蘑能使银器具变黑,如果加进牛奶,牛奶马上凝固,放进葱,葱会变成蓝色或褐色。

(4) 海藻类。海藻通常长在海岸和岛屿上,如绿藻、红藻、褐藻。海藻易于采集,但应选择那些附着在礁石上或漂浮在水中的。常见的海藻有紫菜、角叉菜等。

鉴别植物是否有毒,比较可靠的方法是根据上级下发的可食野生植物的图谱进行认真鉴别;也可以向有经验的战士或当地居民了解可食植物的种类和识别方法;或者仔细观察动物采食的情况,一般情况下,老鼠、松鼠、兔子、猴子等动物吃过的植物对人体也是无害的。但是,鸟类可以食用的植物,人不一定能食用。松树、柳树、杨树和白桦树的内皮也可食用。用手仔细触摸,无毒的植物通常不会使手上皮肤产生发痒、发红、起风疹块等刺激症状。将少量植物放入嘴里咀嚼几分钟,无毒植物一般不会有烧灼感,也无辛辣味、苦味或滑腻味。将此类植物采集少量食用 8 小时后没有什么特殊感觉,就可较大量地食用。

(二) 野生动物的捕获与食用

猎食野生动物,应严格遵循国家的法律规定。

狩猎首先要知道动物的栖息地,掌握动物的生活规律。捕猎野兽的一般方法有压猎、套猎、捕猎、捕兽卡和竹筒。也可以捕蛇、捕鱼、捕捞贝类和海上浮游生物等。

猎获的野兽首先要将皮剥去,取出内脏,然后可将兽体切割成块。禽类应先拔除羽毛。鱼类要把内脏和鳃取出。

昆虫含有丰富的蛋白质、氨基酸、矿物质和维生素。可食用的昆虫有蜗牛、蚯蚓、蚂蚁、蝉、蟑螂、蟋蟀、蝴蝶、飞蛾、蝗虫、蚱蜢、蜘蛛、螳螂等。花蜘蛛放在火上烧烤,然后将皮和腿搓去,即可食用。蝉、田鳖用油炸可以食用。在食用昆虫时,一定要煮熟或烤透,以免昆虫体内的寄生虫进入人体,导致中毒或得病。

三、寻水

（一） 找水

在野外可以根据野生植物的种类、生长的数量和分布范围及动物出没活动规律等寻找地下浅层水源。一般植物茂盛、动物经常出现的地方，容易找到浅表层水源。

（二） 采水

沙漠、戈壁地区不易寻到地下水，可在清晨采集植物枝叶上的露珠。白天也可用塑料布蒙在植物的枝叶上，由于枝叶的蒸发作用，塑料布上会蒙上一层水珠。或者在地上挖一个露出湿土层的坑，蒙上塑料布，塑料布上将会凝结一些水珠，将这些水珠收集起来，积少成多，也可解决一部分饮用水。某些植物的枝干、茎叶、果实或块根中含水丰富，可直接食用，给人体补充水分。

（三） 净化水

野外水源水质浑浊、有异味，不便直接饮用时，首先应辨别水中是否含有有毒、腐败的物质，一般情况下，有强烈异味的水是不宜饮用的。对一般水质，可做净化处理后再饮用。

四、取火

火在野战生存中具有重要的作用，它可以用来煮食物、烧水、烘烤衣物、取暖御寒、驱除猛兽和有害昆虫，必要时还可以作为信号使用。在没有火柴的情况下，可采取以下几种方法取火：摩擦取火、击石取火、利用凸透镜会聚太阳光取火。但在取火前要准备好引火煤，引火煤可选用干燥的棉絮、纱线、草屑、撕成薄片的干树皮、木屑等。

第三节 识图用图

地形是地貌和地物的总称。地貌是指地表物质的起伏形态和性质（亦称地貌与土质）；地物是指地面上位置固定的物体。

军事地形学，是从军事需要出发，研究识别和利用地形的一门应用科学。研究内容主要由地形资料的识别和地形分析两部分构成。

一、地形图知识

（一） 地图概述

1. 地图的定义

地图是地球表面自然和社会现象的缩写图。它是按照一定的数学法则，用特定的图式符号、颜色和文字注记，将地球表面的自然和社会现象，经过一定的制图综合测绘于平面上的图。

2. 地图的分类

按表示内容可分为普通地图和专题地图；按比例尺可分为大、中、小比例尺地图；按用途可分为政区图、军用图、航海图、交通图等。

普通地图是综合反映地表自然和社会现象一般特征的地图，以相对均衡的详细程度表示自然地理要素（地貌、土质、水系、植被）和社会经济要素（居民地、道路网、行政区划）。比例尺大于或等于1∶1 000 000的普通地图叫地形图，是国家经济建设、国防建设和军队作战训练不可缺少的主要地形资料。

专题地图又称专门地图或主题地图。它是以普通地图为底图，着重表示某一专题内容的地图，如地貌图、交通图、气象图等。

（二） 地图比例尺

1. 地图比例尺的概念

图上长与相应实地水平距离之比，叫地图比例尺。为便于了解地图缩小的倍数，分子通常化为1，即

$$地图比例尺 = 图上长/相应实地水平距离 = 1/M$$

M称为比例尺分母，其值越大，比例尺越小；其值越小，比例尺越大。一幅地图，当幅面大小一定时，比例尺越大，它所包括的实地范围越小，图上显示内容越详细；比例尺越小，包括的实地范围越大，图上显示的内容越简略。

2. 量读距离

量读距离的方法，通常有用直尺量算，在直线比例尺上比量，用里程表量读。这里只介绍用直尺量算。用直尺量算距离时，先用直尺在图上量取所求两点间的长度（厘米），然后乘以该图比例尺分母，即得实地水平距离。其公式为

$$实地水平距离 = 图上长 \times 比例尺分母$$

例如，在1∶50 000的地形图上量得某两点间长为3.2 cm，则实地水平距离为

$$3.2\ \text{cm} \times 50\ 000 = 160\ 000\ \text{cm} = 1\ 600\ \text{m}$$

当路线起伏较大时，实地距离应为其平均坡度另加坡度乘以修正数，如表9-1所示。

表 9-1 坡度及修正数

坡度	修正数/%	坡度	修正数/%
0°～4°	+3	20°～24°	+40
5°～9°	+10	25°～29°	+50
10°～14°	+20	30°～34°	+65
15°～19°	+30	35°～40°	+80

例如，图上量得的水平距离为 2 000 m，平均坡度为 13°，则实地距离为

$$2\ 000\ \text{m} + 2\ 000\ \text{m} \times 20\% = 2\ 400\ \text{m}$$

（三） 地物符号

地物在地图上是按照《地形图图式》规定的符号和注记表示的，这些符号称地物符号。根据地物符号和注记，可以识别现地地物的种类、性质和分布情况，分析它们在军事上的价值。

1. 地物符号的图形

地物符号的图形，多数是参照地物的平面形状设计的，如居民地、河流等；有些是参照地物的侧面形状设计的，如烟囱、水塔等；有些是按有关意义设计的，如变电所、气象站等（表 9-2）。了解地物符号设计的一般规律，再与现地地物的形状进行联想，就易于识别和记忆。

表 9-2 地物符号图形的设计

图形特点	符号名称		
与平面形状相似	居民地	河流 苗圃	公路 桥梁
与侧面形状相似	突出阔叶树	烟囱	水塔
与有关意义相应	变电所	矿井	气象站

2. 符号的有关规定

（1）符号的注记。注记是用文字和数字来说明符号不能表示的质量、数量和名称，如居民地、江河、山和山脉的名称注记、公路路面质量等的说明注记以及说明物体数量特征的数字注记。

（2）符号的颜色。为使地图内容层次分明，清晰易读，有较强的表现力，地形符号采用不同的颜色。

黑色——表示人工地物和部分自然地物，如居民地、道路、独立石、溶洞。

蓝色——表示与水、冰雪有关的物体，如湖泊、水渠、冰川、雪山。

绿色——表示与植被有关的物体。

棕色——表示地貌与土质。

（四） 地貌判读

地图上表示地貌的方法很多，主要有等高线法、晕渲法、分层设色法、写景法等。这里主要介绍等高线法。

1. 等高线显示地貌

（1）等高线显示地貌的原理。等高线显示的地貌原理如图9-1所示。设想用一组高差间隔相等的水平面去截割地貌，则其截口必为大小不同的闭合曲线，并随山背、山谷形态的不同而呈现不同的弯曲形状。将这些曲线垂直投影到平面上，便形成了一圈套一圈的等高线图形。这些曲线的多少、形态与实地地貌的高程和起伏状况相一致。

（2）等高线显示地貌的特点。同一条等高线上各点的高程相等；相邻等高线的间隔与地面坡度成反比；等高线弯曲形状与实地地貌保持相似关系；等高线是闭合曲线，一般情况下互不相交。

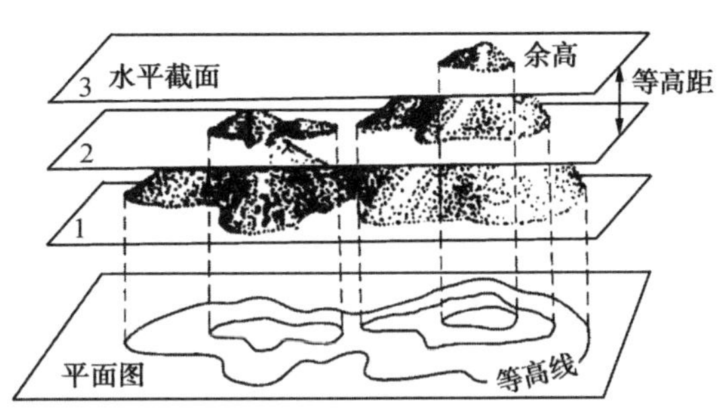

图9-1　等高线显示地貌的原理

（3）高程起算与注记。从平均海水面起算的高度叫高程，也叫真高，或称海拔。两点间高程之差叫高差。

地形图的高程注记有两种：一种是点的高程注记，用黑色表示，字头朝向北图廓；一种是等高线的高程注记，用棕色表示，字头朝向上坡方向。

比高（由地物所在地面起算的高度）注记，与其所属要素的颜色一致。

2. 地貌的识别

地貌形态虽有多样，但它们都是由山顶、凹地、山背、山谷、鞍部、山脊等地貌元素组成的，如图9-2所示。掌握了识别这些地貌元素的要领，即能识别各种地貌形态。

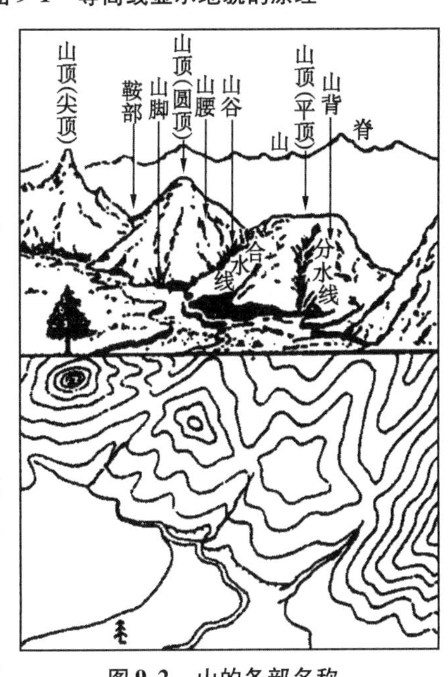

图9-2　山的各部名称

3. 高程、起伏和坡度的判定

（1）高程和高差的判定。首先了解本

图的等高距，在判定（目标）点附近找一等高线或点的高程注记；然后根据判定点与高程注记的关系位置，向上或向下数等高线，相应加减等高距，即可判定目标点的高程。两点的高程相减，即为两点的高差。

（2）地面起伏的判定。判明行动地区和行进方向的起伏，可依等高线的疏密情况、高程注记、河流位置和流向，判定山脊、山谷的分布和地形总的起伏状况。

判明行进路线的起伏，先应判定等高线的起伏方向，再按行进路线穿越等高线的多少、疏密和方向等进行判定。也可在判定山背、山谷及河流位置后，依行进路线的方向来判明路线的上下坡情况。

（3）坡度的判定。判定地图上某段坡度时，用两脚规量取该段相邻两条或间隔相等的相邻 2 ~ 6 条等高线之间隔，然后保持张度不变，到坡度尺上相同的间隔上比量，读出下方相应的坡度。

（五） 坐标

确定平面上或空间中某点位置的一组数，如长度值或角度值，叫作该点的坐标。坐标又可分为地理坐标、平面直角坐标、概略坐标和精确坐标等。这里只介绍地理坐标。

用纬度和经度表示地面点位置的球面坐标，叫地理坐标，通常用度、分、秒表示，一般用来指示飞机、舰船位置等。

1. 地理坐标网在地形图上的表示

地理坐标网由一组纬线和一组经线构成。地形图是按纬度和经度分幅的，南、北内图廓线是纬线，东、西内图廓线是经线。地图比例尺不同，表示地理坐标网的形式也有区别。

2. 地理坐标的量读

在大比例尺地形图上量读某点的地理坐标时，可通过该点分别向经、纬分度带作垂线，直接在分度带上读取坐标，也可连接对应的分度带，即可绘成地理坐标网。

（六）方位角与偏角

1. 方位角

从某点的指北方向线起，按顺时针方向量至目标点方向的水平角，叫作某点至目标点的方位角。通常用密位或 360°角制量度。军事上标定地图方位、指示目标、确定射向和保持行进方向等，都用到方位角。

由于有三种指北方向线，故有三种方位角，如图 9-3 所示。

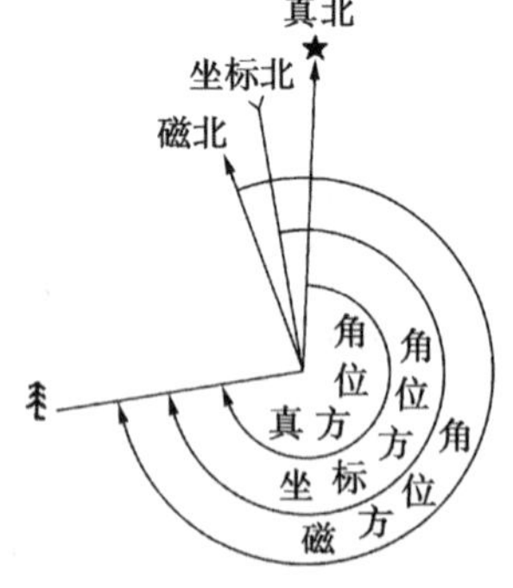

图 9-3 方位角的种类

（1）真方位角。地面上某点指向北极的方向叫真北，其方向线叫真北方向线（或真子午线）。以真子午线北方向为基准方向的方位角，叫真方位角。

(2) 磁方位角。地面上某点磁针所指的北方叫磁北,其方向线叫磁北方向线(或磁子午线);以磁子午线北方向为基准方向的方位角,叫磁方位角。

(3) 坐标方位角。地形图上平面直角坐标纵线所指的北方叫坐标纵线北。以坐标纵线北方向为基准方向的方位角,叫坐标方位角。

2. 偏角

地面点的真北、磁北和坐标北方向线,叫三北方向线。它们之间的夹角,叫偏角,也叫三北方向角,偏角共有三种。

(1) 磁偏角。任意点的磁北方向对于真北方向的夹角,叫该点的磁偏角。磁子午线在真子午线以东的为东偏,在真子午线以西的为西偏。

(2) 磁坐偏角。任意点的磁北方向对于坐标北方向的夹角,叫该点的磁坐偏角。磁子午线在坐标纵线以东的为东偏,在坐标纵线以西的为西偏。

(3) 坐标纵线偏角。任意点的坐标北方向对于真北方向的夹角,叫该点的坐标纵线偏角。坐标纵线在真子午线以东的为东偏,在真子午线以西的为西偏。

3. 方位角量读与换算

(1) 用量角器量读坐标方位角。量读某点至目标点的坐标方位角时,先将两点连成直线,使其与坐标纵线相交;然后用量角器按方位角的定义量读。

(2) 磁方位角与坐标方位角的换算。

① 求磁方位角。当坐标方位角已知时,计算公式如下:

$$磁方位角 = 坐标方位角 - 磁坐偏角$$

② 求坐标方位角。当磁方位角已知时,计算公式如下:

$$坐标方位角 = 磁方位角 + 磁坐偏角$$

二、现地使用地图

现地使用地图,主要是通过地图与现地对照,明确自己所处的位置,了解周围地形情况,确定遂行任务的方向和目标。

(一) 现地判定方位

现地判定方位,就是在现地判明东、西、南、北方向,它是现地用图和遂行作战任务的前提。

1. 利用指北针判定

平置指北针,待磁针静止后,磁针北端所指的方向就是北方。常用的指北针为97式。使用指北针前应检查磁针是否灵敏,使用时应避开高压线和钢铁物体。指北针在磁铁矿和磁场异常地区不能使用。

2. 利用太阳和时表判定

北半球当地时间6时左右太阳在东方,12时在南方,18时左右在西方。根据这一规律,可概略判定方位。要领是:“时数折半对太阳,‘12’指的是北方。”如

图9-4所示，当地时间是下午2时40分，即14时40分，则以7时20分对太阳，此时表盘“12”所指的方向就是北方。

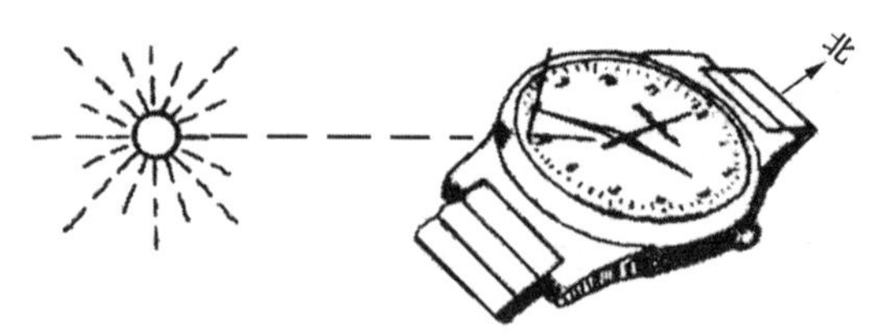

图9-4　利用太阳和时刻表判定方位

3. 利用北极星判定

小熊星座尾巴上最亮的一颗星，叫北极星。北极星位于正北天空，离地平面高度相当于当地的纬度。常根据北斗七星（大熊星座）或3字星（仙后星座）寻找，它们位于北极星两边，围绕北极星旋转。北斗七星是7个比较亮的星，形状似一把勺子，将勺头甲、乙两星连线向勺口方向延长，约为甲、乙两星间隔的5倍距离处，有一颗略暗的星，就是北极星，如图9-5所示。当北斗七星转到地平线下，则可利用3字星寻找，3字星由5颗较亮的星组成，形似“3”字，在3字缺口方向约为缺口宽度的两倍距离处，就是北极星。夜间找到了北极星就找到了北方向。

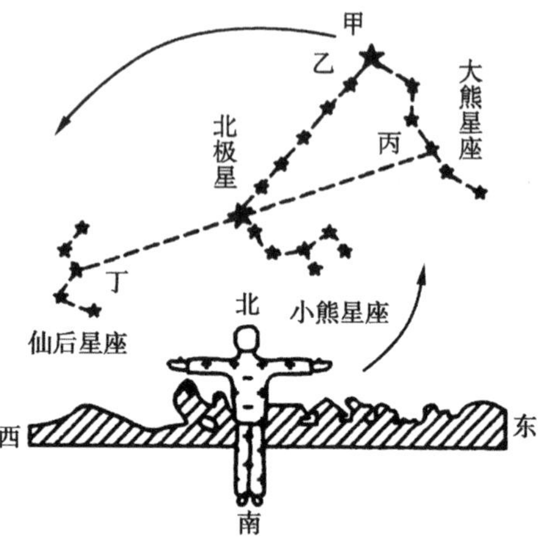

图9-5　依北极星判定方位

4. 利用地物特征判定

有些地物、地貌受阳光、气候等自然条件的影响，形成了某些特征，利用这些特征可概略判定方位。

（1）独立大树，通常是南面向阳的枝叶茂密，树皮光滑；而北面背阳的枝叶稀疏，树皮较粗糙。砍伐后，树桩上的年轮，北面间隔小，南面间隔大。

（2）突出地面的物体，南面干燥，青草茂密，冬季积雪融化较快；北面潮湿，易生青苔，积雪融化较慢。凹陷物体和林中空地等南北方向的上述现象则相反。

（3）我国农村的住房和较大的庙宇、古塔的正门多向南开。

（4）我国北方草原、沙漠等地区，因受西北风的影响，在灌木、草丛附近形成的沙垄，其头部大、尾部小，头部指西北方向，尾部指东南方向。在有新月形沙丘的地区，其迎风面坡缓，朝向西北；背风面坡陡，朝向东南。

（二）现地对照地图与定位

现地对照地图，确定站立点、目标点在图上的位置，是现地用图的主要内容。

1. 标定地图方位

现地标定地图方位，就是使地图的上北、下南、左西、右东方位与现地方位一致，以便于现地使用地图。其主要方法有：用指北针标定，利用直长地物标定，利用明显地形点标定等。

2. 现地对照地形

现地对照地形，就是把在现地地图上的地形符号与现地的地物、地貌一一对应地判别出来。同时要求把现地有而图上没有，或图上有而现地已不存在的各类地形元素在图上或现地的位置找到。它通常是在标定地图方位之后进行的，先通过观察实地地形概貌，判出站立点的概略位置；再依此进行全面、详细的现地对照；然后准确判定站立点的图上位置。

现地对照地形的一般顺序是：先现地，后图上，再由图上到现地，反复进行。对照的要领是：先对照大而明显的地形，后对照一般地形；先由近至远，再由远及近，按一定的方向顺序，逐片进行对照。对照方法：先观察实地的地形分布特征，特别是山川大势、脊谷走向、形状大小、重要地物的分布及相互关系位置，然后在图上一一"对号入座"，进而判断出站立点的位置。当地形复杂不便观察时，应变换站立点位置或登高观察。

现地对照地形应注意，要有比例尺概念，并注意发展变化。

3. 确定站立点在图上的位置

现地用图需随时确定站立点在图上的位置，以便利用地图了解周围地形和遂行作战任务。确定站立点的主要方法有：地形关系位置判定法、侧方交会法、后方交会法、磁方位角法等。

4. 确定目标点在图上的位置

在作战中，地形关系位置判定法常需将新增和新发现的地形目标与战术目标标绘在地图上，以便量取坐标、指示目标和确定射击诸元。确定目标点在图上的位置，是在确定站立点在图上位置之后进行的，主要方法有：地形关系位置判定法、前方交会法、截线法等。

第四节 电磁频谱监测

一、电磁频谱概念

电磁频谱是指按电磁波波长（或频率）连续排列的电磁波簇。电磁频谱存在于陆、海、空、天的作战全时空，是唯一能够支持机动作战、分散作战和高强度作战的理想媒介。电磁频谱管理作为联合作战的重要保障要素，贯穿于作战准备、作战筹划、作战实施的全过程,作用于指挥控制、情报侦察、武器制导、预警探测、导航定位等作战全要素,是提高体系作战能力的重要基础,直接关系到信息化武器装备作战效能的发挥。

二、电磁频谱是国家的战略资源

电磁频谱是目前人类唯一理想的无线信息传输媒介,属于国家所有,与土地、森林、矿藏等资源一样,它既是一种稀缺的自然资源,也是经济发展、国防建设和社会生活各领域不可或缺、无法替代的核心战略资源。

目前,人类能够利用的无线电频谱在275 吉赫兹以下,主要集中在30 赫兹至40 吉赫兹范围内,而且绝大部分是在3 吉赫兹以下,优质资源极其有限。因此,世界各国对其争夺已经趋于白热化。

以卫星频率轨道资源为例,被誉为“黄金导航频率”80% 的份额,被美国 GPS和俄罗斯“格洛纳斯”导航系统率先抢占,世界各国不得不争夺剩余资源。

电磁频谱在经济、军事等领域的广泛应用,加之资源紧缺的突出矛盾,使其逐渐从后台走向前台,电磁空间成为世界各国争夺和博弈的重要战场。

每年,美国总统专门发表事关电磁频谱的《总统备忘录》,主导国家和军队的电磁频谱政策。英国政府在其发布的《21 世纪的频谱管理》白皮书中,明确提出引入频谱定价、频谱拍卖、频谱贸易等手段,激励频谱资源的高效利用和新技术的研发。

有关研究报告表明,电磁频谱每年可为国家经济总量贡献 3% ~5% 。1995年至2011 年,美、英、法、德等国家,为发展第三、第四代移动通信网,所拍卖的频谱价值高达 1 300 多亿美元。俄、法、德、日、澳等国家竞相完善相关法规,最大限度地维护本国的电磁频谱空间利益,极力推进电磁频谱资源市场化和国际化。

三、电磁频谱的监测管控

电磁频谱虽然存在于自然空间,看不见摸不着,但并不意味着国家、组织和个人可以随意使用、侵占。

同现代城市交通管理有很大的相似之处,在技术层面上,电磁频谱管理主要从频率、空间、时间三维展开,这也被形象地称为电磁空间的“红绿灯”。

目前,国际范围的电磁频谱管理主要是通过建立国际组织、签订国际协议、统一划分频谱来解决。各国也设立了频谱管理部门和监测站点,对频谱资源进行划分和使用。

据统计,美军一个步兵师约有 70 部雷达、2 800 部电台,俄罗斯一个摩托化步兵师约有 60 部雷达、2 040 部电台,保证如此多的电子装备有条不紊地工作,需要强大的频谱管理力量和机制。经过几次局部战争的洗礼后,美军从统帅部到野战师都设有专门的频谱管理机构,从国防部、联合参谋部到各军兵种,都建

立了一整套完整的联合战役频谱管理体系，形成了成熟的管理机制。

根据美国陆军网站报道，美国研发的新型联合战术无线电系统，其中包含了频谱碎片整理技术，就是将不连续的频谱碎片重新聚合，实现整合资源、满足需求的目的。欧洲开发的“频谱池”技术，也是将空闲频谱资源收集整合，并根据用户需求进行动态分配，提高频谱的使用效益。

现在，世界主要国家都在大力发展频谱共享技术，在不改变现有的频谱分配规则下，通过仿真与实测相结合的技术分析手段，使不同系统能够在同一频段兼容共用。此外，很多国家和组织通过采用先进信号传输技术、提高用频设备工艺水平、控制发射频率等手段，既避免了电磁环境的恶化，也实现频谱的高效利用。

四、21 世纪将是电磁频谱战的时代

传统海空优势的发挥，必须建立在电磁优势的基础上，失去制电磁权，必将失去制空权、制海权，电磁空间已成为与空间、地面和海洋并存的第四维战场。可以说，未来信息化作战，谁赢得了制电磁权，谁就掌握了战场主动权。美国前参谋长联席会议主席托马斯·穆勒曾说：“如果发生第三次世界大战，获胜者必将是最善于控制和运用电磁频谱的一方。”

面对世界范围内电磁频谱竞争的不断升级，美军先后出台联合频谱构想、国防部频谱战略规划以及“频谱战”战略等顶层指导文件，并采取避开拥挤频段、开发高端频谱等方式，研发微波、激光、电磁脉冲等武器装备，积极抢占频谱资源。英国在部队中广泛推广使用智能无线电和高效调制技术，提升无线通信系统的频谱使用效率。

为在未来信息作战中获得频谱优势，欧美等国军队还通过成立专门电磁兼容机构、采用先进仿真技术手段、制定质量指标管理体系、开发联合频谱管理系统等方式，提高战场电磁频谱管理能力。

近年来，随着认知无线电、动态频谱感知、频管仿真推演、电磁环境适应性分析等新技术的不断涌现，给军队电磁频谱管理发展带来了巨大机遇和挑战。专家预计，未来电磁频谱管理将朝着频谱资源共享共用、精细化频谱效能分析和频谱动态嵌入式管理等方向不断进步。

思考题

1. 简述行军的组织准备工作。
2. 野外生存时如何识别可食植物？
3. 如何使用地图确定方位及定位？
4. 简述电磁频谱的概念。

参考文献

[1] 张万年. 当代世界军事与中国国防[M]. 北京:中共中央党校出版社,2003.

[2] 胡金波,张政文. 军事理论教程[M]. 南京:南京大学出版社,2012.

[3] 中国人民解放军军事科学院. 马克思主义军事理论著作选读[M]. 北京:军事科学出版社,2008.

[4] 中共中央毛泽东选集出版委员会. 毛泽东选集[M]. 北京:人民出版社,1991.

[5] 中共中央文献编辑委员会. 邓小平文选[M]. 北京:人民出版社,1993.

[6] 中共中央文献研究室、军事科学院. 邓小平军事文集[M]. 北京:军事科学出版社,中央文献出版社,2004.

[7] 任力. 孙子兵法教程[M]. 北京:军事科学出版社,2013.

[8] 王保存. 世界新军事变革新论[M]. 北京:解放军出版社,2003.

[9] 军事科学院世界军事研究部. 战后世界局部战争史[M]. 北京:军事科学出版社,2014.

[10] 胡光正. 中国军事百科全书·战争动员[M]. 北京:中国大百科全书出版社,2007.

[11] 徐敏. 大学军事理论与技能训练[M]. 北京:中共中央党校出版社,2019.

[12] 克劳塞维茨. 战争论[M]. 3 版. 中国人民解放军军事科学院,译. 北京:解放军出版社,2005.

[13] 约米尼. 战争艺术[M]. 钮先钟,译. 桂林:广西师范大学出版社,2003.

[14] 刘波. 重温二战:60 场经典战事评述[M]. 北京:国防大学出版社,2005.

[15] 陆华. 中外军事思想的历史发展与战争实践[M]. 南京:河海大学出版社,2009.

[16] 李有祥. 军事高技术与信息化战争[M]. 南京:东南大学出版社,2010.

[17] 张世平. 普通高等学校军事教程[M]. 北京:军事科学出版社,2012.

[18] 李有祥,杨新. 大学军事教程[M]. 2 版. 南京:东南大学出版社,2016.

[19] 宋华文,耿艳栋. 信息化武器装备及其运用[M]. 北京:国防工业出版社,2010.